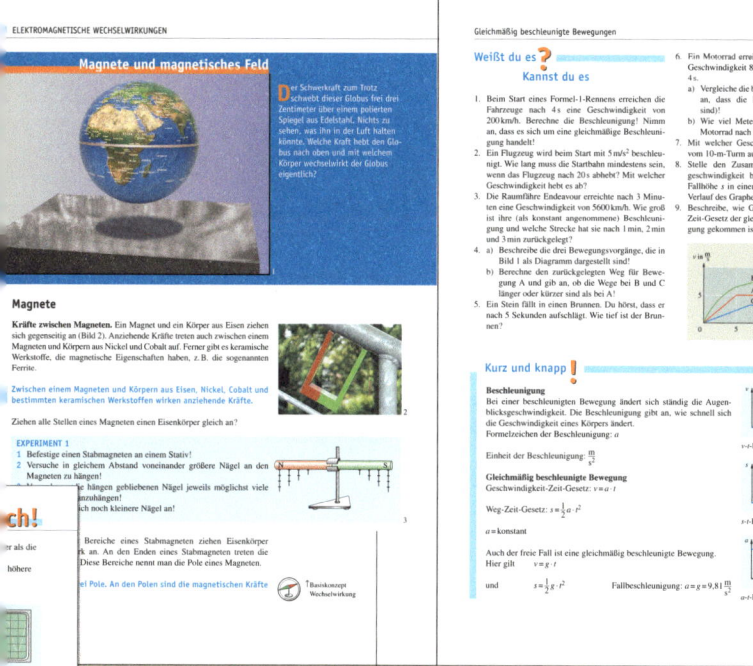

Magnete und magnetisches Feld

Magnete

Kräfte zwischen Magneten. Ein Magnet und ein Körper aus Eisen ziehen sich gegenseitig an (Bild 2). Anziehende Kräfte treten auch zwischen einem Magneten und Körpern aus Nickel und Cobalt auf. Ferner gibt es keramische Werkstoffe, die magnetische Eigenschaften haben, z. B. die sogenannten Ferrite.

Zwischen einem Magneten und Körpern aus Eisen, Nickel, Cobalt und bestimmten keramischen Werkstoffen wirken anziehende Kräfte.

Ziehen alle Stellen eines Magneten einen Eisenkörper gleich an?

EXPERIMENT 1
1 Befestige einen Stabmagneten an einem Stativ!
2 Versuche in gleichem Abstand voneinander größere Nägel an den Magneten zu hängen!

Gleichmäßig beschleunigte Bewegungen 75

Weißt du es?
Kannst du es

1. Beim Start eines Formel-1-Rennens erreichen die Fahrzeuge nach 4s eine Geschwindigkeit von 200 km/h. Berechne die Beschleunigung! Nimm an, dass es sich um eine gleichmäßige Beschleunigung handelt!
2. Ein Flugzeug wird beim Start mit 5 m/s² beschleunigt. Wie lang muss die Startbahn mindestens sein, wenn das Flugzeug nach 20s abhebt? Mit welcher Geschwindigkeit hebt es ab?
3. Die Raumfähre Endeavour erreicht nach 3 Minuten eine Geschwindigkeit von 5600 km/h. Wie groß ist ihre (als konstant angenommene) Beschleunigung und welche Strecke hat sie nach 1 min, 2 min und 3 min zurückgelegt?
4. a) Beschreibe die drei Bewegungsvorgänge, die in Bild 1 als Diagramm dargestellt sind!
   b) Berechne den zurückgelegten Weg für Bewegung A und gib an, ob die Wege bei B und C länger oder kürzer sind als bei A!
5. Ein Stein fällt in einen Brunnen. Du hörst, dass er nach 5 Sekunden aufschlägt. Wie tief ist der Brunnen?

6. Ein Motorrad erreicht aus dem Stand nach 6s die Geschwindigkeit 80 km/h. Ein anderes braucht nur 4s.
   a) Vergleiche die beiden Beschleunigungen (nimm an, dass die Beschleunigungen gleichmäßig sind)!
   b) Wie viel Meter Vorsprung hat das schnellere Motorrad nach 4s?
7. Mit welcher Geschwindigkeit trifft ein Springer vom 10-m-Turm auf der Wasseroberfläche auf?
8. Stelle den Zusammenhang zwischen der Endgeschwindigkeit beim freien Fall v_{End} und der Fallhöhe x in einem Diagramm dar. Erläutere den Verlauf des Graphen!
9. Beschreibe, wie GALILEO GALILEI auf das Weg-Zeit-Gesetz der gleichmäßig beschleunigten Bewegung gekommen ist!

Kurz und knapp

Beschleunigung
Bei einer beschleunigten Bewegung ändert sich ständig die Augenblicksgeschwindigkeit. Die Beschleunigung gibt an, wie schnell sich die Geschwindigkeit eines Körpers ändert.
Formelzeichen der Beschleunigung: a

Einheit der Beschleunigung: $\frac{m}{s^2}$

Gleichmäßig beschleunigte Bewegung
Geschwindigkeit-Zeit-Gesetz: $v = a \cdot t$

Weg-Zeit-Gesetz: $s = \frac{1}{2} a \cdot t^2$

a = konstant

Auch der freie Fall ist eine gleichmäßig beschleunigte Bewegung.
Hier gilt $v = g \cdot t$

und $s = \frac{1}{2} g \cdot t^2$ Fallbeschleunigung: $a = g = 9,81 \frac{m}{s^2}$

Aufgaben
Sie dienen nicht nur zur Wiederholung und zur Übung. Sie sollen dir ebenso helfen, mit dem Gelernten Neues zu entdecken oder Altbekanntes neu zu verstehen.

Zusammenfassung
Am Ende des Unterkapitels wird das Wichtigste noch einmal auf den Punkt gebracht.

Teste dich
Hast du den Inhalt des Kapitels verstanden? Kannst du dein Wissen anwenden? Mit den Aufgaben auf dieser Seite kannst du dich selbst einschätzen. Die Lösungen findest du am Ende des Buches.

Experiment
Die meisten Experimente kannst du selbst machen – in der Schule oder auch zu Hause. Ähnliche Experimente machen auch die Physiker, um aus ihnen die Naturgesetze zu erkennen.

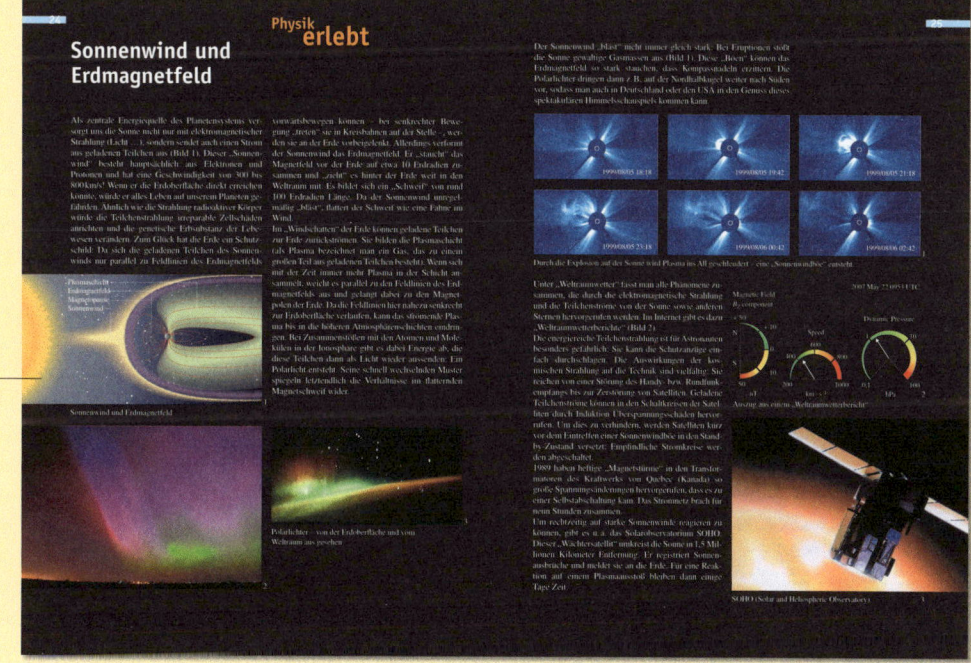

Physik erlebt
Diese Doppelseiten beleuchten jeweils ein bestimmtes Thema aus unterschiedlichen Blickwinkeln und regen zum Weiterlesen und -forschen an.

Physik *plus*

Klassen 9/10

Ausgabe A

VOLK UND WISSEN

Autoren:
Prof. Dr. Udo Backhaus
Dr. Jessie Best
Gerd Boysen
Antje Greiner
Dr. Christiane Gruhnert
Dr. Harri Heise
Uwe Kopte
Prof. Dr. Helmut F. Mikelskis
Dr. Bernd Reinhard
Prof. Dr. Hans-Joachim Schlichting
Prof. Dr. Lutz-Helmut Schön
Dr. Rüdiger Schülbe
Prof. Dr. Hans-Joachim Wilke
Hendrik Wilke

Beratung:
Elke Göbel, Magdala
Ralf Greiner-Well, Erfurt
Tom Höpfner, Laucha
Dr. Elvira Schmöger, Gera

Unter Planung und Mitarbeit der Verlagsredaktion
Bettina Conrad-Rosenkranz, Henry Dölitzsch, Thomas Boschütz

Illustrationen: Gabriele Heinisch, Roland Jäger,
Karl-Heinz Wieland, Hans Wunderlich

Technische Zeichnungen: Rainer Götze, Peter Hesse

Umschlaggestaltung: Ulrike Kuhr, Corinna Babylon

Layout: Wladimir Perlin

www.cornelsen.de

1. Auflage, 3. Druck 2020

Alle Drucke dieser Auflage sind inhaltlich unverändert
und können im Unterricht nebeneinander verwendet werden.

© 2012 Cornelsen Verlag, Berlin
© 2016 Cornelsen Verlag GmbH, Berlin

Druck und Bindung: Livonia Print, Riga

ISBN 978-3-06-013031-3

Inhalt

Hinweise auf die Basiskonzepte findest du
an den Stellen im Lehrbuch, die mit folgenden
Symbolen gekennzeichnet sind:

 Basiskonzept Materie

 Basiskonzept Wechselwirkung

 Basiskonzept System

 Basiskonzept Energie

Elektromagnetische Wechselwirkungen

Ein Leben ohne elektrische Energie kann man sich gar nicht mehr vorstellen. Sie begleitet uns täglich vom Aufstehen bis zum Schlafengehen. Ganz selbstverständlich steht sie uns ständig zur Verfügung. Alle Gebäude, in denen wir uns aufhalten, sind mit Kraftwerken verbunden. Wie wird in Kraftwerken elektrische Energie erzeugt und auf welchem Weg gelangt sie letztendlich zum Verbraucher?

Elektromagnetische Wechselwirkungen

Ohne elektrische Energie ist das Leben heute kaum denkbar. Durch die Wechselwirkungen von Magneten und Spulen können verschiedene Energieformen in elektrische Energie umgewandelt werden. Dazu muss sich das Magnetfeld in der Spule verändern. Was versteht man unter einem Magnetfeld und wie kann man es ändern?

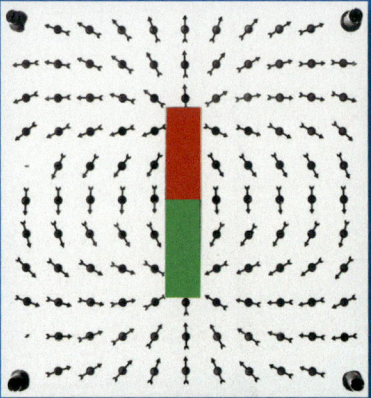

Magnetnadeln richten sich in der Umgebung eines Dauermagneten aus – damit kann man den Verlauf des Magnetfeldes sichtbar machen.

Magnete wechselwirken mit verschiedenen Stoffen – nicht alle Materialien werden von Magneten angezogen.

Magnete wechselwirken mit anderen Magneten – sie werden angezogen oder abgestoßen.

Teilchen, die von der Sonne stammen, werden vom Magnetfeld der Erde beeinflusst – es entstehen Polarlichter.

Zugvögel orientieren sich auch am Magnetfeld der Erde.

Die Nadel des Kompasses richtet sich im Magnetfeld der Erde aus – immer zeigt sie nach Norden.

Informationen speichern mithilfe
von Magneten – die Festplatte

Transformatoren helfen, Energieverluste beim Transport von
elektrischer Energie zu verringern.

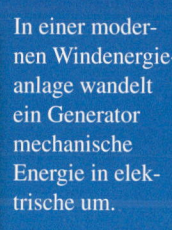

Ein Generator
im Mini-
format – der
Nabendynamo

Kochen mit Magnetfeldern –
das Induktionskochfeld

In einer moder-
nen Windenergie-
anlage wandelt
ein Generator
mechanische
Energie in elek-
trische um.

Magnetfelder
in der Medi-
zin – Compu-
tertomografie

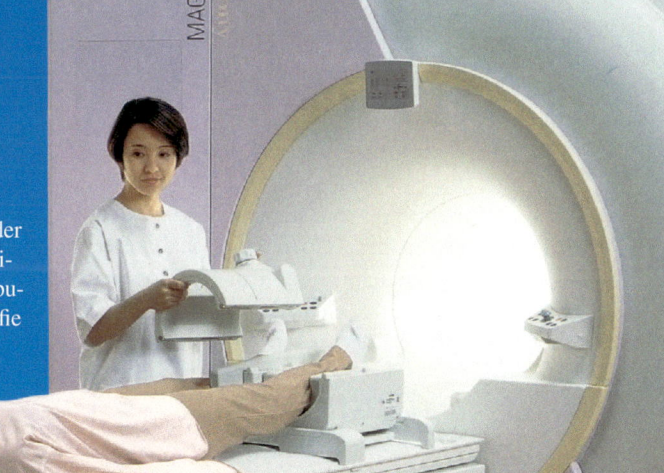

Magnete und magnetisches Feld

Der Schwerkraft zum Trotz schwebt dieser Globus frei drei Zentimeter über einem polierten Spiegel aus Edelstahl. Nichts zu sehen, was ihn in der Luft halten könnte. Welche Kraft hebt den Globus nach oben und mit welchem Körper wechselwirkt der Globus eigentlich?

1

Magnete

Kräfte zwischen Magneten. Ein Magnet und ein Körper aus Eisen ziehen sich gegenseitig an (Bild 2). Anziehende Kräfte treten auch zwischen einem Magneten und Körpern aus Nickel und Cobalt auf. Ferner gibt es keramische Werkstoffe, die magnetische Eigenschaften haben, z.B. die sogenannten Ferrite.

 Zwischen einem Magneten und Körpern aus Eisen, Nickel, Cobalt und bestimmten keramischen Werkstoffen wirken anziehende Kräfte.

2

Ziehen alle Stellen eines Magneten einen Eisenkörper gleich an?

EXPERIMENT 1

1 Befestige einen Stabmagneten an einem Stativ!
2 Versuche in gleichem Abstand voneinander größere Nägel an den Magneten zu hängen!
3 Versuche an die hängen gebliebenen Nägel jeweils möglichst viele weitere Nägel anzuhängen!
4 Hänge schließlich noch kleinere Nägel an!

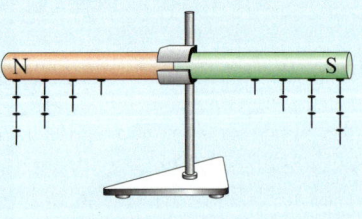

3

Die verschiedenen Bereiche eines Stabmagneten ziehen Eisenkörper unterschiedlich stark an. An den Enden eines Stabmagneten treten die größten Kräfte auf. Diese Bereiche nennt man die Pole eines Magneten.

 Ein Magnet hat zwei Pole. An den Polen sind die magnetischen Kräfte am größten.

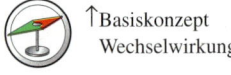 ↑Basiskonzept Wechselwirkung

Die beiden Hälften des Magneten in Experiment 1 sind verschiedenfarbig gekennzeichnet. Das trifft auch für andere Magnete zu. Gibt es Unterschiede zwischen den beiden Hälften?

EXPERIMENT 2
1 Befestige die Mitte eines Stabmagneten an einem dünnen Faden!
2 Halte den Faden ruhig in der Hand oder hänge ihn an einer Holzleiste auf! Sorge dafür, dass sich keine Eisenkörper in der Nähe des Magneten befinden!
3 Drehe den Magneten an der Aufhängung in verschiedene Richtungen und lass ihn jeweils wieder los!

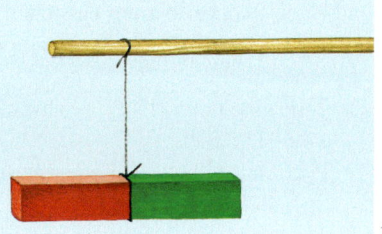

1

Der hier verwendete Stabmagnet dreht sich immer wieder in die gleiche Richtung, die Nord-Süd-Richtung der Erde. Seine rote Hälfte zeigt dabei immer nach Norden. Den Pol, der sich in der roten Hälfte des Magneten befindet und der nach Norden zeigt, nennt man den magnetischen Nordpol. Der gegenüberliegende Pol heißt magnetischer Südpol.

Ein Magnet besitzt immer zwei Pole, einen Nordpol und einen Südpol.

Was geschieht, wenn man zwei magnetische Pole einander nähert?

EXPERIMENT 3
1 Nähere dem Nordpol eines aufgehängten Stabmagneten den Südpol eines weiteren Magneten!
2 Nähere dem Südpol eines aufgehängten Stabmagneten den Nordpol eines weiteren Magneten!
3 Nähere zunächst zwei Nordpole einander, danach zwei Südpole!

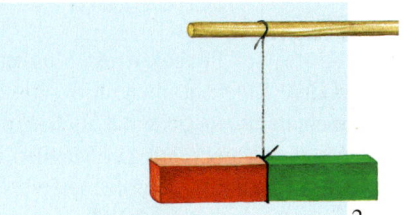

2

Zwischen einem Nord- und einem Südpol treten anziehende Kräfte auf, zwischen zwei Nordpolen bzw. zwei Südpolen abstoßende Kräfte.

Zwischen zwei Magnetpolen können anziehende und abstoßende Kräfte auftreten. Ungleichnamige magnetische Pole ziehen einander an, gleichnamige Pole stoßen einander ab.

Magnetisieren. An einen Pol eines Magneten kann man mehrere Nägel aneinanderhängen. Sie ziehen sich gegenseitig an. Offenbar werden die Nägel in der Nähe des Magneten selbst magnetisch.
Wie kann man erreichen, dass derartige Körper ihren Magnetismus behalten, wenn sie sich nicht mehr im Feld des Magneten befinden?

EXPERIMENT 4
1 Streiche mit einem Pol eines starken Magneten mehrmals in gleicher Richtung über eine Fahrradspeiche oder einen Stahlnagel!
2 Nähere zunächst das eine und dann das andere Ende der Speiche einer drehbar gelagerten Magnetnadel!

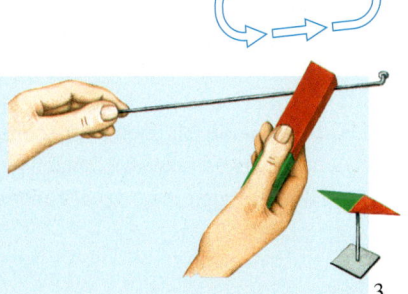

3

Das eine Ende der Speiche zieht den Südpol der Magnetnadel an und stößt den Nordpol ab. Das andere Ende der Speiche zieht den Nordpol der Magnetnadel an und stößt den Südpol ab. Die zunächst unmagnetische Fahrradspeiche ist zu einem Magneten geworden. Sie besitzt einen Nord- und einen Südpol. Warum entstehen bei der Speiche zwei Pole?

EXPERIMENT 5

1 Teile eine magnetisierte Fahrradspeiche mit einem Seitenschneider in zwei Hälften!
2 Prüfe mit einer Magnetnadel die Lage der Pole bei den Hälften der Speiche!
3 Teile eine Hälfte erneut und überprüfe sie wieder auf magnetische Pole!

1

Alle Teile sind vollständige Magnete. Sie besitzen jeweils einen Nord- und einen Südpol.

 Teilt man einen Magneten, haben die Teilstücke immer Nord- und Südpol. Magnetpole treten nie einzeln auf.

ÜBRIGENS

Die Magnetisierung eines Körpers lässt sich rückgängig machen, indem man den Körper stark erhitzt oder stark erschüttert. Deshalb sollte man mit Magneten möglichst vorsichtig umgehen.

Magnetisches Feld

Kräfte auf Probekörper. Magnete ziehen bestimmte Stoffe an. Auch auf andere Magnete üben sie Kräfte aus. Dabei müssen die Körper einander nicht berühren. In dem Kästchen in Bild 2 befinden sich Magnete. Der kleine Kreisel ist ebenfalls ein Magnet. Infolge der abstoßenden Kräfte schwebt der Kreisel über den Magneten im Kästchen.
Eine Magnetnadel zeigt etwa in Nord-Süd-Richtung. Ursache ist der Magnetismus der Erde. Er bewirkt auch auf große Entfernung, dass sich die Magnetnadel ausrichtet.

2

Schwebender magnetischer Kreisel

 Der Raum um einen Magneten hat besondere Eigenschaften: Auf Magnete und magnetisierbare Probekörper werden Kräfte ausgeübt. Einen solchen Raum nennt man ein magnetisches Feld.

Magnetische Feldlinien. An verschiedenen Stellen in der Umgebung eines Magneten richtet sich die Magnetnadel in unterschiedlichen Richtungen aus. Diese Erscheinung kann man dazu benutzen, um das magnetische Feld zu beschreiben.

EXPERIMENT 6

1 Befestige einen großen Stabmagneten horizontal an einem Stativ!
2 Bringe eine kleine Magnetnadel in die Nähe eines Pols des Magneten!
3 Bewege die Magnetnadel schrittweise immer in die Richtung weiter, in die jeweils die eine Nadelspitze zeigt!
   Skizziere den Weg der Magnetnadel um den Magneten!

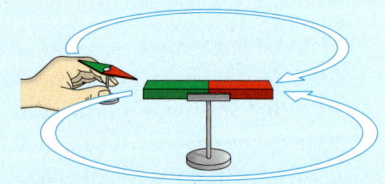

3

Das Feldlinienbild des magnetischen Feldes. Startet man im Experiment 6 an verschiedenen Stellen in der Nähe des Magnetpols, so erhält man mehrere magnetische Feldlinien (Bild 1). Dies nennt man Feldlinienbild. Das Feldlinienbild gibt Auskunft darüber, wie sich eine Magnetnadel an verschiedenen Stellen ausrichtet. Es wurde festgelegt, dass die Feldlinien vom Nordpol zum Südpol verlaufen. Je dichter die Feldlinien in einem Gebiet liegen, umso größer ist die dort auftretende magnetische Wirkung.

Auch wenn die Feldlinien nur an wenigen Stellen gezeichnet sind, kann man aus dem Feldlinienbild erkennen, wie die Kraft an anderen Stellen gerichtet und wie groß ihr Betrag ist. Ein Feldlinienbild stellt die Eigenschaften des magnetischen Feldes vereinfacht dar. Die Feldlinien lassen die Vermittlung von Kräften durch das Feld erkennen.

Die Idee, eine Magnetnadel schrittweise um einen Magneten herumzuführen, stammt von FARADAY. Er hat das Feldlinienbild des magnetischen Feldes entwickelt.

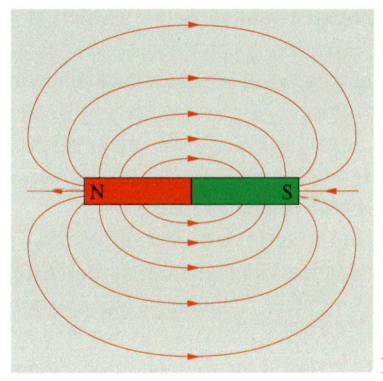

1

Feldlinien um einen Stabmagneten

Das magnetische Feldlinienbild stellt das magnetische Feld vereinfacht dar. Es ermöglicht Aussagen über:
- **die Stärke der magnetischen Wirkung**
- **die Ausrichtung von Magnetnadeln**
- **die Kräfte auf magnetisierbare Probekörper**

Um den Verlauf der magnetischen Feldlinien in der Umgebung eines Magneten zu untersuchen, gibt es eine weitere einfache Methode:

EXPERIMENT 7
1 Lege einen Hufeisenmagneten auf den Tisch!
2 Bedecke ihn mit einer Glasscheibe!
3 Streue Eisenfeilspäne gleichmäßig dünn auf die Scheibe!
4 Klopfe leicht gegen die Glasscheibe!

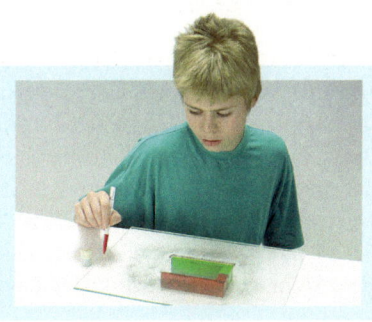

2

Die Eisenfeilspäne bilden lange Ketten, die längs der magnetischen Feldlinien verlaufen (Bild 3). Jeder Eisenspan wird im magnetischen Feld zu einem kleinen Magneten. Er dreht sich wie eine Magnetnadel unter dem Einfluss der magnetischen Kraft. Das Klopfen bewirkt, dass sich jeweils der Nordpol des einen Magneten an den Südpol des benachbarten heranbewegt, wodurch ganze Ketten entstehen (Bild 4).

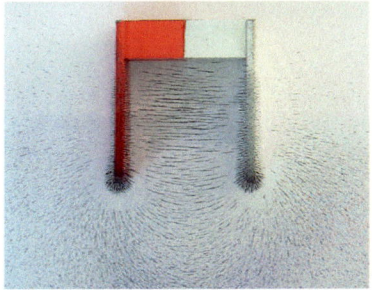

3

Ketten von Eisenfeilspänen

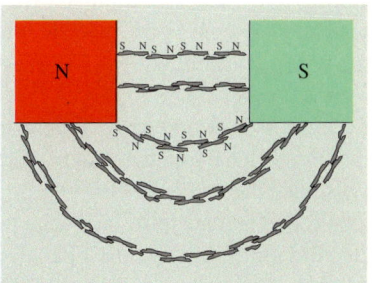

4

Magnetisierung der Eisenfeilspäne

Formen magnetischer Felder. Bild 1 zeigt das Feldlinienbild um einen Hufeisenmagneten. Zwischen den Schenkeln des Hufeisenmagneten verlaufen die Feldlinien parallel zueinander, außerhalb des Magneten jeweils vom Nordpol zum Südpol. Je größer der Abstand zwischen den Feldlinien ist, umso geringer ist die magnetische Kraftwirkung. Damit lässt sich auch veranschaulichen, warum mit zunehmendem Abstand vom Magneten die Kraftwirkung nachlässt.

Bild 2 zeigt den Feldlinienverlauf zwischen zwei plattenförmigen keramischen Magneten. Im mittleren Teil verlaufen die magnetischen Feldlinien parallel zueinander. Die magnetischen Kraftwirkungen sind dort überall gleich groß. Ein solches Feld nennt man ein homogenes magnetisches Feld (Bild 2). Magnetfelder, deren Feldlinien nicht parallel verlaufen, nennt man inhomogene Magnetfelder (Bild 1 auf S. 13).

Das magnetische Feld als Vermittler der Kräfte. Wenn man eine mechanische Kraft übertragen will, so braucht man dazu einen Körper. Bei einem Fahrrad überträgt die Kette die Kraft von den Pedalen zum Hinterrad. Ein Kran überträgt die Kraft auf einen Container mithilfe eines Seils. In einem magnetischen Feld ist das anders. Hier ist kein Körper zum Übertragen der Kräfte erforderlich. Die Kräfte wirken im gesamten magnetischen Feld z. B. auf eine Magnetnadel. Der Raum um einen Magneten hat besondere Eigenschaften. Er vermittelt Kräfte zwischen dem Magneten und Körpern, die sich im magnetischen Feld befinden. Es ist nicht notwendig, dass sich Magnet und Körper berühren.

Die Erde – ein Magnet. Über die geheimnisvolle Kraft der Magnete gibt es viele Geschichten. So erzählen die orientalischen Märchen aus Tausendundeiner Nacht von einem Magnetberg. Schiffe sollen untergegangen sein, weil der Magnetberg alle Nägel aus den Schiffsrümpfen gezogen hat.

Der Seefahrer und Entdecker Christoph Kolumbus glaubte vor vierhundert Jahren noch, dass die Kompassnadel nach Norden zeigt, weil sie vom Polarstern angezogen wird. Heute weiß man:

▶ **Die Erde selbst ist ein riesiger Magnet mit Nord- und Südpol.**

Auch eine Kompassnadel ist ein Magnet. Die ungleichen Pole von Erde und Kompass ziehen sich an. Dadurch wird die Nadel ausgerichtet. Die Magnetpole der Erde liegen nicht genau auf den geografischen Polen, sondern nur in ihrer Nähe. Eine Kompassnadel richtet sich daher nicht exakt in Nord-Süd-Richtung aus. Wenn man der Richtung der Kompassnadel folgen würde, käme man im Norden Kanadas an, Hunderte Kilometer entfernt vom Nordpol. Das Magnetfeld der Erde hat eine Form, wie sie ein Stabmagnet im Erdmittelpunkt hervorrufen würde (Bild 3).

Polarlichter. Das Erdmagnetfeld schützt uns vor energiereichen Teilchen, die aus dem Weltall kommen. Diese Teilchen werden durch das Magnetfeld der Erde abgelenkt und gelangen nicht bis zur Erdoberfläche (Bild 4). An den Polen der Erde kann man die Bahn der Teilchen manchmal beobachten, man sieht sogenannte Polarlichter. In der Erdatmosphäre ist die Spur der Teilchen als Licht zu sehen. Die Polarlichter sind an allen Planeten mit Magnetfeld zu beobachten.

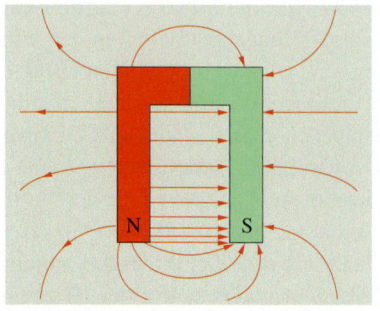

1

Feldlinienbild des Hufeisenmagneten

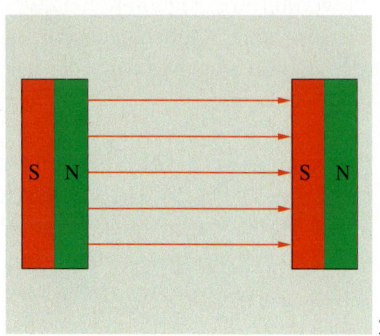

2

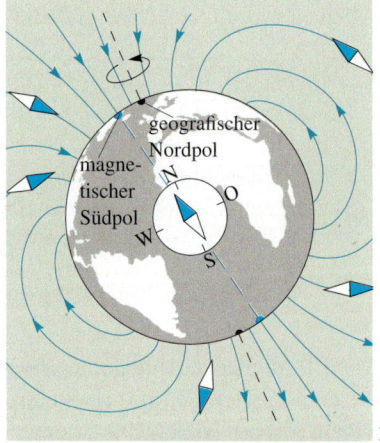

3

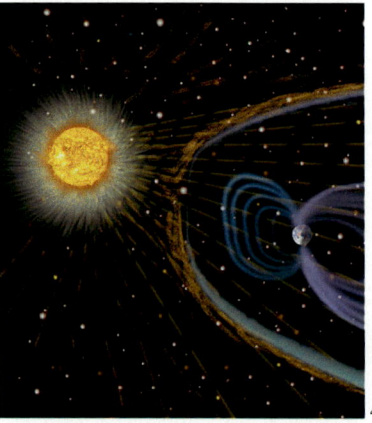

4

LERNSTATION 1

Magnetisch oder nicht?

Du brauchst: Dauermagnet, verschiedene Gegenstände.

Das ist zu tun: Prüfe von mindestens 10 Gegenständen aus deiner Umgebung, ob sie von einem Dauermagneten angezogen werden.

Finde heraus: Aus welchem Material bestehen die Gegenstände, die angezogen werden, und aus welchem die, die nicht angezogen werden? Stelle deine Ergebnisse in einer Tabelle zusammen.

LERNSTATION 2

Geht die magnetische Wirkung durch Dinge hindurch?

Du brauchst: Dauermagnet, Büroklammer, Nähgarn, Karton, Alublech, Holzplatte, Eisenblech, Kupferblech, Glasplatte.

Das ist zu tun: Schiebe nacheinander die Platten aus verschiedenen Materialien zwischen Magnet und Büroklammer.

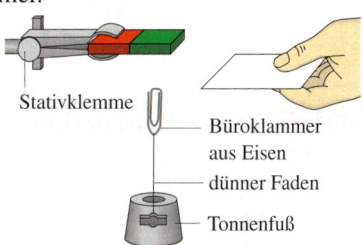

Stativklemme

Büroklammer aus Eisen

dünner Faden

Tonnenfuß

Finde heraus: Bei welchen Materialien kann der Magnet die Büroklammer immer hochhalten? Stelle deine Ergebnisse in einer Tabelle zusammen.

LERNSTATION 3

Zieht ein Stück Eisen einen Magneten an?

Du brauchst: Dauermagnet, Eisenstück, 2 runde Bleistifte.

Das ist zu tun: Lege das Eisenstück auf die Rollen und nähere den Magneten. Tausche danach Magnet und Eisenstück.

Finde heraus:
Stimmt die Aussage: „Nicht nur der Magnet zieht ein Stück Eisen an, sondern auch das Eisen zieht den Magneten an"? Schreibe deine Beobachtungen auf und gib eine Antwort.

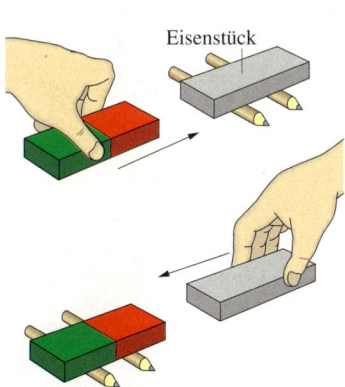

Eisenstück

LERNSTATION 4

Wie weit reicht die magnetische Wirkung?

Du brauchst: Dauermagnet, Lineal, Büroklammer.

Das ist zu tun: Lege eine Büroklammer oder einen kleinen Nagel aus Eisen an den Nullpunkt deines Lineals. Schiebe den Magneten langsam auf den Gegenstand zu.

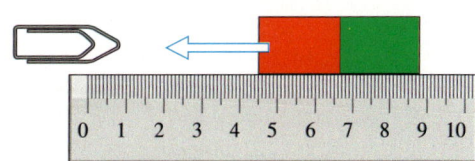

Finde heraus: Notiere den Abstand, bei dem der Gegenstand angezogen wird, auf deinem Ergebnisblatt.

LERNSTATION 5

Wie verhalten sich zwei Magnete, wenn sie zusammenkommen?

Du brauchst: 2 Dauermagnete, 4 runde Bleistifte.

Das ist zu tun: Nähere die „Magnetwagen" mit der gleichen Farbseite. Führe sie dann mit den verschiedenen Farben zusammen.

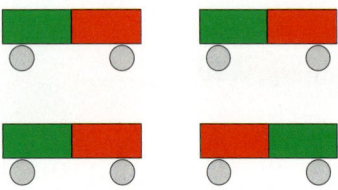

Finde heraus: Schreibe deine Beobachtungen in einer Tabelle auf. Formuliere eine Regel, wie sich die unterschiedlich gefärbten Seiten zueinander verhalten.

LERNSTATION 6

Zieht ein Magnet überall gleich stark an?

Du brauchst: Dauermagnet, Eisennagel, Faden.

Das ist zu tun: Binde einen Nagel an einen Faden. Berühre mit dem Nagel unterschiedliche Stellen des Magneten. Versuche auch die Mitte zu treffen.

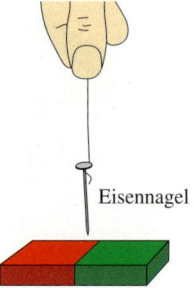

Eisennagel

Finde heraus: Ist die anziehende Wirkung an allen Stellen gleich groß? Notiere.

LERNSTATION 7

Wie wird die magnetische Wirkung durch einen anderen Magneten verändert?

Du brauchst: 2 Dauermagnete, 1-Cent-Münzen.

Das ist zu tun: Hänge so viele Münzen an eine Seite untereinander, wie der Magnet gerade noch halten kann. Nähere einen zweiten Magneten mal mit der gleichen gefärbten Seite und mal mit der anderen.

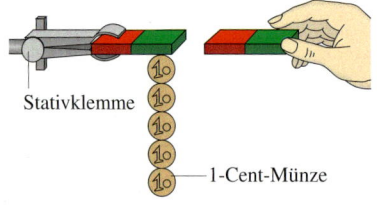

Stativklemme

1-Cent-Münze

Finde heraus: Was passiert, wenn der zweite Magnet in seine Nähe kommt? Notiere deine Beobachtungen. Findest du eine Erklärung?

LERNSTATION 8

Wohin zeigt ein frei hängender Magnet?

Du brauchst: Dauermagnet, Faden, Papier.

Das ist zu tun: Hänge einen Magneten auf. Achte darauf, dass der Magnet weit weg von Eisenteilen schwebt. Lass den Magneten auspendeln, bis er zur Ruhe kommt. Wiederhole das an verschiedenen Stellen des Raums oder auf dem Schulhof.

Finde heraus: Welche Ausrichtung nimmt der Magnet ein? Vergleiche mit der geografischen Nord-Süd-Richtung.

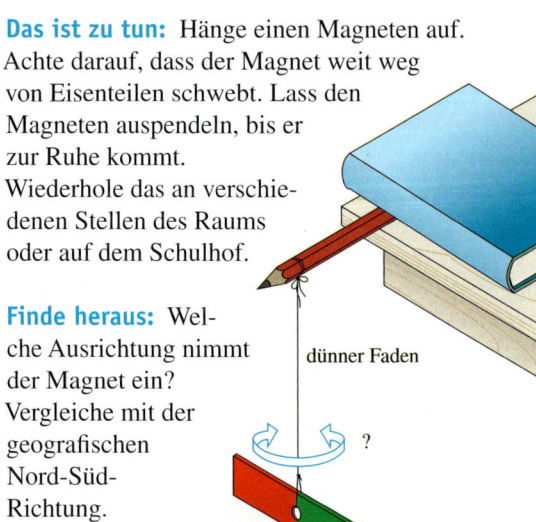

dünner Faden

?

Magnetfeld von Elektromagneten

Magnetfeld stromdurchflossener Leiter. Der dänische Physiker HANS CHRISTIAN OERSTED hat im Jahre 1820 das Magnetfeld eines stromdurchflossenen Drahtes untersucht. Er hatte ihn horizontal ausgespannt. In der Nähe des Drahtes befand sich eine Magnetnadel. Immer dann, wenn durch den Draht ein Strom floss, wurde die Magnetnadel abgelenkt. Hörte der Strom auf zu fließen, so kehrte sie in ihre ursprüngliche Lage zurück (Bild 1).

▶ Ein elektrischer Strom ist von einem magnetischen Feld umgeben.

Den Verlauf der magnetischen Feldlinien kann man wieder mit Eisenfeilspänen untersuchen.

OERSTED demonstriert seine Entdeckung.

EXPERIMENT 8
Ein dicker Kupferdraht wird durch eine Pappscheibe gesteckt, die an einem Stativ horizontal angebracht ist. Auf die Pappscheibe streut man Eisenfeilspäne. Durch den Draht fließt ein starker Strom. Während des Stromflusses klopft man leicht auf die Scheibe.
Um die Richtung der Feldlinien zu bestimmen, führt man anschließend eine Magnetnadel um den stromdurchflossenen Draht herum.

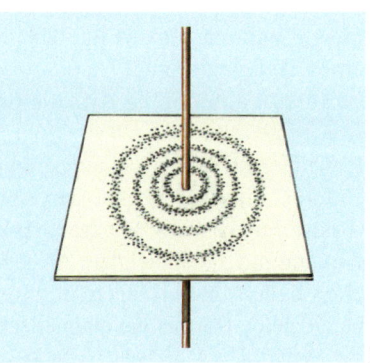

Die Eisenfeilspäne ordnen sich in Form von Kreisen um den Leiter an. Der Draht bildet das Zentrum der Kreise. Bild 3 zeigt das Feldlinienbild um einen stromdurchflossenen Leiter.

▶ Fließt durch einen geraden Leiter ein elektrischer Strom, so bildet sich ein Magnetfeld aus, das durch kreisförmige Feldlinien dargestellt werden kann.

Spulen. Der Hallenser Professor JOHANN S. SCHWEIGGER überlegte sich, wie man die magnetische Wirkung eines stromdurchflossenen Drahtes verstärken könnte: Man müsste den Draht nicht nur über die Magnetnadel halten, sondern ihn einmal um die Magnetnadel herumführen (Bild 4b). Dann würde diese heftiger ausschlagen. Noch besser wäre es, den Leiter mehrfach aufzuwickeln (Bild 4c). Damit hatte SCHWEIGGER die Spule erfunden.

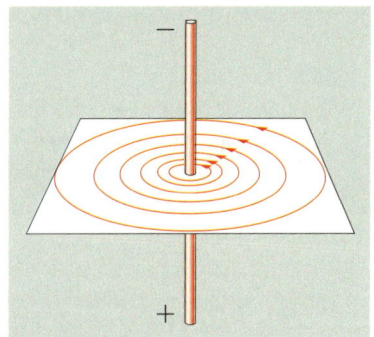

Feldlinienbild eines stromdurchflossenen Leiters

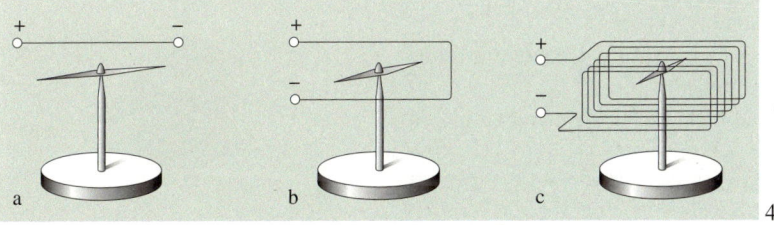

a b c 4

Die Idee der Spule: Die Wirkung des Stromes wird vervielfacht.

Wie verlaufen die Feldlinien in der Umgebung einer Spule?

ÜBRIGENS
Hält man den Daumen der linken Hand in die Stromrichtung (von – nach +), so geben die gekrümmten Finger die Richtung der magnetischen Feldlinien an.

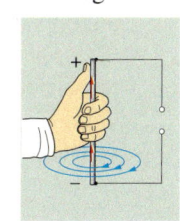

EXPERIMENT 9

1 Schneide in eine Pappscheibe ein rechteckiges Loch, in das eine Spule straff hineinpasst!
2 Schneide einen Pappstreifen aus, der in die Öffnung der Spule hineingeschoben werden kann!
3 Schließe die von der Pappscheibe umschlossene Spule an eine Spannungsquelle an!
4 Streue Eisenfeilspäne auf die Pappscheibe und den Pappstreifen!

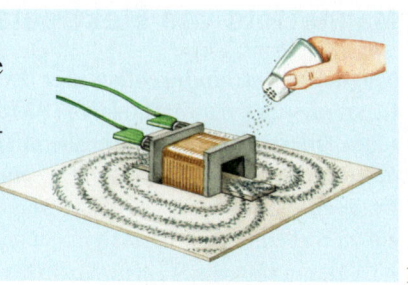

1

Außerhalb der Spule gleicht das Magnetfeld dem eines Stabmagneten. Innerhalb der Spule verlaufen die magnetischen Feldlinien parallel. Sie liegen dort dichter beieinander als im Außenraum (Bild 2).

 Im Außenraum gleicht das Magnetfeld einer Spule dem Magnetfeld eines Stabmagneten.
Im Innern einer Spule tritt ein homogenes Magnetfeld auf.

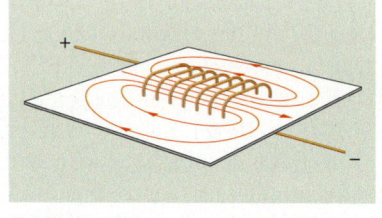

2

Feldlinienbild einer stromdurchflossenen Spule

Je weiter man sich von einem stromdurchflossenen Leiter oder einer Spule entfernt, umso größer ist der Abstand zweier benachbarter Feldlinien (Bilder 2 und 3 auf S. 17). Daran erkennt man, dass die magnetische Kraftwirkung mit zunehmendem Abstand kleiner wird. In unmittelbarer Nähe eines Leiters und im Innern der Spule liegen die Feldlinien am dichtesten beieinander. Dort ist die magnetische Kraftwirkung am größten.

Die Spule als Elektromagnet. Wie kann man erreichen, dass eine Spule einen Eisenkörper möglichst stark anzieht?

EXPERIMENT 10

1 Stelle eine Spule so auf, dass ihre Achse senkrecht verläuft, und schließe sie an eine Gleichspannungsquelle an!
2 Befestige einen Federkraftmesser so, dass er sich über der Spule befindet, und hänge ein kleines Massestück aus Eisen daran. Das Massestück sollte gerade über der Spule hängen und nicht eintauchen.
3 Schalte den Strom ein und vergrößere die Stromstärke durch ansteigende Spannung, beobachte den Federkraftmesser.

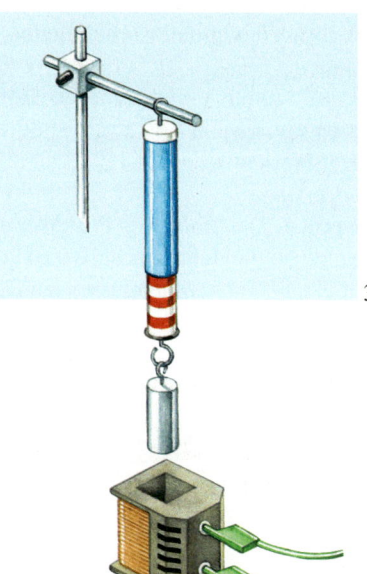

3

Je größer die Stromstärke ist, umso größer ist auch die Kraft, die auf einen Probekörper ausgeübt wird.

EXPERIMENT 11

1 Schalte drei Spulen mit unterschiedlichen Windungszahlen in Reihe und schließe sie an eine Gleichspannungsquelle an!
Durch die Reihenschaltung wird die elektrische Stromstärke in den Spulen konstant gehalten.
2 Untersuche, wie die Windungszahl der Spule die Anziehungskraft auf das Massestück beeinflusst.
3 Untersuche, wie ein Eisenkern in der Spule die Anziehungskraft auf das Massestück beeinflusst.

Je größer die Windungszahl einer Spule ist, umso größer ist auch die Kraft auf einen Probekörper.

> **Die Stärke des magnetischen Feldes einer Spule hängt von der Stromstärke und von ihrer Windungszahl ab. Je größer die Stromstärke und je größer die Windungszahl ist, umso größer ist die Kraft auf einen Probekörper.**

Kran mit Elektromagneten

Das Magnetfeld einer Spule lässt sich verändern oder auch ganz abschalten. Dies ist für viele technische Anwendungen von Bedeutung, z. B. beim Lasthebemagneten (Bild 1). Beim Einschalten zieht er die Eisenrohre an. Schaltet man den Strom aus, so lösen sich die Eisenrohre wieder ab.
Der Lasthebemagnet bei einem Kran besteht nicht nur aus einer Spule, sondern auch noch aus Eisenteilen. Das Eisen vergrößert die Tragkraft des Magneten (Bilder 2 bis 4). Es verstärkt das Magnetfeld.

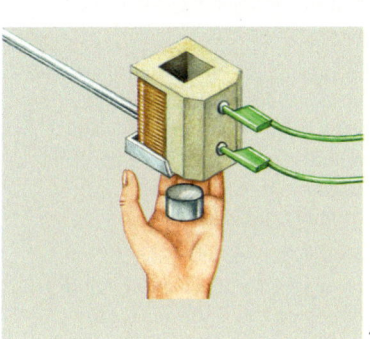

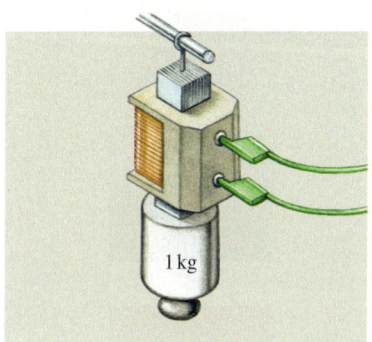

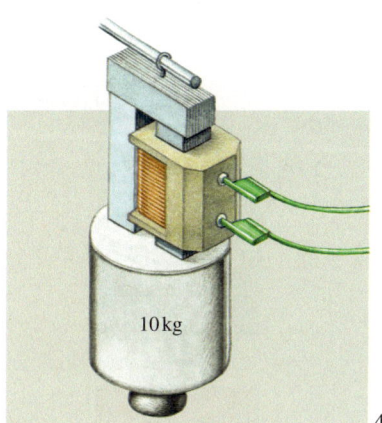

Vergleich Dauer- und Elektromagnet. Ein Elektromagnet besteht aus einer Drahtspule, in der sich ein Kern aus Eisen befindet. Er zeigt magnetische Wirkungen, wenn die Drahtenden an eine Batterie oder ein Netzgerät angeschlossen werden. Elektromagnete und Dauermagnete haben viele gemeinsame Eigenschaften.

Gemeinsamkeiten	Unterschiede	
	Dauermagnet	Elektromagnet
Sie ziehen nur magnetische Stoffe (Eisen, Nickel, Cobalt) an.	Er besteht aus Stahl oder anderen magnetischen Stoffen.	Er besteht aus einer Drahtspule mit einem Eisenkern.
Die magnetische Wirkung ist an den Polen am größten.	Seine magnetische Wirkung ist nicht abschaltbar.	Er wirkt nur bei geschlossenem Stromkreis, ist also abschaltbar.
Sie haben Nord- und Südpol. Gleichnamige Pole stoßen sich gegenseitig ab, ungleichnamige ziehen sich gegenseitig an.	Er lässt sich nicht umpolen, Nordpol bleibt Nordpol.	Er lässt sich durch Vertauschen der Anschlüsse umpolen.
	Mit der Zeit lässt die Stärke nach.	Die Stärke kann verändert werden.

Gleichstrommotor

Aufbau. In vielen elektrischen Geräten und Spielzeugen werden Gleichstrommotoren eingesetzt. Sie bestehen aus einem fest eingebauten Dauermagneten (*Stator*), einer drehbar zwischen den Polen des Dauermagneten gelagerten Spule (*Rotor*) und Schleifkontakten (Kohlestiften). Über zwei Messinghalbringe wird der Gleichstrom zugeführt. Diese sind mit den Enden der Spule verbunden (Bild 1).

Funktion.

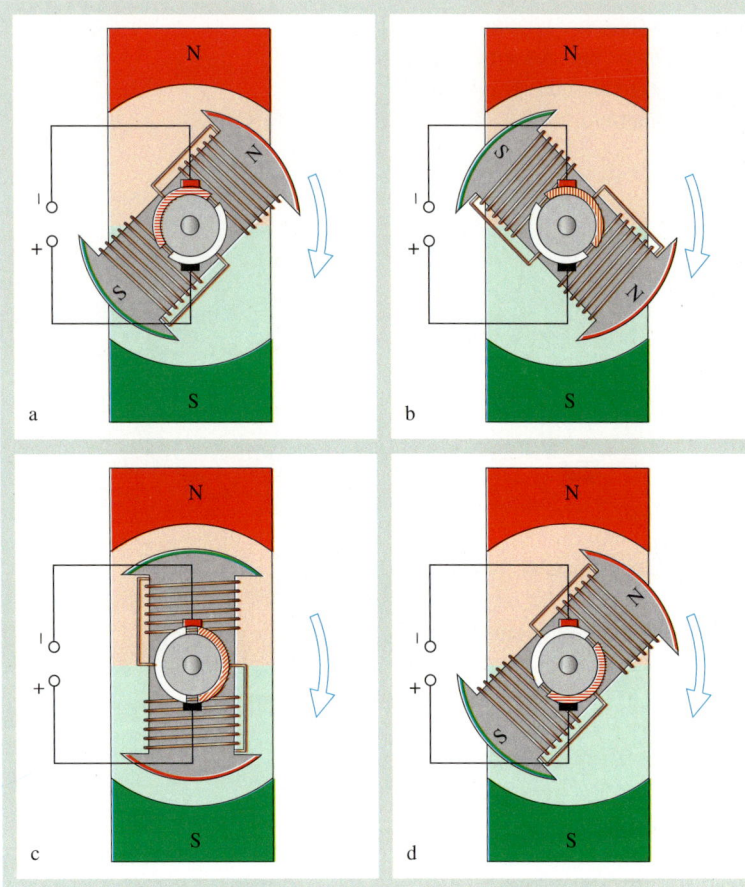

a) Beim Anlegen der Gleichspannung bildet sich um die Spule ein Magnetfeld aus. Stehen sich dabei Nordpol der Spule und Nordpol des Dauermagneten gegenüber, erfolgt eine Abstoßung – die Spule dreht sich ein Stück weiter.

b) Gelangt der Nordpol der Spule in die Nähe des Südpols des Dauermagneten, wird er angezogen. Ohne Umpolung der Stromrichtung und Umkehrung des Magnetfelds würde der Motor stehen bleiben.

c) Zwischen den Messinghalbringen ist eine kleine Lücke. Dadurch liegt an der Spule kurzzeitig keine Spannung an und sie hat dann auch kein Magnetfeld. In diesem Augenblick dreht sich die Spule nur durch den eigenen Schwung weiter.

d) Jetzt sind die Schleifkontakte jeweils mit dem anderen Messinghalbring verbunden. Dadurch ändert sich die Stromrichtung in der Spule. Es wird ein neues Magnetfeld so aufgebaut, dass sich wieder gleiche Pole gegenüberstehen. Es kommt wieder zu einer Abstoßung und die Drehbewegung wird fortgesetzt.

> **Zwischen den Magnetpolen des Dauermagneten und den Magnetpolen einer stromdurchflossenen Spule treten anziehende und abstoßende Kräfte auf. Sie versetzen den Rotor in eine Drehbewegung. Schleifkontakte und Messinghalbringe bewirken eine Umpolung der Stromrichtung und eine Umkehrung des Magnetfelds.**

Die meisten Motoren besitzen anstelle eines einfachen Dauermagneten schalenförmige Magnete. Die Rotorspulen haben mehrere Pole und die Messinghalbringe sind in kleinere Abschnitte unterteilt (Bild 3). Dadurch wird verhindert, dass der Motor in eine Lage gerät, aus der er ohne „Anwerfen" nicht gestartet werden kann.

Mehrpolige Ankerspule eines Motors

Kräfte auf bewegte Ladungsträger im Magnetfeld

In einem Elektromotor fließt ein Strom durch die Rotorspule. Diese befindet sich in einem Magnetfeld. Es kommt zu einer Kraftwirkung zwischen der Spule und dem Magneten. Welche Kraft wirkt auf einen einzelnen stromdurchflossenen Leiter im Magnetfeld?

↑Basiskonzept
Wechselwirkung

EXPERIMENT 12

Ein Kupferstab wird an zwei Drähten zwischen den Polen eines Hufeisenmagneten aufgehängt. Durch diese „Leiterschaukel" wird ein Gleichstrom geschickt. Die Bewegung der Leiterschaukel wird beobachtet. Anschließend wird die Richtung des Stromes geändert.

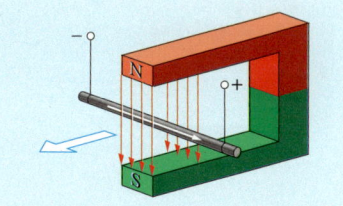

1

Die Leiterschaukel bewegt sich zunächst aus dem Magneten heraus (bei einer Polung wie in Bild 1). Wird die Richtung des Stromes geändert, so bewegt sich die Schaukel in den Magneten hinein.

Befindet sich ein stromdurchflossener Leiter in einem Magnetfeld, so wirkt auf ihn eine Kraft. Sie ist senkrecht zum Leiter und zu den magnetischen Feldlinien gerichtet.

Die Richtung der Kraft kann man mit der 3-Finger-Regel der linken Hand bestimmen. Dazu muss man Daumen, Zeigefinger und Mittelfinger senkrecht zueinander abspreizen. Hält man den Daumen in die Richtung des Stromes (vom Minuspol zum Pluspol der Stromquelle), den Zeigefinger in die Richtung der Feldlinien (vom Nord- zum Südpol), so gibt der Mittelfinger die Richtung der Kraft an (Bild 2).

3-Finger-Regel der linken Hand:
Zeigt der Daumen in die Richtung des Stromes (Ursache) und der Zeigefinger in die Richtung der magnetischen Feldlinien (Vermittlung), so gibt der Mittelfinger die Richtung der Kraft (Wirkung) an.

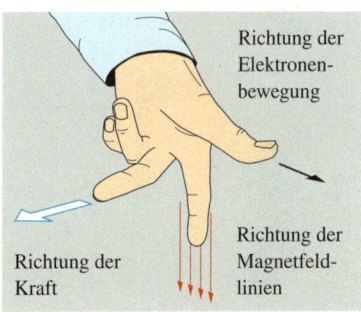

Richtung der Elektronenbewegung

Richtung der Magnetfeldlinien

Richtung der Kraft

2

Zur 3-Finger-Regel der linken Hand

Braunsche Röhre. Die braunsche Röhre besteht hauptsächlich aus einem Glasgefäß, in dem sich ein Vakuum befindet. Von der eingebauten Katode geht ein Elektronenstrahl aus. An der Stelle, wo dieser Strahl auf den Bildschirm trifft, entsteht ein heller Punkt (Bild 3).
Nähert man der braunschen Röhre einen Magneten, so werden die Elektronen senkrecht zu ihrer Bewegungsrichtung und zur Richtung der magnetischen Feldlinien abgelenkt. Hier wirkt die gleiche Kraft wie auf die bewegten Elektronen in der Leiterschaukel (Bild 1). Diese Kraft wurde nach dem niederländischen Physiker HENDRIK ANTOON LORENTZ (1853–1928) benannt.

Die Kraft, die in einem Magnetfeld auf die sich bewegenden Elektronen wirkt, nennt man Lorentzkraft.

Elektrisch geladene Teilchen des Sonnenwindes werden im Magnetfeld der Erde abgelenkt (s. S. 24/25).

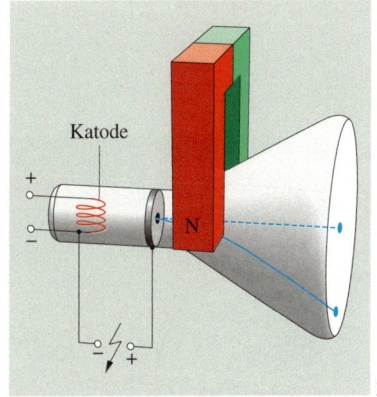

Katode

3

Ablenkung eines Elektronenstrahls in einer braunschen Röhre

Vergleich magnetischer und elektrischer Felder

Magnetisches Feld	Elektrisches Feld

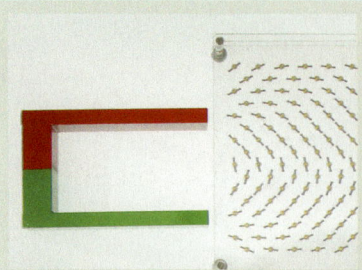

Im Raum um Dauermagnete und stromdurchflossene Leiter werden auf geeignete Probekörper Kräfte ausgeübt (z. B. auf Eisenfeilspäne).

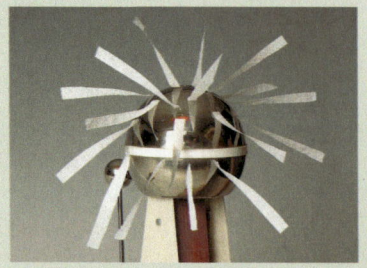

Im Raum um geladene Körper werden auf geeignete Probekörper und Ladungsträger Kräfte ausgeübt (z. B. Papierfähnchen).

Magnetische Felder sind unsichtbar und Träger von Energie.
Sie können mithilfe von Feldlinien sichtbar gemacht werden.

Elektrische Felder sind unsichtbar und Träger von Energie.
Sie können mithilfe von Feldlinien sichtbar gemacht werden.

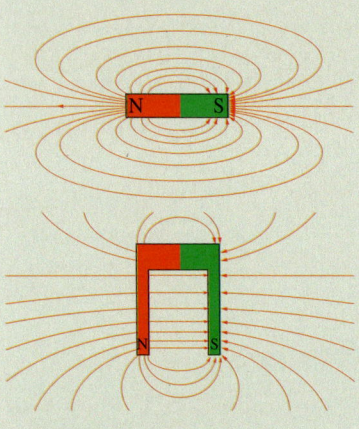

Die Feldlinien sind in sich geschlossene Linien. Die Kraft auf Probekörper ist umso größer, je dichter die Feldlinien beieinanderliegen.

Magnetpole treten immer paarweise auf.

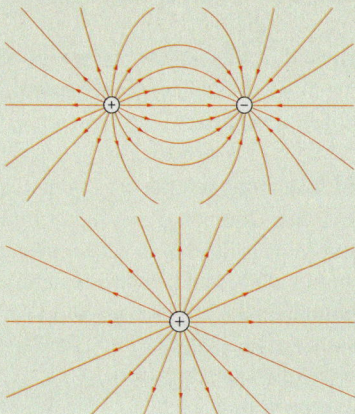

Die Feldlinien verlaufen vom Plus- zum Minuspol. Die Kraft auf Probekörper ist umso größer, je dichter die Feldlinien beieinanderliegen.

Elektrische Ladungen können auch einzeln auftreten.

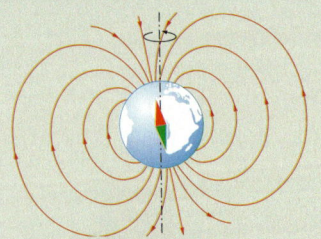

Beispiel: Magnetfeld der Erde; Kompassnadeln richten sich immer in Nord-Süd-Richtung aus.

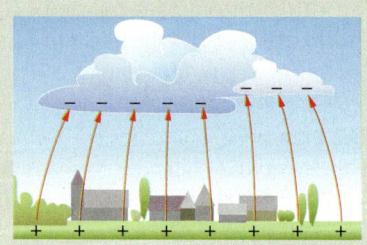

Beispiel: Elektrisches Feld zwischen Wolke und Erdoberfläche, besonders stark bei einem Gewitter

Anwendung: Magnetische Felder treiben Elektromotoren an und ermöglichen die Spannungserzeugung in Generatoren.

Anwendung: Elektrische Felder bewirken die Beschleunigung von Farbtröpfchen beim Lackieren, die Reinigung von Rauchgasen und den Stromfluss in Energiesparlampen.

Dauer- und Elektromagnete im Einsatz

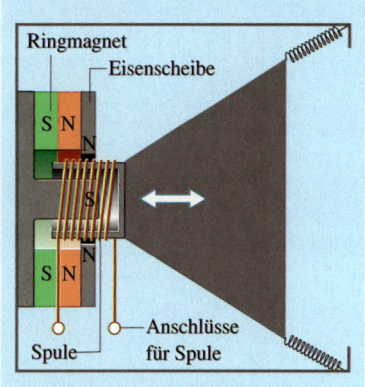

Haftmagnete. Überall dort, wo Gegenstände schnell und sicher auf metallischen Oberflächen befestigt werden sollen, eignen sich Dauermagnete. Der Vorteil dabei: Man kann die Gegenstände leicht wieder entfernen und beschädigt die Oberfläche nicht.

Magnetfolie lässt sich einfach bedrucken. Beschriftungen am Auto lassen sich leicht anbringen und auch wieder entfernen (Bild 1).

Der begrenzte Stauraum an einem Motorrad lässt sich mit einem Tankrucksack erweitern. Mithilfe von Dauermagneten wird er sicher am Tank befestigt (Bild 2).

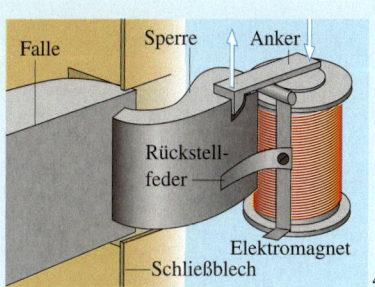

Lautsprecher. Ein Lautsprecher besitzt eine Spule, durch die ein sich ändernder elektrischer Strom fließt. Die Spule befindet sich im Magnetfeld eines starken Dauermagneten (Bild 3). Der Lautsprecher wandelt die im Mikrofon erzeugten Stromschwankungen wieder in Sprache und Musik um. Je nach der Stärke des Stromes wird auf die Spule im Magnetfeld des Ringmagneten eine mehr oder weniger große Kraft ausgeübt. Dadurch bewegt sie sich hin und her und überträgt diese Bewegung auf die große Membran.

Der elektrische Türöffner. Haustüren haben einen elektrischen Türöffner: Drückt man auf einen Taster, dann gibt ein Elektromagnet die Sperre im Schließblech frei. Während dieser Zeit hört man ein Brummen und kann die Tür von außen öffnen. Beim elektrischen Türöffner ist ein Teil des Schließblechs drehbar. Dieses Teil lässt sich aber nur dann drehen, wenn ein Elektromagnet den Anker anzieht (Bild 4).

Lasthebemagnete. In Stahlwerken und auf großen Schrottplätzen werden besondere Kräne eingesetzt, die ihre Last nicht mit einem Greifer oder Haken halten, sondern mit einem Elektromagneten (Bild 5).

Dadurch wird das Aufnehmen und Ablegen von Eisenteilen einfach: Man braucht nur den Strom ein- und auszuschalten. Wie ein Lasthebemagnet aufgebaut ist, zeigt Bild 6. Eine Spule aus dickem Kupfer- oder Aluminiumdraht ist von einem glockenförmigen Gehäuse aus einer speziellen Eisenlegierung umgeben. Fließt ein elektrischer Strom durch die Spule, werden Spule und Gehäuse zu einem starken Magneten. Sobald aber der Spulenstrom ausgeschaltet wird, geht die magnetische Wirkung verloren.

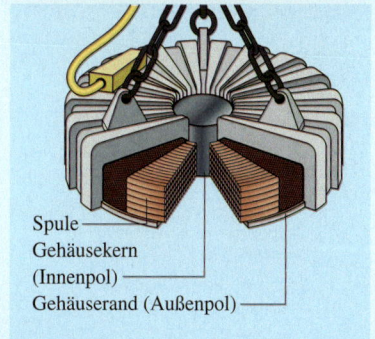

Sonnenwind und Erdmagnetfeld

Als zentrale Energiequelle des Planetensystems versorgt uns die Sonne nicht nur mit elektromagnetischer Strahlung (Licht …), sondern sendet auch einen Strom aus geladenen Teilchen aus (Bild 1). Dieser „Sonnenwind" besteht hauptsächlich aus Elektronen und Protonen und hat eine Geschwindigkeit von 300 bis 800 km/s! Wenn er die Erdoberfläche direkt erreichen könnte, würde er alles Leben auf unserem Planeten gefährden. Ähnlich wie die Strahlung radioaktiver Körper würde die Teilchenstrahlung irreparable Zellschäden anrichten und die genetische Erbsubstanz der Lebewesen verändern. Zum Glück hat die Erde ein Schutzschild: Da sich die geladenen Teilchen des Sonnenwinds nur parallel zu Feldlinien des Erdmagnetfelds

vorwärtsbewegen können – bei senkrechter Bewegung „treten" sie in Kreisbahnen auf der Stelle –, werden sie an der Erde vorbeigelenkt. Allerdings verformt der Sonnenwind das Erdmagnetfeld. Er „staucht" das Magnetfeld vor der Erde auf etwa 10 Erdradien zusammen und „zieht" es hinter der Erde weit in den Weltraum mit. Es bildet sich ein „Schweif" von rund 100 Erdradien Länge. Da der Sonnenwind unregelmäßig „bläst", flattert der Schweif wie eine Fahne im Wind.

Im „Windschatten" der Erde können geladene Teilchen zur Erde zurückströmen. Sie bilden die Plasmaschicht (als Plasma bezeichnet man ein Gas, das zu einem großen Teil aus geladenen Teilchen besteht). Wenn sich mit der Zeit immer mehr Plasma in der Schicht ansammelt, weicht es parallel zu den Feldlinien des Erdmagnetfelds aus und gelangt dabei zu den Magnetpolen der Erde. Da die Feldlinien hier nahezu senkrecht zur Erdoberfläche verlaufen, kann das strömende Plasma bis in die höheren Atmosphärenschichten eindringen. Bei Zusammenstößen mit den Atomen und Molekülen in der Ionosphäre gibt es dabei Energie ab, die diese Teilchen dann als Licht wieder aussenden: Ein Polarlicht entsteht. Seine schnell wechselnden Muster spiegeln letztendlich die Verhältnisse im flatternden Magnetschweif wider.

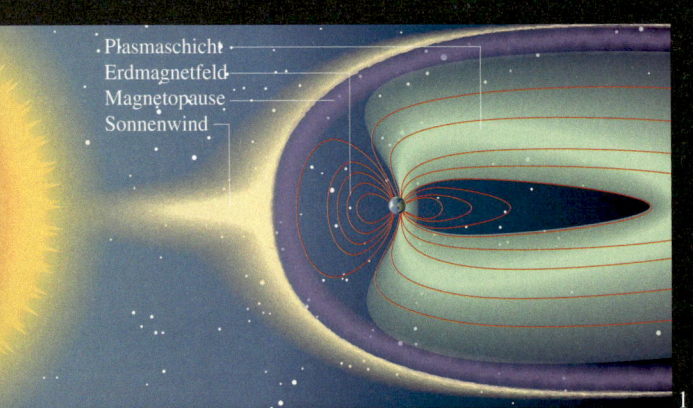

Plasmaschicht
Erdmagnetfeld
Magnetopause
Sonnenwind

Sonnenwind und Erdmagnetfeld

Polarlichter – von der Erdoberfläche und vom Weltraum aus gesehen

Erdmagnetfeld so stark stauchen, dass Kompassnadeln erzittern. Die Polarlichter dringen dann z. B. auf der Nordhalbkugel weiter nach Süden vor, sodass man auch in Deutschland oder den USA in den Genuss dieses spektakulären Himmelsschauspiels kommen kann.

1999/08/05 18:18 1999/08/05 19:42 1999/08/05 21:18
1999/08/05 23:18 1999/08/06 00:42 1999/08/06 02:42 1

Durch die Explosion auf der Sonne wird Plasma ins All geschleudert – eine „Sonnenwindböe" entsteht.

Unter „Weltraumwetter" fasst man alle Phänomene zusammen, die durch die elektromagnetische Strahlung und die Teilchenströme von der Sonne sowie anderen Sternen hervorgerufen werden. Im Internet gibt es dazu „Weltraumwetterberichte" (Bild 2).

Die energiereiche Teilchenstrahlung ist für Astronauten besonders gefährlich: Sie kann die Schutzanzüge einfach durchschlagen. Die Auswirkungen der kosmischen Strahlung auf die Technik sind vielfältig: Sie reichen von einer Störung des Handy- bzw. Rundfunkempfangs bis zur Zerstörung von Satelliten. Geladene Teilchenströme können in den Schaltkreisen der Satelliten durch Induktion Überspannungsschäden hervorrufen. Um dies zu verhindern, werden Satelliten kurz vor dem Eintreffen einer Sonnenwindböe in den Standby-Zustand versetzt: Empfindliche Stromkreise werden abgeschaltet.

1989 haben heftige „Magnetstürme" in den Transformatoren des Kraftwerks von Quebec (Kanada) so große Spannungsänderungen hervorgerufen, dass es zu einer Selbstabschaltung kam. Das Stromnetz brach für neun Stunden zusammen.

Um rechtzeitig auf starke Sonnenwinde reagieren zu können, gibt es u. a. das Solarobservatorium SOHO. Dieser „Wächtersatellit" umkreist die Sonne in 1,5 Millionen Kilometer Entfernung. Er registriert Sonnenausbrüche und meldet sie an die Erde. Für eine Reaktion auf einem Plasmaausstoß bleiben dann einige Tage Zeit.

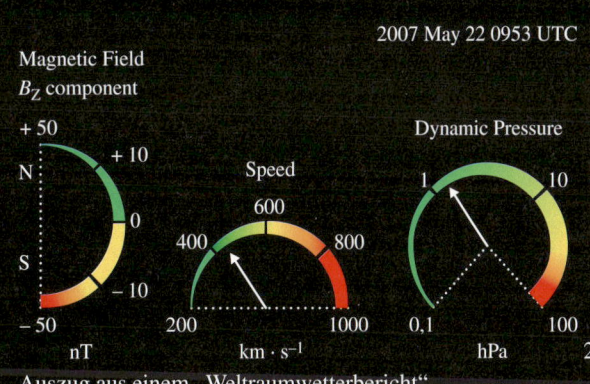

2007 May 22 0953 UTC

Auszug aus einem „Weltraumwetterbericht"

SOHO (Solar and Heliospheric Observatory) 3

So entstand das Relais

Unter einem Relais verstand man früher die Station, an der die Postkutsche ihre Pferde wechselte.

Das Relais im heutigen Sinne wurde aber erst erfunden, als man schon längst nicht mehr mit der Postkutsche reiste, sondern mit der Eisenbahn. Wenn damals von einem Bahnhof ein Zug abfuhr, wurde er auf dem nächsten Bahnhof mit einem Klingelzeichen angekündigt. Man verband dazu einfach eine Batterie auf dem ersten Bahnhof mit einer Klingel auf dem zweiten. Die Leitungen von einem Bahnhof zum anderen waren meist viele Kilometer lang. Wenn man die Batterie nun anschloss, floss in diesem Stromkreis nur ein geringer Strom. Oft war er so gering, dass die Klingel nicht mehr läutete. Eine Lösung dieses Problems fand der englische Physiker CHARLES WHEATSTONE (1802–1875): Von Bahnhof 1 aus wurde nicht mehr unmittelbar die Klingel, sondern nur eine Schaltvorrichtung auf Bahnhof 2 betätigt (Bild 1).

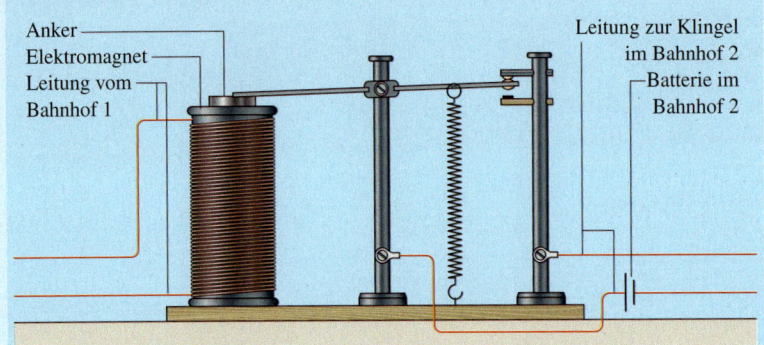

Anker
Elektromagnet
Leitung vom Bahnhof 1

Leitung zur Klingel im Bahnhof 2
Batterie im Bahnhof 2

1

2

Sie funktionierte schon bei einem sehr geringen Strom. Die Schaltvorrichtung schloss dann einen weiteren Stromkreis, den eigentlichen „Klingelstromkreis". Diese Schaltvorrichtung nannte man Relais (Bild 2).

Die ersten Relais wurden nicht nur im Eisenbahnbetrieb, sondern auch in Morsetelegrafen eingesetzt. Das waren recht große Geräte mit mächtigen Spulen. Demgegenüber sind die heutigen Relais winzig.

Trotzdem erkennen wir an ihnen die gleichen Einzelteile wie bei den Relais, die es vor 150 Jahren gab.

Ein Relais ist ein Schalter, der nicht von Hand, sondern mithilfe eines Elektromagneten betätigt wird. Zum Betätigen eines solchen Schalters ist ein zweiter Stromkreis erforderlich.

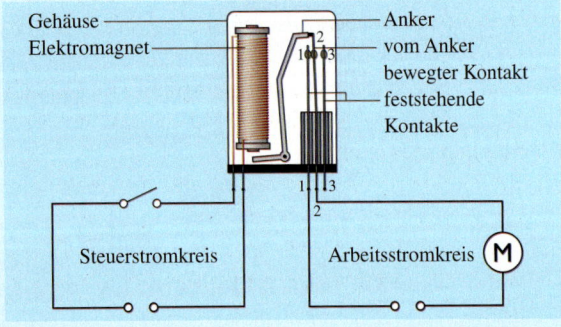

Gehäuse
Elektromagnet

Anker
vom Anker bewegter Kontakt
feststehende Kontakte

Steuerstromkreis

Arbeitsstromkreis (M)

3

Aufgabe

1. Zur Funktionsweise des Relais:
   a) Was geschieht, wenn der Steuerstromkreis von Bild 3 geschlossen wird?
   b) Erkläre die Begriffe Steuerstromkreis und Arbeitsstromkreis.
   c) Was ändert sich, wenn anstelle der Kontakte 1 und 2 die Kontakte 2 und 3 benutzt werden?

Elektromotor

Einen sehr einfachen Elektromotor kann man sich aus dickem Kupferdraht, einem keramischen Magneten und einem Holz- oder Schaumstoffklotz herstellen.

AUFTRAG

1 Umwickelt einen Holz- oder Schaumstoffklotz im Abstand von etwa 10 cm mit zwei dicken Kupferlackdrähten von etwa 90 cm Länge und entfernt an allen Enden auf etwa 3 cm die Isolierung!

2 Führt jeweils das eine Ende seitlich heraus (a). Biegt das andere etwa 10 cm lange Ende vertikal nach oben. Winkelt es am oberen Ende ab, sodass eine Auflage entsteht (b)!

3 Wickelt aus einem 175 cm langen, dicken Kupferlackdraht eine rechteckige Spule von fünfeinhalb Windungen, die Seitenlängen von 8 cm und 6 cm besitzt (c). Winkelt die beiden etwa 5 cm langen Enden in halber Länge der kleinen Rechteckseiten ab, sodass sie in Richtung der Querachse der Spule verlaufen, und legt sie auf die Auflagen!

4 Richtet die Spule durch Nachbiegen des Drahtes so aus, dass sie in jeder Lage liegen bleibt. Entfernt z. B. durch Schaben mit einem Messer die Isolierung am unteren Teil des Drahtes an der Auflagefläche. Haltet dabei die Spule so, dass ihre Öffnungen nach links und rechts zeigen!

5 Legt unter die Spule einen möglichst großen keramischen Magneten, den ihr aus einem alten Lautsprecher ausbauen oder durch Zusammenfügen der Magnete von Türverschlüssen herstellen könnt! Der Nord- oder der Südpol des Magneten soll nach oben zeigen.

6 Verbindet die Anschlüsse (a) des Motors mit einer Gleichspannungsquelle und stoßt die Spule an!

7 Führt euren Motor vor und erläutert seine Wirkungsweise!

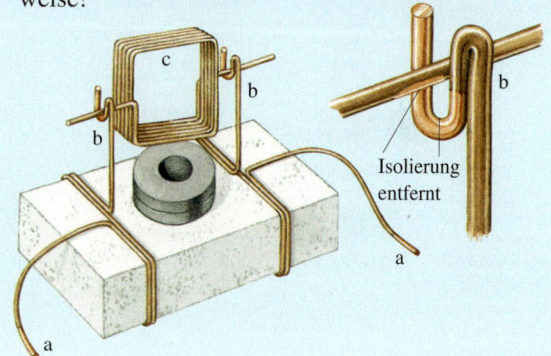

Isolierung entfernt

1

Weißt du es ❓
Kannst du es

1. Es gibt zwei Arten von Magneten: Dauermagnete und Elektromagnete. Vergleiche beide Arten. Nenne Gemeinsamkeiten und Unterschiede.

2. Beschreibe die im Bild 1 der folgenden Seite dargestellten Eigenschaften von Dauermagneten.

3. Zwei Magnete – mal ziehen sie sich an…
   Zeichne die Magnete im Bild 2 auf der folgenden Seite ab und male die „weißen" Magnete mit Farben aus (Rot für Nord, Grün für Süd).

4. Die drei Bilder rechts (Bild 3, folgende Seite) zeigen Experimente mit ähnlichen Ergebnissen. Zeichne die Bilder ab und male die Seiten der Magnete mit Farben aus (Rot für Nord, Grün für Süd).

5. Welche Haushaltsgegenstände enthalten Magnete? Wozu dienen sie?

6. Untersuche, welche Münzen von Magneten angezogen werden! Wozu könnte man das nutzen?

7. Von zwei Fahrradspeichen ist eine magnetisiert. Wie findet man heraus, welche der Magnet ist?

8. Ein Magnet zieht eine Schraube an und hält sie fest. Diese Schraube zieht eine zweite an und hält sie. Erkläre!

9. Gib Möglichkeiten an, wie sich der Feldlinienverlauf um einen Magneten ermitteln lässt!

10. An welchen Stellen sind die magnetischen Felder in den Bildern 1 auf Seite 13 und 1 auf Seite 14 am stärksten?

11. Wovon hängt die Stärke des Magnetfeldes in einer Spule ab? Wie kann man erreichen, dass das Feld möglichst stark ist?

12. Beschreibe den Aufbau und erkläre die Wirkungsweise eines Elektromotors!

13. Ein Kompass, der sich in einem Haus befindet, zeigt nicht immer nach Norden. Erkläre dieses Verhalten.

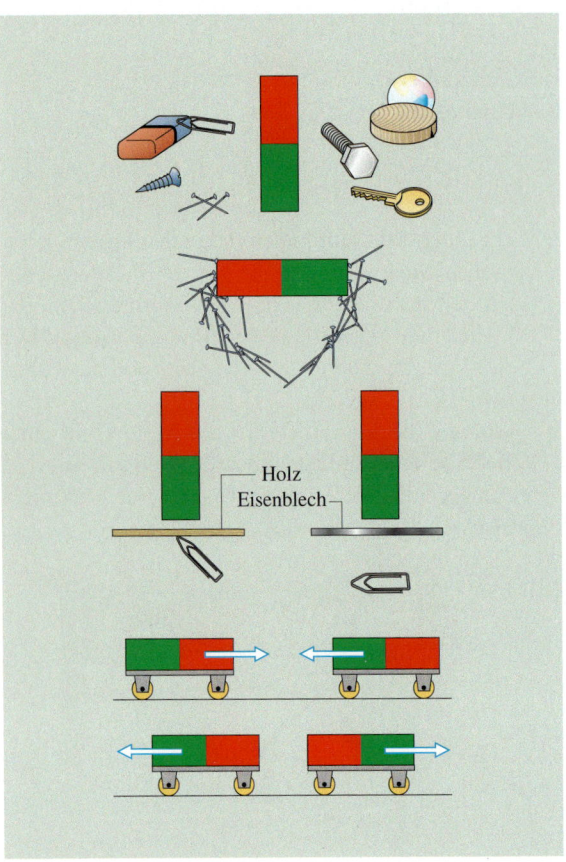

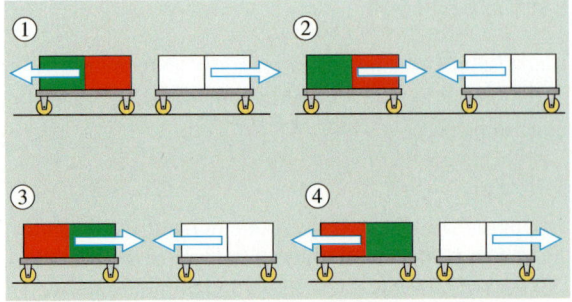

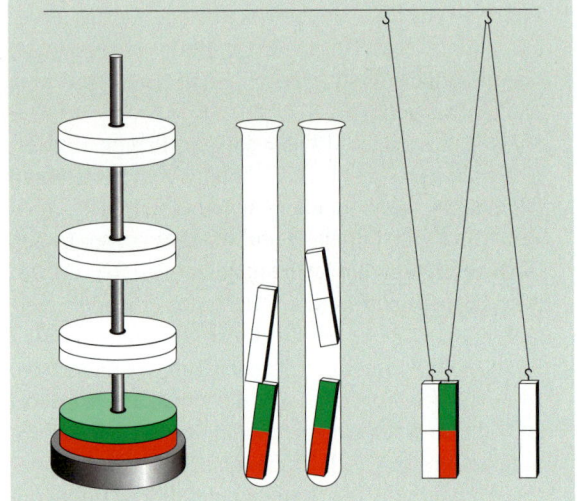

14. Von zwei Stricknadeln ist eine magnetisiert. Wie kann man herausfinden, welche von beiden der Magnet ist?

15. Auf welcher Seite der Fahrradspeiche im Experiment 4 (S. 11) entsteht ein Nord- und auf welcher ein Südpol?

16. Wie kann man prüfen, ob die Gummidichtung an der Tür eines Kühlschrankes einen Magnetgummi enthält?

17. Begründe, dass sich Eisenfeilspäne entlang magnetischer Feldlinien zu Ketten anordnen!

18. Gib Möglichkeiten an, wie sich der Feldlinienverlauf um einen Magneten ermitteln lässt!

19. Bild 4 zeigt das Feldlinienbild eines Hufeisenmagneten. Durch den hängenden Draht fließt ein Strom in der angegebenen Richtung. Gib die Richtung der Kraft an, die auf den Draht wirkt! Wie ändert sich die Richtung der Kraft, wenn die Pole des Magneten vertauscht werden?

20. Begründe, dass für den Kern eines Elektromagneten nur bestimmte Stoffe verwendet werden können! Welche Stoffe sind geeignet?

21. Wie kann man nachweisen, dass die Kräfte, die durch den Magnetismus der Erde bewirkt werden, nichts mit der Gravitation zu tun haben?

22. Erkläre die Ablenkung des Elektronenstrahls in Bild 3 (S. 21) mit der 3-Finger-Regel der linken Hand! Beachte dabei, dass der Daumen in die Richtung des Stromes (Ursache) gehalten werden muss, die Elektronen aber eine negative Ladung tragen!

23. Vergleiche elektrische und magnetische Felder hinsichtlich ihrer Entstehung, ihres Nachweises und ihrer Beschreibung durch Feldlinienbilder!

24. Beschreibe die Gemeinsamkeiten und die Unterschiede zwischen den Feldlinienbildern eines elektrischen und eines magnetischen Feldes!

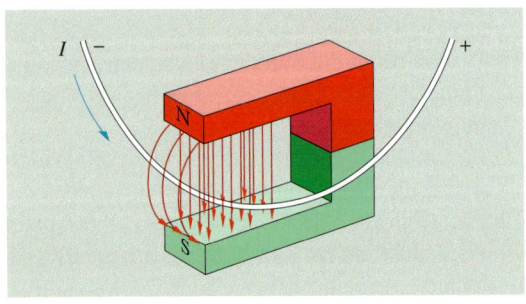

Kurz und knapp

Magnete

Zwischen einem Magneten und Körpern aus Eisen, Nickel, Cobalt und bestimmten keramischen Werkstoffen wirken anziehende Kräfte. Die Stoffe, aus denen diese Körper bestehen, nennt man ferromagnetische Stoffe.

Ein Magnet besitzt einen Nordpol und einen Südpol. An den Polen ist die magnetische Kraft am größten. Ungleichnamige Pole ziehen einander an, gleichnamige Pole stoßen einander ab.

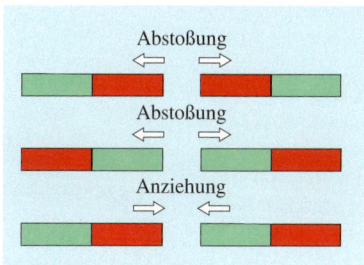

Magnetisches Feld

Im Raum um einen Magneten werden auf Magnete und magnetisierbare Probekörper Kräfte ausgeübt. Einen solchen Raum nennt man ein magnetisches Feld.

Bringt man eine kleine Magnetnadel in ein Magnetfeld, so zeigt ihr Nordpol in Richtung der Feldlinie an diesem Ort. Je dichter die Feldlinien in einem Gebiet liegen, umso größer ist die dort auftretende magnetische Wirkung.

Auch ein elektrischer Strom ist von einem magnetischen Feld umgeben.

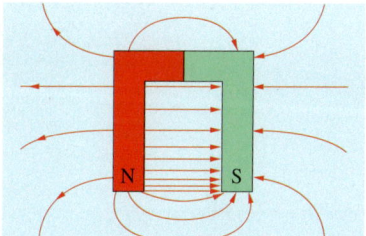

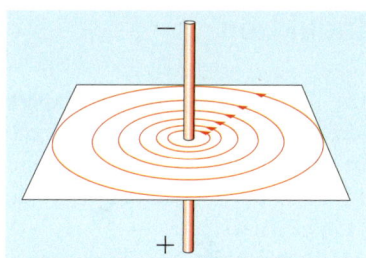

Gleichstrommotor

Zwischen dem Feldmagneten im Gehäuse des Motors und dem Rotor treten anziehende bzw. abstoßende Kräfte auf. Sie versetzen den Rotor in Drehbewegung. Schleifkontakte ändern die Stromrichtung jeweils im richtigen Augenblick.

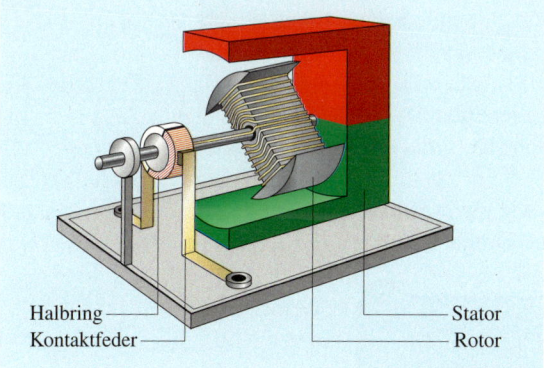

Lorentzkraft

Auf bewegte Ladungsträger wirkt in einem Magnetfeld die Lorentzkraft.

Die Lorentzkraft ist senkrecht zur Bewegungsrichtung der Ladungsträger und senkrecht zu den magnetischen Feldlinien gerichtet.

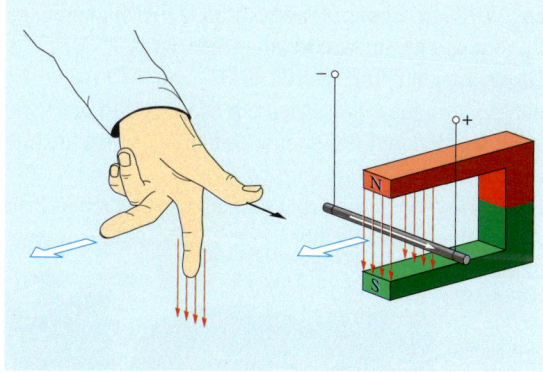

Elektromagnetische Induktion

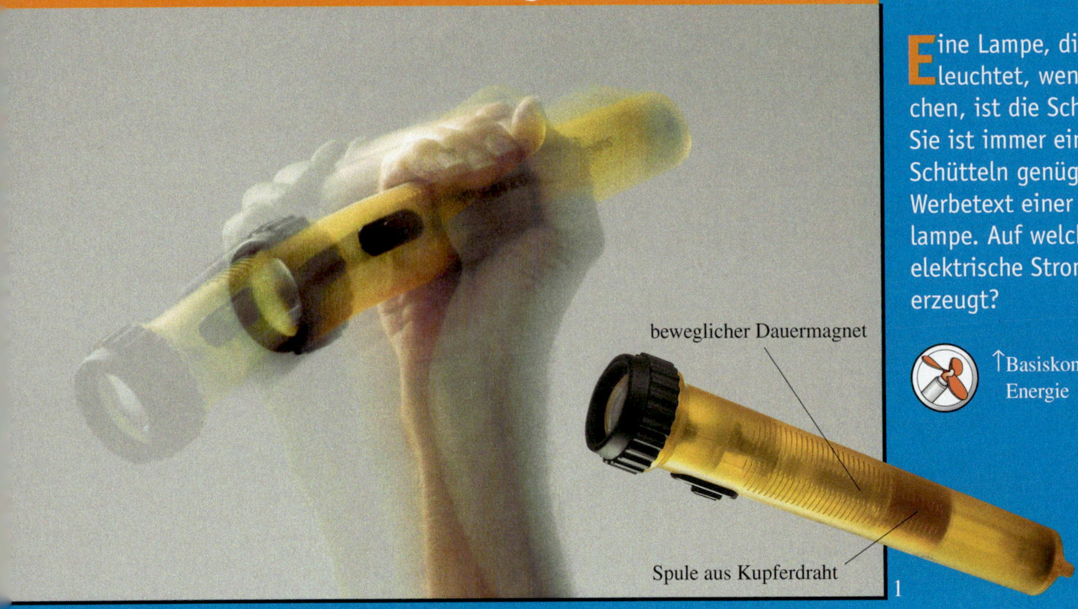

beweglicher Dauermagnet

Spule aus Kupferdraht

1

Eine Lampe, die immer hell leuchtet, wenn wir Licht brauchen, ist die Schüttellampe. Sie ist immer einsatzbereit. Schütteln genügt – so lautet der Werbetext einer solchen Taschenlampe. Auf welche Weise wird der elektrische Strom in der Lampe erzeugt?

↑ Basiskonzept Energie

↑ Basiskon... System

Induktion

Um das oben beschriebene Experiment im Physikunterricht durchzuführen, brauchen wir einen Stabmagneten und eine Spule. Statt der Glühlampe verwenden wir einen empfindlichen Spannungsmesser.

EXPERIMENT 1
1 Verbinde die Anschlüsse der Spule mit den Anschlüssen eines Spannungsmessers!
2 Bewege den Stabmagneten schnell in die Spule hinein!
3 Ziehe den Magneten anschließend wieder aus der Spule heraus!
4 Beobachte jeweils den Zeigerausschlag am Messgerät!

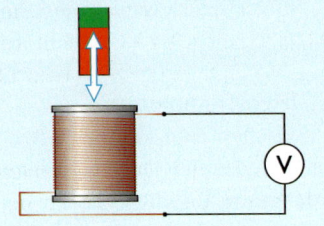

2

Solange der Magnet in Bewegung ist, zeigt das Messgerät eine Spannung an. Wird die Spule auf den ruhenden Magneten geschoben, schlägt der Spannungsmesser wieder aus (Bild 3).

Diese Erscheinung wurde 1831 von MICHAEL FARADAY entdeckt. Er nannte Vorgänge, bei denen ein Magnet und eine Spule gegeneinander bewegt werden und dabei eine Spannung entsteht, Induktion (lat. *inducere:* hineinführen).

Diese Taschenlampe arbeitet nach dem gleichen Prinzip wie die in Bild 1. Allerdings wird hier über einen Hebelmechanismus eine Drehbewegung erzeugt.

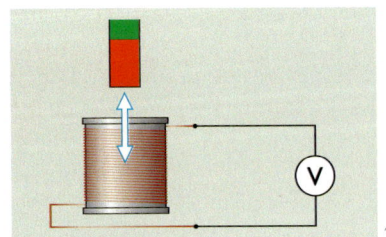

3

4

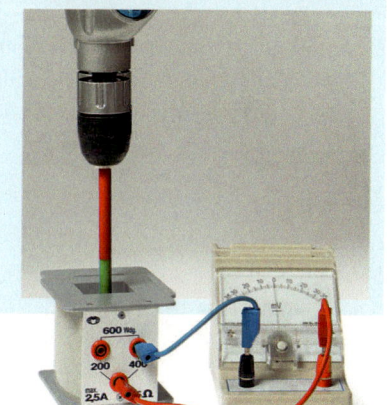

EXPERIMENT 2

Drehe einen Magneten neben einer Spule mit einem Eisenkern (Bilder 1 und 2). Beobachte jedes Mal den Zeiger des Messinstruments.

Während sich der Magnet vor der Spule dreht, schlägt der Zeiger am Messgerät aus. Auch in diesen Fällen wird eine Spannung induziert.

Bewegt man einen Magneten und eine Spule relativ zueinander, so tritt an den Enden der Spule eine Spannung auf. Diesen Vorgang nennt man Induktion, die entstehende Spannung Induktionsspannung U_{ind}.

Führt wirklich jede Bewegung von Spule und Magnet zu einer Induktionsspannung?

1

2

EXPERIMENT 3

Der Magnet wird vor der Spule so befestigt, dass er sich nur um seine eigene Achse drehen kann.
Lass den Magneten in der Spule rotieren und beobachte den Zeigerausschlag am Messinstrument.

3

Bei diesem Experiment ist am Messgerät kein Zeigerausschlag zu erkennen. Trotz der Bewegung des Stabmagneten wird keine Spannung induziert. Der Zeiger bleibt auch in Ruhe, wenn die Spule um ihre Längsachse vor dem Magneten gedreht oder der Magnet innerhalb der Spule um seine Längsachse gedreht wird.

Wird anstelle des Dauermagneten ein Elektromagnet verwendet, führen die gleichen Experimente zu denselben Ergebnissen: Eine Induktionsspannung tritt immer dann auf, wenn ein Magnet gegenüber einer Spule bewegt wird. Bei einer Drehung der Spule oder des Elektromagneten um die Längsachsen wird keine Spannung induziert.

Warum führt die Bewegung von Spule oder Magnet nur bei bestimmten Bewegungen zu einer Induktionsspannung?

EXPERIMENT 4

Wir stellen einen Elektromagneten und eine Spule gegenüber. Beobachte den Zeigerausschlag am Messgerät, wenn
1 der Elektromagnet eingeschaltet wird
2 der Elektromagnet eingeschaltet ist
3 der Elektromagnet ausgeschaltet wird

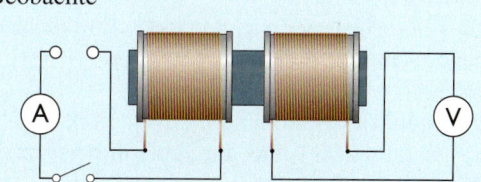

4

Auch ohne die Bewegung von Spule oder Magnet kann eine Induktionsspannung hervorgerufen werden. Aber nur beim Ein- oder Ausschalten
des Elektromagneten ist ein Zeigerausschlag am Messgerät zu erkennen.
Daraus lässt sich schlussfolgern, dass die Änderung des Magnetfeldes die
eigentliche Ursache für das Entstehen einer Induktionsspannung ist.

EXPERIMENT 5
Wir verwenden denselben Versuchsaufbau wie in Experiment 4 und
schalten den Elektromagneten ein. Jetzt ändern wir die Stärke des
Magnetfeldes, indem wir die Stromstärke erhöhen oder verringern.

Solange sich die Stärke des Magnetfeldes ändert, ist ein Zeigerausschlag
zu beobachten.

▶ **Eine Spannung wird induziert, solange sich das Magnetfeld, das die
Spule durchsetzt, ändert.**

Die Bewegung von Magnet oder Spule muss also auch so erfolgen, dass
sich das Magnetfeld in der Spule ändert. Mithilfe der Feldlinien kann die
Änderung des magnetischen Feldes deutlich gemacht werden:

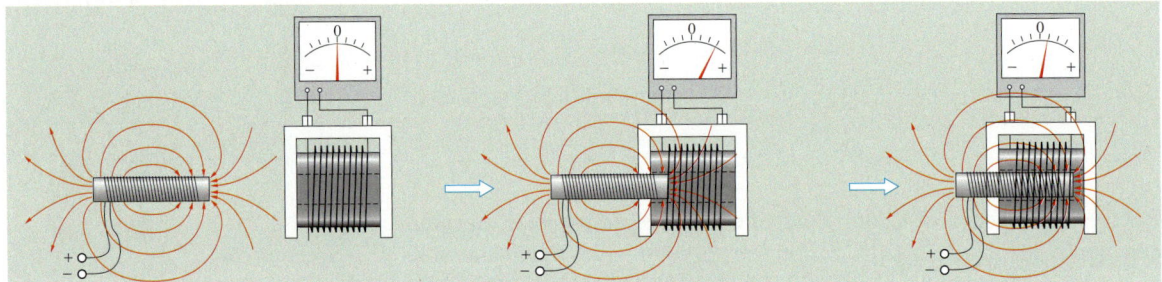

1

Um eine möglichst große Induktionsspannung zu erzeugen, untersuchen
wir, wovon die Stärke der Induktionsspannung abhängt.

EXPERIMENT 6
Finde heraus, wie du eine möglichst große Induktionsspannung erreichen kannst.
1 Verändere die Geschwindigkeit, mit der der Magnet bewegt wird.
2 Verändere die Stärke des Magnetfeldes.
3 Verändere die Windungszahl der Induktionsspule.

Die Induktionsspannung ist besonders groß, wenn sich die Stärke des
Magnetfeldes schnell ändert. Dies kann man durch eine schnellere Bewegung des Magneten oder durch den Einsatz eines stärkeren Magneten bei
gleich schneller Bewegung erreichen.

 **Die Induktionsspannung ist umso größer, je schneller sich die Stärke
des Magnetfeldes, das die Spule durchsetzt, ändert und je größer die
Windungszahl der Spule ist.**

Ursache der elektromagnetischen Induktion

Bei der Induktion kommt es auf die Relativbewegung zwischen Magnet und Spule an: Statt des Magneten kann auch die Spule bewegt werden. Eine Spule besteht aus vielen Windungen bzw. Leiterschleifen. Deshalb müsste eine Induktionsspannung auch dann auftreten, wenn man eine einzelne Leiterschleife durch ein Magnetfeld bewegt.

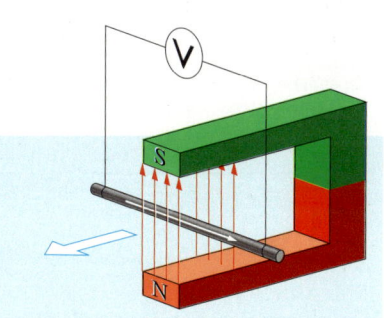

EXPERIMENT 7

1 Verbinde die Enden einer Leiterschleife, die im Feld eines Hufeisenmagneten hängt, mit den Anschlüssen eines Spannungsmessers!
2 Stoße die Leiterschleife an, sodass sie eine schaukelnde Bewegung ausführt, und beobachte den Spannungsmesser!

1

So wie sich die Leiterschaukel hin- und herbewegt, schlägt auch der Zeiger des Messinstruments nach links und rechts aus.

Das Feldlinienbild zeigt, dass sich der untere Teil der Leiterschaukel quer zu den magnetischen Feldlinien bewegt. In der Leiterschaukel befinden sich wanderungsfähige Elektronen. Durch das Hin- und Herschaukeln bewegen sie sich quer zu den Feldlinien. Dabei wirkt auf sie eine Kraft, die senkrecht zur Bewegung und senkrecht zu den Feldlinien gerichtet ist.

In Bild 2 sind die Richtungen der Bewegung, der Feldlinien und des Stromes dargestellt. Die Richtung des Stromes ergibt sich aus der 3-Finger-Regel der linken Hand.

In Bild 1 gibt der Pfeil im Leiter die Richtung des Induktionsstroms für den Fall an, dass sich der Leiter aus dem Hufeisenmagneten herausbewegt.

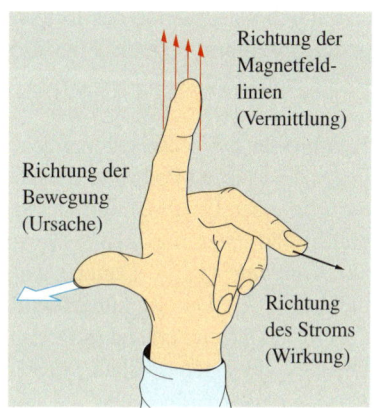

Ermittlung der Stromrichtung

2

Bewegt sich ein Leiter quer zu den magnetischen Feldlinien, so wirkt auf die wanderungsfähigen Ladungsträger im Leiter eine Kraft. Dadurch tritt an den Enden des Leiters eine Induktionsspannung auf.

Wechselstromgenerator

Der Fahrraddynamo wandelt mechanische Energie in elektrische Energie um. In den Elektrizitätswerken wird die mechanische Energie der Turbinen in den Generatoren durch elektromagnetische Induktion in elektrische Energie umgewandelt. Diese Generatoren gleichen im prinzipiellen Aufbau und in der Wirkungsweise dem Fahrraddynamo.

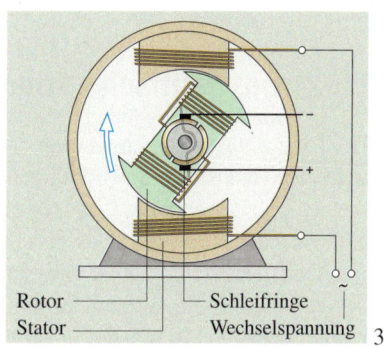

Aufbau des Wechselstromgenerators. Ein Wechselstromgenerator besteht aus einem ruhenden Teil und einem sich drehenden Teil. Das ruhende Teil nennt man Stator (lat. *stare:* stehen), das bewegte Teil Anker oder Rotor (lat. *rotare:* sich im Kreis drehen). Der Stator enthält Induktionsspulen mit Eisenkernen. Der Rotor ist ein großer Elektromagnet, der besonders starke Magnetfelder erzeugen kann.

Aufbau des Wechselstromgenerators

3

Ein Wechselstromgenerator besteht aus ruhenden Induktionsspulen (Stator) und einem sich drehenden Elektromagneten (Rotor).

 ↑Basiskonzept System

 ↑Basiskonzept Wechselwirkung

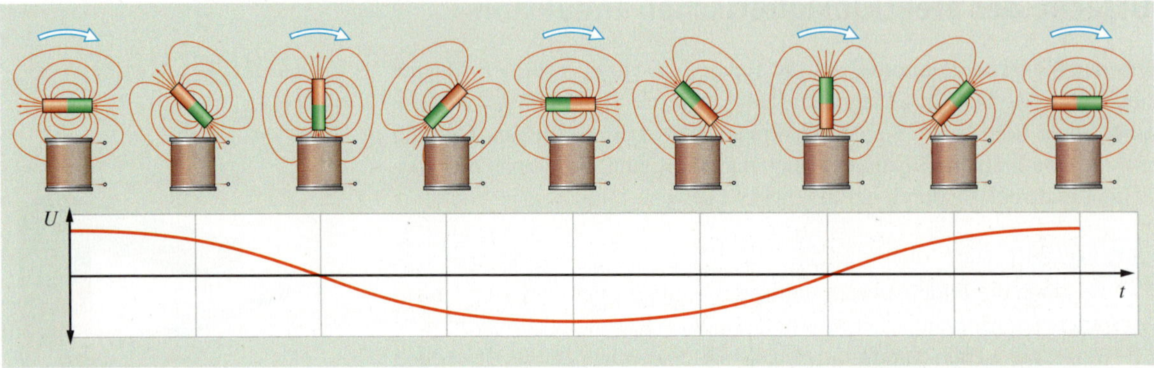

1

Wirkungsweise des Wechselstromgenerators. Der Rotor hat ein konstantes Magnetfeld. Das von den Statorspulen umfasste Magnetfeld ändert sich durch die Rotation des Rotors ständig; die Stärke des umfassten Magnetfeldes nimmt periodisch zu oder ab (Bild 1). Dadurch wird eine Wechselspannung induziert.

Kenngrößen. Wechselspannungen, wie sie in einem Generator entstehen, liegen auch an den Polen der Steckdose an. Man kann den zeitlichen Verlauf mithilfe eines Oszillografen sichtbar machen. Die Spannung wächst von null bis auf einen maximalen Wert an. Man bezeichnet diesen Spitzenwert als *Amplitude* (y_{max}). Danach sinkt der Wert der Spannung wieder auf null (Bild 2). Die Richtung ändert sich. Die Spannung sinkt bis zum negativen Spitzenwert und steigt dann wieder auf den Betrag null an (Bild 3). Die Zeit für einen solchen vollständig durchlaufenen Zyklus nennt man *Periodendauer T*.

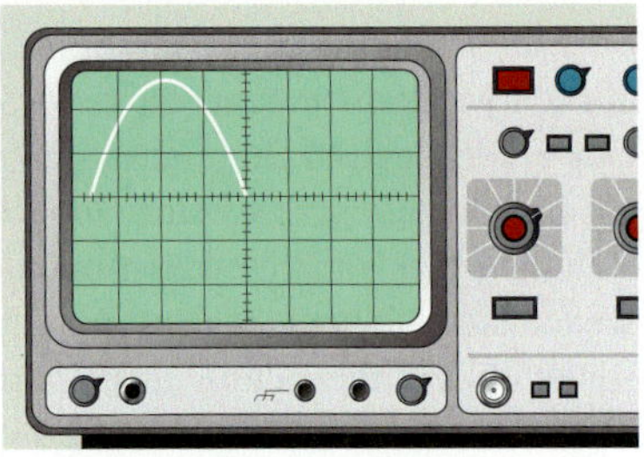
2

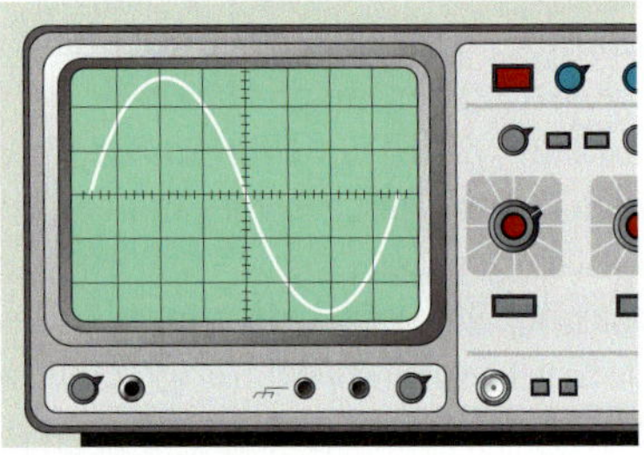
3

Die Wechselspannung in unserem Energieversorgungsnetz erreicht in einer Sekunde 50-mal ihre positive und ihre negative Amplitude. Man sagt, die *Frequenz f* der Wechselspannung beträgt 50 Hertz (50 Hz).

Aus der **Technik**

Elektrodynamische Mikrofone

Bei Liveveranstaltungen werden oft elektrodynamische Mikrofone eingesetzt. Sie sind robust und benötigen keine eigene Energieversorgung.
Aus energetischer Sicht wandeln elektrodynamische Mikrofone Schall in elektrische Energie um. Das geschieht mithilfe einer dünnen Kunststoffmembran, die vom Schall hin- und herbewegt wird. Sie ist mit einer beweglichen Spule verbunden, die in das Feld eines Dauermagneten eintaucht (Bild 4). Man spricht daher auch von „Tauchspulmikrofonen". Wenn der Schall die Membran und damit die Spule in Schwingungen versetzt, wird in der Spule eine Wechselspannung induziert. Die Induktionsspannung ändert sich im Rhythmus der Membranschwingungen und stellt ein elektrisches „Abbild" von Sprache und Musik dar.

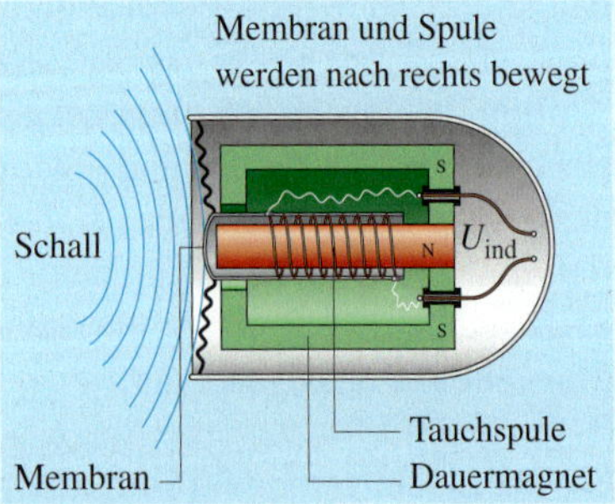

4
Tauchspulmikrofon

Generatoren in Kraftwerken

1

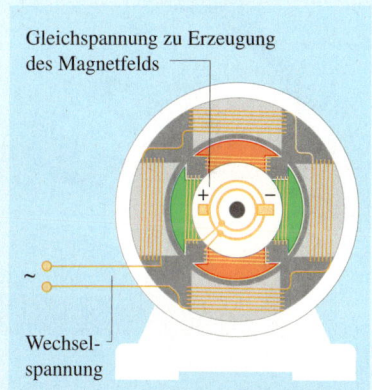
2

Stabilität der Netzfrequenz

Die Generatoren in Kraftwerken erzeugen Ströme mit riesigen Stromstärken. Die Stromstärke in einem 1200-MW-Generator mit einer Spannung von 20 kV beträgt insgesamt 60 000 A. Um den Rotor mit einer entsprechend großen Kraft zu drehen, wird Wasserdampf unter hohem Druck auf die Schaufeln einer Turbine (Bild 1) geleitet.

Die Frequenz des Wechselstromes muss dabei in sehr engen Grenzen konstant gehalten werden, sie darf von der vorgeschriebenen Frequenz von 50 Hz nur kurzzeitig mehr als 0,02 Hz abweichen. Denn verschiedene Kraftwerke speisen ihre Energie in dasselbe Netz ein. Der von ihnen erzeugte Strom muss stets zugleich „in dieselbe Richtung fließen". Kraftwerke werden deshalb sofort automatisch vom Netz genommen, wenn sich die Frequenz ihres Wechselstromes zu stark von 50 Hz unterscheidet. Die Umlauffrequenz des Generator-Rotors muss genau zu der Netzfrequenz passen. Deshalb dreht sich der Rotor im Generator eines Wärmekraftwerkes, der von einer Dampfturbine angetrieben wird, genau 50-mal in der Sekunde oder 3 000-mal in der Minute. So schnell können aber die Turbinen von Wasserkraftwerken nicht laufen. Mit einem Trick wird in diesen Kraftwerken erreicht, dass der erzeugte Strom trotzdem eine Frequenz von 50 Hz hat: Wenn der Rotor nicht ein „Stabmagnet" mit einem Nord- und einem Südpol ist, sondern zwei Paare von Polen hat (Bild 3), ist bereits nach einer halben Umdrehung die Ausgangssituation wieder erreicht. Je mehr Polpaare der Rotor des Generators hat, umso langsamer darf sich die Turbine drehen.

Gleichspannung zu Erzeugung des Magnetfelds

~ Wechsel-spannung

3

4

Induktionsspulen eines Schnellläufers

5

Induktionsspulen eines Langsamläufers

Informationsspeicher Festplatte

Festplattenlaufwerke (*Hard Disc Drive, HDD*) dienen z. B. im Computer zur Speicherung großer Datenmengen (Bild 1). Die Festplatten sind Aluminiumscheiben, die mit einer sehr dünnen Schicht aus einer Eisenlegierung überzogen sind. Diese Legierung hat die Eigenschaft, dass sie – einmal magnetisiert – ihre Magnetisierung lange behält, wenn sie nicht erneut in ein Magnetfeld gelangt.

Um Daten speichern zu können, werden sie zunächst in veränderliche elektrische Ströme umgewandelt. Diese erzeugen mithilfe des Schreib-Lese-Kopfs, im Prinzip ein kleiner Elektromagnet aus Spule und Kern, unterschiedlich starke Magnetfelder (Bild 2). Der Schreib-Lese-Kopf wird über die sehr rasch rotierende Aluminiumscheibe (bis zu 15 000 Umdrehungen pro Minute!) bewegt, sodass immer andere winzige „Zellen" der Legierungsschicht magnetisiert werden – entweder in die eine Richtung oder entgegengesetzt dazu. Die magnetisierten Zellen ergeben Muster, in denen die ursprünglichen Daten stecken. Die Magnetmuster sind nur wenige Tausendstelmillimeter groß (Bild 3). Beim „Lesen" der Daten wird der Schreib-Lese-Kopf wieder über die rotierende Aluminiumscheibe geführt (Bild 4). In seiner Spule wird durch das ständig wechselnde Magnetfeld eine veränderliche Spannung induziert. Die Spannungsschwankungen enthalten die zuvor gespeicherten Informationen.

Je nach Magnetisierungsrichtung entspricht eine Zelle den Zahlen 0 oder 1 und stellt damit die kleinste Informationseinheit dar: ein „Bit". Die Buchstaben, Ziffern und Sonderzeichen eines Textes werden durch größere Informationseinheiten dargestellt. So ordnen z. B. viele Textverarbeitungsprogramme jedem Zeichen eine 8-stellige Dualzahl zu, die in acht zusammengehörenden Zellen magnetisch gespeichert wird. *Beispiel:* A entspricht im ASCII-Kode der Dualzahl 01000001. Jedes Zeichen belegt dann ein „Byte" an Speicherplatz auf der Festplatte. Für Bilder sind oft mehrere Hundert oder Tausend Bytes (Kilobytes, kB) erforderlich, bei hochaufgelösten Fotos einer Digitalkamera sind es sogar einige Millionen Bytes (Megabytes, MB). Moderne Festplatten besitzen einen Speicherplatz von mehreren 100 Milliarden Bytes (Gigabytes, GB).

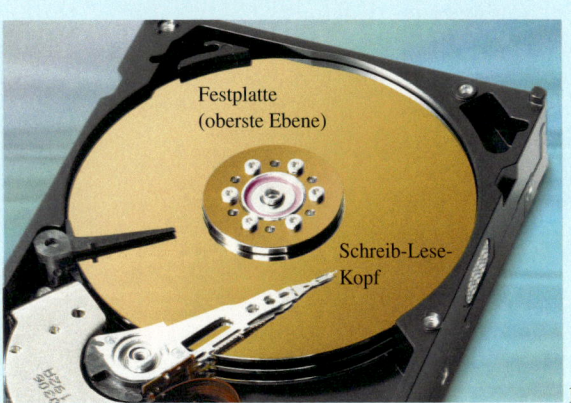

Festplattenlaufwerk   1

Speichern von Daten (Prinzip)   2

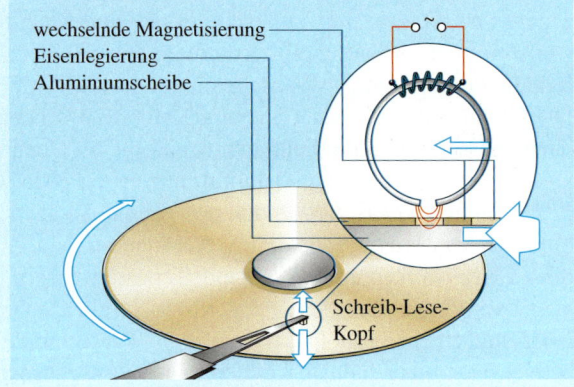

Magnetisierte Zellen auf der Festplatte   3

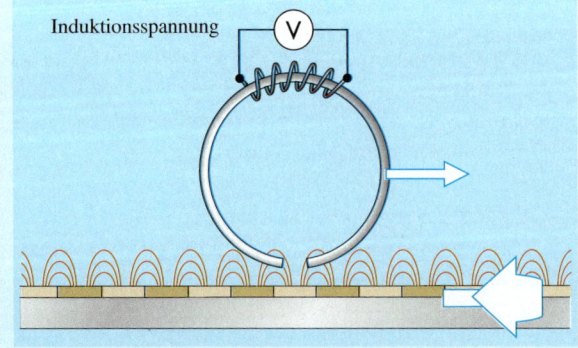

Lesen von Daten (Prinzip)   4

Weißt du es ? Kannst du es

1. Bei welchen der folgenden Bewegungen wird eine Spannung induziert? Gib jeweils eine Begründung! Eine Spule wird
   a) in einem homogenen Magnetfeld parallel zu den Feldlinien verschoben (Bild 1a)
   b) in ein homogenes Feld hineinbewegt (Bild 1b)
   c) aus einem homogenen Magnetfeld herausbewegt (Bild 1c)
   d) innerhalb eines homogenen Feldes quer zu den Feldlinien verschoben (Bild 1d)
2. Eine Spule befindet sich neben einem Elektromagneten (Bild 2). In welchen Fällen wird in der Spule eine Spannung induziert? Erkläre!
   a) Der Stromkreis des Elektromagneten wird geschlossen.
   b) Im Stromkreis fließt ein konstanter Strom.
   c) Der Stromkreis wird geöffnet.
3. Beschreibe den Aufbau und erkläre die Wirkungsweise eines Wechselstromgenerators!
4. In der Technik werden Generatoren als Innenpolmaschinen gebaut. Recherchiere im Internet, was man unter Innenpolmaschinen versteht. Welche Vorteile bietet diese Bauart?
5. Welche Energieumwandlungen treten in einem Wechselstromgenerator auf?
6. Beim Bremsen von Straßenbahnen wird der Motor von der Oberleitung getrennt und mit einem Widerstand verbunden. Der Motor arbeitet dann als Generator. Wie kommt die Bremswirkung zustande?
7. Ein Magnet wird in eine Spule hineingeschoben. Wovon hängt die Induktionsspannung ab? Wie ändert sich die Induktionsspannung, wenn statt des einen Magneten drei Magnete verwendet werden, die mit gleichen Polen aufeinanderliegen?
8. Wie kann man durch Induktion eine Spannung erzeugen, ohne Spule und Magnet zu bewegen?
9. Einem Generator muss Energie zugeführt werden. Welche Energieformen werden in der Technik genutzt, um die Generatoren anzutreiben?
10. Auf der Seite 30 haben wir eine batterielose Taschenlampe vorgestellt. Erkläre, wie die Spannung beim Schütteln entsteht.

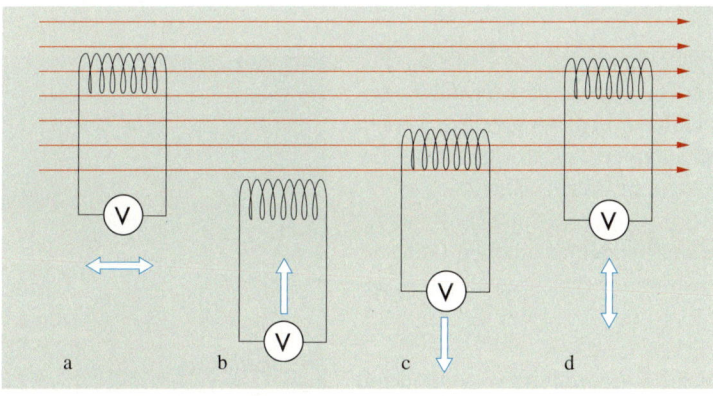

a   b   c   d   1

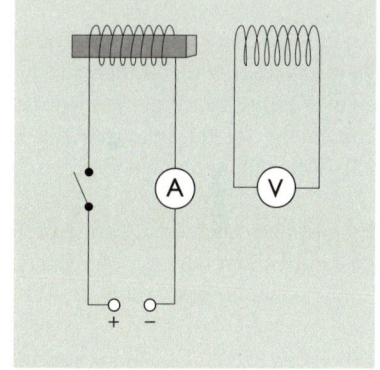

2

Kurz und knapp !

Induktionsgesetz. In einer Spule wird eine Spannung induziert, solange sich das Magnetfeld, das die Spule durchsetzt, ändert. Die Induktionsspannung ist umso größer, je schneller sich die Stärke des Magnetfeldes ändert und je größer die Windungszahl der Spule ist.

Wechselstromgenerator. Ein Wechselstromgenerator besteht aus einem Magneten (Rotor), der sich zwischen den Induktionsspulen (Stator) dreht. Dabei ändert sich das Magnetfeld, das die Spule durchsetzt, ständig und es wird eine Wechselspannung induziert.

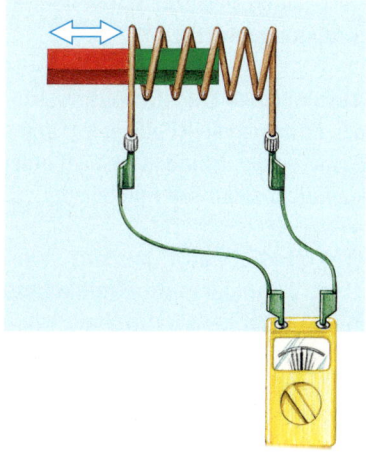

Transformator

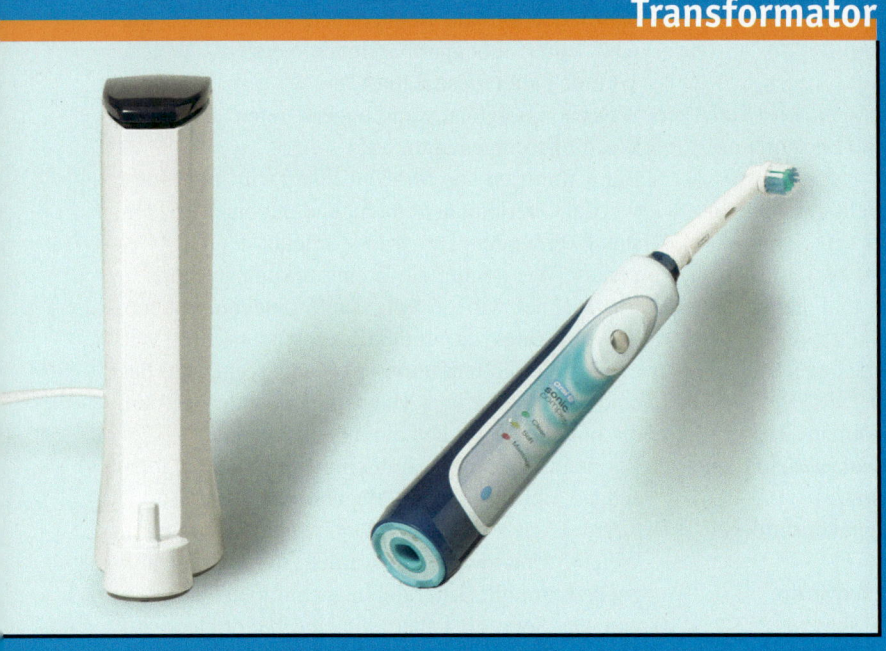

Stellt man eine mobile Zahnbürste in die Basis, so wird ihr Akku aufgeladen. Es muss also von außen elektrische Energie in das Gerät geleitet werden. Bei modernen Akkuzahnbürsten sucht man allerdings umsonst nach Zuleitungen und Kontakten. Wie funktioniert die Energieversorgung?

Trafo

2
Geöffnetes Netzteil

Aufbau eines Transformators

An unseren Steckdosen liegt eine elektrische Spannung von 230 V an. Für viele Zwecke, wie z.B. den Betrieb einer Halogenlampe oder das Laden eines Handys, benötigt man jedoch viel kleinere Spannungen. Sie werden von einem Netzteil bereitgestellt. Es enthält einen Transformator, der die 230-V-Spannung in eine niedrige Spannung umwandelt (Bild 2).

Es gibt aber auch Transformatoren, die die Spannung erhöhen (Bild 3): In Kraftwerken wird für den Energietransport in Fernleitungen die Spannung bis auf 400 kV erhöht.

Die Experimente zur Induktion bei ruhenden Anordnungen wurden mit Gleichspannung durchgeführt. Beim Ein- und Ausschalten des Elektromagneten wurde jeweils in einer Spule eine Induktionsspannung erzeugt, weil sich die Stärke des Magnetfeldes änderte.
Auch wenn man durch einen Elektromagneten einen Wechselstrom fließen lässt, ändert sich sein Magnetfeld. Diese Erscheinung wird in einem Transformator genutzt.

Aufbau eines Transformators. Ein Transformator besteht aus zwei Spulen: der Primärspule (Feldspule) und der Sekundärspule (Induktionsspule). Beide Spulen befinden sich auf einem gemeinsamen Eisenkern (Bild 4). Sie sind nicht elektrisch miteinander verbunden.

 Ein Transformator besteht aus einer Primärspule (Feldspule) und einer Sekundärspule (Induktionsspule), die sich auf einem geschlossenen Eisenkern befinden.

Hochspannungstransformator 3

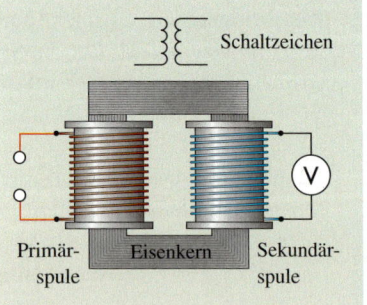

Schaltzeichen

Primär-spule   Eisenkern   Sekundär-spule

4
Transformator

Wirkungsweise des Transformators

An die Primärspule muss eine Wechselspannung angelegt werden. Damit erzeugt die Primärspule ein Magnetfeld. Bei einer Wechselspannung ändern sich Stromstärke und Spannung ständig. Aus diesem Grund verändert sich auch das Magnetfeld der Primärspule ständig.

↑Basiskonzept System

↑Basiskonzept Energie

Um die Wirkungsweise des Eisenkerns zu verdeutlichen, kannst du folgendes Experiment durchführen:

EXPERIMENT 1
1 Lege an eine Spule (Primärspule) eine Wechselspannung an und verbinde eine andere Spule (Sekundärspule) mit einer Glühlampe. Beobachte bei jedem weiteren Schritt die Glühlampe.
2 Lege beide Spulen nebeneinander.
3 Stecke einen Eisenkern in die Spulen.
4 Stecke beide Spulen auf einen U-Kern.
5 Vervollständige den U-Kern zu einem geschlossenen Eisenkern.

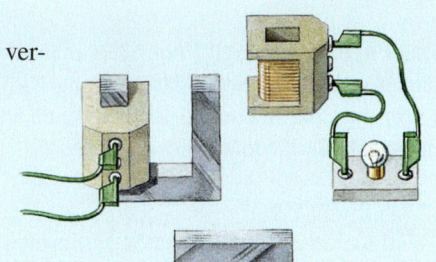

1

Mit jedem Teilexperiment leuchtet die Glühlampe heller. Der Eisenkern verstärkt und überträgt das Magnetfeld von der Primär- zur Sekundärspule. Bei einem geschlossenen Eisenkern verlaufen die Feldlinien fast vollständig im Eisenkern und die Übertragung gelingt am besten.

Die Sekundärspule befindet sich in einem zeitlich veränderlichen Magnetfeld. Nach dem Induktionsgesetz wird in dieser Spule ständig eine Spannung induziert. Ein an die Sekundärspule angeschlossener Oszillograf lässt erkennen, dass wieder eine Wechselspannung entsteht (Bild 2).

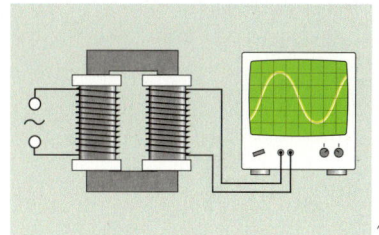

2

Wird an die Primärspule eines Transformators eine Wechselspannung angelegt, so ändert sich das Magnetfeld ständig. Der Eisenkern verstärkt und überträgt das Magnetfeld zur Sekundärspule. Dadurch wird in der Sekundärspule eine Wechselspannung induziert.

Spannungs- und Stromstärkeübersetzung am Transformator

Spannungsübersetzung am Transformator. Am Anfang dieses Kapitels hast du erfahren, dass Transformatoren Spannungen erhöhen oder verringern sollen. Wie müssen die Transformatoren aufgebaut sein, um die verschiedenen Aufgaben zu erfüllen?

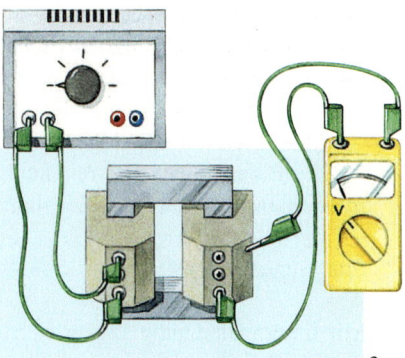

EXPERIMENT 2
1 Baue einen Transformator zusammen und lege an die Primärspule eine Wechselspannung an.
2 Verändere die Windungszahl der Sekundärspule und miss jeweils die entstehende Sekundärspannung.

3

Bei dem Experiment kann man z. B. folgende Messergebnisse erhalten:

Primärstromkreis		Sekundärstromkreis	
U_1 in V	N_1	N_2	U_2 in V
6,6	500	250	3,2
6,6	500	750	9,7
6,6	500	1000	13,0

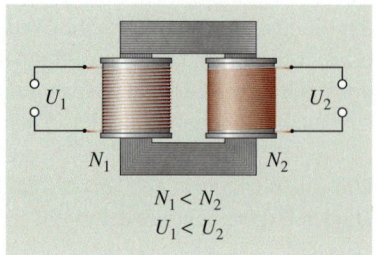

$N_1 < N_2$
$U_1 < U_2$

1

Das Experiment zeigt: Vergrößert man die Windungszahl N_2 der Sekundärspule, wird die Sekundärspannung U_2 auch größer.
Kann man die Sekundärspannung auch verändern, indem man die Windungszahl der Primärspule verändert?

EXPERIMENT 3
1 Baue einen Transformator zusammen und lege an die Primärspule eine Wechselspannung an.
2 Verändere die Windungszahl der Primärspule und miss jeweils die entstehende Sekundärspannung.

Man erhält z. B. folgende Messwerte:

Primärstromkreis		Sekundärstromkreis	
U_1 in V	N_1	N_2	U_2 in V
6,6	250	750	19,4
6,6	750	750	6,4
6,6	1000	750	4,8

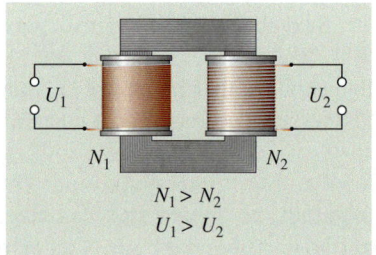

$N_1 > N_2$
$U_1 > U_2$

2

Das Experiment zeigt: Vergrößert man die Windungszahl N_1 der Primärspule, wird die Sekundärspannung kleiner.
Aus beiden Experimenten erkennt man:
– Soll der Transformator die Spannung vergrößern, muss die Windungszahl der Sekundärspule größer sein als die der Primärspule.
– Der Transformator verkleinert die Spannung, wenn die Windungszahl der Sekundärspule kleiner ist als die Windungszahl der Primärspule.
– Wie sich die Spannung verändert, hängt vom Verhältnis der Windungszahlen ab.

Fließt im Sekundärstromkreis kein Strom, spricht man von einem *unbelasteten Transformator*. Im Idealfall gilt die folgende Verhältnisgleichung:

▶ **Spannungsübersetzung am unbelasteten Transformator:** $\dfrac{U_1}{U_2} = \dfrac{N_1}{N_2}$.

Mit dieser Gleichung lassen sich die benötigten Windungszahlen oder Spannungen berechnen.

Beispiel zur Berechnung der Sekundärwindungszahl eines Transformators
Bei der Werbung mit „Neonlicht" ist für die Zündung der Röhren eine Spannung von 4000 V erforderlich. Der Hochspannungstransformator wird mit 230 V betrieben und besitzt eine Primärwindungszahl von 600 Windungen. Wie groß muss die Sekundärwindungszahl sein?

1
Hochspannungstransformator für Leuchtstoffröhren

Gesucht: N_2

Gegeben: $N_1 = 600$

$U_1 = 230\,\text{V}$

$U_2 = 4000\,\text{V}$

Lösung: $\dfrac{U_1}{U_2} = \dfrac{N_1}{N_2}$

$N_2 = N_1 \cdot \dfrac{U_2}{U_1}$

$N_2 = 600 \cdot \dfrac{4000\,\text{V}}{230\,\text{V}}$

$\underline{\underline{N_2 \approx 10\,435}}$

Ergebnis: Die Sekundärspule muss eine Windungszahl von 10 435 besitzen.

Stromübersetzung am Transformator. Je höher man die Spannung transformiert, desto niedriger wird aber die Stromstärke. Beim Heruntertransformieren der Spannung wird die Stromstärke erhöht.
Für verschiedene technische Anwendungen benötigt man sehr hohe Stromstärken. Wenn im Sekundärstromkreis solch große Ströme fließen, spricht man von einem *stark belasteten Transformator*.

▶ **Stromstärkeübersetzung am stark belasteten Transformator:** $\dfrac{I_1}{I_2} = \dfrac{N_2}{N_1}$

Beim Schweißen mit einem Elektroschweißgerät müssen durch die Schweißelektrode Ströme mit großen Stromstärken fließen, damit hohe Temperaturen zum Schmelzen des Materials erreicht werden.
Man benötigt zum Schweißen einen Lichtbogen, durch den ein sehr großer elektrischer Strom fließt. Bei einer Stromstärke von etwa 100 A leuchtet das 2000 °C bis 5000 °C heiße Gas so hell, dass man unbedingt eine Schutzbrille tragen muss.

Beispiel zur Berechnung der Sekundärstromstärke eines Transformators
Ein Schweißtransformator wird mit einer Wechselspannung von 230 V betrieben. Seine Primärwindungszahl ist 400, seine Sekundärwindungszahl 75. Welchen Wert kann die Sekundärstromstärke erreichen, wenn die Primärstromstärke 8 A beträgt?

2
Schweißgerät mit Schweißtransformator

Gesucht: I_2

Gegeben: $N_1 = 400$

$N_2 = 75$

$I_1 = 8\,\text{A}$

Lösung: $\dfrac{I_1}{I_2} = \dfrac{N_2}{N_1}$

$I_2 = I_1 \cdot \dfrac{N_1}{N_2}$

$I_2 = 8\,\text{A} \cdot \dfrac{400}{75}$

$\underline{\underline{I_2 \approx 43\,\text{A}}}$

Ergebnis: Die Sekundärstromstärke kann maximal 43 A erreichen.

MICHAEL FARADAY

MICHAEL FARADAY war einer der größten Physiker aller Zeiten. Er wurde im Jahre 1791 in Newington, einem Vorort von London, geboren. Dort wuchs er unter ärmlichen Verhältnissen auf. Sein Vater war ein Grobschmied, der oft unter Krankheiten und Arbeitslosigkeit litt. FARADAY erinnerte sich, dass einmal ein Laib Brot für die ganze Familie eine Woche lang reichen musste.

In der Elementarschule lernte er nur Lesen, Schreiben und ein wenig Rechnen. Mit 12 Jahren erhielt er eine Stelle als Laufbursche und Zeitungsausträger. Ein Jahr später begann er eine 7-jährige Lehre als Buchbinder. Wie sich bald zeigen sollte, war das ein großer Glücksfall. FARADAY las viele der Bücher, die ihm zum Binden gebracht wurden. Dabei lernte er die Erscheinung der Elektrizität kennen. Mit bescheidenen Mitteln baute er sich eine Reibungselektrisiermaschine und eine Leidener Flasche.

MICHAEL FARADAY (1791–1867)

Ein wohlhabender Kunde, dem der interessierte junge Mann aufgefallen war, schenkte ihm Eintrittskarten zu den öffentlichen Vorträgen des berühmten Chemikers SIR HUMPHREY DAVY. Mit einer sauber geschriebenen und mit Skizzen versehenen Mitschrift der Vorlesung, die er in Leder eingebunden hatte, bat FARADAY den Gelehrten um eine Anstellung an der von ihm geleiteten Royal Institution. DAVY entschied: „Lassen wir ihn Gläser und Flaschen reinigen. Wenn er gut für etwas ist, wird er kommen, lehnt er ab, dann taugt er für nichts." FARADAY löste alle Aufgaben so gewissenhaft, dass er DAVY als Assistent und Protokollant im Jahr 1813 auf eine anderthalbjährige Vortragsreise durch Europa begleiten durfte. Auf dieser Reise machte er Bekanntschaft mit bedeutenden Forschern wie AMPERÈ, VOLTA und GAY-LUSSAC.

1821 stellte ihm DAVY die Aufgabe, alle bis dahin bekannten Experimente über den Elektromagnetismus zusammenzustellen. FARADAY nahm diese Aufgabe sehr ernst, wiederholte alle Experimente und entwickelte neue. Dabei hat er auch den ersten Elektromotor erfunden.

Obwohl FARADAY weder ein Gymnasium noch eine Universität besucht hatte, wurde er bald Professor. 1824 wählte man ihn zum Mitglied der Königlichen Akademie. Später wurde er der Nachfolger DAVYS.

In der Physik gab es praktisch kein Gebiet, auf dem FARADAY nicht experimentiert hätte. Seine größten Erfolge hatte er bei der Untersuchung der Elektrizität und des Magnetismus. FARADAY hat den Begriff des physikalischen Feldes und die Modelle der elektrischen und magnetischen Feldlinienbilder geschaffen.

FARADAY war nicht nur ein begnadeter Experimentator. Regelmäßig zu Weihnachten begeisterte er in leicht verständlichen öffentlichen Vorlesungen eine große Anzahl von Zuhörern.

HANS CHRISTIAN OERSTED hatte 1820 gezeigt, dass der elektrische Strom eine magnetische Wirkung besitzt. Daraus schlussfolgerte FARADAY, dass es möglich sein muss, mithilfe von Magnetismus elektrischen Strom zu erzeugen. Erst nach sieben Jahren gelang ihm 1831 das entscheidende Experiment. Auf einen ringförmigen Eisenkern waren zwei Spulen gewickelt (Bild 3). Beim Anschließen einer Batterie an die Spule a sowie beim Öffnen des Stromkreises zeigte das Messinstrument einen Strom in der Spule b an.

FARADAY hat in seinen Tagebüchern über 16 000 Experimente mit vielen Zeichnungen beschrieben.

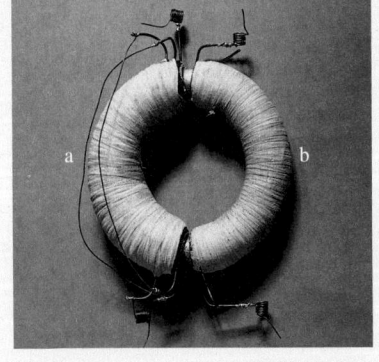

FARADAYS Spulen auf einem Eisenring

Kochen, Schmelzen und Bremsen durch Induktion

Wirbelströme. Eine Aluminiumscheibe liegt auf einer Spule mit Eisenkern (Bild 1). An die Spule mit Eisenkern legt man eine Wechselspannung an. Die Scheibe wird nach oben geschleudert. Wenn man die Scheibe festhält, so erwärmt sie sich. Diese Anordnung entspricht der eines einfachen Transformators. Die Aluminiumscheibe wirkt als Sekundärspule mit nur einer Windung. Die induzierten Ströme fließen um den Kern, jedoch auf verschiedenen Wegen. Sie bewegen sich ähnlich wie die Wasserteilchen in einer Ausflussöffnung, z. B. einer Badewanne. Deshalb nennt man sie Wirbelströme.

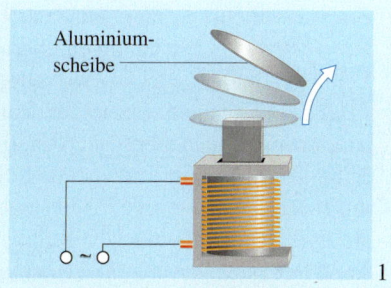

Aluminium-scheibe

Wirbelströme
1

Induktionsherd. Wichtigster Bestandteil eines Induktionsherdes ist die Spule, die in die Herdplatte eingebaut ist. Ist der Herd eingeschaltet, so erzeugt die Spule im Boden der Pfanne, die auf dem Herd steht, starke Induktionsströme in der Art der Wirbelströme. Dadurch wird die Pfanne an den Stellen erwärmt, an denen die Wärme gebraucht wird. Die Herdplatte bleibt kalt. Deshalb spart der Induktionsherd Energie und Zeit. Die Wirkung wird noch dadurch verstärkt, dass nicht direkt mit Wechselstrom gearbeitet wird, der aus der Steckdose kommt und 100-mal in der Sekunde seine Richtung ändert, sondern man benutzt hochfrequenten Strom mit 60 000 Richtungsänderungen pro Sekunde.

Heiß und kalt auf dem Induktionsherd 2   Induktionsschmelzofen-Modell 3

Induktionsschmelzofen. Mit einer Induktionsspule kann man Metalle, die eine hohe Schmelztemperatur haben, so schmelzen, dass keine Verunreinigungen auftreten. Die Sekundärspule des Transformators im Induktionsschmelzofen ist eine hitzebeständige, kreisförmige Schmelzrinne. Die Rinne wird mit Metallstücken gefüllt, die geschmolzen werden sollen. Der Wechselstrom, der der Primärspule zugeführt wird, ändert seine Richtung viel häufiger als der Wechselstrom im Haushalt. Der geringe elektrische Widerstand der Metallstücke bewirkt, dass in der Rinne ein sehr starker Strom fließt.

Bremsen mit Wirbelströmen. Wirbelströme können eine Aluminiumscheibe in Bewegung versetzen und sie können diese erwärmen. Sie können aber auch dazu benutzt werden, Bewegungen abzubremsen. Das erfolgt z. B. bei modernen Hometrainern. Bei diesen kann man elektronisch einstellen, wie sehr man sich beim Treten anstrengen will. Beim Treten wird eine Aluminiumscheibe in schnelle Drehbewegung versetzt. Diese Scheibe bewegt sich in einem Magnetfeld. Je stärker das Magnetfeld in der Scheibe ist, umso mehr wird sie abgebremst.

Hometrainer mit „Wirbelstrombremse"
4

Fernleitung elektrischer Energie

Ein wesentlicher Vorzug der elektrischen Energie besteht darin, dass sie mit elektrischen Freileitungen übertragen werden kann. Die Drähte dieser Leitungen haben jedoch – wie alle elektrischen Leitungen – einen elektrischen Widerstand. Dieser Widerstand bewirkt, dass ein Teil der elektrischen Energie in thermische Energie umgewandelt wird. Die thermische Energie erwärmt die umgebende Luft. Die Wärmeabgabe ist umso größer, je größer der elektrische Widerstand der Leitungen ist. Außerdem nimmt sie stark mit der elektrischen Stromstärke in den Leitungen zu. Der Widerstand ließe sich verringern, wenn man dickere Leitungen nähme. Doch das wäre sehr teuer. Eine gute Möglichkeit besteht aber darin, die Stromstärke in den Leitungen zu verkleinern. Das ist dadurch möglich, dass man die Elektrizität mit großen Spannungen überträgt.

1

Die Generatoren in den Kraftwerken erzeugen Spannungen von etwa 20 kV. In einem Umspannwerk wird diese Spannung in Transformatoren auf 400 kV hochtransformiert. Mit dieser Hochspannung werden dann durch die Freileitungen große Entfernungen überbrückt.

Natürlich kann diese Hochspannung nicht in Haushalten und Fabriken verwendet werden. Sie ist sehr gefährlich und es würden lange Funken zwischen den Leitungen überspringen. Deshalb wird sie in der Nähe von Städten und Betrieben in mehreren Schritten bis auf 400 V bzw. 230 V heruntertransformiert. Das erfolgt in Transformatoren der Umspannwerke.

Damit ist bei der Übertragung elektrischer Energie mit Hochspannung ein mehrfaches Transformieren erforderlich. Das erfolgt aber nur mit einem bestimmten Wirkungsgrad. Durch eine sehr gute Konstruktion erreichen solche Transformatoren Wirkungsgrade von 99,9 %.

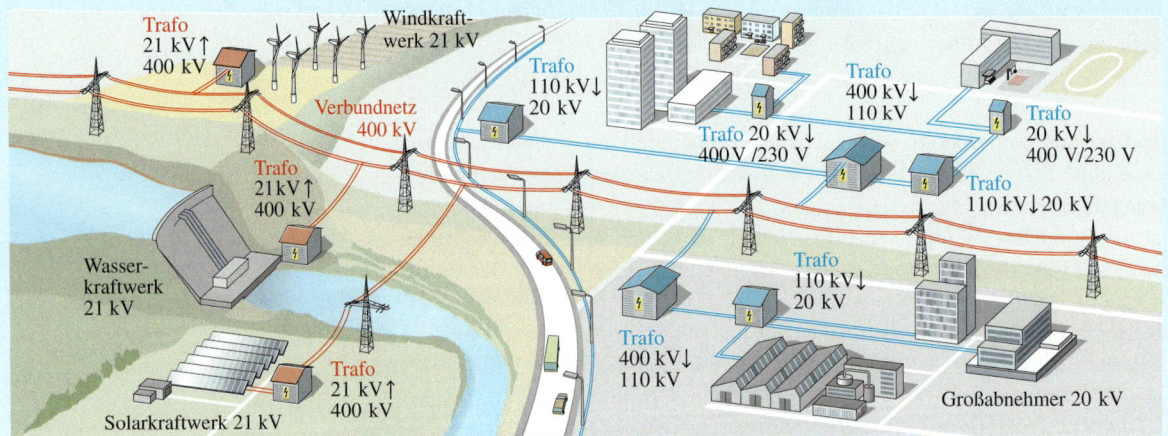

2

Transformatoren verringern Energieverluste.

> **ÜBRIGENS**
>
> Die Transformatoren der Umspannwerke müssen für Leistungen bis zu 3 GW ausgelegt werden. Bei solch großen Transformatoren ist es nicht mehr möglich, nur eine Primär- und eine Sekundärspule auf einem Eisenkern anzuordnen. Eine derartige tonnenschwere Anlage ließe sich nicht vom Hersteller zum Einsatzort transportieren. In diesen Fällen ordnet man daher mehrere Transformatoren auf einer „Bank" an.

Weißt du es ❓
Kannst du es

1. Beschreibe den Aufbau und erkläre die Wirkungsweise eines Transformators!

2. Der Transformator einer Modelleisenbahn wird mit Netzspannung (230 V) betrieben. Die Induktionsspannung beträgt maximal 12 V. Wie viele Windungen muss die Sekundärspule des Transformators haben, wenn als Primärspule eine Spule mit 690 Windungen dient?

3. Ein Kleinschweißtransformator ist für eine Betriebsspannung von 230 V konstruiert. Seine Primärwindungszahl beträgt 260, seine Sekundärwindungszahl 60. Wie groß ist die Sekundärspannung bei unbelastetem Transformator?

4. Bei einem Transformator wird die Primärspannung:
   a) verdoppelt
   b) halbiert
   Wie ändert sich jeweils die Sekundärspannung?

5. Die Primärspule eines Transformators besitzt 600 und seine Sekundärspule hat 12 000 Windungen. Begründe, dass es sich dabei um einen Hochspannungstransformator handelt.

6. Weshalb kann man einen Transformator nicht mit Gleichspannung betreiben?

7. An einem Transformator werden im unbelasteten Zustand eine Primärspannung von 230 V und eine Sekundärspannung von 9,2 V gemessen. Bei Kurzschluss beträgt die Primärstromstärke 0,1 A. Gib das Verhältnis der Windungszahlen und die Stromstärke im Sekundärkreis an!

8. In den Experimentieranordnungen nach den Bildern 1a und 1b wird jeweils der Schalter geschlossen. Was könntest du am Messgerät beobachten? Begründe deine Antwort!

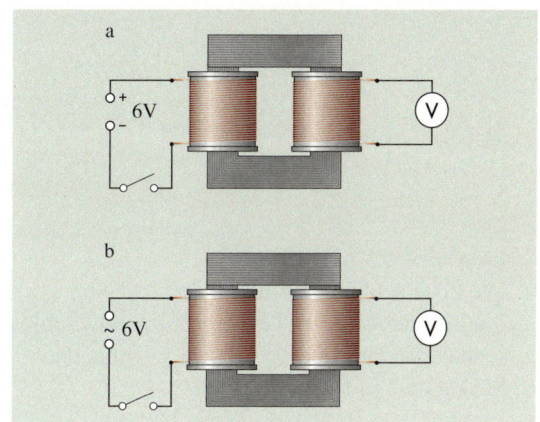

1

9. Begründe, warum bei der Fernübertragung elektrischer Energie die Spannung zunächst vergrößert und dann wieder schrittweise verringert werden muss! Was würde geschehen, wenn man eine Spannung von 230 V über einige 100 km direkt übertragen wollte?

10. Beantworte die eingangs gestellte Frage zur Energieversorgung bei einer mobilen Zahnbürste!

Kurz und knapp ❗

Transformator

Ein Transformator besteht aus einer Primärspule und einer Sekundärspule, die sich auf einem geschlossenen Eisenkern befinden.
Die Bauteile eines Transformators haben verschiedene Aufgaben.
Die Primärspule erzeugt ein Magnetfeld, das sich ständig verändert. Dazu muss eine Wechselspannung an die Spule angeschlossen werden.
Der Eisenkern verstärkt und überträgt das Magnetfeld zur Sekundärspule.
In der Sekundärspule wird eine Wechselspannung induziert.

Spannungsübersetzung am unbelasteten Transformator:

$$\frac{U_1}{U_2} = \frac{N_1}{N_2}$$

Stromübersetzung am stark belasteten Transformator:

$$\frac{I_1}{I_2} = \frac{N_2}{N_1}$$

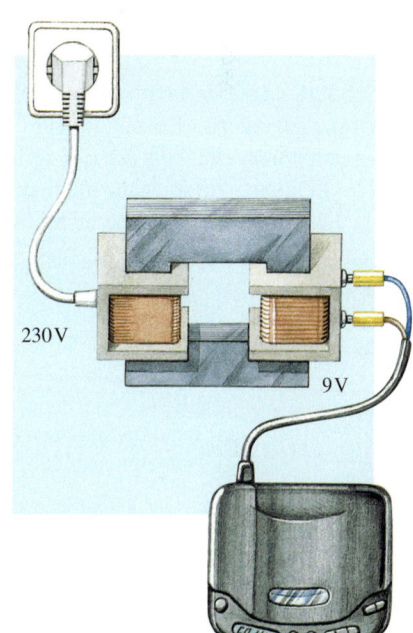

1 Eisenfeilspäne zeigen verschiedene Magnetfelder an. Übertrage die Linien in dein Heft und ergänze die „Feldverursacher".

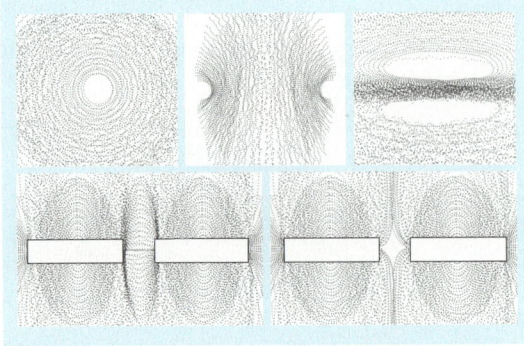

1

2 Die Leiterschleife von Bild 2 dreht sich im Magnetfeld um 360°. Der Zeiger des angeschlossenen Spannungsmessers befindet sich in der Skalenmitte in Ruhestellung.

a Beschreibe, wie sich der Zeiger bewegt.

b Erklärc seine Bewegung.

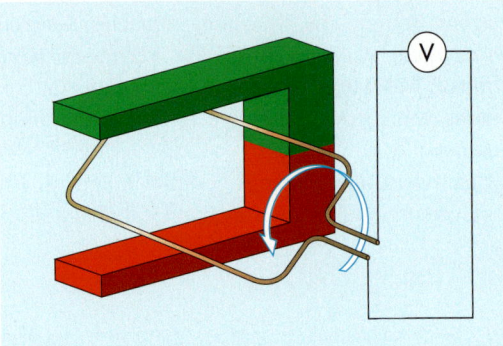

2

3 Mit einer Spule soll elektrische Energie erzeugt werden.

a Beschreibe, welche Dinge du benötigst und wie du vorgehst.

b Wie kannst du ein möglichst gutes Ergebnis erreichen?

c Was haben diese Experimente mit der Energieerzeugung in einem Kraftwerk gemeinsam?

4 Mit einem Transformator können Spannungen verändert werden.

a Wie ist ein Transformator aufgebaut?

b Wie könnte man die Spulen eines Transformators wählen, um die Eingangsspannung zu vervierfachen?

c Ein Netzgerät soll die Spannung von 230 V auf eine Betriebsspannung von 12 V transformieren. Es steht eine Spule mit 4600 Windungen zur Verfügung. Wie ist der Transformator des Netzgeräts aufzubauen?

5 Ein Trafo soll die Wechselspannung von 230 V auf 19 V senken. Dafür stehen Spulen mit 125, 250, 500, 750, 1500 und 3000 Windungen zur Verfügung. Welche Spulenkombinationen sind sinnvoll?

6 Die Primärspule eines Transformators hat 100 Windungen und ist an eine Spannungsquelle mit 12 V Wechselspannung angeschlossen. Wie viele Windungen muss die Sekundärspule haben, damit sie eine Spannung von 6 V (18 V, 21 V, 9 V) liefert?

7 Warum hat die Sekundärpule eines Schweißtransformators weniger Windungen als die Primärspule?

Schätze deine Kenntnisse und Fähigkeiten ein.
Ordne dazu deiner Lösung im Heft ein Smiley zu:
☺ Ich konnte die Aufgabe richtig lösen.
☻ Ich konnte die Aufgabe nicht komplett lösen.
☹ Ich konnte die Aufgabe nicht lösen.

❯ Die Lösungen findest du im Anhang.

Aufgabe	Fähigkeit	Hilfe findest du auf Seite ...
1, 2	Das Feldlinienmodell anwenden, Magnetfelder darstellen und beschreiben.	12–14, 17, 18
4, 5, 6, 7	Technische Anwendungen von Magneten erläutern.	19, 20, 23, 26, 39–41
2, 3	Das Induktionsgesetz anwenden.	30–34, 39
3	Die Bedeutung der elektromagnetischen Induktion erläutern.	34–36

Geradlinige Bewegungen

Bewegungen im täglichen Leben, beim Sport und in der Technik kann man beschreiben und vorhersagen. Oft entscheiden winzige Unterschiede in den Geschwindigkeiten über Erfolg oder Misserfolg. Wodurch lassen sich hohe Geschwindigkeiten erzielen?

Geradlinige Bewegungen

Aspekte

Zur Fortbewegung brauchen wir Zeit – oft mehr als uns lieb ist. Im Feierabendverkehr kommen wir immer langsamer voran. Das Fahrrad ist schon fast zum schnellsten Verkehrsmittel in den Innenstädten geworden.

Die Menschen geben immer mehr Geld für ihre Mobilität aus. Besonders die Energiekosten sind erheblich.

Mit konstanter Geschwindigkeit befördert der Skilift die Sportler zum höchstgelegenen Punkt der Abfahrt.

Auf dem Flughafen oder im Einkaufszentrum – Transportbänder und Rolltreppen bewegen sich geradlinig und gleichförmig.

Damit der Abfüllprozess ohne Störungen abläuft, müssen sich die Förderbänder gleichförmig bewegen.

Licht breitet sich mit der größten Geschwindigkeit aus – mit 300 000 km/s.

Auch wenn sich das Boot gleichförmig über das Wasser bewegt, benötigt es Energie, um die Bewegungswiderstände zu überwinden.

Die Bowlingkugel wird zuerst beschleunigt, bewegt sich dann fast gleichförmig über die Bahn und wird erst durch die Wechselwirkung mit den Kegeln abgebremst.

Der Gepard gehört zu den schnellsten Säugetieren. In wenigen Sekunden beschleunigt er auf bis zu 120 km/h. Allerdings kann er diese Geschwindigkeit nur für eine kurze Zeit beibehalten.

Erst durch die Wechselwirkung zwischen ausströmenden Gasen und Rakete – dem Rückstoß – kann der Satellit auf eine Umlaufbahn um die Erde gebracht werden.

Bewegungen

Im ICE haben die Passagiere die Möglichkeit, auf einem Display die Geschwindigkeit des Zuges abzulesen. Laut Fahrplan benötigt ein ICE von Berlin nach Hannover für die 250 km lange Strecke 1 Stunde und 40 Minuten. Kann der ICE bei der angezeigten Geschwindigkeit die Fahrzeit einhalten?

ICE 1024   14:50   21
174 km/h

Bewegung als Ortsveränderung

Im Herbst zieht der Schäfer mit seinem Hund und seiner Herde über das Land (Bild 2). Um immer wieder zu frischem Futter zu gelangen, bewegen sich die Schafe. Sie verändern dabei ständig ihren Ort. Sicher hast du schon Pferde auf einer Koppel beobachtet. Sie galoppieren hin und her. Bald sind sie hier, bald dort (Bild 3). Auch die Menschen führen Bewegungen aus. Wenn sie es eilig haben, benutzen sie Fahrzeuge. Dadurch verändern sie ihren Ort viel schneller (Bild 4).

▶ **Wenn sich Körper bewegen, verändern sie ihren Ort.**

Bezugssysteme. An einer auf Rot geschalteten Ampel fährt ein Autofahrer dicht auf das vor ihm stehende Auto auf. Plötzlich merkt er, dass sich sein Abstand zu dem Auto vor ihm vergrößert. Rollt er versehentlich rückwärts oder rollt das Auto vor ihm vorwärts (Bild 1, folgende Seite)?
Um sicherzugehen, muss sich der Autofahrer einen Bezugskörper wählen, der sich in Ruhe befindet – beispielsweise die Ampel. Verändert sich der Abstand zur Ampel, erkennt der Fahrer, dass er sich mit seinem Auto bewegt.

 ↑Basiskonzept System

Ein Körper kann sich immer nur relativ zu etwas anderem bewegen. Die Bewegung eines Körpers ist also die Veränderung seines Ortes relativ zu einem Bezugskörper. Oft denkt man sich ein Koordinatensystem und beschreibt die Bewegung der Körper relativ zu diesem Koordinatensystem. Man spricht von einem Bezugssystem.

Nimmt man als Bezugssystem das Auto, so befindet sich der Fahrer in Bezug auf sein Auto in Ruhe.

Ein Körper kann gleichzeitig bezüglich des einen Bezugssystems in Ruhe sein, sich jedoch bezüglich eines anderen bewegen.

Wenn du im Zug sitzt und einen Zug auf dem Nachbargleis beobachtest, dann kannst du nicht sofort sagen, ob zum Beispiel dieser oder dein Zug anfährt. Du musst dir erst einen Bezugskörper suchen, um festzustellen, welcher Zug sich bewegt (Bild 2).

1

Verschiedene Formen von Bewegungen

Ein Bummel durch einen Vergnügungspark macht immer wieder Spaß! Alles bewegt sich: die Menschen, die Karussells, die Schaukeln und die Autoscooter. Die Bewegungen verlaufen auf sehr unterschiedlichen Bahnen: geradeaus, im Kreis und hin und her.

Du kannst die verschiedenen Formen der Bewegung nicht nur sehen, sondern auch erleben. Du kannst mit dem Wagen die Achterbahn hinauffahren oder im „Freefall" hinabsausen. Dann bewegst du dich geradeaus. Du führst eine **geradlinige Bewegung** aus (Bild 3).

Wenn du auf einem Kettenkarussell sitzt oder in der Gondel eines Riesenrades, so bewegst du dich immer rundherum auf einem Kreis (Bild 4). Eine solche Bewegung nennt man **Kreisbewegung**.

Wenn du hin- und herpendeln willst, dann musst du mit einer Luftschaukel fahren (Bild 5). Dort erlebst du eine **Schwingung**.

Bei den Bewegungsformen kann man zwischen geradliniger Bewegung, Kreisbewegung und Schwingung unterscheiden.

2

3

Geradlinige Bewegung

4   5

Kreisbewegung   Schwingung

Die physikalische Größe Weg

Wenn du dein ferngesteuertes Spielzeugauto auf einem mit 40 cm breiten Platten belegten Fußweg fahren lässt, so tritt beim Übergang von einer zur anderen Platte immer ein Knackgeräusch auf. Die Fuge, an der das Auto startet, stellt einen ersten Ort dar, die nächste Fuge den zweiten Ort, die darauffolgende den dritten Ort usw.

Beim Bewegen gelangt das Auto immer von einem Ort zum nächstfolgenden. Zwischen zwei Fugen legt es immer eine Strecke von 40 cm zurück. Diese Strecke nennt der Physiker Weg. Der Weg wird meistens mit dem Buchstaben s gekennzeichnet. Er wird wie die Länge in Metern gemessen.

1

 Der Weg gibt an, wie groß die Veränderung des Ortes ist. Das Formelzeichen für den Weg ist s, die Einheit für den Weg ist Meter (m).

Die physikalische Größe Zeit

Die Erde dreht sich in einem Tag einmal um ihre Achse. Diese Zeit hat man in 24 Stunden eingeteilt. Jede Stunde umfasst 60 Minuten und jede Minute 60 Sekunden.

Wenn sich dein Spielzeugauto von einem Ort zum anderen bewegt, dann vergeht dabei eine bestimmte Zeit. Die Zeit kennzeichnet der Physiker mit dem Buchstaben t. Einheiten der Zeit sind Stunde (h), Minute (min) und Sekunde (s). Die Zeit wird mit einer Uhr gemessen. Für kurze Zeiten verwendet man meist eine Stoppuhr (Bild 2). Durch Drücken auf die Stoppuhr kennzeichnet man den Beginn der Messung und durch erneutes Drücken das Ende. Die Stoppuhr zeigt dann die gemessene Zeit an.

2

 Beim Bewegungsvorgang erfolgt die Ortsänderung in einer bestimmten Zeit. Das Formelzeichen für die Zeit ist t, Einheiten für die Zeit sind Stunde (h), Minute (min) und Sekunde (s).

Die Geschwindigkeit eines Körpers

Die Menschen im Verkehr bewegen sich unterschiedlich schnell. Die Fußgänger gehen langsam, die Radfahrer fahren schneller. Noch schneller bewegen sich die Autos (Bild 3). Plötzlich rast ein Motorrad vorbei. „Der fährt doch viel zu schnell!", sagt einer von euch. „Wie schnell darf er denn hier fahren?", fragt der andere. Um das genau anzugeben, muss man die physikalische Größe Geschwindigkeit kennen.

3

 Die Geschwindigkeit gibt an, wie schnell oder langsam sich ein Körper bewegt.

Bei einem Wettbewerb für Heißluftballons hat der Sieger nach einer Fahrzeit von 3 Stunden einen Weg von 120 km zurückgelegt. Der Zweitplatzierte landet zu dieser Zeit nach einer Flugstrecke von 99 km. Welcher Ballon hatte die größere Geschwindigkeit (Bild 1, folgende Seite)?

 ↑Basiskonzept
System

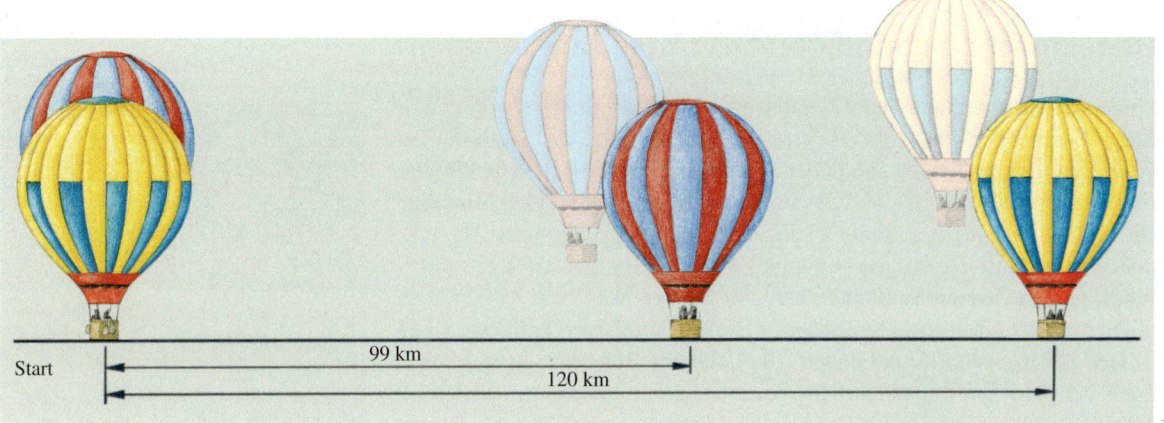

Start | 99 km | 120 km

1

▶ **Je länger der Weg ist, den ein Körper in einer bestimmten Zeit zurücklegt, desto größer ist seine Geschwindigkeit.**

Beim 50-m-Lauf misst der Lehrer die Zeit. Für einen Weg von 50 m brauchst du 8,7 Sekunden. Ein anderer benötigt nur 8,3 Sekunden. Wer von euch hat die größere Geschwindigkeit (Bild 2)?

2

▶ **Je kürzer die Zeit ist, die ein Körper für einen bestimmten Weg benötigt, desto größer ist seine Geschwindigkeit.**

Wie kann man bestimmen, wie schnell sich ein Körper bewegt? Zunächst misst man einen bestimmten Weg ab und ermittelt die Zeit, die der Körper für diesen Weg benötigt. Bild 3 zeigt ein Beispiel. Man erhält: Weg = 10 m, Zeit = 5 s. Will man wissen, welchen Weg der Körper in einer Sekunde zurücklegt, muss man den gemessenen Weg durch die gemessene Zeit dividieren. Man erhält als Ergebnis: 10 m/5 s = 2 m/s. Das heißt, die Raupe legt in einer Sekunde 2 m zurück.

1 s   5 s

Weg 10 m

3

Der Weg, den ein Körper in einer Sekunde zurücklegt, kennzeichnet seine Geschwindigkeit. Man kann die Geschwindigkeit eines Körpers berechnen, indem man den Quotienten aus dem zurückgelegten Weg und der benötigten Zeit bildet.

Für die physikalische Größe „Geschwindigkeit" verwendet man als Formelzeichen den Buchstaben v (Abkürzung von englisch *velocity*).
Die Formelzeichen für Weg (s) und Zeit (t) kennst du bereits. Damit kann man die Gleichung für die Geschwindigkeit kürzer schreiben:

▶ **Geschwindigkeit = $\dfrac{\text{zurückgelegter Weg}}{\text{benötigte Zeit}}$; $v = \dfrac{s}{t}$.**

▶ **Die Geschwindigkeit wird in Metern je Sekunde $\left(\dfrac{m}{s}\right)$ oder Kilometern je Stunde $\left(\dfrac{km}{h}\right)$ angegeben.**

Ein Messgerät für die Geschwindigkeit ist das **Tachometer**. Es zeigt in jedem Augenblick die Geschwindigkeit eines Autos oder Motorrades an. Vielleicht hast du sogar ein Tachometer oder einen Fahrradcomputer an deinem Fahrrad.

ÜBRIGENS

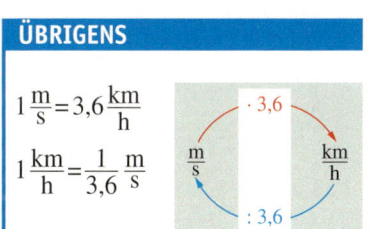

$1\,\dfrac{m}{s} = 3{,}6\,\dfrac{km}{h}$

$1\,\dfrac{km}{h} = \dfrac{1}{3{,}6}\,\dfrac{m}{s}$

· 3,6

$\dfrac{m}{s}$ $\dfrac{km}{h}$

: 3,6

4

Gleichförmige und ungleichförmige Bewegungen

Autos auf der Autobahn und Züge bewegen sich oft kilometerweit geradlinig. Flugzeuge fliegen ihr nächstes Ziel geradlinig „in Luftlinie" an (Bild 2). Oft bewegen sie sich dabei immer gleich schnell. Die Geschwindigkeit bleibt also gleich. Solche Bewegungen nennt man **gleichförmige Bewegungen**. Eine geradlinig gleichförmige Bewegung führst du z. B. aus, wenn du mit der Rolltreppe fährst (Bild 1).

Fährt ein Pkw jedoch im Stadtverkehr, so wird er nach dem Anfahren an einer Ampel zunächst immer schneller, muss dann jedoch bremsen, wenn er sich der nächsten Ampel nähert, die noch auf Rot steht. Er muss sich auch der Bewegung anderer Fahrzeuge anpassen, sodass er wiederholt schneller und langsamer wird und zeitweilig sogar zum Stehen kommen kann (Bild 3).

Die Geschwindigkeit ändert sich bei dieser Bewegung. Eine solche Bewegung nennt man **ungleichförmige Bewegung**.

Geradlinig gleichförmige Bewegung eines Flugzeuges

> **Wichtige Bewegungsarten sind die gleichförmige und die ungleichförmige Bewegung.**
> **Bewegungen, bei denen die Geschwindigkeit eines Körpers immer gleich bleibt, nennt man gleichförmige Bewegungen. Bewegungen, bei denen sich die Geschwindigkeit ändert, sind ungleichförmig.**

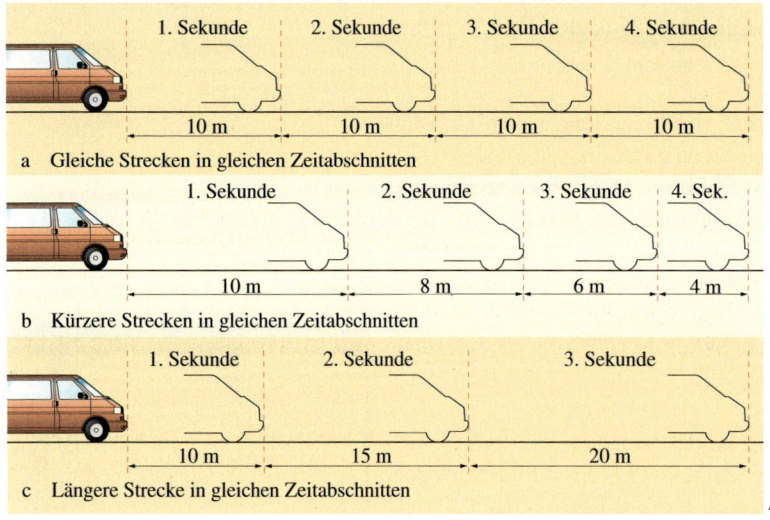

↑Basiskonzept
Wechselwirkung

↑Basiskonzept
System

a Gleiche Strecken in gleichen Zeitabschnitten

b Kürzere Strecken in gleichen Zeitabschnitten

c Längere Strecke in gleichen Zeitabschnitten

Gleichförmige und ungleichförmige Bewegungen

Durchschnittsgeschwindigkeit und Momentangeschwindigkeit

↑Basiskonzept
System

Der Bus, mit dem du zur Schule fährst, muss seine Geschwindigkeit sehr häufig ändern. Das kannst du gut am Tachometer beobachten. Das Tachometer zeigt immer die Geschwindigkeit an, die der Bus im Moment hat. Diese Geschwindigkeit nennt man **Momentangeschwindigkeit**. Wenn der Bus eine gleichförmige Bewegung ausführt, ändert sich die Momentangeschwindigkeit nicht. Meist nimmt aber seine Geschwindigkeit zu oder ab. Manchmal muss er sogar an einer Ampelkreuzung anhalten.

Aus dem Fahrplan kannst du erkennen, wie lange der Bus von einer Haltestelle zur anderen braucht. Den Weg zwischen den Haltestellen kannst du messen. Also müsste es auch möglich sein, für den Bus eine Geschwindigkeit anzugeben. Eine solche Geschwindigkeit nennt man **Durchschnittsgeschwindigkeit**.

Man berechnet sie ebenfalls nach der Gleichung $v = \frac{s}{t}$.

Darin bedeuten s den gesamten Weg und t die gesamte Zeit.

Das Tachometer hat zeitweise eine höhere Geschwindigkeit als die Durchschnittsgeschwindigkeit angezeigt. Dafür war die Momentangeschwindigkeit zu anderen Zeiten kleiner als die Durchschnittsgeschwindigkeit.

Beispiel für die Berechnung einer Durchschnittsgeschwindigkeit
Der Bus 860 Gotha–Oberhof fährt 13.38 Uhr in Gotha (Hbf.) ab und kommt 14.19 Uhr in Oberhof, Wegscheide an. Die Entfernung beträgt 32 km. Wie groß ist seine Durchschnittsgeschwindigkeit?

Gesucht: v in $\frac{\text{km}}{\text{h}}$

Gegeben: $s = 32\,\text{km} = 32\,000\,\text{m}$
$t = 41\,\text{min} = 2460\,\text{s}$

Lösung: $v = \frac{s}{t}$ $v = \frac{32\,000\,\text{m}}{2460\,\text{s}}$

$$v = 13{,}0\,\frac{\text{m}}{\text{s}} = 46{,}8\,\frac{\text{km}}{\text{h}}$$

Ergebnis: Die Durchschnittsgeschwindigkeit des Busses beträgt $47\,\frac{\text{km}}{\text{h}}$.

860 RennsteigBus
Gotha - Ohrdruf - Oberhof

Montag - Freitag			E	E			
Gotha ZOB Steig 6	ab		6.33	7.33	9.33	11.33	13.33
Gotha Hauptbahnhof Steig 1B			6.38	7.38	9.38	11.38	13.38
Gotha Am Lindenhügel			6.42	7.42	9.42	11.42	13.42
Gotha Friedensteinkaserne			6.44	7.44	9.44	11.44	13.44
Schwabhausen			6.49	7.49	9.49	11.49	13.49
Hohenkirchen B 247			6.54	7.54	9.54	11.54	13.54
Ohrdruf A.-Schauder-Straße			6.58	7.58	9.58	11.58	13.58
Ohrdruf Kirche Steig 3	an		7.01	8.01	10.01	12.01	14.01
Ohrdruf Kirche Steig 3	ab	5.03	7.03	8.03	10.03	12.03	14.03
Ohrdruf Berufsschule		5.05	7.05	8.05	10.05	12.05	14.05
Tobiashammer		5.07	7.07	8.07	10.07	12.07	14.07
Luisenthal Bahnhof		5.09	7.09	8.09	10.09	12.09	14.09
Luisenthal Ohrtal		5.11	7.11	8.11	10.11	12.11	14.11
Luisenthal Sparkasse		5.12	7.12	8.12	10.12	12.12	14.12
Luisenthal Talsperre		5.13	7.13	8.13	10.13	12.13	14.13
Oberhof Wegscheide		5.19	7.19	8.19	10.19	12.19	14.19
Oberhof Friedensplatz	an	5.27	7.27	8.27	10.27	12.27	14.27
MBB 422 Oberhof Friedenspl.	ab	5.30	8.00		11.10	13.00	14.50
MBB 422 Suhl Busbahnhof	an	5.58	8.31		11.41	13.31	15.21

2

Ungleichförmige Bewegung eines Busses

Das Modell Punktmasse

Viele Menschen lassen sich durch Navigationsdienste mithilfe von Smartphones oder Navigationsgeräten sicher an ihr Ziel leiten (Bild 3). Auf diesen Geräten wird die aktuelle Position durch einen Punkt auf einem Stadtplan oder einer Landkarte angegeben. Man stellt sich vor, dass das Auto zu einem Punkt zusammengeschrumpft ist. Man vernachlässigt die Einzelheiten und die Abmessungen des Körpers. Die gesamte Masse des Körpers ist in einem Punkt vereinigt, der *Punktmasse*.

Zur vereinfachten Beschreibung der Bewegungen eines Körpers nutzt man das Modell Punktmasse. Man stellt sich vor, dass die gesamte Masse eines Körpers in einem Punkt vereinigt ist. Volumen und Form werden vernachlässigt.

3

Navigationsgerät. Das Auto ist hier als kleiner Pfeil dargestellt.

Mit dem Navigationssystem unterwegs

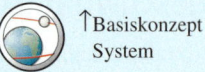
↑Basiskonzept
System

„Bitte den Richtungspfeilen folgen!" Viele Autofahrer lassen sich von ihrem Navigationssystem durch die Stadt führen. Meist „kennt" das Gerät den Weg.

Beim Navigationssystem gibt man das Ziel ein, und das Gerät sucht auf der gespeicherten Landkarte den Weg dorthin. Es setzt ihn Stück für Stück aus Wegabschnitten zusammen: „Nach 300 m links auf die Bundesstraße 196", „jetzt links und dann 13 km der Bundesstraße folgen" …

Nicht nur in Autos findet man heute Navigationssysteme, auch für Wanderer und Radfahrer gibt es diese Hilfen, und sogar Mobiltelefone sind mit dem Global Positioning System, kurz GPS, ausgestattet. Mehr als 24 Satelliten (Bild 2) kreisen in etwa 20 000 km Höhe um die Erde (Bild 3) und senden ständig Signale aus. Vom Navigationssystem werden die Signale empfangen, woraus dann die Position bestimmt wird. Im Navigationsgerät ist eine Landkarte gespeichert, auf der diese Position eingetragen wird. Wenn der Nutzer ein Ziel eingegeben und damit auf der elektronischen Landkarte markiert hat, sucht der Computer im Gerät den kürzesten oder schnellsten Weg dorthin. Wenn der Fahrer den vorgeschlagenen Weg verlässt, „merkt" dies das Navigationsgerät, sucht auf der Karte den Weg zur festgelegten Route oder berechnet schnell den Weg zum Ziel neu.

Per Tastendruck kann die voraussichtliche Ankunftszeit abgefragt werden. Im Navigationssystem wird diese Ankunftszeit folgendermaßen berechnet: Alle Wegabschnitte, die auf Landstraßen zurückgelegt werden, werden addiert. Die Fahrzeit wird bei einer durchschnittlichen Geschwindigkeit von 60 km/h berechnet. Ebenso werden alle Autobahnabschnitte addiert und mit der Durchschnittsgeschwindigkeit 120 km/h in eine Fahrzeit umgerechnet.

GPS-Satellit

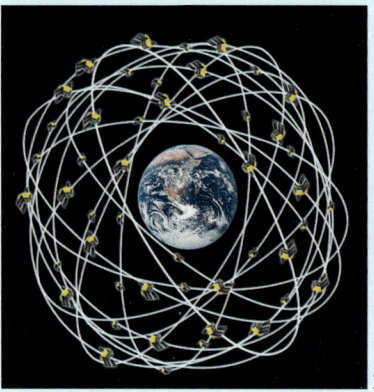

Umlaufbahnen der GPS-Satelliten

Wenn alles klappt, wird das Ziel pünktlich erreicht. Navigationsgerät am Fahrrad

Weißt du es ? Kannst du es

1. Kennzeichne eine gleichförmige Bewegung!
2. Welche Teile der folgenden Bewegungsvorgänge verlaufen gleichförmig?
   a) Fahrt in einem Fahrstuhl
   b) Fahrt mit einer Eisenbahn
   c) Flug mit einem Flugzeug
3. In Bild 1 ist die Bewegung eines ICE im Weg-Zeit-Diagramm dargestellt.
   Welchen Weg hat er nach 1 Stunde, 2 Stunden und 3 Stunden zurückgelegt?
   Wie groß ist seine Durchschnittsgeschwindigkeit für die gesamte Fahrt?

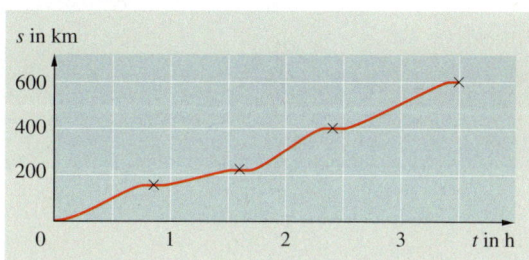

1

4. Ein Reporter bei einem Autorennen: „Die Wagen kommen mit 180 Stundenkilometern auf die Zielgerade!" Was meint er damit?
   Wie müsste es „physikalisch korrekt" heißen?

5. Wie kommen die Umrechnungsfaktoren zwischen den Einheiten der Geschwindigkeit m/s und km/h zustande?
6. Was bedeutet die Aussage, dass die Geschwindigkeit eines Förderbandes 1,4 m/s beträgt?
7. Beim Staffellauf legt ein Läufer 100 m in 10 s zurück. Wie groß ist seine Geschwindigkeit in m/s und km/h?
8. Warum ist die Durchschnittsgeschwindigkeit nie größer als der höchste Wert der Momentangeschwindigkeit?
9. Auf einem Förderband werden Strohballen in fünf Sekunden 10 Meter transportiert. Welche Geschwindigkeit haben die Ballen?
10. Die Durchschnittsgeschwindigkeit eines Pkw beträgt $v = 60$ km/h. Sie ist dreimal so groß wie die eines Radfahrers. Vergleiche die Zeiten, die der Pkw und der Radfahrer für eine Strecke von 30 km benötigen!
11. Bei einem Experiment zur Untersuchung der Bewegung einer Spielzeuglokomotive wurden folgende Werte gemessen:

s in cm	0	30	60	90	120	150	180
t in s	0	2	4,1	6,1	8	9,9	12

Zeichne das Weg-Zeit-Diagramm!
Welche Zeit benötigt die Lokomotive für einen Weg von 105 cm?

Kurz und knapp !

Geschwindigkeit. Sie gibt an, wie schnell oder langsam sich ein Körper bewegt.
Je länger der Weg ist, den ein Körper in einer bestimmten Zeit zurücklegt, desto größer ist seine Geschwindigkeit.
Je kürzer die Zeit ist, die ein Körper für einen bestimmten Weg benötigt, desto größer ist seine Geschwindigkeit.

Die Durchschnittsgeschwindigkeit eines Körpers berechnet man nach der Gleichung

$$v = \frac{s}{t}.$$

Die Einheit der Geschwindigkeit ist Meter je Sekunde $\left(\frac{m}{s}\right)$. Ein Messgerät für die Geschwindigkeit ist das Tachometer.

Umrechnung

$$1\,\frac{m}{s} = 3{,}6\,\frac{km}{h}$$

$$1\,\frac{km}{h} = \frac{1}{3{,}6}\,\frac{m}{s}$$

Gleichförmige Bewegungen

In dieser Videoaufnahme sieht man einen Fußball beim Elfmeterschuss vom Fuß des Schützen an die Torlatte fliegen. Wie lässt sich seine Geschwindigkeit messen? Wird der Ball langsamer oder schneller? Oder bleibt der Betrag der Geschwindigkeit während des Fluges konstant?

Geradlinig gleichförmige Bewegungen

Ein Videofilm besteht aus 25 Bildern pro Sekunde. Das bedeutet, dass das Zeitintervall zwischen zwei Bildern $1/25\,\text{s} = 0{,}04\,\text{s} = 40\,\text{ms}$ beträgt: Alle $0{,}04\,\text{s}$ entsteht ein neues Bild.

Beim Elfmeterschuss handelt es sich um eine nahezu geradlinige Bewegung. Die Abweichungen von einer geraden Flugstrecke sind sehr klein. Um die Durchschnittsgeschwindigkeit des Balls zu berechnen, wird die Gesamtflugstrecke vom Elfmeterpunkt bis zur Torlatte durch die benötigte Zeit dividiert. Mit dem Satz des Pythagoras lässt sich die Länge der Strecke ermitteln (die Torhöhe beträgt 2,4 m): Es ergibt sich $s = 11{,}3\,\text{m}$. Vor dem ersten Bild hat der Ball bereits etwa 30 cm zurückgelegt; daher fliegt er zwischen Bild 1 und Bild 11 eine Strecke von 11 m. (Bild 12 zeigt den von der Latte zurückprallenden Ball.) Die Gesamtflugzeit ist dann die Zeit, in der die folgenden 10 Bilder aufgenommen wurden: $t = 10 \cdot 0{,}04\,\text{s} = 0{,}4\,\text{s}$. Damit lässt sich die Geschwindigkeit berechnen:

$$v = \frac{s}{t} = \frac{11\,\text{m}}{0{,}4\,\text{s}} = 27{,}5\,\frac{\text{m}}{\text{s}} \text{ oder umgerechnet: } v = 99\,\frac{\text{km}}{\text{h}}.$$

Um eine gleichförmige Bewegung handelt es sich nur, wenn die Geschwindigkeit während der gesamten Flugzeit konstant bleibt. Dann wird in jedem Zeitintervall die gleiche Strecke zurückgelegt, und im Weg-Zeit-Diagramm liegen alle Messpunkte auf einer Geraden.

▶ **Bei einer gleichförmigen Bewegung ist der Betrag der Geschwindigkeit konstant. In gleichen Zeiten werden gleiche Strecken zurückgelegt.**

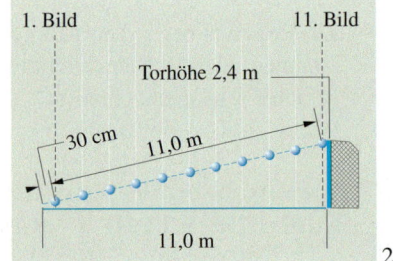

Anfangspunkt und Endpunkt der Bewegung

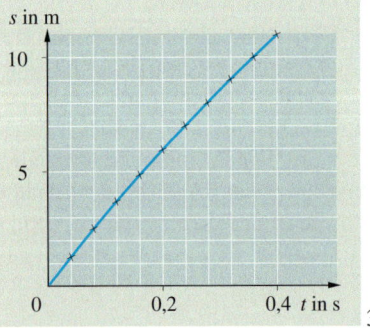

Weg-Zeit-Diagramm für die Bewegung des Fußballs

Der Filmsequenz kann man die Weg- und die zugehörigen Zeitangaben entnehmen, es ergibt sich das Diagramm in Bild 3 (S. 58). Die Geschwindigkeit des Balls ist nahezu konstant. Die Messwerte weichen jedoch leicht von einer Geraden ab, da der Ball mit der Zeit etwas langsamer wird. Ursache dafür ist der Luftwiderstand.
In einem Experiment sollen weitere Bewegungen daraufhin untersucht werden, ob sie gleichförmig verlaufen.

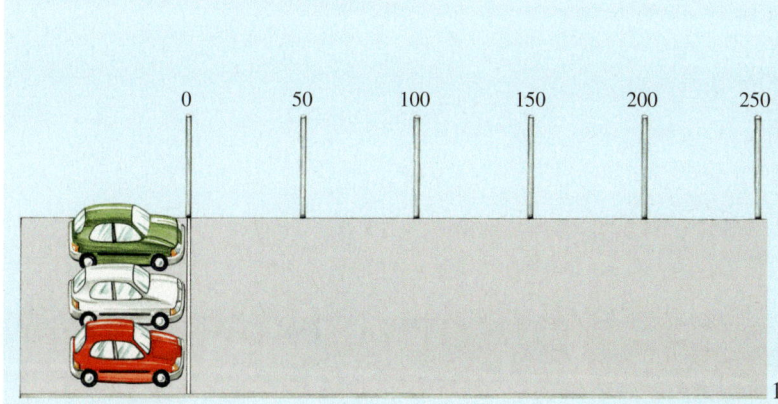

Die Fahrzeuge legen jeweils in gleichen Zeiten gleiche Strecken zurück. Ihre Bewegungen sind gleichförmig. Allerdings sind die Geschwindigkeiten der Fahrzeuge unterschiedlich groß.

Weg-Zeit-Gesetz der geradlinig gleichförmigen Bewegung. Je schneller die Bewegung ist, desto steiler verläuft die Gerade im Weg-Zeit-Diagramm (Bild 2). Für alle Bewegungen gilt:

$s \sim t$, d. h., der Quotient $\frac{s}{t} = v =$ konstant.

Die Gleichung $v = s/t$ kann umgeformt werden zu $s = v \cdot t$. Diese Gleichung wird auch als Weg-Zeit-Gesetz für die geradlinig gleichförmige Bewegung bezeichnet. Das Gesetz gibt an, wie groß der Weg s ist, der in der Zeit t zurückgelegt wird. Im Weg-Zeit-Diagramm der geradlinig gleichförmigen Bewegung stellt die Geschwindigkeit v den Anstieg der Geraden dar.

Das Weg-Zeit-Gesetz für geradlinig gleichförmige Bewegungen lautet: $s = v \cdot t$.

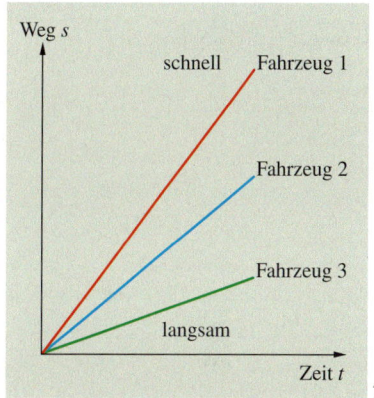

Weg-Zeit-Diagramm für drei unterschiedliche gleichförmige geradlinige Bewegungen

Geschwindigkeit-Zeit-Diagramm. Da bei einer geradlinig gleichförmigen Bewegung die Geschwindigkeit konstant ist, verläuft der Graph im v-t-Diagramm parallel zur Zeitachse. Bild 3 zeigt das Geschwindigkeit-Zeit-Diagramm eines Körpers, der sich in der Zeit von 0 bis t_1 mit der Geschwindigkeit v_1 bewegt. Die Fläche unter dem Graphen stellt ein Rechteck dar.
Für den Flächeninhalt des Rechtecks gilt $A = v_1 \cdot t_1$. Nach dem Weg-Zeit-Gesetz gilt $s_1 = v_1 \cdot t_1$; also ist der Flächeninhalt ein Maß für den Weg s_1, den der Körper zurückgelegt hat.

Die Fläche unter dem Graphen im Geschwindigkeit-Zeit-Diagramm ist ein Maß für den zurückgelegten Weg.

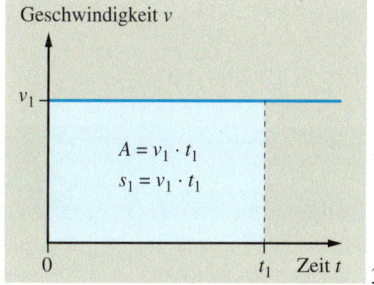

Geschwindigkeit-Zeit-Diagramm für eine Bewegung mit der Geschwindigkeit v_1

Geschwindigkeiten in Natur und Technik

Geschwindigkeiten in der Natur. Tiere und Pflanzen haben sich an ihren Lebensraum angepasst. Die Geschwindigkeiten, mit denen bestimmte Vorgänge ablaufen und mit denen sie sich in diesem Lebensraum bewegen, sind auch Ausdruck dieser Anpassung.

In den Körpern von Pflanzen und Tieren laufen Stoffwechselvorgänge und Wachstumsprozesse nur sehr langsam ab. Teilweise werden sie durch die äußere Temperatur beeinflusst.

Pflanzenfressende Tiere haben oft ein sehr großes Nahrungsangebot, sodass sie sich nicht schnell bewegen müssen (Schnecke und Faultier). Andere Tiere müssen oft große Entfernungen zurücklegen, um zu neuen Nahrungsquellen zu gelangen (Elefant, Pferd, Strauß). Viele Pflanzenfresser müssen sehr schnell sein, um ihren Jägern zu entkommen.

Fleischfressende Tiere müssen beim Jagen ihrer Beute sehr hohe Geschwindigkeiten erreichen (Gepard, Wanderfalke, Schwertfisch).

1

2

3

4

Kleine und große Geschwindigkeiten in der Natur		
Wachstum eines Haares		0,000 000 3 cm/s
Wachstum eines Schilfrohres		0,000 5 cm/s
Bewegung eines Gletschers		0,000 5 cm/s
Wachstum eines Pilzes		0,008 cm/s
Schnecke		0,15 cm/s
Faultier	bis	5 cm/s
Schildkröte	bis	10 cm/s
Wanderer	bis	1,4 m/s
Golfstrom	bis	2,75 m/s
Hecht	bis	4,4 m/s
Rennpferd	bis	25 m/s
Sturm	bis	40 m/s
Schwalbe	bis	100 m/s
Schall		340 m/s

Die schnellsten Landbewohner	
Gepard	bis 120 km/h
Windhund	bis 110 km/h
Strauß	bis 72 km/h
Afrikanischer Elefant	bis 40 km/h
Mensch beim 100-m-Lauf	bis 36 km/h

Die schnellsten Wasserbewohner	
Seglerfisch	bis 110 km/h
Schwertfisch	bis 90 km/h
Thunfisch	bis 50 km/h
Riesenkalmar	bis 40 km/h
Mensch	bis 8 km/h

Die schnellsten Vögel	
Südamerikanischer Stachelschwanzsegler	bis 335 km/h
Wanderfalke im Sturzflug	bis 290 km/h
Mauersegler	bis 180 km/h

5

Geschwindigkeiten in der Technik. Die Menschen haben schon immer Tiere bewundert, die sich sehr schnell bewegen können. Von diesen haben sie sehr viel gelernt. Beim Bau von Schiffen haben sie sich die Körperformen von Wassertieren zum Vorbild genommen. Dadurch war es möglich mit Schiffen große Geschwindigkeiten zu erreichen. Auch die Form der Flugzeuge haben sich die Menschen von den Vögeln abgeschaut. Hier waren es vor allem Schwalben und Mauersegler, die sehr schnell fliegen können.

Geschwindigkeiten von Landfahrzeugen	
Motorrad	300 km/h
schnellster Zug der Welt (Japan)	552 km/h
japanische Magnetschnellbahn „MAGLEV"	581 km/h
Fahrzeug „Budweiser-Rocket"	1 190 km/h
Thrust SSC mit Düsenantrieb	1 228 km/h

Geschwindigkeiten von Wasserfahrzeugen	
Surfer	83 km/h
Rennboot	250 km/h
Schnellboot „Bluebird"	445 km/h
Gleitboot „Spirit of Australia"	514 km/h

Geschwindigkeiten von Luftfahrzeugen	
Spaceshuttle (Landegeschwindigkeit)	350 km/h
Airbus A340	900 km/h
Passagierflugzeug „Concorde"	2 179 km/h
Aufklärungsflugzeug „Lockeed SR 71A"	3 590 km/h

Interpretieren von Diagrammen

Diagramme enthalten viele Informationen. Auf welche Weise kann man diese Informationen aus den Diagrammen gewinnen?

Im **Weg-Zeit-Diagramm** ist der Graph für eine gleichförmige Bewegung eine Gerade. Diese geht durch den Koordinatenursprung (Bild 1). Der Weg ist der Zeit proportional. Für eine gleichförmige Bewegung mit einer anderen Geschwindigkeit ist der Graph ebenfalls eine Gerade. Ist die zweite Bewegung schneller, so ist der Anstieg dieser Geraden größer. Ist die Bewegung langsamer, so hat die Gerade einen geringeren Anstieg. Aus dem Verlauf der Geraden kann man die Wege ablesen, die in bestimmten Zeiten zurückgelegt werden.

Weiterhin kann man aus dem Diagramm auch Informationen über die Geschwindigkeit erhalten, obwohl diese physikalische Größe gar nicht direkt grafisch dargestellt ist. Das erfolgt aus dem Anstieg der Geraden. Man wählt dazu einen bestimmten Abzissenwert aus und liest an der Ordinate den zugehörigen Wert ab. In Bild 2 ergibt sich für eine Zeit von 3 s ein Weg von 60 cm. Wenn man den Quotienten aus dem Ordinaten- und Abzissenwert bildet, erhält man die Geschwindigkeit v. Für diese gleichförmige Bewegung ergibt sich für die Zeit $t = 4$ s der Weg $s = 80$ cm. Daraus folgt $v = s/t = 80\ \text{cm}/4\ \text{s} = 20\ \text{cm/s}$.

Im **Geschwindigkeit-Zeit-Diagramm** ist der Graph für eine gleichförmige Bewegung eine Gerade, die parallel zur t-Achse verläuft (Bild 3). Die Geschwindigkeit ist konstant. Für eine schnellere gleichförmige Bewegung ist der Graph ebenfalls eine Gerade, die auch parallel zur t-Achse verläuft, wobei ihr Abstand von dieser Achse größer ist. Im Fall einer geringeren Geschwindigkeit verläuft die Gerade in geringerem Abstand von der t-Achse. Im v-t-Diagramm ist die Fläche unter dem Graphen ein Rechteck. Die physikalische Größe Weg errechnet sich bei der gleichförmigen Bewegung als Produkt aus Geschwindigkeit und Zeit. Die Fläche unter dem Graphen entspricht diesem Produkt. Zu ihrer Berechnung liest man Geschwindigkeit und Zeit ab und errechnet das Produkt aus diesen beiden Größen. In Bild 4 ergibt das Produkt $s = v \cdot t = 20\ (\text{cm/s}) \cdot 5\ \text{s} = 100\ \text{cm}$.

Beim Interpretieren sollte man wie folgt vorgehen:
1 Angeben, zwischen welchen physikalischen Größen der Zusammenhang dargestellt ist. (Das geht aus den Achsenbeschriftungen hervor.)
2 Den Zusammenhang zwischen diesen Größen beschreiben und ggf. einander zugeordnete Werte dieser Größen ablesen.
3 Die Bedingungen nennen, unter denen der dargestellte Zusammenhang auftritt.
4 Überlege, ob der Zusammenhang zwischen den dargestellten Größen eine weitere physikalische Größe kennzeichnet.
 – Bei einer Ursprungsgeraden ist der Anstieg (der Quotient der dargestellten physikalischen Größen) ein Maß für die neue Größe.
 – Bei einer Parallelen zur t-Achse ist die Fläche unter dem Graphen (das Produkt der dargestellten physikalischen Größen) ein Maß für die neue Größe.
5 Ein Beispiel für diesen Zusammenhang nennen.

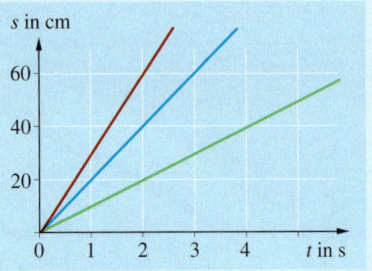

Weg-Zeit-Diagramm 1

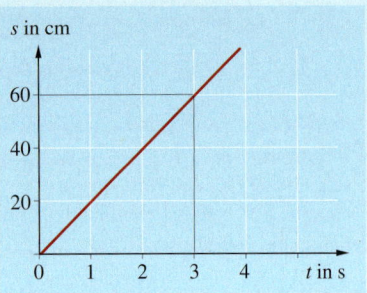

Weg-Zeit-Diagramm 2

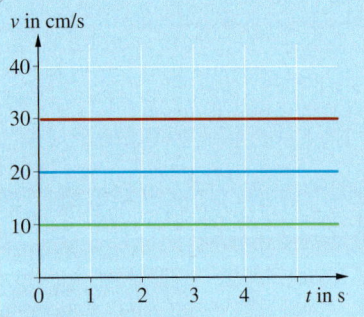

Geschwindigkeit-Zeit-Diagramm 3

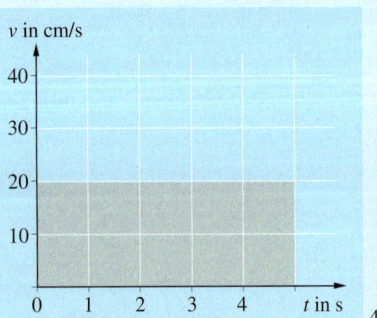

Geschwindigkeit-Zeit-Diagramm 4

Weißt du es ?
Kannst du es

1. Zwei 5000-m-Läufer laufen mit gleichbleibender Geschwindigkeit.
   Läufer A erreicht nach 20 min das Ziel und hat dabei 100 m Vorsprung vor Läufer B.
   a) Berechne die Geschwindigkeiten der beiden Läufer!
   b) Berechne nach welcher Zeit Läufer B das Ziel erreicht!

2. Berechne die Geschwindigkeiten v_1, v_2 und v_3 der Fahrzeuge aus dem Diagramm in Bild 1!

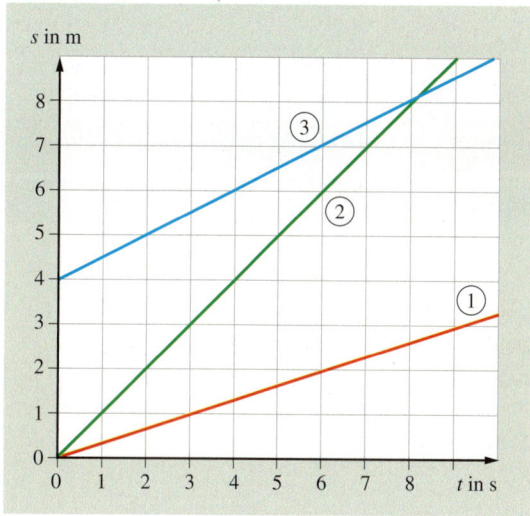

1

3. Beim Experiment mit einem Spielzeugauto wurden folgende Werte gemessen:

s in m	0	0,3	0,6	0,9	1,2	1,5
t in s	0	1,0	2,1	2,9	4,2	5,1

   a) Zeichne ein s-t-Diagramm für die Bewegung!
   b) Handelt es sich um eine gleichförmige Bewegung?
   c) Zeichne ein v-t-Diagramm!
   d) Ermittle aus dem s-t-Diagramm die Zeit für $s = 1$ m und den Weg für $t = 2{,}5$ s!

4. Berechne die zurückgelegten Wege s_1, s_2 und s_3!

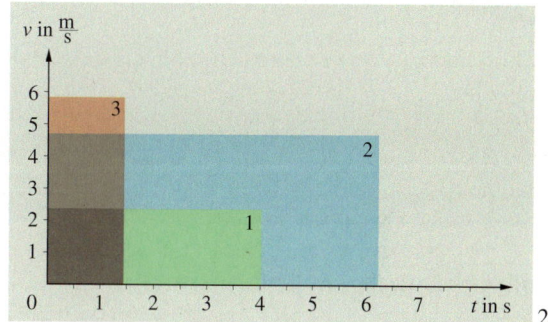

2

5. Ein Pkw fährt in einer geschlossenen Ortschaft mit 50 km/h. Ein Fußgänger überquert die 12 m breite Fahrbahn mit einer Geschwindigkeit von 1 m/s. Schafft er dies ohne Gefahr, wenn der Pkw 60 m entfernt ist?

Kurz und knapp !

Geradlinig gleichförmige Bewegung
Eine Bewegung mit konstantem Betrag der Geschwindigkeit heißt gleichförmige Bewegung.

Weg-Zeit-Gesetz für gleichförmige Bewegungen: $s = v \cdot t$

Die Geschwindigkeit einer gleichförmigen Bewegung entspricht im Weg-Zeit-Diagramm dem Anstieg der Geraden.

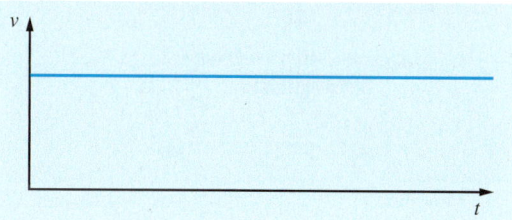

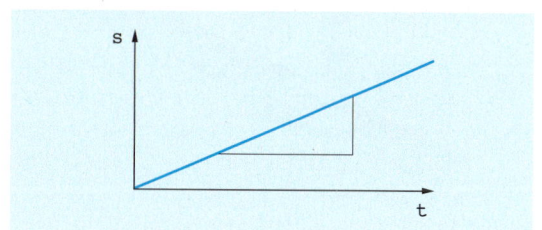

Gleichmäßig beschleunigte Bewegungen

D as Erreichen einer hohen Geschwindigkeit in kürzester Zeit entscheidet in vielen Sportarten über Sieg oder Niederlage. Wie gewinnt man beim Start aus der Ruhe schnell an Geschwindigkeit, um eine hohe Endgeschwindigkeit zu erreichen? Welche Zusammenhänge bestehen zwischen Weg, Zeit und Geschwindigkeit? Kann die Änderung der Geschwindigkeit gemessen und berechnet werden?

1

Beschleunigte Bewegungen

Fährt man mit dem Skateboard eine abschüssige Straße oder auf den Skiern die Piste hinunter, spürt man ganz deutlich, dass sich die Geschwindigkeit ändert – sie nimmt zu.
Diese Art der Bewegung soll im Experiment genauer untersucht werden.

↑Basiskonzept
System

EXPERIMENT 1

Untersuche den Zusammenhang zwischen Weg und Zeit bei einer beschleunigten Bewegung. Lass dazu eine Kugel eine geneigte Ebene hinunterrollen. Miss den zurückgelegten Weg s und die dafür benötigte Zeit t mithilfe einer Lichtschrankenanordnung und einer elektronischen Stoppuhr.

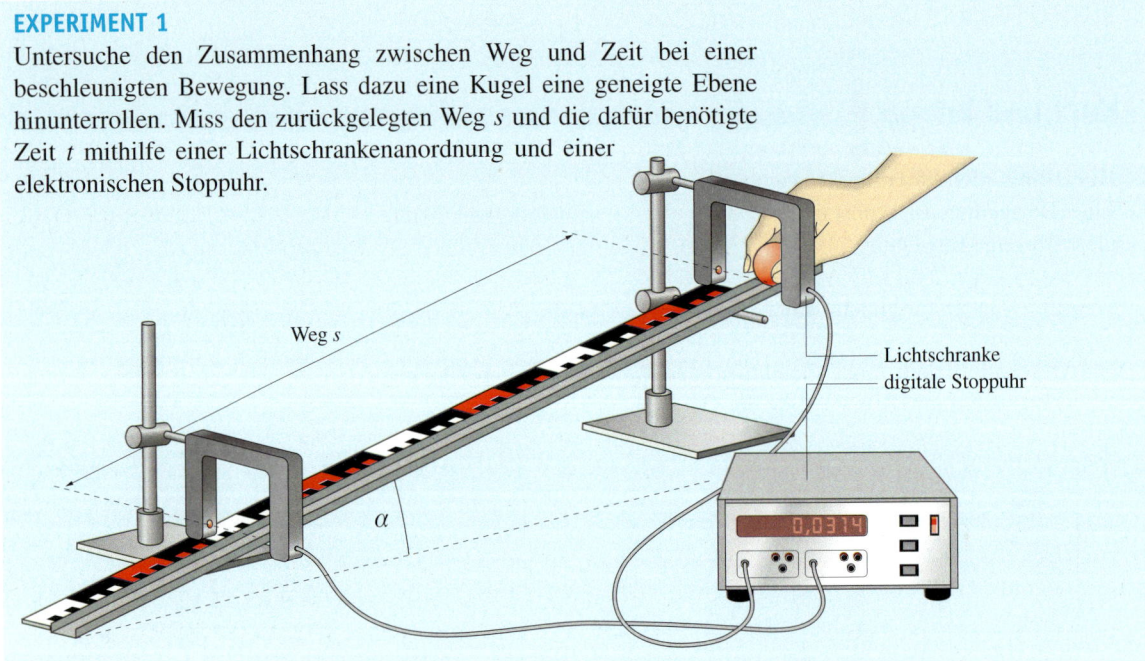

Weg s

α

Lichtschranke
digitale Stoppuhr

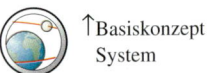

2

Im Versuch ergaben sich folgende Messwerte (Neigungswinkel $\alpha = 8°$):

s in m	t in s	t^2 in s^2	$\dfrac{s}{t^2}$ in $\dfrac{m}{s^2}$
0	0		
0,20	0,81	0,66	0,30
0,40	1,14	1,30	0,31
0,60	1,41	1,99	0,30
0,80	1,64	2,69	0,30
1,00	1,81	3,28	0,30

Der Zusammenhang von Weg und Zeit. Die gemessenen Werte liefern im Weg-Zeit-Diagramm eine Kurve durch den Koordinatenursprung. Die Kurve verläuft zuerst flach und dann immer steiler (Bild 1). Man nennt diese Art der Kurve *Parabelast*. Solche Graphen erhält man bei einem quadratischen Zusammenhang der untersuchten Größen.
Für den zurückgelegten Weg s und die dafür benötigte Zeit t gilt: $s \sim t^2$. Die Berechnung des Quotienten $\dfrac{s}{t^2}$ bestätigt diesen Zusammenhang.

Der Zusammenhang zwischen Geschwindigkeit und Zeit. Die Kugel im Experiment 1 benötigt für den gleichen Weg Δs immer weniger Zeit Δt. In jedem Moment hat die Kugel eine andere Geschwindigkeit. Diese lässt sich nur näherungsweise berechnen, indem man die Zeit Δt für eine kleine Strecke Δs bestimmt. Dann gilt: $v \approx \dfrac{\Delta s}{\Delta t}$.

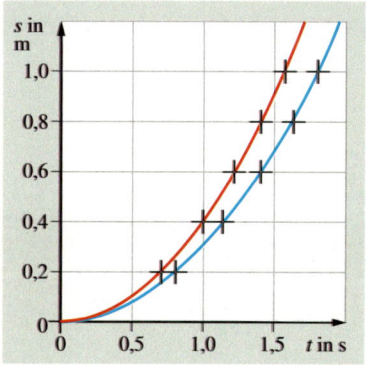
Weg-Zeit-Diagramm

s in m	t in s	Δs in m	Δt in s	$v = \dfrac{\Delta s}{\Delta t}$ in $\dfrac{m}{s}$
0	0			
0,20	0,81	0,20	0,81	0,25
0,40	1,14	0,20	0,33	0,61
0,60	1,41	0,20	0,27	0,74
0,80	1,64	0,20	0,23	0,87
1,00	1,81	0,20	0,17	1,18

Im Geschwindigkeit-Zeit-Diagramm liegen die Messwerte auf einer Geraden (Bild 2). Die Geschwindigkeit ist der Zeit direkt proportional: $v \sim t$. Man spricht in diesem Fall von einer gleichmäßig beschleunigten Bewegung. Den Quotienten v/t nennt man Beschleunigung. Das Formelzeichen ist a (engl. *acceleration*) und die Einheit m/s^2.
Eine Beschleunigung von z. B. 2 m/s^2 gibt an, dass sich die Geschwindigkeit des Körpers in einer Sekunde um 2 m/s ändert.

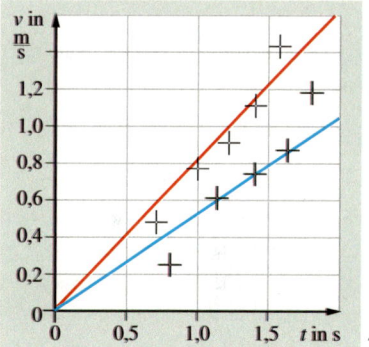
Geschwindigkeit-Zeit-Diagramm

Die Beschleunigung gibt an, wie stark sich die Geschwindigkeit ändert.
Das Geschwindigkeit-Zeit-Gesetz für die gleichmäßig beschleunigte Bewegung lautet: $v \sim t$, wenn a = konstant.

Ist der Neigungswinkel größer, dann steigt der Parabelast im Weg-Zeit-Diagramm (Bild 1) schneller an, die Gerade im Geschwindigkeit-Zeit-Diagramm (Bild 2) hat einen größeren Anstieg und die Beschleunigung ist größer.

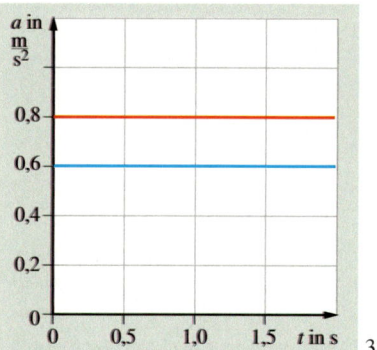
Beschleunigung-Zeit-Diagramm

Weg-Zeit-Gesetz der gleichmäßig beschleunigten Bewegung. Der zurückgelegte Weg ist bei einer gleichmäßig beschleunigten Bewegung proportional zum Quadrat der Zeit: $s \sim t^2$. Der Graph im s-t-Diagramm entspricht daher einer Parabel (Bild 1). Um das Weg-Zeit-Gesetz für die gleichmäßig beschleunigte Bewegung zu ermitteln, soll ähnlich wie bei der gleichförmigen Bewegung das v-t-Diagramm betrachtet werden. Der zu einer bestimmten Zeit t_1 zurückgelegte Weg s_1 entspricht auch hier dem Flächeninhalt unter dem Graphen.

Der Flächeninhalt s_1 des Dreiecks in Bild 2 lässt sich berechnen als

$s_1 = \frac{1}{2} v_1 \cdot t_1$. Setzt man $v_1 = a \cdot t_1$, so erhält man $s_1 = \frac{1}{2} a \cdot t_1^2$.

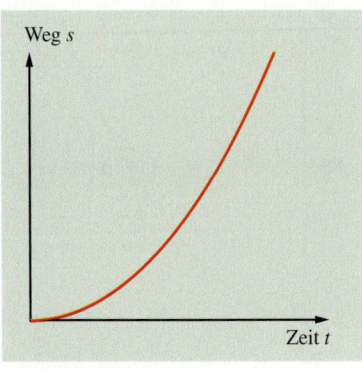

s-t-Diagramm	Die Fläche unter dem Graphen im v-t-Diagramm ist ein Dreieck.

▷ **Das Weg-Zeit-Gesetz für gleichmäßig beschleunigte Bewegungen lautet:**

$s = \frac{1}{2} a \cdot t^2$.

Beispiel für die Berechnung einer Beschleunigung
Ein Motorradfahrer beschleunigt gleichmäßig aus dem Stand heraus und hat nach 6 Sekunden eine Geschwindigkeit von 108 km/h erreicht. Wie groß ist seine Beschleunigung und welchen Weg hat er dann zurückgelegt?

Gesucht: s, a *Gegeben:* $t = 6$ s; $v = 108$ km/h $= 30$ m/s
Lösung:
1. Berechnung von a:

$a = \frac{v}{t}$

$a = \frac{30 \, \text{m}}{6 \, \text{s} \cdot \text{s}} = 5 \, \frac{\text{m}}{\text{s}^2}$

2. Berechnung von s:

$s = \frac{1}{2} a \cdot t^2$

$s = \frac{1 \cdot 5 \, \text{m} \cdot (6 \, \text{s})^2}{2 \, \text{s}^2} = 90 \, \text{m}$

Ergebnis: Nach 6 Sekunden hat der Motorradfahrer 90 Meter zurückgelegt. Seine Beschleunigung beträgt 5 m/s².

Gleichmäßig beschleunigte Bewegungen mit Anfangsgeschwindigkeit.
Bewegungen mit konstanter Beschleunigung beginnen oft nicht im Stillstand:

Beispiele für Beschleunigungen (in m/s²)	
Pkw	2 bis 5
Motorrad	3 bis 8
Rennwagen	7 bis 10

– Beim Überholen auf der Autobahn beschleunigt ein Auto zusätzlich zur ohnehin schon vorliegenden „Reisegeschwindigkeit".

– Beim Abbremsen liegt ebenfalls schon eine Geschwindigkeit vor, wenn die Beschleunigung einsetzt.

– Beim Hochwerfen zum Aufschlag verlässt der Tennisball die Hand mit einer Anfangsgeschwindigkeit und wird dann durch die Schwerkraft abgebremst (s. S. 80).

Um die Gesetzmäßigkeiten zur Beschreibung dieser Bewegungsvorgänge zu finden, betrachten wir zunächst den Überholvorgang. Ohne zusätzliche Beschleunigung würde für das überholende Auto gelten:

$v = v_0$ und $s = v_0 \cdot t$.

Durch die Beschleunigung ändert sich die Geschwindigkeit bis zum Zeitpunkt t um $\Delta v = a \cdot t$. Die momentane Geschwindigkeit erhält man, wenn diese Änderung zum Ausgangswert v_0 addiert wird.

Der gesamte Geschwindigkeitsverlauf einer Bewegung mit konstanter Beschleunigung a, die bei einer Anfangsgeschwindigkeit v_0 einsetzt, wird beschrieben durch das Geschwindigkeit-Zeit-Gesetz:
$$v = v_0 + a \cdot t.$$

Der Flächeninhalt unter dem Graphen im v-t-Diagramm des Überholvorgangs ist ein Maß für den dabei zurückgelegten Weg Δs. Δs entspricht hier dem Flächeninhalt der Trapezfläche:

$$\Delta s = v_0 \cdot t + \frac{1}{2} t \cdot \Delta v = v_0 \cdot t + \frac{1}{2} a \cdot t^2.$$

Mit $\Delta s = s_{End} - s_0$ folgt:

$$s_{End} = v_0 \cdot t + \frac{1}{2} a \cdot t^2 + s_0.$$

Der gesamte zurückgelegte Weg bei einer Bewegung mit konstanter Beschleunigung a, die bei einer Anfangsgeschwindigkeit v_0 einsetzt, wird beschrieben durch das Weg-Zeit-Gesetz:
$$s = \frac{1}{2} a \cdot t^2 + v_0 \cdot t + s_0.$$

Bremsvorgänge. Auch wenn ein Körper langsamer wird, ändert sich seine Geschwindigkeit. Statt von einer negativen Beschleunigung spricht man bei einem langsamer werdenden Körper von einer **Verzögerung**. Bild 2 zeigt das v-t-Diagramm eines Bremsvorgangs: Zur Zeit $t = 0$ hat das Fahrzeug die Geschwindigkeit $v_0 = 20\,\text{m/s}$. Nach 5 s kommt es zum Stillstand. Auch hier ist der Graph eine Gerade, es handelt sich also um eine *gleichmäßig* verzögerte Bewegung: Die Geschwindigkeit vermindert sich in jeder Sekunde um den gleichen Betrag. Der Bremsweg s_B einer solchen Bewegung lässt sich so berechnen wie der Weg bei einer Beschleunigung aus dem Stand. Das Geschwindigkeit-Zeit-Gesetz lautet bei der verzögerten Bewegung $v = v_0 - a \cdot t$. Dieses Gesetz beschreibt den Verlauf des Graphen im v-t-Diagramm: Der Faktor $-a$ gibt die Steigung der Geraden an.

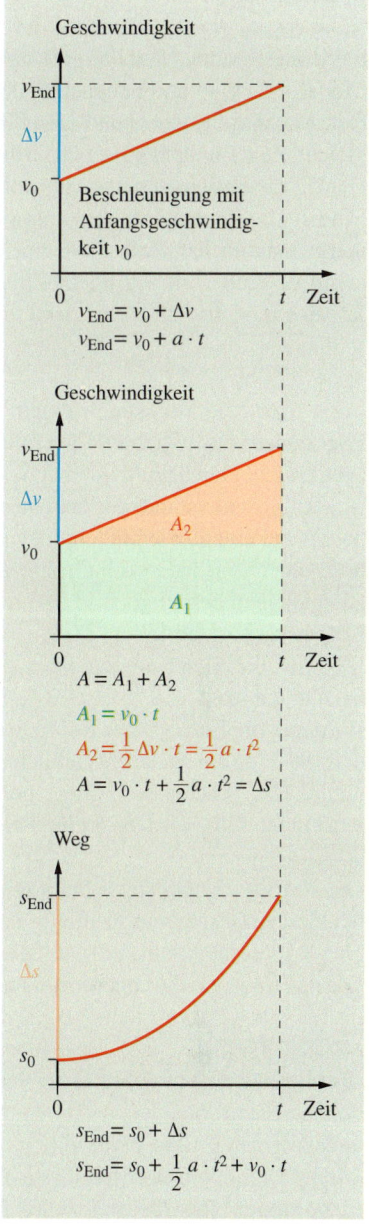

1

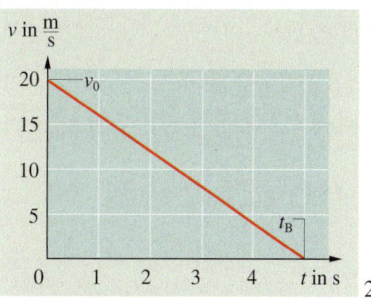

2

v-t-Diagramm eines Bremsvorgangs mit gleichmäßiger Verzögerung

Freier Fall

Lässt man Steine, Metallkugeln und kompakte Holzstücke aus etwa gleicher Höhe fallen und beobachtet deren Weg zum Erdboden, so stellt man fest: Alle diese Körper benötigen für eine gleich lange Fallstrecke etwa die gleiche Zeit – unabhängig von Größe und Material.
Die Geschwindigkeit beim Aufprall ist umso größer, je größer die Fallstrecke ist. Die Geschwindigkeit nimmt während des Fallens ständig zu. Das merkt man an der Heftigkeit, mit der die Gegenstände aufprallen. Man kennt es auch vom Springen: Ein Sprung aus 0,5 m Höhe macht in der Regel gar nichts aus. Ein Sprung aus 1 m Höhe kann schon mächtig schmerzen.

Fallexperiment

1

Lässt man eine Holzkugel, einen Tischtennisball, Papierstückchen oder Vogelfedern aus gleicher Höhe fallen, so erkennt man, dass diese Gegenstände nicht gleichzeitig unten ankommen. Ursache für diese Unterschiede ist der Luftwiderstand, der bei einer Vogelfeder eine viel größere Wirkung hat als bei einem Bleiplättchen gleicher Masse. Dies kann man auch mithilfe einer sogenannten Fallröhre zeigen, in der sich eine Feder und ein Bleiplättchen befinden (Bild 2). Die Röhre wird umgedreht, sodass beide Körper nach unten fallen. Dabei wird das Bleiplättchen immer schneller, während die Feder wegen ihres großen Luftwiderstandes nur langsam nach unten sinkt.
Wird nun die Luft aus der Röhre herausgepumpt und das Experiment wiederholt, fällt die Feder tatsächlich so schnell wie das Bleiplättchen nach unten. Eine solche Bewegung, bei der ein Körper ohne Luftwiderstand nach unten fällt, wird als **freier Fall** bezeichnet.

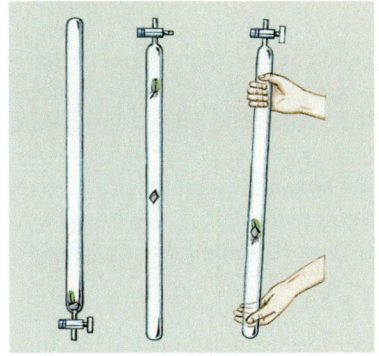

Fallröhre mit Feder und Bleiplättchen

2

Der Luftwiderstand spielt bei kompakten Körpern wie Metallkugeln und bei kleinen Geschwindigkeiten – also etwa beim Fall aus 1 m Höhe – kaum eine Rolle. Daher kann zur Untersuchung des freien Falls ein Experiment wie das folgende durchgeführt werden:

EXPERIMENT 2

Bestimmung der Fallzeit einer Stahlkugel: Die Kugel hängt zunächst an einem Elektromagneten. Zum Starten der Fallbewegung wird der Magnet ausgeschaltet. Dies wird von einer elektronischen Uhr registriert. Nach dem Durchfallen der Strecke s trifft die Kugel auf einen Kontakt, der die Uhr stoppt. Die Messung wird für unterschiedliche Fallhöhen durchgeführt. Die Ergebnisse werden in eine Tabelle eingetragen.

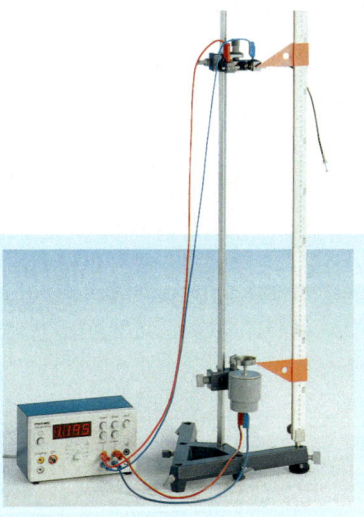

Eine Messreihe aus Experiment 2 könnte folgendermaßen aussehen:

s in m	0	0,1	0,2	0,3	0,4	0,5	0,6	0,7	0,8	0,9	1,0
t in s	0	0,14	0,20	0,25	0,28	0,32	0,35	0,38	0,41	0,43	0,45
a in $\frac{m}{s^2}$		10,2	10,0	9,6	10,2	9,8	9,8	9,7	9,5	9,7	9,9

↑Basiskonzept
Wechselwirkung

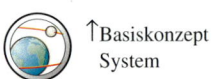
↑Basiskonzept
System

Bild 1 zeigt das zugehörige Weg-Zeit-Diagramm. Aus den Messwerten lässt sich erkennen:
– Bei doppelter Fallzeit ist der Fallweg viermal so groß.
– Bei dreifacher Fallzeit ist der Fallweg neunmal so groß.
Der Fallweg s ist proportional zum Quadrat der Fallzeit t: $s \sim t^2$, der Graph im Weg-Zeit-Diagramm ist eine Parabelast. Das ist ein Merkmal der gleichmäßig beschleunigten Bewegung.
Die Werte für die Beschleunigung a können daher nach dem Weg-Zeit-Gesetz für die gleichmäßig beschleunigte Bewegung berechnet werden.

Dazu wird $s_1 = \frac{1}{2} a \cdot t_1^2$ umgeformt zu $a = \frac{2s}{t^2}$.

Für die Beschleunigung a ergibt sich also beim freien Fall ein Wert von etwa $9{,}8 \, \text{m/s}^2$ (siehe Tabelle auf der vorhergehenden Seite).
Dieser Wert wird **Fallbeschleunigung g** genannt. Genauere Messungen ergeben für g in Mitteleuropa einen Wert von $9{,}81 \, \text{m/s}^2$.

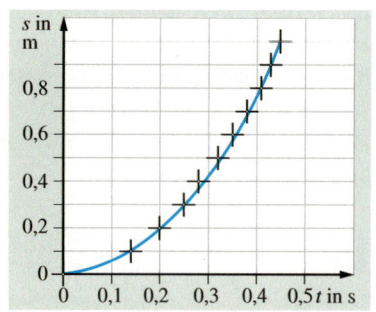

s-t-Diagramm zu Experiment 2

Der freie Fall ist eine gleichmäßig beschleunigte Bewegung. Für den freien Fall gelten die folgenden Gesetze:

Weg-Zeit-Gesetz	$s = \frac{1}{2} g \cdot t^2$;	$g = 9{,}81 \, \dfrac{\text{m}}{\text{s}^2}$
Geschwindigkeit-Zeit-Gesetz	$v = g \cdot t$	

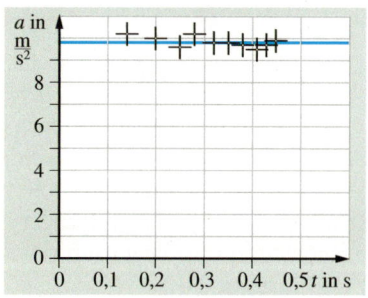

a-t-Diagramm zu Experiment 2

Beispiel: Berechnung der Endgeschwindigkeit

Wie groß ist die Geschwindigkeit, mit der beim Klippenspringen ein Springer bei einem Sprung aus 30 m Höhe auf dem Wasser auftrifft? Der Luftwiderstand soll vernachlässigt werden (Bild 3).

Gesucht: v_{End} *Gegeben:* $s = 30 \, \text{m}$

Lösung: Die Geschwindigkeit am Ende der Fallbewegung ist

$\qquad v_{\text{End}} = g \cdot t_{\text{End}}$.

Die Fallzeit t_{End} lässt sich nach dem Weg-Zeit-Gesetz berechnen:

$t_{\text{End}} = \sqrt{\dfrac{2s}{g}}$, wobei s die gesamte Fallhöhe ist.

Daher gilt: $v_{\text{End}} = g \cdot t_{\text{End}} = g \cdot \sqrt{\dfrac{2s}{g}} = \sqrt{2 \, g \cdot s}$.

$v_{\text{End}} = \sqrt{2 \cdot 9{,}81 \, \dfrac{\text{m}}{\text{s}^2} \cdot 30 \, \text{m}} = 24{,}3 \, \dfrac{\text{m}}{\text{s}} = 87{,}5 \, \dfrac{\text{km}}{\text{h}}$

Ergebnis: Bei Vernachlässigung des Luftwiderstandes beträgt die Endgeschwindigkeit etwa 88 km/h.

So lässt sich nun für jeden Wert s die Endgeschwindigkeit v (Aufprallgeschwindigkeit) berechnen.

Aus $v = \sqrt{2 \cdot g \cdot s} = \sqrt{2 \cdot g} \cdot \sqrt{s} = \sqrt{2 \cdot 9{,}81} \cdot \sqrt{s}$ folgt:

$v = 4{,}43 \cdot \sqrt{s}$ mit v in $\dfrac{\text{m}}{\text{s}}$ und s in m.

Klippenspringen: Ein Aufprall mit 80 km/h ist sehr gefährlich

Methode

Analyse von Bewegungen

Im Physiklabor gibt es verschiedene Experimentieranordnungen, um Bewegungen zu untersuchen und zum Beispiel Geschwindigkeiten möglichst genau zu messen.

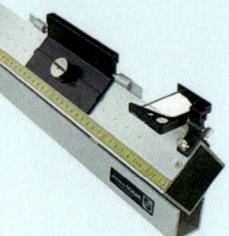

Man kann aber auch reale Bewegungsabläufe auswerten, wenn man einen Fotoapparat, eine Videokamera und einen Computer mit der entsprechenden Software zu Hilfe nimmt.

Jedes einzelne Bild einer Fotosequenz oder eines Videos gibt einen Moment der Bewegung wieder. Mithilfe von Markierungen in den Bildern können zurückgelegte Strecken gemessen werden. Wenn zwischen zwei aufeinanderfolgenden Bildern immer die gleiche Zeitspanne liegt, läuft gewissermaßen eine Uhr zur Zeitmessung mit.

Aus diesen Daten kann man dann z. B. auf Geschwindigkeiten und Beschleunigungen schließen.

Bewegungsanalyse mit Fotosequenzen

Für recht gute Messergebnisse reicht beispielsweise eine Digitalkamera (nach Möglichkeit auf einem Stativ), die kurze Fotosequenzen aufnehmen kann.

Eine Fotosequenz besteht aus vielen Einzelbildern, die mit gleichen Zeitabständen aufgenommen wurden (Bilder 1 bis 4). Die Zeitabstände können an der Kamera eingestellt werden.

Für die Streckenmessung genügt es, einen gut ablesbaren Meterstab oder ein Maßband auf den Boden zu legen, bevor man mit der Aufnahme beginnt.

Nun kann man durch Vergleichen von zwei Bildern die Streckenlänge bestimmen, um die sich ein Punkt bewegt hat. Teilt man diese durch die Zeitdifferenz zwischen den beiden Bildern, so erhält man die durchschnittliche Geschwindigkeit in diesem Intervall.

Frage: Wie schnell war die Läuferin (Bilder 1 bis 4), wenn die Digitalkamera die Bilder im Abstand von 0,8 s aufnahm?

1

2

3

4

Bewegungsanalyse mit Videosequenzen

Mit einer Digitalkamera oder auch einer digitalen Videokamera kannst du ein Video aufnehmen. Diese Videos müssen ebenso mithilfe einer Software in Einzelbilder zerlegt werden. Die Zeitabstände zwischen den Einzelbildern sind viel geringer als bei der Aufnahme von Fotosequenzen. Um die Zeitdifferenz zwischen zwei Einzelbildern zu bestimmen, gibt es mehrere Möglichkeiten:

▶ Man kann in einer eigenen Videosequenz eine sehr genaue Uhr, am besten eine Digitaluhr, filmen und die Einzelbilder betrachten. Vergleicht man z.B. die Uhrzeit auf dem ersten und dem zehnten Bild, lässt sich daraus die Zeitdifferenz zwischen zwei Einzelbildern bestimmen.

▶ Man dividiert die Gesamtdauer der Videosequenz durch die Gesamtzahl der Einzelbilder.

Videoanalyse mithilfe einer Software

Sehr komfortabel kann man ein aufgenommenes Video analysieren und damit die Geschwindigkeiten einzelner Punkte messen, wenn man Software zur Videoanalyse zur Verfügung hat. Mit diesen Programmen kann man in den Einzelbildern Messpunkte setzen und diese Messpunkte dann grafisch oder rechnerisch auswerten lassen.

Mithilfe eines solchen Programms kann man auch eine bekannte Strecke auf dem Video kalibrieren. Manche Programme setzen die Messpunkte automatisch aufgrund einer Farberkennung.

1

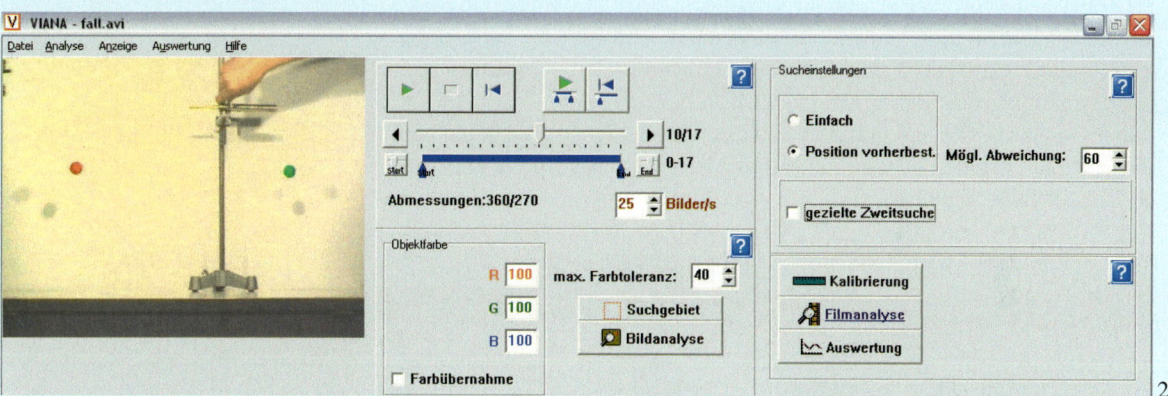

2

Sehr hilfreich ist eine tabellarische Aufstellung der Messwerte, die dann elektronisch (z.B. in einem Tabellenkalkulationsprogramm) weiterverarbeitet werden können.

Das Programm VIANA zur Videoanalyse gibt es kostenlos aus dem Internet.

Aufträge

Bestimmt mit einer der oben genannten Methoden die Durchschnittsgeschwindigkeit:

– eines 100-m-Läufers
– eines Radfahrers
– einer Kugel beim Bowling
– eines herabfallenden Softballs

Wie ändert sich diese Durchschnittsgeschwindigkeit, wenn die Zeitintervalle verkleinert werden?

GALILEO GALILEI
(* 15. 2. 1564 in Pisa, † 8. 1. 1642 bei Florenz)

GALILEO GALILEI studierte von 1581 bis 1585 in Pisa Medizin, Philosophie und Mathematik. Im Alter von 25 Jahren wurde er Professor für Mathematik an der Universität Pisa und hielt dort Vorlesungen über Planetensysteme. Man vertrat seinerzeit noch die Lehre von PTOLEMÄUS, wonach die Erde und nicht die Sonne im Mittelpunkt steht.

GALILEIS besonderes Forschungsinteresse galt jedoch fallenden Körpern. Allgemein wurde damals die Bewegungslehre von ARISTOTELES anerkannt, nach der schwerere Körper schneller fallen als leichtere. GALILEI konnte nachweisen, dass das Gewicht bzw. die Masse der Körper beim freien Fall keine Rolle spielt. Es ist allerdings eine Legende, dass er hierzu Experimente am Schiefen Turm von Pisa durchgeführt hat.

Noch 1590 war GALILEI der Meinung, dass die Geschwindigkeit des fallenden Körpers durch die Differenz der „spezifischen Gewichte" des Körpers und des Mediums, in der Regel Luft, bestimmt würde. Erst 20 Jahre später stellte er Überlegungen an, die ihn zur richtigen Gleichung führten. Der Luftwiderstand war ein wesentliches Problem bei der Erforschung der physikalischen Zusammenhänge. GALILEI schrieb: „In Quecksilber fällt nur das Gold, während das Blei steigt, im Wasser fallen beide, aber das Gold deutlich voraus, beim freien Fall in Luft sind die Unterschiede minimal. Angesichts dessen glaube ich, dass, wenn man den Widerstand der Luft ganz aufhöbe, alle Körper gleich schnell fallen würden."

So entwickelte GALILEI in seinem Werk „Discorsi" die Vorstellung von einem Vakuum, wo es keinen Luftwiderstand gibt und die Fallgesetze exakt gelten. GALILEI suchte nach Gleichungen, die die Zunahme der Geschwindigkeit und der zurückgelegten Strecke angeben. Aus dem falschen Gesetz $v \sim s$ leitete GALILEI 1604 durch eine lange Rechnung mit mehreren Fehlern den richtigen Zusammenhang $s \sim t^2$ her. Später erkannte er dann, dass $v \sim t$ gelten muss.

GALILEO GALILEI

GALILEI untersucht die „verlangsamte Fallbewegung" einer Kugel, indem er sie eine schwach geneigte Ebene hinabrollen lässt.

Messungen zu den Fallbewegungen. Erst nach diesen langen theoretischen Überlegungen versuchte GALILEI, seine Gesetze experimentell zu bestätigen. Da Fallbewegungen sehr schnell ablaufen und es noch keine genauen Stoppuhren gab, untersuchte er auf Rinnen herabrollende Kugeln. Er schrieb: „Auf einem Holzbrett von 12 Ellen (6,7 m) Länge, einer halben Elle Breite und drei Zoll (7,5 cm) Dicke war auf dieser letzten schmalen Seite eine Rinne von etwas mehr als einem Zoll Breite eingegraben. Dieselbe war sehr gerade gezogen, und um die Fläche recht glatt zu haben, war inwendig ein sehr glattes und reines Pergament aufgeklebt. In dieser Rinne ließen wir eine harte, völlig runde und glatt polierte Messingkugel laufen. Nach Aufstellung des Brettes wurde dasselbe auf der einen Seite etwas angehoben, bald eine, bald zwei Ellen hoch; dann ließen wir die Kugel durch die Rinne laufen."

GALILEI maß den Weg, den die Kugel nach 1, 2, 3, 4 Zeiteinheiten zurückgelegt hatte. Als Zeitmaß galt der Pulsschlag oder die Menge Wasser, die aus dem Loch eines Eimers ausfloss. Die Wassermenge wurde genau gewogen. Zum Ergebnis der Messungen schrieb GALILEI: „Bei wohl hundertfacher Wiederholung fanden wir stets, dass die Strecken sich verhielten wie die Quadrate der Zeiten, und dies galt für jede beliebige Neigung der Rinne, in der die Kugel lief." GALILEI hat also erkannt, dass für die Bewegung der Kugel längs der geneigten Ebene wie für den freien Fall gilt: $s \sim t^2$.

Titelbild von GALILEIS „Dialogo"

Astronomische Entdeckungen. Im Sommer 1609 erfuhr GALILEI von der Erfindung eines Fernrohrs in den Niederlanden. Er ließ es mit einigen Verbesserungen nachbauen. Bei seinen Himmelsbeobachtungen machte er einige Entdeckungen: Venusphasen, Mondgebirge, Jupitermonde, Sterne der Milchstraße.

Konflikt mit der Kirche. Von 1610 bis 1633 war GALILEI als Hofmathematiker in Florenz tätig. Er fand viele Belege für das kopernikanische Weltsystem, wonach die Sonne im Mittelpunkt steht und von Planeten umkreist wird. Das widersprach der von der Kirche in Rom vertretenen Lehre vom geozentrischen Weltbild. Das Werk „Dialogo" (Dialog über die beiden hauptsächlichen Weltsysteme, das ptolemäische und das kopernikanische) wurde unmittelbar nach seinem Erscheinen vom Papst verboten. 1633 wurde gegen GALILEI ein Inquisitionsprozess angestrengt. Unter Androhung von Folter schwor GALILEI der kopernikanischen Lehre ab, blieb aber unter der Aufsicht der heiligen Inquisition. Er verfasste die „Discorsi" (Unterredungen und mathematische Darlegungen über zwei neue Wissenschaften, Festigkeit und Bewegtheit), die 1638 erschienen. Die „Discorsi" sind gleichzusetzen mit dem Beginn der neuzeitlichen klassischen Physik. GALILEIS Physik war die Kinematik. Zur Dynamik fehlte ihm ein geeigneter Kraftbegriff. Auch zur allgemeinen Formulierung des Trägheitsprinzips kam er nicht. Die sollte NEWTON vorbehalten bleiben.

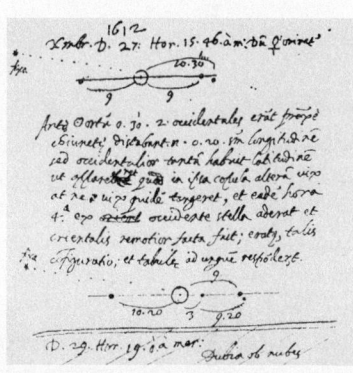

Handschriftliche Aufzeichnungen zu den Jupiterbeobachtungen

In seinem Schauspiel „Leben des GALILEI" hat der deutsche Dichter Bertolt Brecht (1898–1956) die Auseinandersetzung GALILEIS mit der Kirche in Rom über die Weltsysteme auf die Bühne gebracht.
GALILEI wurde erst 1992 – also 350 Jahre nach seinem Tod – durch den Papst vom Vorwurf der Ketzerei freigesprochen.

Untersuchung von fallenden Körpern

Fallende Wassertropfen. Bei Fallexperimenten sind genaue Zeit- und Längenmessungen oft von entscheidender Bedeutung.

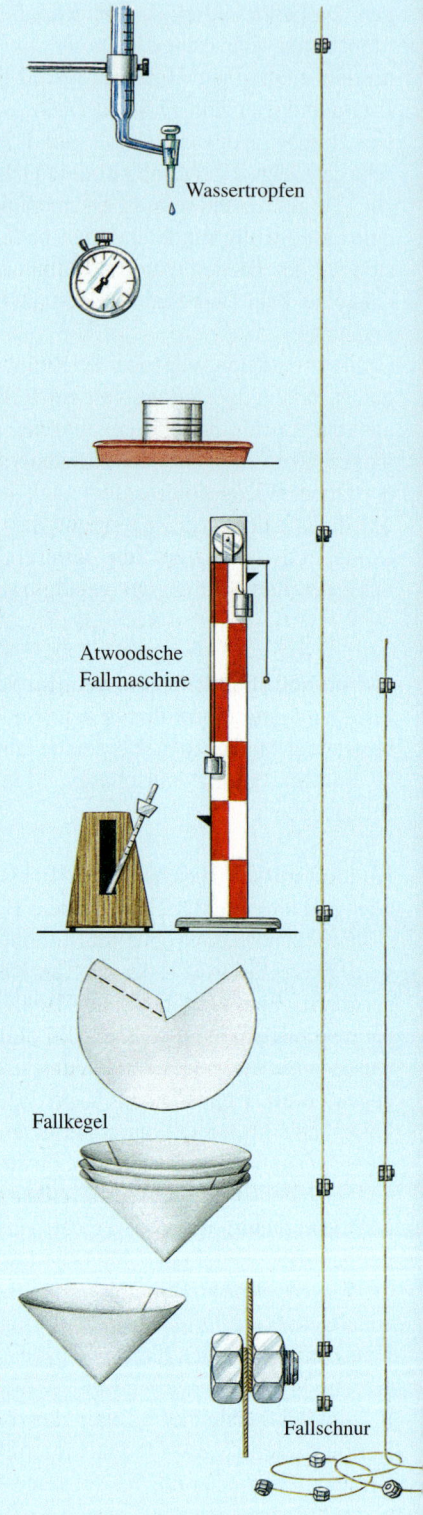

AUFTRAG 1

Lasst aus einer Bürette Wassertropfen auf eine Blechdose so fallen, dass sich der nachfolgende Tropfen gerade dann von der Bürette ablöst, wenn der vorangehende auf die Dose auftrifft.
Bestimmt die Fallzeit eines Tropfens (*Tipp:* Messt die Zeit für 10 Tropfen und dividiert durch 10!).

Bestimmt die Fallbeschleunigung $g = 2\frac{s}{t^2}$!

Wassertropfen

Atwoodsche Fallmaschine. Oft fallen die Körper so schnell, dass es schwer ist, den Beschleunigungsvorgang direkt zu beobachten. Mit der Fallmaschine nach ATWOOD lässt sich ein Fallvorgang verlangsamen.

AUFTRAG 2

Legt über eine feste Rolle einen Faden mit zwei Wägestücken an jedem Ende, die einander das Gleichgewicht halten. Bringt auf einer Seite ein zusätzliches Plättchen von wenigen Gramm an. Stellt ein Metronom auf den Zeitakt 1 s. Ermittelt für etwa 10 Zeitintervalle von 1 s den jeweils zurückgelegten Weg. Überprüft, ob die Beschleunigung $a = 2\frac{s}{t^2}$ konstant ist. Nennt mögliche Fehlerquellen!

Atwoodsche
Fallmaschine

Fallschnur. Mit einer Fallschnur kann man die Proportionalität von s und t^2 bei der Fallbewegung leicht nachweisen.

AUFTRAG 3

Befestigt an einer langen Schnur (3 m) kleine Gegenstände in einem solchen Abstand, dass nach dem Loslassen des Fadens die Gegenstände in gleichen Zeitabständen (fester hörbarer Rhythmus) auf dem Boden auftreffen. Verwendet durchbohrte Kugeln oder Schrauben mit Muttern. Je länger die Schnur, desto eindrucksvoller das Experiment. Vielleicht dürft ihr im Treppenhaus eurer Schule experimentieren.

Luftwiderstand beim Fallen. Meist vernachlässigt man den Luftwiderstand bei der Untersuchung von Fallbewegungen. Mit kleinen Körpern aus Papier, die leicht sind und eine große Oberfläche haben, erreicht man einen großen Luftwiderstand. Dann lässt sich die Phase der Beschleunigung von der Phase der gleichförmigen Bewegung unterscheiden.

Fallkegel

AUFTRAG 4

Lasst von einer Leiter einen Fallkegel mit der Spitze nach unten fallen und beobachtet die beiden Phasen der Bewegung. Steckt 2, 3 oder 4 Kegel ineinander und vergleicht jeweils die Längen der ersten Phase und die Geschwindigkeiten in der zweiten.

Fallschnur

Für eure Untersuchungen eignet sich auch die Methode von S. 70/71.

1

Weißt du es? Kannst du es

1. Beim Start eines Formel-1-Rennens erreichen die Fahrzeuge nach 4 s eine Geschwindigkeit von 200 km/h. Berechne die Beschleunigung! Nimm an, dass es sich um eine gleichmäßige Beschleunigung handelt!

2. Ein Flugzeug wird beim Start mit 5 m/s² beschleunigt. Wie lang muss die Startbahn mindestens sein, wenn das Flugzeug nach 20 s abhebt? Mit welcher Geschwindigkeit hebt es ab?

3. Die Raumfähre Endeavour erreichte nach 3 Minuten eine Geschwindigkeit von 5600 km/h. Wie groß ist ihre (als konstant angenommene) Beschleunigung und welche Strecke hat sie nach 1 min, 2 min und 3 min zurückgelegt?

4. a) Beschreibe die drei Bewegungsvorgänge, die in Bild 1 als Diagramm dargestellt sind!
   b) Berechne den zurückgelegten Weg für Bewegung A und gib an, ob die Wege bei B und C länger oder kürzer sind als bei A!

5. Ein Stein fällt in einen Brunnen. Du hörst, dass er nach 5 Sekunden aufschlägt. Wie tief ist der Brunnen?

6. Ein Motorrad erreicht aus dem Stand nach 6 s die Geschwindigkcit 80 km/h. Ein anderes braucht nur 4 s.
   a) Vergleiche die beiden Beschleunigungen (nimm an, dass die Beschleunigungen gleichmäßig sind)!
   b) Wie viel Meter Vorsprung hat das schnellere Motorrad nach 4 s?

7. Mit welcher Geschwindigkeit trifft ein Springer vom 10-m-Turm auf der Wasseroberfläche auf?

8. Stelle den Zusammenhang zwischen der Endgeschwindigkeit beim freien Fall v_{End} und der Fallhöhe s in einem Diagramm dar. Erläutere den Verlauf des Graphen!

9. Beschreibe, wie GALILEO GALILEI auf das Weg-Zeit-Gesetz der gleichmäßig beschleunigten Bewegung gekommen ist!

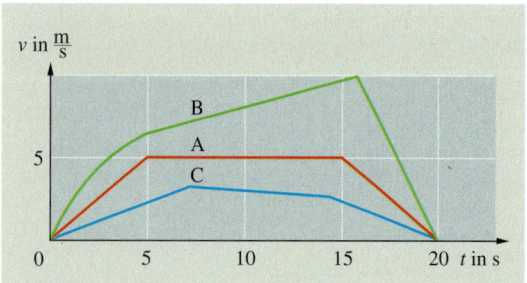

1

Kurz und knapp!

Beschleunigung
Bei einer beschleunigten Bewegung ändert sich ständig die Augenblicksgeschwindigkeit. Die Beschleunigung gibt an, wie schnell sich die Geschwindigkeit eines Körpers ändert.
Formelzeichen der Beschleunigung: a

Einheit der Beschleunigung: $\frac{m}{s^2}$

Gleichmäßig beschleunigte Bewegung
Geschwindigkeit-Zeit-Gesetz: $v = a \cdot t$

Weg-Zeit-Gesetz: $s = \frac{1}{2} a \cdot t^2$

a = konstant

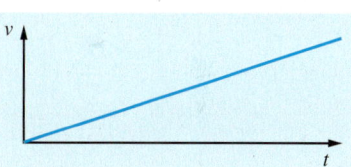

v-t-Diagramm

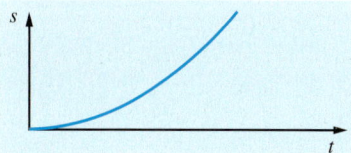

s-t-Diagramm

Auch der freie Fall ist eine gleichmäßig beschleunigte Bewegung.
Hier gilt $v = g \cdot t$

und $s = \frac{1}{2} g \cdot t^2$ Fallbeschleunigung: $a = g = 9,81 \frac{m}{s^2}$

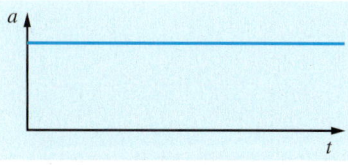

a-t-Diagramm

Fallen und Schwere- losigkeit

1
Tandemsprung

So ein Tandemsprung ist für Abenteuerlustige ein faszinierendes Erlebnis. Oben kontrolliert ein erfahrener Fallschirmspringer den Sprung, unten genießt der Passagier die freie Sicht auf die entgegensausende Erde. Der Passagier kann auch deshalb so entspannt „fliegen", weil er seinen Begleiter im Rücken fast nicht spürt. Wie ist das möglich?

Halte doch einmal etwas Schweres in den Armen (z. B. volle Plastikflaschen), steige auf eine Bank und springe herunter. Du wirst sehen: Vor dem Sprung ist der Gegenstand ganz normal schwer, beim Fallen scheint er plötzlich nichts mehr zu wiegen und bei der Landung wird er ganz schwer. Doch nicht nur der Gegenstand in deinen Armen scheint beim Fallen sein Gewicht verloren zu haben: Auch deine Kleidung, deine Arme und

Beine – alles an und in dir scheint keine Schwere mehr zu besitzen. Du fühlst dich schwerelos!

Der Grund für die scheinbare Schwerelosigkeit z. B beim Tandemsprung ist ganz einfach: Der Passagier „weicht" vor seinem Begleiter nach unten aus – und zwar mit derselben Geschwindigkeit, die der Begleiter hat. Dadurch kann der Begleiter nicht auf den Passagier drücken.

Etwas Ähnliches kennst du auch vom Busfahren: Solange der Bus die gleiche Geschwindigkeit hat wie du, spürst du die Haltestange in deinem Rücken kaum. Erst wenn der Bus beschleunigt, drückt sie in deinen Rücken.

In der Nähe von Bremen steht der Fallturm des Zentrums für angewandte Raumfahrttechnologie und Mikrogravitation. Er dient dazu, Kurzzeitexperimente unter Schwerelosigkeitsbedingungen durchzuführen. Verglichen mit einem „Ausflug" ins All, sind die Kosten für die Experimentierzeit im Fallturm viel geringer.
Im Fallturm befindet sich eine 123 m hohe Röhre, aus der die Luft herausgepumpt werden kann. In ihr kann sich eine Fallkapsel bewegen. Bis 2004 ließ man die Kapsel nur von oben nach unten fallen (wo sie in einem Auffangbehälter landet, der mit stecknadelkopfgroßen Styroporkugeln gefüllt ist). Heute wird die Kapsel zu Beginn eines

Fallexperiments von einem Katapult nach oben geschossen! Die Flugdauer, während der scheinbar Schwerelosigkeit herrscht, konnte dadurch verdoppelt werden.
Um die Kapsel hochzuschießen, muss das Katapult auf einer kurzen Strecke eine große Geschwindigkeit erreichen. Dazu wird Pressluft von unten in das Katapult geleitet, die unter enormem Druck steht.

Fallturm 1

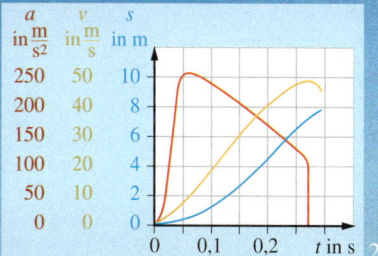

Beschleunigung durch das Katapult 2

Experimente unter Schwerelosigkeit werden auch bei Parabelflügen mit einem speziell ausgerüsteten Flugzeug („Zero G") durchgeführt. Die Versuche werden dazu im Kabinenraum des Flugzeugs aufgebaut. Während der parabelförmigen Flugphase herrscht an Bord scheinbar Schwerelosigkeit.
Aus einem Bericht über einen Parabelflug:
„Dafür beginnt das Flugzeug in 6000 Meter Höhe einen steilen Aufstieg. Bei 50 Grad Steigung drückt der Pilot die Maschine nach vorn. Nun beschreibt ihr Flug eine Parabel und ab jetzt herrscht Schwerelosigkeit. Das dauert 22 Sekunden – Zeit für die Experimente. Inzwischen stürzt der Jet wieder dem Boden entgegen – bei einem Winkel von 43 Grad Neigung fängt der Pilot die Maschine wieder ab.
22 Sekunden sind genug, um Astronauten zu trainieren oder Experimente zu machen … Insgesamt fliegt die Maschine 31 Parabeln – für die Piloten im Cockpit Schwerstarbeit: ESA-Astronaut Philippe Perrin steuert die Auf- und Abwärtsbewegungen, Luftwaffentestpilot Gilles Le Barzic die seitliche Richtung des Flugzeugs. Auf jedem Scheitelpunkt der Parabel bimmelt ein Warnsignal, rote Lampen blinken. Das Flugzeug hat jetzt nur noch eine Geschwindigkeit von etwas mehr als

Parabelflug

200 Kilometer pro Stunde, eigentlich zu langsam zum Fliegen. Es fliegt auch gar nicht mehr – es wird quasi ‚geworfen'. Dann rasen die Äcker und Felder der Normandie im Cockpitfenster auf die Forscher zu, während die Maschine im Sturzflug schnell wieder Geschwindigkeit zulegt. Anschließend fangen die Piloten die Maschine wieder ab und die Prozedur beginnt von vorne."

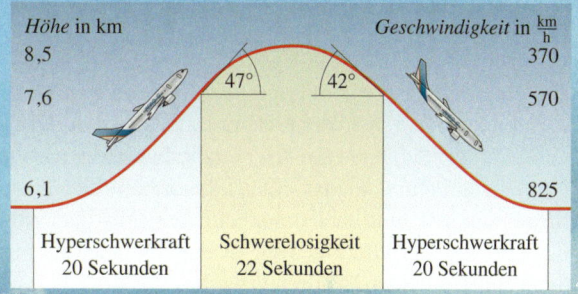

Zero-G

Zusammengesetzte Bewegungen

In Container-Terminals großer Häfen sorgen Krananlagen dafür, dass das Be- und Entladen effektiv und reibungslos verläuft. Solche Anlagen ermöglichen unterschiedliche Bewegungen.
Der Kran selbst bewegt sich auf Schienen längs des Kais.
Die Laufkatze am Kran bewegt sich quer zum Kai. Außerdem ermöglicht ein Seilzug, der an der Laufkatze angebracht ist, eine vertikale Bewegung zum Heben und Senken von Lasten.

↑Basiskonzept System

1

Überlagerung von Bewegungen

Um einen Container vom Lagerplatz zur Schiffsluke zu befördern, gibt es verschiedene Möglichkeiten (Bild 2): Man kann ihn zunächst durch eine Fahrt auf den Schienen am Kai entlang bewegen und ihn dann mithilfe des Laufkatzenmotors an das Schiff heranbefördern. Die Reihenfolge der Bewegungen könnte auch umgekehrt sein: erst quer zum Kai und dann den Kai entlang. Der kürzeste Weg ist eine Gerade, die man durch gleichzeitigen Betrieb beider Motoren erreicht.

 Die Bewegung eines Körpers kann man sich aus mehreren Teilbewegungen zusammengesetzt denken. Die Bewegungen überlagern sich zu einer resultierenden Bewegung.

Die Geschwindigkeit ist eine gerichtete physikalische Größe. Man kann sie, wie die Kraft, mithilfe eines Pfeils darstellen. Die Länge des Pfeils gibt dann den Betrag der Geschwindigkeit an, die Richtung des Pfeils stimmt mit der Richtung der Bewegung überein.
Besonders einfach lässt sich die Geschwindigkeit einer zusammengesetzten Bewegung bestimmen, wenn die beiden Einzelbewegungen die gleiche Richtung haben oder einander genau entgegengesetzt gerichtet sind. Dies ist der Fall, wenn ein Boot mit der Geschwindigkeit v_1 relativ zum Wasser stromabwärts oder stromaufwärts fährt. Der Betrag der resultierenden Geschwindigkeit ergibt sich dann als Summe bzw. als Differenz der Einzelgeschwindigkeiten (Bild 3).
Welche Bewegung führt ein Paddler aus, der mit seinem Boot einen Fluss überqueren will und sich auf dem strömenden Wasser senkrecht zur Strömungsrichtung bewegt (Bild 1, folgende Seite)?

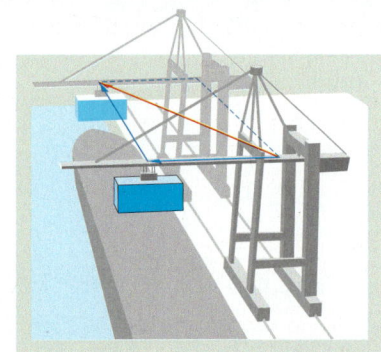

Möglichkeiten zum Transport eines Containers

2

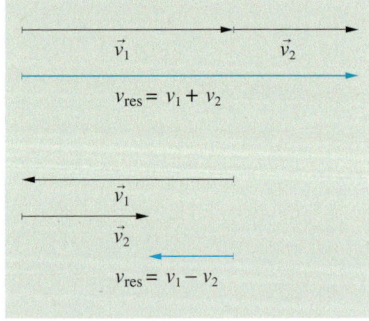

$$\vec{v}_1 \qquad \vec{v}_2$$
$$v_{res} = v_1 + v_2$$

$$\vec{v}_1$$
$$\vec{v}_2$$
$$v_{res} = v_1 - v_2$$

Resultierende Geschwindigkeit bei gleich bzw. entgegengesetzt gerichteten Bewegungen

3

Das Boot bewege sich mit der gleichbleibenden Geschwindigkeit v_1 quer zur Strömung. Dann erreicht er das gegenüberliegende Ufer nach der Zeit $t = s_1/v_1$, wobei s_1 die Breite des Flusses ist.

Bei seiner Bewegung senkrecht zur Strömung wird er jedoch flussabwärts getrieben, und zwar mit der Strömungsgeschwindigkeit des Wassers v_2. Nach der Zeit t legt er dabei den Weg $s_2 = v_2 \cdot t$ flussabwärts zurück.

Wenn der Paddler auf das Wasser schaut, nimmt er nur seine Bewegung senkrecht zur Strömung wahr. Es könnte ihn am Ende der Fahrt wundern, dass er nicht im Punkt Z, sondern in Z' ankommt. Dies kann er vermeiden, indem er schräg zur Stromrichtung paddelt (Bild 4). Ein Beobachter, der die Bewegung von oben betrachtet, sieht dagegen, wie sich der Paddler auf direktem Weg von P nach Z' bewegt.

Wie groß ist bei der tatsächlichen Bewegung die Geschwindigkeit? Da sich das Boot auf dem geraden Weg von P nach Z' bewegt, legt es während der Überfahrt den Weg s_{res} zurück. Also gilt: $v_{res} = \dfrac{s_{res}}{t}$.

Bild 2 zeigt, wie man die resultierende Geschwindigkeit des Bootes aus den beiden Geschwindigkeiten $\vec{v}_1$ und $\vec{v}_2$ zusammengesetzt darstellen kann. Der Pfeil für $\vec{v}_{res}$ entspricht der Diagonalen in einem Rechteck. $\vec{v}_1$ und $\vec{v}_2$ stehen in diesem Beispiel senkrecht aufeinander. Daher kann man den Betrag der Geschwindigkeit $\vec{v}_{res}$ mit dem Satz des PYTHAGORAS berechnen: $v_{res}^2 = v_1^2 + v_2^2$.

Die Berechnung der resultierenden Geschwindigkeit ist nicht ganz so einfach, wenn $\vec{v}_1$ und $\vec{v}_2$ in einem beliebigen Winkel aufeinanderstehen. Dies ist z. B. der Fall, wenn sich ein Flugzeug bei schrägem Rückenwind durch die Luft bewegt. Die resultierende Geschwindigkeit der Einzelbewegungen lässt sich als Diagonale in einem Parallelogramm ermitteln, das man durch Parallelverschiebung der Pfeile für die Einzelgeschwindigkeiten erhält (Bild 3). Berechnungen können mithilfe von Winkelbeziehungen durchgeführt werden.

Die Geschwindigkeit einer Bewegung, die aus zwei Bewegungen mit $\vec{v}_1$ und $\vec{v}_2$ zusammengesetzt ist, kann als Diagonale des von $\vec{v}_1$ und $\vec{v}_2$ aufgespannten Parallelogramms dargestellt werden.

Beispiel

Ein Paddler will einen 50 m breiten Fluss *senkrecht* zur Strömung überqueren. Seine Geschwindigkeit gegenüber dem Wasser beträgt 2 m/s, die Strömungsgeschwindigkeit des Wassers 1 m/s. Nach welcher Zeit erreicht der Paddler sein Ziel?

Gesucht: t   *Gegeben:* $v_1 = 2$ m/s
  $v_2 = 1$ m/s

Lösung:

Der Paddler muss sich schräg zum strömenden Wasser bewegen. Seine Geschwindigkeit gegenüber dem Wasser muss so gerichtet sein, dass die Strömungsgeschwindigkeit von 1 m/s ausgeglichen wird (Bild 4).

$$v_{res} = \sqrt{v_1^2 - v_2^2} = \sqrt{(2 \text{ m/s})^2 - (1 \text{ m/s})^2} = \sqrt{3} \text{ m/s} = 1{,}73 \text{ m/s}$$

$$t = \frac{s}{v_{res}} = \frac{50 \text{ m}}{1{,}73 \text{ m/s}} = \underline{\underline{28{,}9 \text{ s}}}$$

Ergebnis: Der Paddler benötigt etwa 29 s zur Überquerung des Flusses.

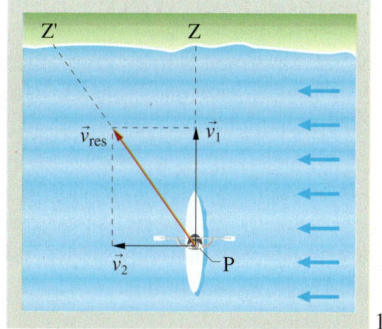

Überquerung eines strömenden Flusses

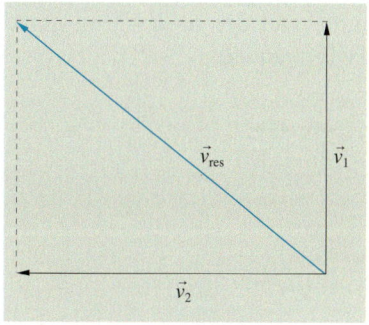

Resultierende Geschwindigkeit bei zueinander senkrechten Bewegungen

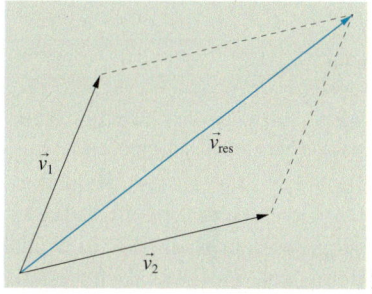

Resultierende Geschwindigkeit bei Bewegungen, die nicht senkrecht aufeinanderstehen

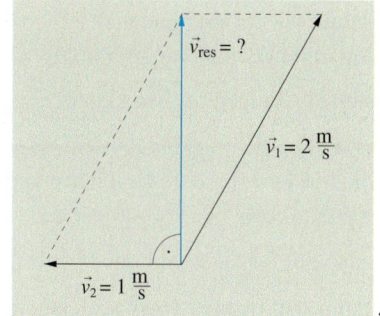

v_{res} lässt sich mit dem Satz des PYTHAGORAS berechnen.

Senkrechter Wurf

Wirft man einen Körper, etwa einen Ball, senkrecht nach oben, erreicht er eine bestimmte Höhe (Bild 1). Beim Verlassen der Hand hat der Ball eine Geschwindigkeit v_0 senkrecht nach oben. Mit dieser Geschwindigkeit würde der Ball seine Bewegung aufgrund der Trägheit fortsetzen, wenn die Schwerkraft nicht vorhanden wäre.

Die Schwerkraft bewirkt eine gleichmäßig beschleunigte Bewegung nach unten. Die Geschwindigkeit des Balls wird ständig kleiner, bis zum höchsten Punkt, wo sie null ist.

 Der senkrechte Wurf kann als Überlagerung zweier Bewegungen betrachtet werden: der nach oben gerichteten gleichförmigen Bewegung und der nach unten gerichteten gleichmäßig beschleunigten Fallbewegung.

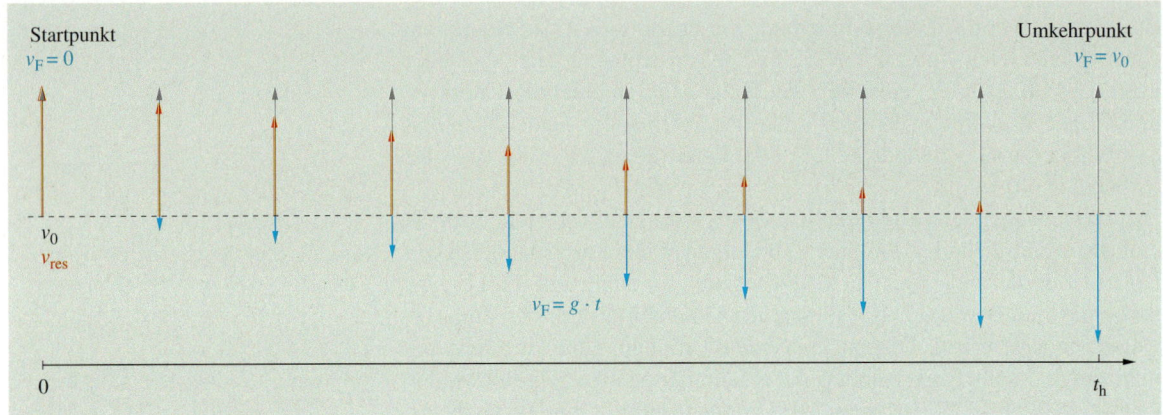

Die resultierende Geschwindigkeit zu verschiedenen Zeitpunkten während des senkrechten Wurfes nach oben

Die Geschwindigkeitspfeile beider Teilbewegungen sind einander entgegengesetzt gerichtet (Bild 2). Während v_0 zu jedem Zeitpunkt den gleichen Betrag hat, wird die Geschwindigkeit der Fallbewegung v_F immer größer: $v_F = g \cdot t$. Die resultierende Geschwindigkeit v_{res} zur Zeit t ergibt sich als Differenz der Einzelgeschwindigkeiten: $v_{res} = v_0 - g \cdot t$.

Wenn die Fallgeschwindigkeit v_F so groß ist wie v_0, ist die resultierende Geschwindigkeit null, der Körper befindet sich in Ruhe und fällt gleich darauf wieder nach unten.

Im Umkehrpunkt der Bewegung ist $v_{res} = 0$, also gilt $g \cdot t = v_0$. Damit lässt sich die Steigzeit t_h berechnen: $t_h = \dfrac{v_0}{g}$.

Das Geschwindigkeit-Zeit-Diagramm gleicht dem eines Bremsvorgangs, die Fläche unter dem Graphen entspricht der Steighöhe s_h des geworfenen Körpers (Bild 3).

Also gilt für die Steighöhe: $s_h = \dfrac{1}{2} v_0 \cdot t_h = \dfrac{1}{2} \cdot \dfrac{v_0^2}{g}$.

Beim senkrechten Wurf nach unten überlagern sich ebenfalls zwei Bewegungen, allerdings haben hier beide dieselbe Richtung. Daher gilt für die resultierende Geschwindigkeit: $v_{res} = v_0 + g \cdot t$.

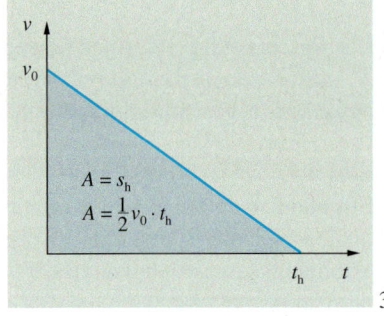

ÜBRIGENS

Nach Erreichen der Steighöhe fällt der Körper (bei Vernachlässigung des Luftwiderstandes) frei nach unten. Der freie Fall kann als zeitliche Umkehrung der Steigbewegung betrachtet werden. Nach $t = \sqrt{2\,s_h/g}$ kommt der Körper wieder bei der Abwurfhöhe an.

Waagerechter Wurf

Beim waagerechten Wurf ist die Abwurfrichtung horizontal. Der geworfene Gegenstand lässt sich jedoch mit bloßem Auge nur schwer in seiner Bahn verfolgen. Mithilfe eines Wasserstrahls lässt sich der Wurf simulieren (Bild 1). Alle Wassertröpfchen verhalten sich wie geworfene Bälle. Wenn man den Wasserstrahl entlang einer Tafel streifen lässt, kann man die Bahn der „geworfenen Tropfen" festhalten (Bild 2).
Die Bewegung lässt sich wie der senkrechte Wurf als Überlagerung zweier Einzelbewegungen betrachten: einer gleichförmigen horizontalen Bewegung und der nach unten gerichteten gleichmäßig beschleunigten Fallbewegung.

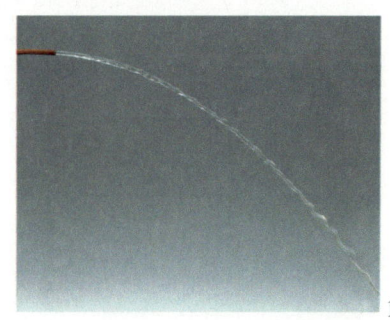

1

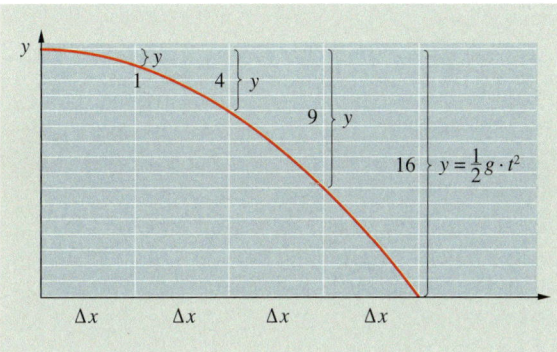

2

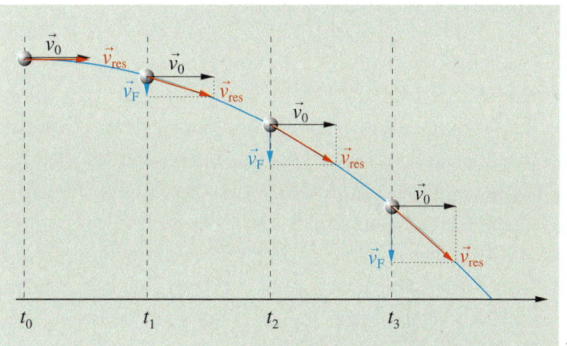

3

Wie lässt sich die Wurfbahn mathematisch beschreiben?
Für den in horizontaler Richtung zurückgelegten Weg gilt: $x = v_0 \cdot t$.

Für den in vertikaler Richtung zurückgelegten Weg gilt: $y = \frac{1}{2} g \cdot t^2$.

Mit $t = \frac{x}{v_0}$ ergibt sich $y = \frac{1}{2} \cdot \frac{g}{v_0^2} \cdot x^2$, also $y \sim x^2$.

Die Wurfbahn beim horizontalen Wurf entspricht einer Parabel.

Zur Zeit $t = 0$ ist die Bewegung noch horizontal, v_F ist null (Bild 3). v_F wird dann immer größer gemäß der Gleichung $v_F = g \cdot t$. Dadurch ändern sich ständig Betrag und Richtung von v_{res}.
Die Unabhängigkeit der beiden Bewegungen lässt sich auch durch zwei Experimente mit rollenden Kugeln zeigen:

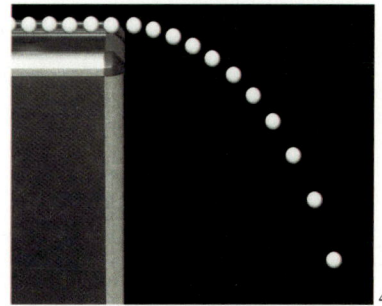

4

Mit einer Stroboskopaufnahme lässt sich die Wurfparabel sichtbar machen.

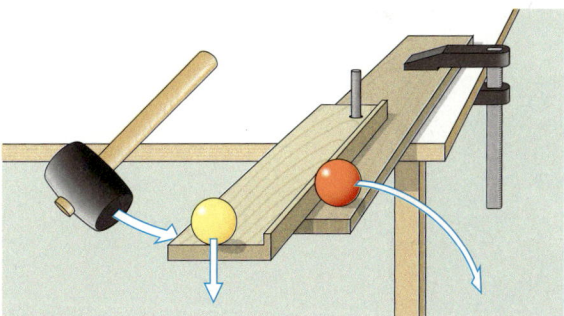

5

Das Fallen wird durch das Werfen nicht gestört:
Beide Kugeln kommen gleichzeitig am Boden an.

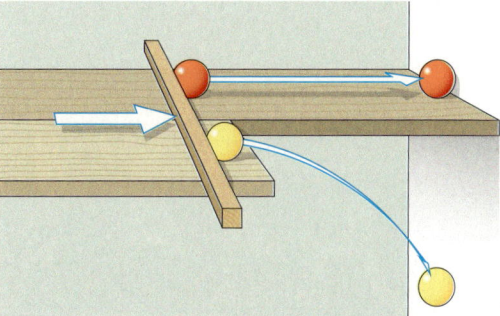

6

Das Werfen wird durch das Fallen nicht gestört:
Beide Kugeln kommen gleichzeitig an der Wand an.

Große Sprünge

1

Känguru

2

Frosch

3

Floh

Zu den bekanntesten Weitspringern unter den Tieren zählen Kängurus, Frösche und Flöhe. Manche Kängurus springen mühelos 10 m weit und erreichen bei ihrer Art der Fortbewegung Geschwindigkeiten bis zu 80 km/h. Heuschrecken und Springfrösche übertreffen mit Sprüngen von 2 m ihre eigene Körperlänge um das 30-Fache. Ungeschlagen in dieser Disziplin bleibt jedoch der Floh, der sich mit einem Sprung von 0,6 m um das 200-Fache seiner Körperlänge fortbewegen kann (aus dem „Stand"!). Die Leistungen des Menschen sind vergleichsweise bescheiden: Der Weltrekord im Weitsprung liegt seit Langem bei etwa 9 m, genauer: 1968 bei 8,90 m und seit 1991 bei 8,95 m. Der Mensch bewältigt also maximal das 5-Fache seiner Körperlänge.

Sprungweiten einiger Tiere	
Antilope	10 m
Floh	0,6 m
Gibbon	12 m
Känguru	10 m
Rothirsch	11 m
Springfrosch	2 m
Tiger	5 m

Technik des Weitsprungs. Um eine große Weite zu erreichen, braucht man eine hohe Geschwindigkeit beim Absprung. Sie allein führt jedoch noch nicht zum Erfolg. Man muss auch dafür sorgen, möglichst lange in der Luft zu bleiben, erst dann wird die Sprungweite $w = v_{0x} \cdot t$ optimal. Daher muss man versuchen, im Absprung auch möglichst weit nach oben zu springen, also die Arme nach oben zu reißen. Die Kunst besteht darin, bei dieser Sprungbewegung nach oben die Vorwärtsbewegung nicht zu verlangsamen.

Beim Weitsprung handelt es sich um einen schrägen Wurf; der Schwerpunkt der Körpers folgt etwa einer Wurfparabel. Allerdings liegt die Höhe des Schwerpunktes beim Landen tiefer als beim Absprung. Daher ist der optimale Absprungwinkel kleiner als 45°. Außerdem wird die Flugbahn dadurch verlängert, dass beim Landen die Beine nach vorn gestreckt werden.

4

Der legendäre Weltrekord-Sprung von Bob Beamon bei der Olympiade 1968

1 m

5

Stroboskopaufnahme eines Weitsprungs; $\Delta t = 0,12\,\text{s}$

Weißt du es ❓

Kannst du es

1. In einem Zug, der mit 72 km/h fährt, geht ein Passagier vom letzten zum ersten Wagen (120 m in 2 min). Mit welcher Geschwindigkeit bewegt er sich relativ zum Zug bzw. relativ zur Umgebung?

2. Ein Flugzeug benötigt für eine geradlinige 10 km lange Strecke 1,5 min. Bei starkem Gegenwind benötigt es 2 min. Wie groß ist dann die Windgeschwindigkeit?

3. Ein Schwimmer kann in ruhendem Gewässer eine Geschwindigkeit von 0,8 m/s längere Zeit durchhalten. In einem Fluss mit einer Strömungsgeschwindigkeit von 0,3 m/s schwimmt er einmal mit der Strömung, einmal gegen sie und einmal senkrecht zu ihr. Berechne die jeweilige Geschwindigkeit über Grund!

4. Eine Kugel rollt mit $v = 3$ m/s über das Ende einer 1 m hohen Tischplatte.
   a) Wann schlägt sie auf dem Boden auf?
   b) Wo schlägt sie auf?

5. Begründe, dass die Wurfbahnen von Tischtennisball und Diskus keine Wurfparabeln darstellen!

6. Beim vertikalen Wurf nach oben ist die Fallzeit gleich der Steigzeit. Wie kann man das erklären?

7. Ein Eiskunstläufer ist während eines Sprungs 0,7 s in der Luft. Welche Absprunggeschwindigkeit ist notwendig? Welche Sprunghöhe wird erreicht?

8. Mit welcher Geschwindigkeit müsste man senkrecht nach oben springen, um eine Höhe von 1 m bzw. 1,50 m zu erreichen?

9. a) Erläutere die einzelnen Bewegungsabläufe beim Weitsprung!
   b) Werte das Bild 5 auf S. 82 aus. Bestimme die Geschwindigkeit der Vorwärtsbewegung, die Sprunghöhe (bezogen auf den Schwerpunkt) und den Absprungwinkel!

10. a) Zeichne das Geschwindigkeit-Zeit-Diagramm für einen Stein, der mit 5 m/s senkrecht nach unten geworfen wird!
    b) Berechne die Geschwindigkeit nach 3 s (bei Vernachlässigung des Luftwiderstandes)!
    c) Ermittle aus dem v-t-Diagramm den nach 3 s zurückgelegten Weg. Ordne die unterschiedlichen überlagerten Bewegungen den Flächen im v-t-Diagramm zu!

11. Eine Stahlkugel ($m = 100$ g) wird in 1,2 m Höhe horizontal mit einer Geschwindigkeit von 5 m/s abgeschossen.
    a) Berechne die Geschwindigkeit der Kugel beim Auftreffen auf dem Boden.
    b) Wie groß ist beim Auftreffen auf dem Boden die Geschwindigkeitskomponente nach unten?

12. Ein Ball wird in 1,2 m Höhe horizontal abgeschossen und fällt in 3 m Entfernung auf den Boden. Wie groß war die Abwurfgeschwindigkeit?

13. In welche Teilbewegungen zerlegt man den senkrechten Wurf?

Kurz und knapp ❗

Zusammengesetzte Bewegungen

Die Bewegung eines Körpers kann man sich zusammengesetzt denken aus mehreren Teilbewegungen.

Wurfbewegungen kann man als Überlagerung zweier Bewegungen betrachten: einer gleichförmigen Bewegung mit der Geschwindigkeit v_0 und der gleichmäßig beschleunigten Fallbewegung, deren Geschwindigkeit v_F ständig zunimmt: $v_F = g \cdot t$.

Senkrechter Wurf nach oben

$\vec{v}_0$ ist nach oben gerichtet, die Zunahme des Betrages von $\vec{v}_F$ bewirkt,

dass die resultierende Geschwindigkeit immer kleiner wird: $t_h = \dfrac{v_0}{g}$.

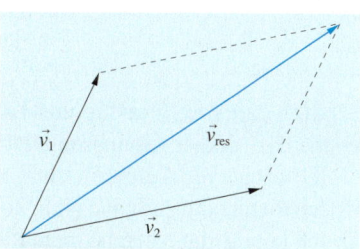

Waagerechter Wurf

$\vec{v}_0$ ist horizontal gerichtet, die Zunahme des Betrages von $\vec{v}_F$ bewirkt, dass die Wurfbahn bei Vernachlässigung des Luftwiderstandes eine Parabel ist.

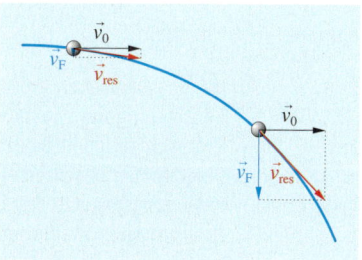

Teste dich!

1 Ein Fahrzeug wird mit $5\,\frac{m}{s^2}$ aus der Ruhe heraus beschleunigt.

a Um welchen Betrag hat sich die Geschwindigkeit nach der 1. und nach der 2. Sekunde geändert?

b Mit welcher Geschwindigkeit bewegt sich der Körper nach 1 bzw. 2 Sekunden?

2 Welches Diagramm in Bild 1 gehört zu einer gleichförmigen Bewegung und welches zu einer gleichmäßig beschleunigten Bewegung? Begründe!

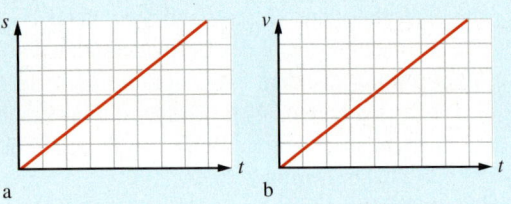

1

3 Für das Hinabrollen einer Kugel auf einer geneigten Ebene ergeben sich folgende Messwerte:

t in s	0	0,5	1,0	1,5	2,0	2,5
s in cm	0	3,1	12,1	27,4	49,6	77,1

Weise zeichnerisch und rechnerisch nach, dass die Kugel eine gleichmäßig beschleunigte Bewegung ausführt!

4 Entscheide, ob folgende Aussagen wahr oder falsch sind. Begründe deine Entscheidungen.

a Körper unterschiedlicher Masse fallen gleich schnell.

b Je größer die Masse eines Körpers ist, desto schneller fällt er.

c Je größer die Masse eines Körpers ist, desto langsamer fällt er.

5 Dieses Spielzeug kannst du als Beschleunigungsmesser verwenden. Wichtig ist die kleine Luftblase in der Glasglocke. Wo befindet sich die Luftblase, wenn sich die Glocke mit konstanter Geschwindigkeit bewegt? Wo befindet sie sich, wenn die Glocke beschleunigt wird?

2

6 Im Schwimmbad gibt es einen Sprungturm mit 3-, 5- und 10-m-Plattform. Mit welcher Geschwindigkeit trifft man beim Sprung von der jeweiligen Plattform auf der Wasseroberfläche auf?

7 Auf einer langen Fallschnur sind in gleichem Abstand sechs Schraubenmuttern festgeknotet. Auf einer zweiten Schnur befinden sich ebenfalls sechs Muttern, aber in unterschiedlichen Abständen. Sie wurden so geknotet, dass sich ihre Abstände wie $1:4:9:16$ verhalten (Bild 3). Beide Schnüre lässt man in einem hohen Treppenhaus in einen Blecheimer fallen. Überlege, bei welcher Schnur die Aufprallgeräusche in gleichem Zeitabstand gehört werden. Begründe deine Entscheidung.

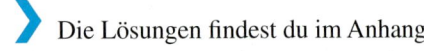

3

Schätze deine Kenntnisse und Fähigkeiten ein.

Ordne dazu deiner Lösung im Heft ein Smiley zu:

☺ Ich konnte die Aufgabe richtig lösen.

☺ Ich konnte die Aufgabe nicht komplett lösen.

☺ Ich konnte die Aufgabe nicht lösen.

> Die Lösungen findest du im Anhang.

Aufgabe	Fähigkeit	Hilfe findest du auf Seite ...
1, 5	Die physikalischen Größen Weg, Zeit, Geschwindigkeit und Beschleunigung charakterisieren.	52, 65
3, 6	Unterschiedlichen Bewegungsarten mithilfe von Gleichungen und Diagrammen beschreiben.	53, 59, 62, 65, 66
4, 6, 7	Bewegungsgesetze des freien Falls anwenden.	68, 69, 80, 81
2	Interpretieren grafischer Darstellungen von Bewegungsabläufen.	62, 65

Kreisbewegungen, Schwingungen und Wellen

Die Bewegungen, die in Natur und Technik
am häufigsten vorkommen, sind Bewegungen
auf gekrümmten Bahnen. Besondere Fälle
liegen vor, wenn sich ein Körper auf einer
Bahn mit einer konstanten Krümmung
bewegt. Dann kann die Bewegung als
Kreisbewegung beschrieben werden. Aber
auch die einfache Hin- und Herbewegung
einer Schaukel – eine Schwingung –
erfolgt auf einer gekrümmten Bahn.

Kreisbewegungen, Schwingungen und Wellen

Bewegungen im Alltag verlaufen nur sehr selten geradlinig. Kurvenfahrten, Kreisbahnen oder Hin- und Herbewegungen sind häufiger zu beobachten. Am einfachsten lassen sich Kreisbewegungen und Schwingungen beschreiben.

Zerplatzt ein Luftballon, wird die sonst ruhige Umgebung gestört. Diese Störung breitet sich als Knall im Raum aus. Auch der Schall ist eigentlich eine Bewegung – die räumliche Ausbreitung einer mechanischen Schwingung. Dies bezeichnet man als mechanische Welle.

Auf einer Wasserrutsche bewegen sich die Personen auf gekrümmten Bahnen.

Während sich beim Kettenkarussel der Radius der Kreisbahn ändern kann, bleibt er beim Riesenrad immer konstant.

Beim Anfahren bewegen sich die Gondeln immer schneller – sie werden beschleunigt. Bleibt die Zeit für eine vollständige Umkreisung immer konstant, spricht man von einer gleichförmigen Kreisbewegung.

Körper können die Kreisbahn während der Bewegung auch verlassen.

Auch Sterne scheinen sich im Laufe eines Tages auf Kreisbahnen um den Himmelsnordpol zu bewegen. Ursache für diese scheinbare Bewegung ist die Rotation der Erde um ihre eigene Achse.

Eine einfache Hin- und Herbewegung: Die Bewegung eines Körpers um eine Ruhelage wird als mechanische Schwingung bezeichnet.

Auch Saiten schwingen nach dem Anzupfen.

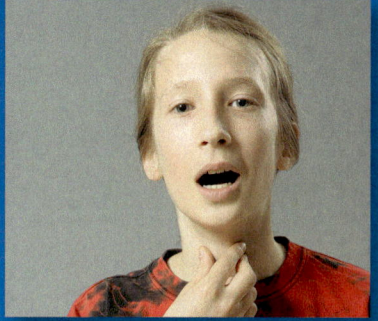

Damit wir sprechen können, müssen in unserem Kehlkopf die Stimmbänder schwingen.

Nicht zu hören: Fledermäuse senden Wellen im Ultraschallbereich aus.

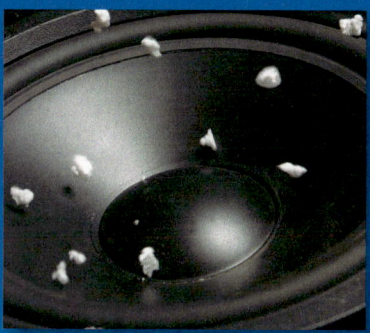

Die Membran eines Lautsprechers schwingt. Je größer ihre Amplitude, umso lauter der Ton. Je schneller die Schwingung – je größer die Frequenz –, umso höher klingt der Ton.

Schwingungen der Wasserteilchen breiten sich als Wasserwelle kreisförmig aus. Den Abstand zwischen zwei Wellenbergen bezeichnet man als Wellenlänge.

Nicht zu überhören: Die schwingende Luft in der Pfeife erzeugt eine Schallwelle.

Kreisbewegungen

In den letzten Jahren wurden auch in Deutschland immer mehr Kreuzungen durch einen Kreisverkehr ersetzt, weil der Verkehr damit gleichmäßiger fließen kann. Wenn man allerdings nicht aufpasst und zu schnell in einen leeren Kreisverkehr einfährt, kann man ganz schön in Schwierigkeiten kommen.
Hast du dir schon einmal Gedanken darüber gemacht, warum es sich anders anfühlt, im Auto mit 50 km/h im Kreis zu fahren als mit 50 km/h geradeaus?

1

Periodische Bewegungen

Die sich wiederholende Drehung eines Gegenstands ist die einfachste aller periodischen Bewegungsformen. Nicht zu Unrecht gilt die „Erfindung" des Rades als Meilenstein in der Menschheitsgeschichte (Bild 2). Denn ohne den Einsatz der beliebig oft wiederholbaren Drehbewegung von Rollen oder Rädern wäre wohl keine Entwicklung der Technik möglich gewesen. Und man stelle sich einmal vor, Computer würden wie zu ihrer Anfangszeit Daten von Lochkarten einlesen anstatt von vieltausendfach in der Minute rotierenden Festplatten … (Bilder 3 und 4).

Die Beschreibung von periodischen Vorgängen – Bewegungen auf Kreisbahnen, Schwingungen, Drehungen ganzer Körper – birgt viele Gemeinsamkeiten. Begriffe wie Frequenz, Periodendauer und Bahngeschwindigkeit sind dir sicher schon begegnet. Sie werden nun mit Kreisbewegungen in Verbindung gebracht.

Die einfachste physikalische Größe, mit der sich eine Kreisbewegung beschreiben lässt, ist die Anzahl der vollständigen Umdrehungen je Zeiteinheit.

$$\text{Drehzahl} = \frac{\text{Anzahl der Umdrehungen}}{\text{Zeit}} = \frac{n}{t}$$

Oft wird die Drehzahl auch als Frequenz f bezeichnet. Einheiten sind $\frac{1}{\text{min}}$ oder $\frac{1}{\text{s}}$. Die Frequenz gibt an, wie viele vollständige Umdrehungen pro Sekunde stattfinden. Sie wird in Hertz (Hz) angegeben ($1\,\text{Hz} = \frac{1}{\text{s}}$).

2

3

Lochkarte

Festplattenlaufwerk

4

Gleichförmige Kreisbewegung

Bewegt sich ein Körper auf einer Bahn, die an allen Stellen gleich stark gekrümmt ist, und bleibt der Betrag seiner Geschwindigkeit gleich, so führt er eine *gleichförmige Kreisbewegung* aus.

Bei mäßigem Wind lässt sich die ruhige Bewegung des Rotors gut mit den Augen verfolgen (Bild 1). Steht man aber unter einem der mehr als 100 m hohen Riesen, scheinen die Rotorspitzen über einen hinwegzurasen.

Den Geschwindigkeitseindrücken liegen verschiedene Größen zugrunde:

- Wenn sich der Rotor als Ganzes einmal in drei Sekunden dreht, ist seine Geschwindigkeit nicht sehr groß.
- Die Rotorspitze legt bei einer Umdrehung mehrere Hundert Meter zurück – ihre Bahngeschwindigkeit ist entsprechend groß.

1

Winkelgeschwindigkeit. Um die Geschwindigkeit zu bestimmen, betrachten wir den Winkel, um den sich der Rotor pro Zeiteinheit dreht:

- Beim Windrad überstreicht die vordere Kante eines Rotorblatts in der Zeitspanne Δt den Winkel $\Delta\alpha$ (Bild 2).
- Wenn sich der Wind nicht ändert, wird die Kante des Rotorblatts in der doppelten Zeit den doppelten Winkel überstreichen, in der dreifachen Zeit den dreifachen Winkel … $\Delta\alpha$ und Δt sind direkt proportional zueinander, ihr Quotient ist konstant. Er wird als Winkelgeschwindigkeit ω bezeichnet: $\omega = \dfrac{\Delta\alpha}{\Delta t}$.

  Anschaulich gibt die Winkelgeschwindigkeit an, um welchen Winkel sich das Rotorblatt pro Sekunde dreht.

- Die Zeitspanne Δt für einen Umlauf (360°) ist gerade die Periodendauer T ($\Delta t = T$). Daraus folgt: $\omega = \dfrac{360°}{T}$.

- Man kann Winkel auch durch das Bogenmaß beschreiben: $360° = 2\pi$.

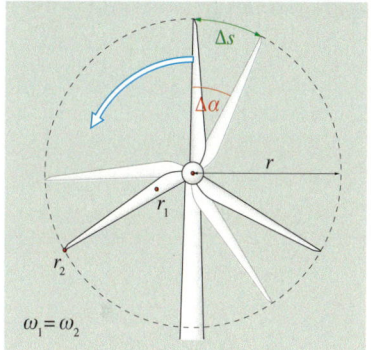

$\omega_1 = \omega_2$

2

Die Winkelgeschwindigkeit ω ist bei gleichförmigen Kreisbewegungen indirekt proportional zur Periodendauer T. Es gilt (im Bogenmaß):

$\omega = \dfrac{2\pi}{T}$ **(Einheit der Winkelgeschwindigkeit: $\dfrac{1}{s}$).**

Bei periodischen Bewegungen ist der Kehrwert $\dfrac{1}{T}$ der Periodendauer gleich der Frequenz f. Damit gilt: $\omega = 2\pi \cdot f$.

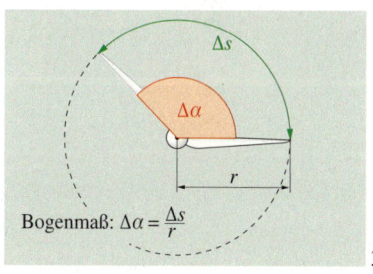

Bogenmaß: $\Delta\alpha = \dfrac{\Delta s}{r}$

3

Bahngeschwindigkeit. Die Rotorspitze legt während der Periodendauer T eine Strecke von $\Delta s = 2\pi \cdot r$ zurück. Für ihre Bahngeschwindigkeit v gilt:

$v = \dfrac{\Delta s}{\Delta t} = \dfrac{2\pi \cdot r}{T}$.

Für einen Punkt auf dem Rotorblatt, der näher an der Achse sitzt, ist der Radius r kleiner und damit auch die Bahngeschwindigkeit. Allgemein gilt:

Führt ein Punkt eine gleichförmige Kreisbewegung mit Radius r und Periodendauer T aus, so beträgt seine Bahngeschwindigkeit v:

$v = \dfrac{2\pi \cdot r}{T} = \omega \cdot r$. **Die Winkelgeschwindigkeit ω ist bei der gleichförmigen Kreisbewegung konstant.**

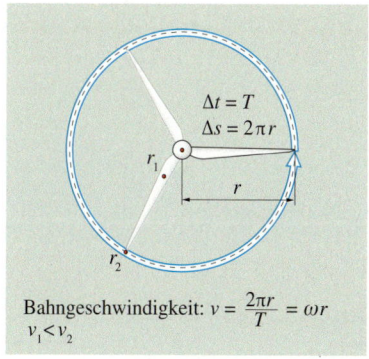

Bahngeschwindigkeit: $v = \dfrac{2\pi r}{T} = \omega r$
$v_1 < v_2$

4

Auf Kreisbahnen im All unterwegs

Von den unzähligen natürlichen und künstlichen Himmelskörpern (Satelliten) bewegen sich viele auf kreisähnlichen Bahnen. So umlaufen die Planeten auf solchen Bahnen die Sonne, der Mond – der natürliche Satellit der Erde – umkreist die Erde und gemeinsam mit ihr auch die Sonne.

Internationale Raumstation. Raumschiffe, in denen sich Astronauten lange aufhalten, umkreisen die Erde mit geringem Abstand. Die ISS (engl. *International Space Station*) ist eine bemannte Raumstation, die in internationaler Kooperation betrieben und ausgebaut wird. Sie bewegt sich in einer Höhe von etwa 400 km um die Erde. Der Bahnradius beträgt also etwa 6770 km.

Geostationäre Satelliten. Sie kreisen in einer Höhe von etwa 35 800 km über dem Äquator und brauchen – genau wie unsere Erde – für einen vollen Umlauf 24 Stunden. Sie scheinen daher fest über der Erde zu stehen. Dadurch ist z. B. der Fernsehempfang mit fest ausgerichteten „Satellitenschüsseln" möglich, die immer auf die gleiche Stelle am Himmel weisen.

ISS   1

2

Umlaufbahn eines geostationären Satelliten

ÜBRIGENS

Die Zeiten für die Sichtbarkeit der ISS an deinem Wohnort kannst du aus dem Internet erfahren.

3

Fernsehsatellit Astra

4

Wettersatellit Meteosat Third Generation (MTG)

Satelliten-Navigationssystem Galileo. Galileo ist ein von der Europäischen Kommission in Zusammenarbeit mit der Europäischen Weltraumorganisation geführtes Programm mit dem Ziel, ein ziviles, globales Satelliten-Navigationssystem aufzubauen. 30 Satelliten, die gleichmäßig auf drei Bahnebenen in ca. 24000 Kilometer Höhe verteilt sind, sollen eine globale Abdeckung garantieren. Gegenüber dem aktuellen Satelliten-Navigationssystem GPS wird Galileo eine größere Genauigkeit sowie eine höhere Zuverlässigkeit und Verfügbarkeit bieten.

5

Navigationssystem Galileo

Raketen und Raketenantriebe. Um ein Raumschiff auf eine Umlaufbahn um die Erde zu bringen, benötigt man Raketen. Aus den Düsen dieser Raketen treten heiße Verbrennungsgase mit großer Geschwindigkeit aus. Nach dem Wechselwirkungsgesetz wirkt auf die Rakete eine Kraft, die den gleichen Betrag hat wie die Kraft, mit der die Gase ausgestoßen werden. Diese Kräfte sind entgegengesetzt gerichtet und die Rakete wird vorwärtsgetrieben. Dabei wird ihre Bahngeschwindigkeit immer größer. Damit ein Raumschiff die Erde umkreisen kann, muss es eine Bahngeschwindigkeit von mindestens 7,9 km/s aufweisen. Diese Geschwindigkeit nennt man 1. kosmische Geschwindigkeit. Bei ihr ist die Radialkraft so groß, dass das Raumschiff auf eine Kreisbahn um die Erde gezwungen wird.

6

1. kosmische Geschwindigkeit

Weltraumschrott. Derzeit gibt es im All nach Hochrechnungen von Experten Hunderttausende Raumfahrtrückstände, die größer als ein Kubikzentimeter sind. Dazu zählen Raketenstufen, ausrangierte Satelliten, aber auch verlorene Schraubenzieher oder Arbeitshandschuhe. Die zurückgebliebenen Trümmerteile kreisen inzwischen neben intakten Satelliten wie ein dichter Bienenschwarm um die Erde. Selbst kirschkerngroße Bruchstücke könnten mit ihrer Geschwindigkeit von über 30000 km/h beim Aufprall Löcher in Raumfähren reißen oder Satelliten zertrümmern. Experten sprechen inzwischen von einer ernsten Gefahr für die Raumfahrt.

Das Europäische Raumflugkontrollzentrum (ESOC) wacht sehr genau über den Schutt im All mithilfe eines großen Teleskops auf den Kanarischen Inseln und einer Radaranlage in Deutschland. Ein Satellit überwacht

außerdem mikroskopisch kleinen Weltraummüll. Auf der Grundlage dieser Informationen kann das ESOC Empfehlungen über den besten Zeitpunkt zum Verlegen eines Raumflugkörpers in eine sicherere Bahn abgeben. Es warnt auch frühzeitig vor dem Wiedereintritt großer Objekte in unsere Atmosphäre.

Weltraumschrott – künstlerische Darstellung.
Die Größe der Trümmer ist hier im Vergleich
zur Größe der Erde stark vergrößert.

7

Mechanische Schwingungen

Riesig groß sind die Glocken im Kirchturm und ein schwerer Klöppel bringt sie zum Tönen. Klöppel und Glocken bewegen sich periodisch hin und her – sie schwingen.

1

Schwingungen

Seit Langem werden zur Zeitmessung periodische Vorgänge wie z. B. Pendelschwingungen genutzt. Um mithilfe der Schwingungen Sekunden sorgfältig abzählen zu können, werden die Pendel sehr präzise angefertigt. Dazu muss der Uhrmacher wissen, wovon die Dauer einer Schwingung des Pendels abhängt.

Auf der Schaukel im Bild 3 bewegt man sich gleichmäßig vor und zurück. Ganz vorn und ganz hinten kommt man kurz zum Stillstand. An den als Umkehrpunkten der Bewegung bezeichneten Stellen kehrt sich die Richtung der Bewegung um. Die Figur im Bild 4 ist an einer langen Feder aufgehängt. Wenn man an der Feder zieht und anschließend loslässt, führt die Figur eine gleichmäßige Auf- und Abbewegung aus. Auch hier gibt es diese Umkehrpunkte. Sie liegen ganz oben und ganz unten.

Diese beiden Beispiele zeigen eine erste Gemeinsamkeit, die für Schwingungen charakteristisch ist: *Ein schwingender Körper bewegt sich periodisch zwischen zwei Umkehrpunkten.*
Eine vollständige Hin- und Herbewegung bezeichnet man als *Periode*.

2

3

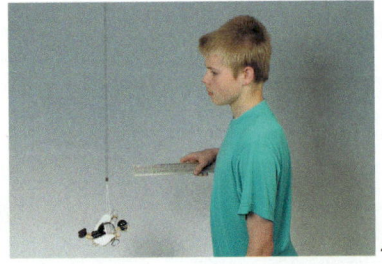

4

Die Schwingungen von Schaukel und Figur haben noch eine zweite Gemeinsamkeit. Beide werden durch Reibung und Luftwiderstand gehemmt. Lässt man sie „auspendeln", so kommen sie in einer bestimmten Position zum Stillstand. Diese Position wird als Ruhelage bezeichnet. *Schwingende Körper bewegen sich also um eine Ruhelage.*

Eine mechanische Schwingung ist die periodische Bewegung eines Körpers um seine Ruhelage.

Physikalische Größen einer Schwingung

Aufzeichnen von Schwingungen. Will man Schwingungen genauer untersuchen, ist es hilfreich, ein Bild vom Ablauf der Bewegung aufzuzeichnen.

EXPERIMENT 1
Eine schwingende Stimmgabel mit einer Schreibspitze aus Metall wird geradlinig gleichförmig über eine berußte Glasplatte gezogen.

EXPERIMENT 2
Ein Wagen, auf dem sich ein Pendel befindet, fährt mit konstanter Geschwindigkeit über eine Papierbahn. Der Pendelkörper besitzt eine kleine Öffnung und ist mit feinem Sand gefüllt. Das Pendel schwingt senkrecht zur Bewegungsrichtung des Wagens.

Legt man jetzt das Bild einer Schwingung und ein rechtwinkliges Koordinatensystem übereinander, kann man die Grundgrößen der Schwingung recht einfach bestimmen (Bilder 4 und 5).

Auslenkung. Jedem Zeitpunkt lässt sich eindeutig ein Abstand des schwingenden Körpers von der Ruhelage zuordnen. Dieser wird als Auslenkung y bezeichnet.

Die Auslenkung y gibt an, wie weit der schwingende Körper zu einem bestimmten Zeitpunkt von seiner Ruhelage entfernt ist.

Amplitude. Die maximale Auslenkung, in der sich ein schwingender Körper während einer Periode befindet, entspricht dem Abstand zwischen Umkehrpunkt und der Ruhelage des Körpers. Dieser Abstand heißt Amplitude y_{max}.

↑Basiskonzept
System

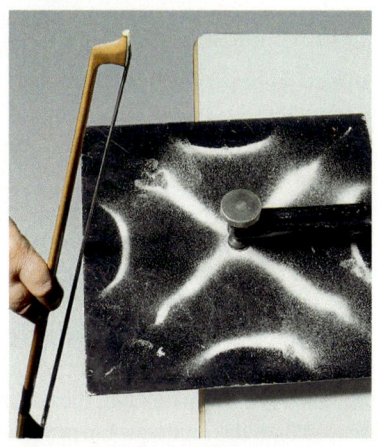

Sichtbarmachen von Schwingungen. Der Physiker ERNST FLORENS FRIEDRICH CHLADNI (1756–1827) untersuchte das Verhalten von Platten, die mit einem Geigenbogen zum Schwingen gebracht wurden. Zur besseren Beobachtung streute er Sand auf die Platten. Weil der Sand nur in den Bereichen liegen bleibt, die nicht mitschwingen, ergeben sich symmetrische Figuren.

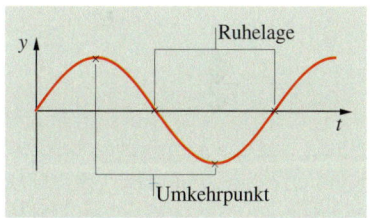

Übertragung einer Kurve aus Experiment 2 in ein y-t-Diagramm

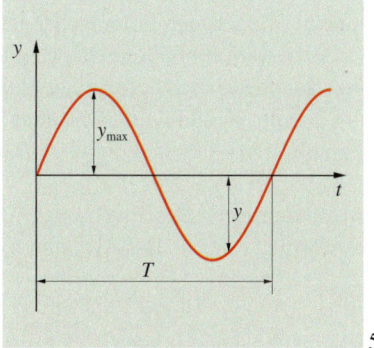

Periodendauer und Amplitude im y-t-Diagramm

Die Amplitude y_{max} ist der größte Abstand des schwingenden Körpers von der Ruhelage.

Periodendauer. Verschiedene schwingende Körper benötigen für eine Periode unterschiedlich lange Zeiten. Die Hin- und Herbewegung des Pendelkörpers in Experiment 2 dauert z. B. länger als die der Stimmgabelspitze in Experiment 1. Die physikalische Größe Periodendauer T charakterisiert die Schwingung. Sie gibt die Zeit an, die für eine Hin- und Herbewegung benötigt wird.

 Die Periodendauer T gibt an, wie lange ein schwingender Körper für eine Hin- und Herbewegung benötigt.

Frequenz. Für viele Zwecke ist es praktisch, nicht die Periodendauer, sondern ihren Kehrwert anzugeben. Dieser Kehrwert wird als Frequenz f bezeichnet. Die Frequenz gibt die Anzahl der Schwingungen in einer Sekunde an. Je höher die Frequenz einer Schwingung ist, desto häufiger schwingt der Körper in einer bestimmten Zeit hin und her.

 Die Frequenz f gibt an, wie viele Perioden ein Körper in 1 Sekunde ausführt. Es gilt: $f = \frac{1}{T}$.

Aus der Gleichung der Frequenz ergibt sich ihre Einheit 1/s. Diese Einheit bezeichnet man als ein Hertz (1 Hz). Sie erhielt den Namen zu Ehren des deutschen Physikers HEINRICH HERTZ (1857–1894).

Beispiel: Wurde in einem Experiment als Periodendauer eine Zeit von 0,2 s ermittelt, so erhält man für die Frequenz:

$$f = \frac{1}{T}$$
$$f = \frac{1}{0,2\,\text{s}} = 5\,\frac{1}{\text{s}} = 5\,\text{Hz}$$

Häufig werden auch Vielfache dieser Einheit verwendet:

Kilohertz:	1 kHz	$= 1\,000\,\text{Hz} = 10^3\,\text{Hz}$
Megahertz:	1 MHz	$= 1\,000\,000\,\text{Hz} = 10^6\,\text{Hz}$
Gigahertz:	1 GHz	$= 1\,000\,000\,000\,\text{Hz} = 10^9\,\text{Hz}$

Harmonische Schwingung. In unseren Experimenten führen die Pendel und die Spitze der Stimmgabel jeweils *harmonische* Schwingungen aus (Bild 1). Man nennt diese Schwingungen auch sinusförmig.
Fahrzeugteile, die Saiten einer Violine oder unsere Stimmbänder zeigen ein anderes Schwingungsverhalten (Bild 2). Ihre Schwingungsbilder sind komplizierter, die Schwingungen sind nicht harmonisch.

Mathematische Beschreibung. Eine harmonische Schwingung verläuft sinusförmig, d. h., sie lässt sich durch eine Sinusfunktion
$y = y(x) = a \cdot \sin(b \cdot x)$ beschreiben.

Mit den physikalischen Größen $x = t$; $a = y_{max}$ und $b = \frac{2\pi}{T}$ folgt:
$$y(t) = y_{max} \sin\left(\frac{2\pi}{T} \cdot t\right).$$

Beispiel	Frequenz
Kinderschaukel	ca. 0,5 Hz
Unruh einer Armbanduhr	ca. 2 Hz
Drucklufthammer	ca. 5 Hz
Flügel einer Hummel	200 Hz
menschlicher Hörbereich	16 Hz bis 20 kHz
Ultraschall	20 kHz bis 1 GHz

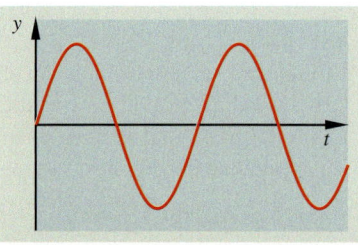

y-t-Diagramm der harmonischen Schwingung einer Stimmgabel

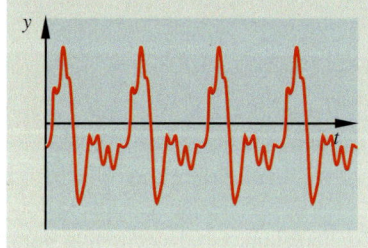

y-t-Diagramm der nicht harmonischen Schwingung einer Saite

 ↑Basiskonzept
Energie

Periodendauer von Federschwinger und Fadenpendel

Periodendauer eines Federschwingers. Die Tabelle auf Seite 94 macht deutlich, dass mechanische Schwingungen mit sehr unterschiedlichen Periodendauern bzw. Frequenzen ablaufen können. Mit einem kleinen Trampolin kann man feststellen, dass die Periodendauer von der Masse des schwingenden Körpers abhängt (Bild 1). Dazu steigt eine Person auf das Trampolin und versucht, gleichmäßig auf- und abzuschwingen, ohne dabei von der Sprungmatte abzuheben. Wenn zunächst der leichteste und dann der schwerste Schüler der Klasse diese Übung durchführen, wird ein deutlicher Unterschied erkennbar.

Bestimmung der Periodendauer auf dem Trampolin

In einem Experiment soll untersucht werden, wie die Periodendauer eines Federschwingers von der Masse des schwingenden Körpers abhängt:

EXPERIMENT 3

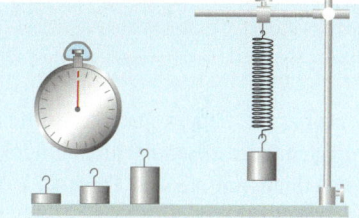

1 Hänge an eine vertikale Feder nacheinander unterschiedliche Wägestücke. Miss jeweils die Zeit für 10 Schwingungen und bestimme daraus die Periodendauer!
2 Trage die Messwerte in eine Tabelle ein und stelle die Abhängigkeit der Periodendauer von der Masse in einem Diagramm dar!

Mögliche Messwerte für die Masse und die Periodendauer sind in der folgenden Tabelle zusammengestellt:

Messwerttabelle		
m in kg	T in s	$\frac{T}{\sqrt{m}}$ in $\frac{\text{s}}{\sqrt{\text{kg}}}$
0,050	0,40	1,8
0,100	0,60	1,9
0,150	0,75	1,9
0,200	0,82	1,8
0,250	0,95	1,9
0,300	1,05	1,9

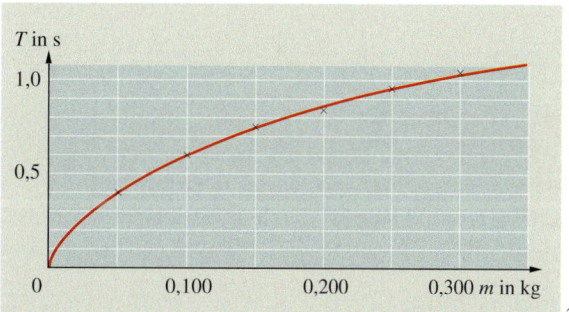

Je größer die Masse eines Körpers, je träger also der Körper ist, desto größer ist die Periodendauer des Federschwingers. Der grafischen Darstellung kann man entnehmen, dass die beiden Größen nicht proportional zueinander sind. Der Graph ähnelt einer Wurzelfunktion.
Es zeigt sich, dass der Quotient der Messwerte von T und $\sqrt{m}$ konstant ist. Es gilt daher: $T \sim \sqrt{m}$.

Im Experiment 3 wurde stets dieselbe Feder verwendet. Man kann vermuten, dass die Periodendauer einer Schwingung auch von der Beschaffenheit der Feder abhängt (Bild 4). Zur Charakterisierung der Härte einer Feder dient die **Federkonstante D**. Die Federkonstante gibt an, welche Kraft F notwendig ist, um die Länge einer Feder um einen bestimmten Betrag s zu ändern.

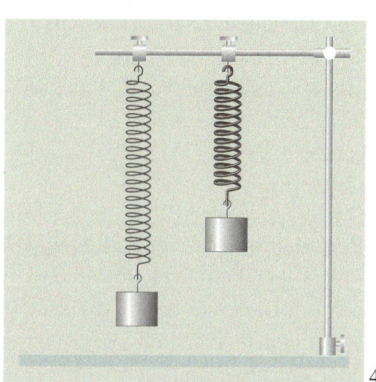

Unterschiedliche Federkonstanten

Für viele Federn ist F proportional zu s; dann gilt die Gleichung $F = D \cdot s$, die auch als **hookesches Gesetz** bezeichnet wird.

Mit der gleichen Anordnung wie in Experiment 3 kann man untersuchen, welcher Zusammenhang zwischen der Periodendauer T eines Federschwingers und der Federkonstante D besteht. Dazu werden Federn mit unterschiedlichen Federkonstanten verwendet. Die Masse des schwingenden Körpers bleibt jeweils gleich.

Messwerttabelle		
D in $\frac{N}{m}$	T in s	$T \cdot \sqrt{D}$ in $s \cdot \sqrt{\frac{N}{m}}$
5,4	1,22	2,8
12	0,84	2,9
22	0,60	2,8
45	0,43	2,9
100	0,30	3,0

Je größer die Federkonstante ist, desto kleiner ist die Periodendauer. Die Periodendauer ist jedoch nicht umgekehrt proportional zur Federkonstante. Denn dann müsste das Produkt $T \cdot D$ konstant sein. Stattdessen ist das Produkt $T \cdot \sqrt{D}$ konstant, es gilt also $T \sim \frac{1}{\sqrt{D}}$.

Genauere Untersuchungen zeigen, dass die Abhängigkeit der Periodendauer von der Masse und der Federkonstante durch folgende Gleichung beschrieben werden kann:

 Periodendauer eines Federschwingers: $T = 2\pi \cdot \sqrt{\dfrac{m}{D}}$.

Diese Gleichung gilt auch für horizontale Federschwinger.

Beispiel für die Berechnung der Federkonstante
Ein Federschwinger ist durch einen Körper der Masse von 3 kg um 4 cm aus der Ruhelage ausgelenkt. Mit welcher Periodendauer schwingt er?

gesucht: T in s   *gegeben:* $m = 3\,kg$; $\Delta s = 0,04\,m$

Lösung:

Berechnung der Federkonstante

$$D = \frac{F}{\Delta s}$$

$$D = \frac{30\,N}{0,04\,m}$$

$$D = 750 \frac{N}{m}$$

Berechnung der Periodendauer

$$T = 2\pi \sqrt{\frac{m}{D}}$$

$$T = 2\pi \sqrt{\frac{3\,kg \cdot m}{750\,N}}$$

$$T = 0,4\,s$$

Periodendauer eines Fadenpendels. 1581 entdeckte GALILEO GALILEI die Regelmäßigkeit der Periode eines Fadenpendels. Seitdem nutzte man Pendel, um Uhren zu bauen, die „nur" wenige Minuten pro Tag falsch gingen. Noch genauere Uhren verlangten auch nach noch genaueren Kenntnissen über die physikalischen Größen, von denen die Schwingungsdauer beim Fadenpendel abhängt.

ÜBRIGENS

In der Gleichung $T = 2\pi \cdot \sqrt{\dfrac{m}{D}}$ wird nur die Masse m des angehängten Körpers berücksichtigt. Die Masse der Feder wird vernachlässigt.
Verwendet man eine Feder mit relativ großer Masse, so stellt man fest, dass die Periodendauer etwas größer ist als der nach der Gleichung berechnete Wert.

ÜBRIGENS

$1\,N = 1 \dfrac{kg \cdot m}{s^2}$

(s. S. 134)

Man kann vermuten, dass die Periodendauer von zwei Größen abhängt: der Länge *l* des Pendels und der Masse *m* des angehängten Körpers.

EXPERIMENT 4

1 Befestige ein Massestück an einem dünnen, festen Faden und an einer stabilen Aufhängung, die es ermöglicht, die Pendellänge einfach zu verändern (Bild 1).

2 Miss die Periodendauer *T* bei unterschiedlichen Pendellängen, aber konstanter Masse *m* des Wägestücks.

3 Wiederhole die Messungen bei konstanter Pendellänge mit Wägestücken anderer Massen.

4 Trage die Messwerte in eine Tabelle ein und stelle Vermutungen über den Zusammenhang von *T* und *l* auf.

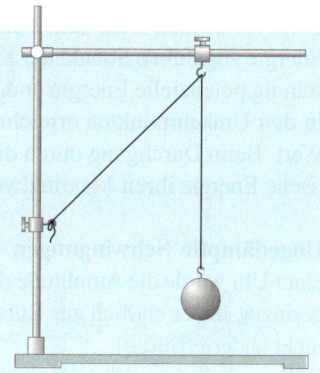

1

Die Periodendauer ist umso größer, je länger das Pendel ist. Sie hängt jedoch nicht von der Masse des angehängten Körpers ab. Wenn die Auslenkung des Pendels nicht zu groß ist, gilt folgende Gleichung:

➤ **Periodendauer eines Fadenpendels: $T = 2\pi \cdot \sqrt{\dfrac{l}{g}}$.**
Dabei ist g die Fallbeschleunigung.

Ursachen für eine Schwingung

Warum kehrt der schwingende Körper immer wieder zur Ruhelage zurück und warum kommt er dort nicht zur Ruhe?

EXPERIMENT 5

1 Baue ein Fadenpendel auf!

2 Lass das Pendel schwingen und beobachte. Lenke es dabei unterschiedlich weit aus.

3 Versuche herauszufinden, welche Ursachen es für diese Bewegung gibt!

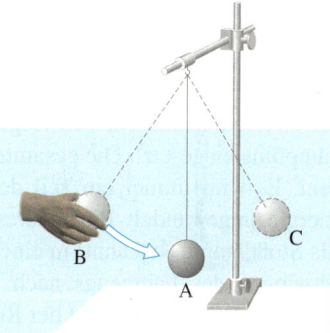

2

Am Anfang der Bewegung wird das Pendel vom Punkt A – der Ruhelage – zum Umkehrpunkt B ausgelenkt. Hierfür ist eine Kraft notwendig. Nach Beginn der Schwingung im Punkt B bewegt sich der Pendelkörper beschleunigt zum Punkt A zurück. Die Ursache dafür ist eine rücktreibende Kraft. Die Bewegung setzt sich aber bis zum Umkehrpunkt C fort. Dies ist nur möglich, weil der Körper aufgrund seiner Trägheit seinen Bewegungszustand beibehält. Er wird dabei durch die rücktreibende Kraft abgebremst, denn diese ist nun entgegengesetzt zur Bewegung gerichtet. Im Punkt C kehrt sich die Bewegungsrichtung des Körpers um. Je stärker ein schwingender Körper ausgelenkt wird, umso größer ist auch die rücktreibende Kraft.

➤ **Ursachen mechanischer Schwingungen sind die zur Ruhelage rücktreibende Kraft und die Trägheit des schwingenden Körpers.**

Schwingungen beim Sprechen

Beim Summen, Singen und beim Sprechen vieler Buchstaben schwingen Teile des Kopfs und des Halses, manchmal auch die Brust. Am stärksten schwingt der Hals im Bereich des Kehlkopfs (Bild 1).

In Höhe des Kehlkopfs verengt sich die Luftröhre. Dort befinden sich die Stimmbänder, die aus elastischen Fasern bestehen. Beim Sprechen oder Singen spannen sich die Stimmbänder und bilden eine schmale Stimmritze. Wird die Luft durch sie hindurchgepresst, beginnen die Stimmbänder schnell zu schwingen. Bei tiefen Tönen sind sie lockerer gespannt und schwingen weniger schnell als bei hohen Tönen.

Bei Kindern sind die Stimmbänder kürzer und beim Sprechen straffer gespannt. Deshalb klingt die Stimme von Kindern höher als die von Erwachsenen. Die meisten Männer haben etwas dickere und längere Stimmbänder. Die Männerstimmen sind tiefer als die Frauenstimmen.

Die Stimmbänder allein machen aber noch keine Sprache. Sie „brummen" nur. Wie bilden wir Menschen Vokale und Konsonanten?

Bei jedem Vokal verändern wir die Mundstellung und damit den Rachenraum. Nur durch diese Veränderung können wir aus dem Brummton der Stimmbänder die verschiedenen Vokale bilden (Bild 2).

Die Untersuchungen mit dem Oszilloskop zeigen für jeden Vokal andere Kurven. Sprechen zwei Menschen denselben Vokal, sind die Kurven sehr ähnlich. Darum hören, erkennen und verstehen wir den Vokal.

Durch die Lippen, die Zunge oder die Zähne kann der Rachenraum verschlossen werden. Öffnen wir diesen Verschluss plötzlich und die Luft entweicht, entstehen die Konsonanten p, t, k, g, d. Sie werden auch Verschlusslaute genannt. Beim W, V, F und S lassen wir die Luft durch die Lippen oder die Zähne bei fast geschlossenem Mund strömen.

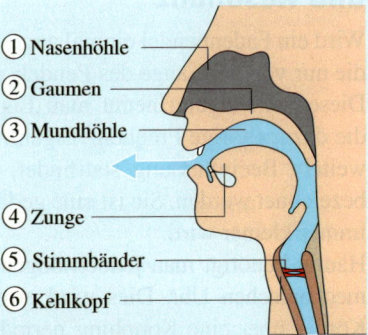

1 Nasenhöhle
2 Gaumen
3 Mundhöhle
4 Zunge
5 Stimmbänder
6 Kehlkopf

1

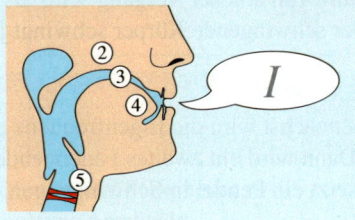

I

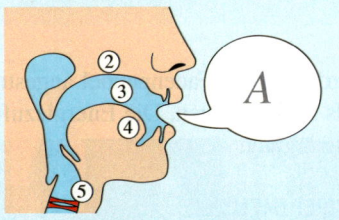

A

2

Aufgaben

1. Sprich langsam, laut und deutlich die Vokale a, e, i, o und u, möglichst in derselben Tonhöhe. Beobachte dabei dein Gesicht im Spiegel.
   Wie verändert sich die Stellung deines Unterkiefers, der Lippen, der Zunge und der Innenraum des Mundes? Notiere deine Beobachtungen.
2. Mithilfe eines Mikrofons, das an ein Oszilloskop angeschlossen wird (Bild 3), kann man Geräusche sichtbar machen. Sprich zuerst ein langes A, dann ein I und beobachte die Kurven auf dem Bildschirm. Vergleicht die Kurven, wenn zwei Schülerinnen oder Schüler nacheinander denselben Vokal sprechen.
3. Schneide einen Luftballon gerade durch und spanne die beiden Hälften so über das Ende einer Papprohre (Haushaltsrolle), dass in der Mitte ein schmaler Spalt bleibt (Bild 4).
   Ein Gummiband um die Röhre hält die Gummihaut. Blase von außen gegen den Spalt. Verändere die Spannung der Gummistimmbänder. Was siehst und was hörst du?

3

4

Wenn ein Sinn fehlt

Wer von Geburt an gehörlos ist, hat es sehr schwer, sprechen zu lernen. Um Töne zu erzeugen, braucht man das Gehör: In jedem Moment kontrollieren wir den Klang und korrigieren ihn ganz automatisch. Mit sehr viel Übung können gehörlose Menschen lernen, gesprochene Worte von den Lippen abzulesen. Schwieriger ist es, Klänge und ganze Worte zu formen, ohne sie zu hören. Für uns klingt diese Sprache ungewohnt.

Gebärdensprache. Viel leichter ist es, die Gebärdensprache zu erlernen: Mit Bewegungen der Hände und der Mimik werden Worte und sogar ganze Aussagen, z. B. ich habe Hunger, gebildet (Bild 2a bis c). Wer die Gebärdensprache beherrscht, kann sich hervorragend verständigen.

Für Gehörlose gibt es Nachrichten in Gebärdensprache.

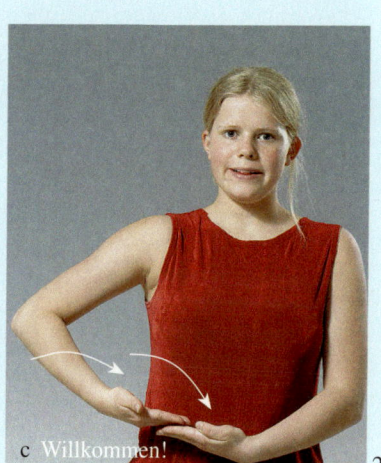

a Hallo! b Herzlich c Willkommen! 2

Das Fingeralphabet. Reicht die Gebärdensprache nicht aus, um unbekannte Wörter oder Wörter, für die es keine Gebärden gibt, zu übermitteln, so verwenden Gehörlose das Fingeralphabet. Das Fingeralphabet ist vom schriftlichen Alphabet abgeleitet. Hier wird jeder Buchstabe in eine Handform und ein Mundbild übersetzt. Es wird jedes Wort buchstabiert (Bild 3).

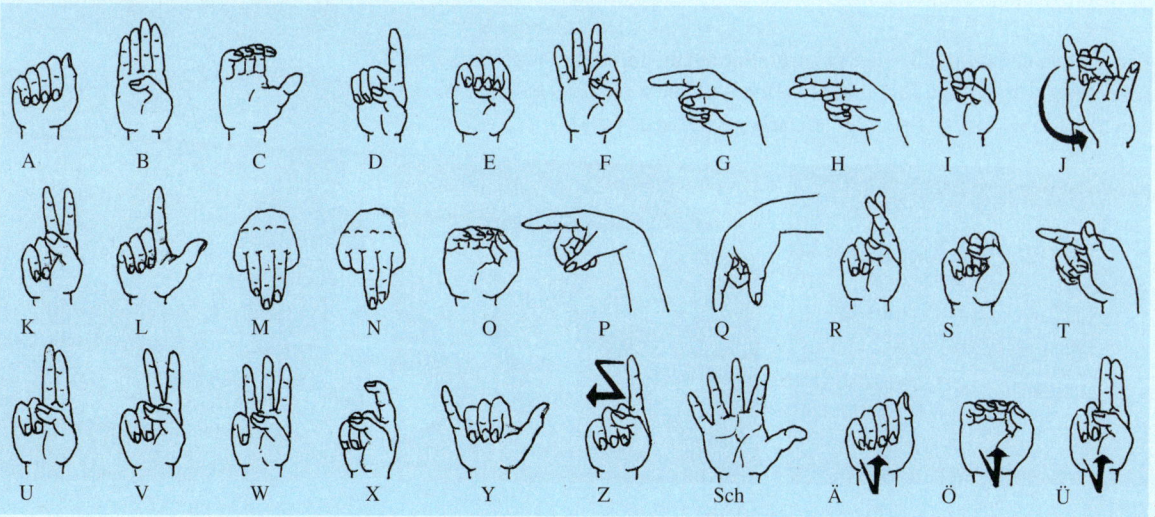

3

Resonanz

In der Praxis spielt das Schwingungsverhalten vieler Körper eine sehr wichtige Rolle. Starke Schwingungen können die Funktion beeinträchtigen oder sogar zu Zerstörung führen.

Das berühmteste Beispiel ist die Tacoma Narrow Bridge, die sogar als „galoppierende Gertie" bezeichnet wurde. Diese Brücke wurde im Jahre 1939 in den USA über eine sehr windige Meerenge gebaut. Aufgrund des geringen Verkehrsaufkommens wurde sie relativ schmal und leicht konstruiert. Bald nach der Fertigstellung merkte man, dass sie sehr empfindlich auf Seitenwind reagierte. Sie geriet schon bei leichtem Wind ins Schwingen. Diese Schwingungen waren nicht nur in seitlicher Richtung zu verzeichnen, sondern die Fahrbahn bewegte sich auch wellenartig. Am 7. November 1940 führte ein mäßiger Wind zu solch starken Schwingungen, dass die Brücke einstürzte.

**Vorsicht!
Einsturzgefahr!**

Nicht schaukeln.
Nicht springen.
Nicht im Gleichsch
marschieren.

1

2

3

4

Obwohl der Wind kontinuierlich aus einer Richtung blies, wurde die Brücke periodisch zum Schwingen angeregt. Denn bei großer Windgeschwindigkeit treten an Hindernissen häufig Verwirbelungen auf (Bild 5). Löst sich eine Wirbelzone vom Hindernis, kommt es zu einem kleinen Stoß. Die Brücke geriet in Resonanz, denn die Stöße erfolgten in einer Frequenz, die der Eigenfrequenz der Brücke entsprach. Dass die Amplitude der Schwingung so groß werden konnte, lag zum einen in der mangelhaften Konstruktion der Brücke und zum anderen in der unzureichenden Dämpfung auftretender Schwingungen.

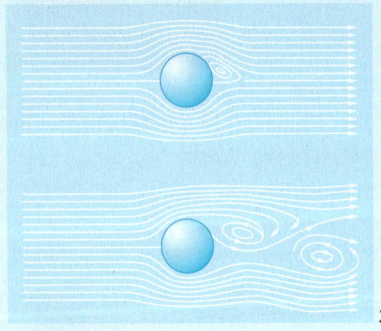

5

Die Resonanz wird im Musikinstrumentenbau genutzt. Ohne diese Erscheinung wären viele Instrumente nur sehr leise zu hören (Bilder 6 bis 8). Der Resonanzkörper wirkt als Verstärker der Töne.

6

Gitarre

7

Geige

8

Geöffnetes Klavier

Musikinstrumente und Schwingungen

In der zurückliegenden Zeit habt ihr viel über Schwingungen und das Verhalten von schwingungsfähigen Systemen erfahren. Um euer Wissen noch zu vergrößern, solltet ihr Schwingungen bei Musikinstrumenten genauer untersuchen.

Zunächst könntet ihr in kleinen Arbeitsgruppen versuchen, neue Informationen zum Thema Schwingungen und Musik zu gewinnen. Nutzt dabei viele Bücher, das Internet und die Erfahrungen eurer Mitschüler, die vielleicht selbst ein Instrument spielen. Natürlich sollte auch der Musiklehrer euer Ansprechpartner sein.

Als zweiten Schritt solltet ihr euch gemeinsam überlegen, welches Experiment ihr zum Thema durchführt oder welches Instrument ihr bauen wollt. Macht euch dazu Skizzen, notiert benötigte Teile und verteilt die Aufgaben in der Gruppe.

Auch weitere Gespräche mit „Spezialisten" können helfen. Habt ihr die Möglichkeit, wäre eine kleine Exkursion zu einem Instrumentenbauer empfehlenswert.

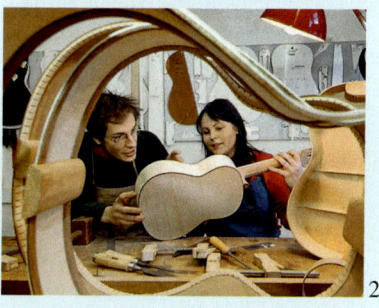

Nachfolgend einige Anregungen und Tipps.

Zither

Ihr benötigt: dünnes Sperrholz, Draht, Schrauben, Leim, Holzlatte, verschiedene Werkzeuge.

1 Die Latte wird an beiden Enden mit 3 kleinen Löchern versehen. Durch diese Löcher werden Schrauben gesteckt. Zwischen den Schrauben werden die Drähte gespannt. Zum Spannen der Drähte (sie müssen sehr straff sein) werden diese an den Enden verdreht (Bild 3).

2 Ihr könnt bereits versuchen, eurem Instrument erste Töne zu entlocken. Sicher spielt es noch nicht besonders laut.

3 Jetzt wird der Resonanzkörper gebaut. Die Sperrholzplatten werden fest miteinander verleimt. Das Loch mit einem Durchmesser von 10 cm wird ausgesägt.

4 Im letzten Schritt wird der Holzstab mit den Saiten fest auf den Resonanzkörper geleimt. Wenn ihr jetzt spielt, bemerkt ihr den großen Vorteil der Resonanz bei Musikinstrumenten.

3

Zupfbass. Aus einem Besenstiel und einem Eimer kannst du einen Bass bauen. Die Saite (z. B. Angelschnur) wird bei Neigung des Stiels unterschiedlich stark gespannt.

4

Nadelzupfe. Wenn du das Holz auf eine Tischplatte oder gegen eine Tür drückst, klingt es lauter.

5

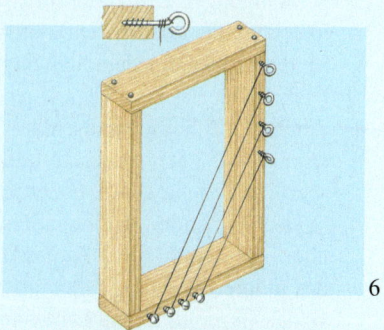

6

Harfe. Fertige aus Dachlatten einen Rahmen. Mit Ringschrauben lassen sich die Saiten gut spannen.

Weißt du es ?
Kannst du es

1. a) Finde in deinem Tagesverlauf verschiedene Bewegungen, bei denen ein Gegenstand als Ganzes immer wieder rotiert. Schreibe jeweils auf, wie lange eine Umdrehung (ungefähr) dauert, und gib die Drehzahl (Frequenz) in einer sinnvollen Einheit (1/s, 1/min …) an.

   b) Beschreibe ein Beispiel, bei dem sich ein Gegenstand auf einer Kreisbahn bewegt. Gib den Radius der Kreisbahn an, berechne ihren Umfang und schätze die Zeit ab, die für einen Umlauf benötigt wird. Welche Geschwindigkeit würde ein im Gegenstand eingebauter Tachometer anzeigen?

2. Wenn du eine Saite einer Gitarre anzupfst, bewegt sich diese hin und her. Schwingt nur die Saite oder findest du noch andere Stellen an der Gitarre, die schwingen?
   Wie überträgt die Saite ihre Schwingung auf den Gitarrenkörper?

3. „Wenn man einen Körper anstößt, gerät er in Schwingungen." Beurteile, ob dieser Satz richtig ist.

4. Schlage eine Stimmgabel kräftig an und tauche ihre Zinken nur wenig in ein Glas mit Wasser. Was beobachtest du? Beschreibe!

5. a) Begründe, dass die periodische Bewegung eines Fahrstuhls zwischen Erdgeschoss und Keller keine Schwingung darstellt!

   b) Nenne weitere Beispiele für periodische Bewegungen und gib jeweils an, ob es sich um eine Schwingung handelt!

6. Nenne Beispiele, bei denen in Natur und Technik Schwingungen auftreten.
   Skizziere das Prinzip der Anordnungen.
   Kennzeichne bei jedem Schwinger die Teile, die die Ursache für das Entstehen einer Schwingung sind.

7. Zeichne die Schwingung eines Fadenpendels auf! Durchbohre dazu das obere Ende eines Kunststoffrohrs und ziehe einen Faden hindurch. Befestige beide Fadenenden an einem Stativ (Bild 1). Schiebe über das Rohr einen Tonnenfuß und stecke in das untere Ende des Rohrs einen Faserstift, sodass seine Spitze auf einem Papierstreifen aufsitzt.
   Versetze das Pendel in Schwingungen und ziehe den Papierstreifen senkrecht zur Schwingungsebene mit geringer und möglichst konstanter Geschwindigkeit.

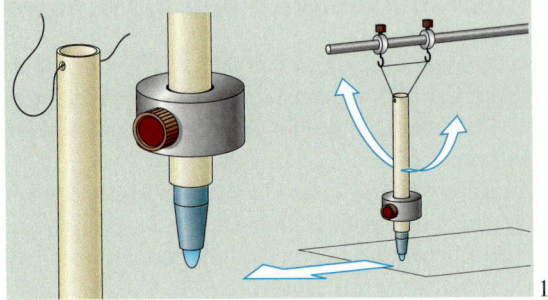

1

8. Bild 2 zeigt das y-t-Diagramm einer Schwingung. Wie groß sind Amplitude, Periodendauer und Frequenz?

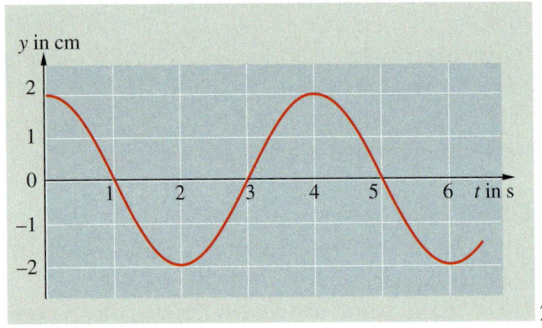

2

9. Ergänze die Tabelle.

Schwinger	T in s	f in Hz
Kinderschaukel	5	?
Herz eines Babys	?	1,9
Wechselspannung	?	50
Fahrzeugmotor im Leerlauf	?	16
Flügel einer Hummel	0,005	?
Flügel einer Stechmücke	?	600
Flügel des Maikäfers	0,025	?

10. Auch das Zusammenziehen und Dehnen des Herzmuskels kann man als periodische Bewegung auffassen. Bestimme deine Herzfrequenz. Erläutere dein Vorgehen!

11. Beschreibe die Energieumwandlung bei einem Fadenpendel!

12. Wozu brauchen Waschmaschinen Schwingungsdämpfer?

13. Wieso kann eine Hängebrücke durch Springen oder Marschieren zum Einsturz gebracht werden?

14. Plane Experimente mit verstärkter Schwingungsdämpfung bei unterschiedlichen Pendeln. Führe die Experimente durch und skizziere die Ergebnisse!

15. Mit einem Spiegel und einem Laserpointer kann man auch sehr kleine Schwingungen eines Lineals sichtbar machen (Bild 1). Verfolge die Spur des Lichtflecks an der Decke. Beschreibe, wie man eine große (kleine) Periodendauer und eine große (kleine) Amplitude erreicht!

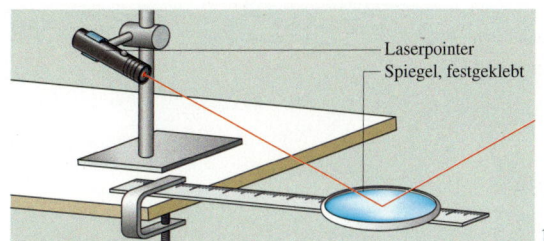

Laserpointer
Spiegel, festgeklebt

1

Kurz und knapp

Gleichförmige Kreisbewegung

Für die Bahngeschwindigkeit bei einer gleichförmigen Kreisbewegung gilt: $v = \frac{s}{t} = \frac{2\pi \cdot r}{T}$, wobei r der Radius der Kreisbahn und T die Umlaufzeit ist.

Bei der gleichförmigen Kreisbewegung bleibt der Betrag der Geschwindigkeit konstant. Die Richtung der Bewegung ändert sich aber in jedem Punkt der Bahn.

Mechanische Schwingung

– Periodische Bewegung eines Körpers um seine Ruhelage
– Voraussetzungen für eine Schwingung: eine zur Ruhelage rücktreibende Kraft sowie die Trägheit des schwingenden Körpers

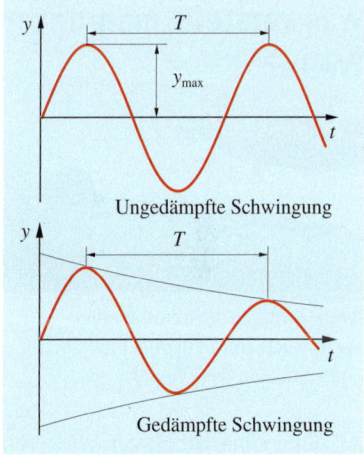

Ungedämpfte Schwingung

Gedämpfte Schwingung

Größe	Bedeutung	Formelzeichen	Einheit
Amplitude	größter Abstand des schwingenden Körpers von der Gleichgewichtslage	y_{max}	m
Perioden-dauer	Dauer einer Hin- und Herbewegung	T	s
Frequenz	Sie gibt an, wie viele Perioden ein Körper in 1 s ausführt.	f $f = \frac{1}{T}$	Hz

Energieumwandlung bei einer Schwingung

Bei einer ungedämpften Schwingung gilt: $E_{pot} + E_{kin} = $ konstant.
Bei einer gedämpften Schwingung wird stets ein Teil der Energie in thermische Energie umgewandelt.

Erzwungene Schwingungen und Resonanz

– Ein Schwinger führt nach einmaliger Energiezufuhr Eigenschwingungen mit der Eigenfrequenz f_0 aus.
– Eine erzwungene Schwingung tritt bei periodischer Energiezufuhr auf. Die Schwingung hat die Erregerfrequenz f_E.
– Bei Resonanz stimmen Eigenfrequenz und Erregerfrequenz überein. Die Amplitude der erzwungenen Schwingung erreicht ihren Maximalwert.

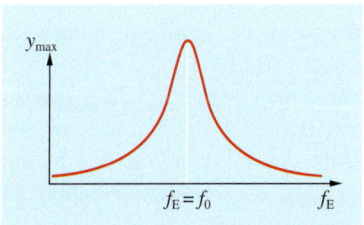

Mechanische Wellen

Mächtige Wellen an der Wasseroberfläche am Meeresstrand sind ein faszinierendes Naturschauspiel. Wer im Meer badet, wird regelmäßig auf- und abbewegt, auch Boote und Bojen tanzen auf dem Wasser. Auf hoher See aber können die Wellen ernste Gefahren für die Schifffahrt darstellen. So wurden Wellenberge mit einer Höhe von über 20 m beobachtet, die selbst große Schiffe in Seenot bringen. Wellen spielen aber auch bei der Schallausbreitung eine große Rolle.

1

Was versteht man unter einer mechanischen Welle?

2

Kreisförmige Ausbreitung einer Welle nach einmaligem Eintauchen eines Stabs in das Wasser

3

Kreisförmige Ausbreitung einer Welle nach periodischem Eintauchen eines Stabs in das Wasser

4

Geradlinige Ausbreitung einer Welle nach periodischem Eintauchen eines Bretts in das Wasser

An einer zunächst glatten Wasseroberfläche lässt sich gut beobachten, wie Wasserwellen entstehen. Wirft man einen Stein ins Wasser, so breitet sich ein kurzer Wellenzug mit wenigen Wellentälern und Wellenbergen kreisförmig aus. Ähnlich ist es, wenn ein Stab einmal eingetaucht und wieder herausgezogen wird (Bild 2).

Taucht man den Stab jedoch periodisch ein, so geht von der Eintauchstelle eine Kreiswelle mit vielen Wellentälern und Wellenbergen aus (Bild 3).

Eine Wasserwelle lässt sich auch mit einem waagerecht eintauchenden Brett erregen. In einem solchen Fall beobachtet man geradlinige Wellenfronten (Bild 4).

Wenn man sieht, wie sich eine Wasserwelle ausbreitet, könnte man vermuten, dass sich das Wasser mit der Welle fortbewegt. Ein kleines Stück Holz, das auf dem Wasser schwimmt, bewegt sich jedoch nicht vorwärts, sondern es schwingt lediglich an einem bestimmten Ort auf und ab (Bild 5).

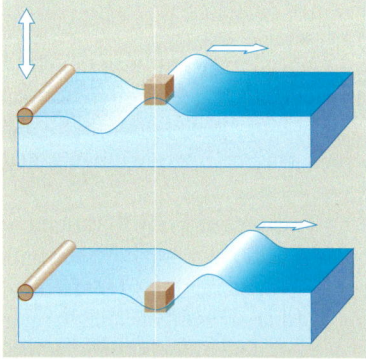

5

Das Holzstück wird durch die Bewegung der Wellenberge und Wellentäler nicht vorwärtsbewegt.

Die Bewegung des Holzstückchens auf der Wasseroberfläche entspricht ungefähr der Bewegung der Wasserteilchen. Auch sie werden bei der Ausbreitung der Welle nicht vorwärtsbewegt; eine Welle transportiert keinen Stoff.

Durch Wellen wird aber Energie übertragen: Brandungswellen und Flutwellen können an Uferbauten große Schäden anrichten, und in Wellenkraftwerken werden durch die mechanische Energie des Wassers Generatoren angetrieben.

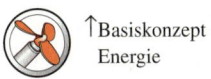

↑Basiskonzept
Energie

Eine mechanische Welle ist die räumliche Ausbreitung einer Schwingung, bei der Energie übertragen, jedoch kein Stoff transportiert wird.

Entstehung einer Welle. Stößt man bei einer Anordnung aus zwei gekoppelten Fadenpendeln das eine Pendel an, so gerät auch das andere Pendel in eine Schwingung. Seine Amplitude nimmt mit der Zeit zu, während die Amplitude des Erregerpendels abnimmt. Von dem einen Pendel wird Energie auf das andere übertragen. Danach wiederholt sich der Vorgang in umgekehrter Richtung (s. S. 99).

Die Anordnung lässt sich zu einer Kette gekoppelter Pendel erweitern (Bild 1). Dann wird die Energie von einem Schwinger zum nächsten weitergegeben. In einer Wellenmaschine ist eine große Anzahl von Pendeln gekoppelt (Bild 2). An ihnen kann man die Ausbreitung von Schwingungen beobachten. Sobald das erste Pendel angestoßen wird, führt es eine Schwingung aus. Durch die Kopplung wird die Schwingung von einem Pendel zum jeweils nächsten übertragen. Die Pendel beginnen nacheinander zu schwingen, es entsteht eine mechanische Welle.

Beschreibung von Wellen. Eine Wasserwelle lässt sich in einem Wellenkanal erzeugen. Bild 3 zeigt die Momentaufnahme einer Welle. Bei einer Wasserwelle führen die Teilchen an der Wasseroberfläche Kreisbewegungen aus. Dadurch treten spitze Wellenberge und flache Wellentäler auf. Dieses Foto kann in ein y-s-Diagramm übertragen werden (Bild 4). Ein Wellenberg (und ebenso ein Wellental) ist dadurch charakterisiert, dass sich der betreffende Schwinger gerade in seiner maximalen Auslenkung befindet. Den Abstand von zwei benachbarten Wellenbergen nennt man Wellenlänge. Das Formelzeichen der Wellenlänge ist λ (Lambda).

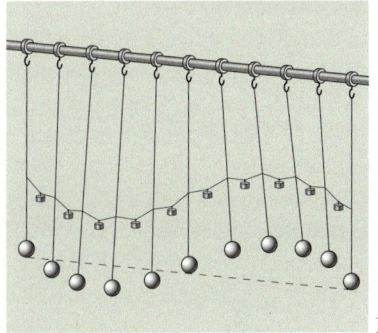

Durch die Kopplung wird Energie von einem Pendel auf das andere übertragen. 1

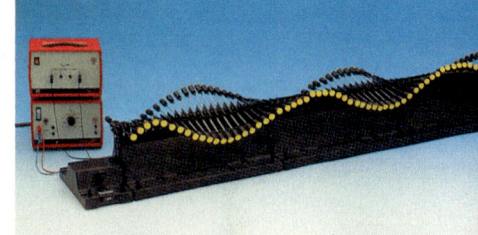

In dieser Wellenmaschine sind die Pendel mit elastischen Seilen gekoppelt. Die Pendel bewegen sich quer zur Ausbreitungsrichtung. 2

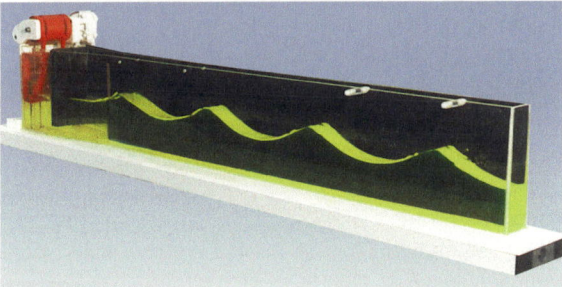

Welle in einem Wellenkanal 3

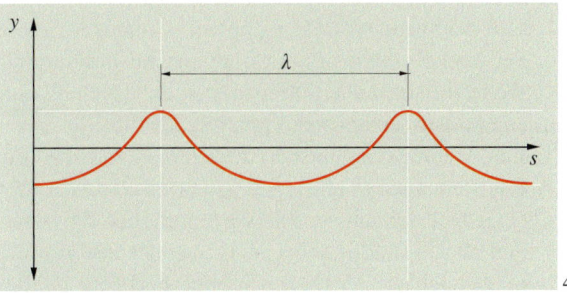

y-s-Diagramm einer Welle 4

Die Wellenlänge λ ist der Abstand zweier benachbarter Wellenberge. Die Ausbreitungsgeschwindigkeit v einer Welle ist die Geschwindigkeit, mit der sich ein Wellenberg in Ausbreitungsrichtung bewegt.

Ausbreitungsgeschwindigkeit. Die Ausbreitungsgeschwindigkeit hängt mit der Wellenlänge und der Frequenz f der einzelnen Schwingungen zusammen. Dies soll am Beispiel einer Seilwelle dargestellt werden, die dadurch entsteht, dass das eine Ende eines Seils regelmäßig auf- und abbewegt wird. Verwendet man in einem Experiment ein besonders schweres Seil, so erkennt man gut, wie sich die Wellenberge langsam weiterbewegen. Als Schwinger kann man bei einer Seilwelle einzelne kurze Seilstücke betrachten. Der Schwinger am Ort $s=0$ befindet sich zur Zeit $t=0$ in maximaler Auslenkung. Während er sich zurückbewegt, kommt der Nachbarschwinger ins Maximum und so fort.

In dem Moment, in dem der Schwinger am Ort $s=0$ erneut die maximale Auslenkung erreicht, befindet sich auch der Schwinger in der Entfernung Δs im Maximum. Diese Entfernung entspricht gerade der Wellenlänge (Bild 1). Der Wellenberg hat sich also in der Zeit T um die Entfernung λ weiterbewegt.

Die Geschwindigkeit kann als Quotient aus zurückgelegtem Weg und benötigter Zeit berechnet werden. Es gilt also $v=\lambda/T$. Für die Frequenz der Schwingungen gilt: $f=1/T$. Daraus ergibt sich die Gleichung für die Ausbreitungsgeschwindigkeit einer Welle.

▶ **Ausbreitungsgeschwindigkeit einer Welle:** $v=\lambda\cdot f$

Wellenarten. Schwingen die Pendel quer zur Ausbreitungsrichtung der Welle, spricht man von Querwellen (*Transversalwellen*). Bei Längswellen (*Longitudinalwellen*) schwingen die Pendel in Ausbreitungsrichtung (Bilder 2 und 3).

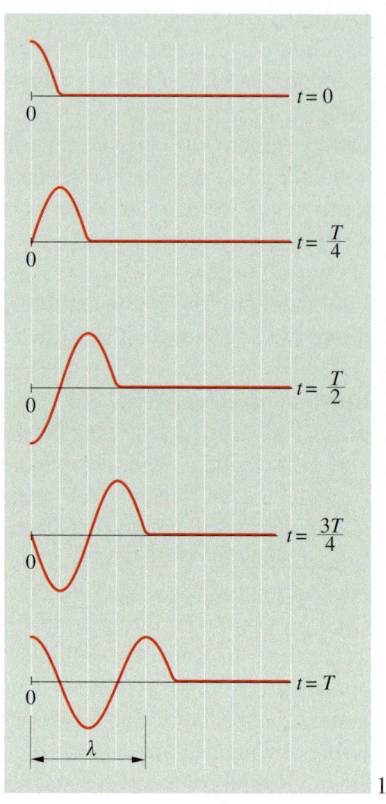

Bewegung eines Wellenbergs

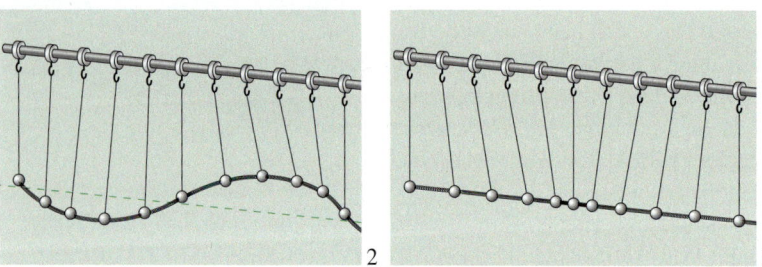

Querwelle (Transversalwelle)　　　Längswelle (Longitudinalwelle)

– Eine Seilwelle entsteht, wenn ein gespanntes Seil ausgelenkt wird. Die Seilstücke schwingen nur quer zur Ausbreitungsrichtung. Da sich die Welle entlang der Linie ausbreitet, die das Seil vorgibt, spricht man von einer eindimensionalen Transversalwelle.
– Eine Wasserwelle entsteht durch eine „Störung" der Wasseroberfläche: Ein Stein wird in einen See geworfen, ein Stift tupft auf das Wasser in einer Wellenwanne … Die Wasserteilchen schwingen an ihrer Stelle auf und ab, „wandern" aber nicht mit der „Störung" mit. Die „Störung" breitet sich auf der ebenen Wasseroberfläche in alle Richtungen aus: Es entsteht eine zweidimensionale Transversalwelle.
– Bei Schallwellen schwingen die Teilchen in Ausbreitungsrichtung. Eine „Störung" der Luft durch Händeklatschen bewirkt z. B. eine Folge von Luftverdichtungen und -verdünnungen, die sich in alle Raumrichtungen ausbreitet. Es entsteht eine dreidimensionale Longitudinalwelle.

Reflexion von Wellen

Fährt ein Schiff durch einen schmalen Kanal, so bewegen sich seine Bugwellen auf die beiden Ufer zu. Wenn sie dort auftreffen, werden sie zurückgeworfen (Bild 1).

Die Ausbreitungsrichtung einer Welle verläuft senkrecht zur Wellenfront. Die reflektierten Wellenfronten schließen mit einem geraden Hindernis denselben Winkel ein wie die ankommenden Wellenfronten. Diese Aussage entspricht dem Reflexionsgesetz für Licht am ebenen Spiegel.

Auch der Schall wird von einer festen Wand reflektiert. Ist die Wand weit genug entfernt, kann man die Rückkehr des Schalls als Echo wahrnehmen. Wer im Gebirge aus einiger Entfernung in Richtung einer Felswand ruft, hört kurz darauf das Echo: Die Schallwellen werden von der Wand reflektiert. Befindet sich die Wand 170 m entfernt, so hören wir das Echo 1 s nach dem Aussenden des Schalls.

Reflexion von Bugwellen

Wellen können an Hindernissen reflektiert werden. Für die Änderung der Ausbreitungsrichtung gilt dabei das Reflexionsgesetz.

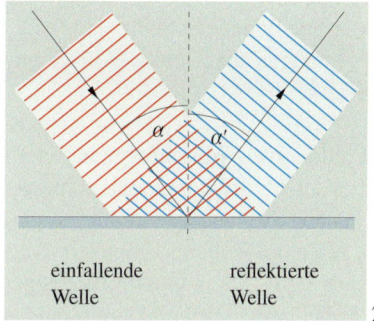

einfallende Welle   reflektierte Welle

Reflexion von Wellen

Beugung von Wellen

In einem Experiment soll untersucht werden, wie sich Wasserwellen verhalten, wenn sie ein Hindernis mit einer scharfen Kante oder einem engen Spalt passieren.

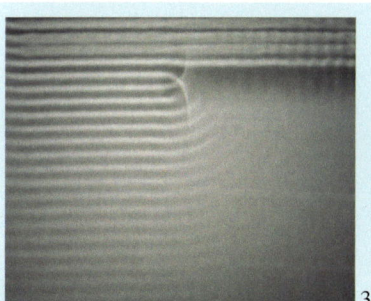 

EXPERIMENT 1

1 In einer flachen Wanne wird eine Wasserwelle mit geraden Wellenfronten erzeugt, die auf ein Hindernis treffen (Bild 3).

2 In die Wellenwanne werden zwei Hindernisse so eingelegt, dass ein schmaler Spalt entsteht (Bild 4).

Die Wellenfronten werden durch das Hindernis nicht scharf begrenzt, sondern treten auch in den geometrischen Schattenraum hinter dem Hindernis ein. Diesen Vorgang nennt man Beugung. Man erkennt kreisförmige Wellenfronten, deren Zentrum an der Kante des Hindernisses liegt. Auch an dem schmalen Spalt, der durch zwei nahe beieinanderliegende Kanten gebildet wird, beobachtet man das Eindringen der Welle in den dahinterliegenden geometrischen Schattenraum. Der Spalt bildet das Zentrum eines ringförmigen Wellensystems.

Ähnlich wie Wasserwellen können auch Schallwellen gebeugt werden: Hinter einer Hausecke können wir ein Geräusch hören, auch wenn wir die Schallquelle nicht sehen.

Wellen dringen in den geometrischen Schattenraum hinter einem Hindernis oder einem Spalt ein: Sie werden gebeugt.

Interferenz von Wellen

Bei Regen kann man auf einer Wasseroberfläche sehen, wie Kreiswellen einander durchdringen, ohne dabei verformt zu werden (Bild 1). Offensichtlich ändert sich weder die Ausbreitungsrichtung noch die Ausbreitungsgeschwindigkeit einer mechanischen Welle, wenn sie mit einer anderen Welle zusammentrifft. Was aber geschieht mit einem Schwinger an dem Ort, wo z. B. zwei Wellenberge zusammentreffen oder wo ein Wellenberg und ein Wellental zusammentreffen?

1

EXPERIMENT 2

1 Die beiden Enden einer langen, horizontalen Schraubenfeder werden von zwei Personen gleichzeitig zur selben Seite ausgelenkt und schnell wieder in die Ausgangslage zurückbewegt (Bild 2a).
2 Die Enden der Schraubenfeder werden kurz in entgegengesetzte Richtungen ausgelenkt (Bild 2b).

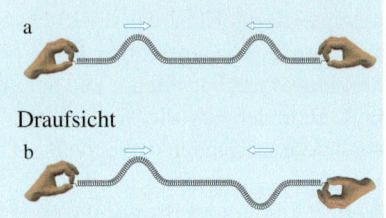
a
Draufsicht
b
2

Laufen zwei Wellenberge aufeinander zu, wird beim Aufeinandertreffen aus den beiden kurzzeitig ein besonders hoher Wellenberg. Dann bewegen sich die Wellenberge in ihrer ursprünglichen Form weiter (Bild 3a).
Laufen ein Wellenberg und ein Wellental aufeinander zu, so schwächen sie sich beim Aufeinandertreffen gegenseitig ab. Anschließend bewegen sich Wellenberg und Wellental in ihrer ursprünglichen Form weiter (Bild 3b).

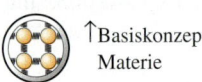
↑Basiskonzept
Materie

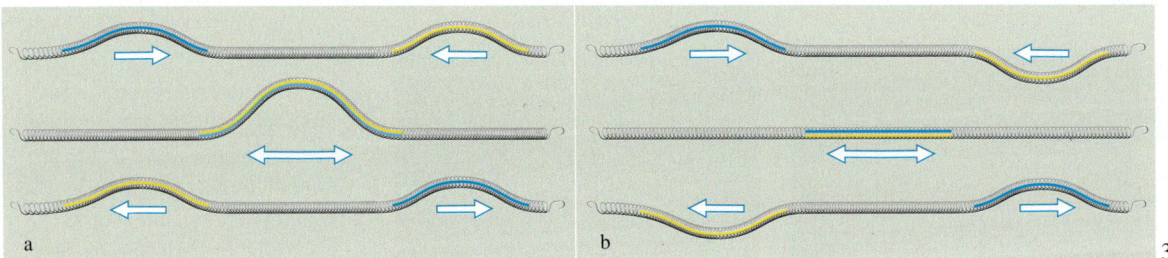
a   b   3

Auch in einer Wellenwanne lassen sich Wellen überlagern: Zwei Stifte tauchen periodisch im gleichen Takt ins Wasser ein und erzeugen zwei Kreiswellen (Bild 4). Man erkennt Streifen, auf denen so gut wie keine Bewegung der Wasseroberfläche stattfindet. Hier treffen jeweils Wellenberge auf Wellentäler. An anderen Stellen zeigen sich dagegen verstärkte Berge und Täler. Hier treffen Wellenberge auf Wellenberge und Wellentäler auf Wellentäler. Eine solche Überlagerung von Wellen, bei der es an bestimmten Stellen zu einer Verstärkung und an anderen Stellen zu einer Abschwächung bzw. Auslöschung kommt, nennt man Interferenz.
Auch Schallwellen können sich ungestört überlagern. So kann man z. B. gleichzeitig Musik aus dem Radio hören und ein Gespräch führen. Bei der Interferenz von Schallwellen bedeutet das, dass es Zonen gibt, in denen der Schall verstärkt bzw. nicht zu hören ist.

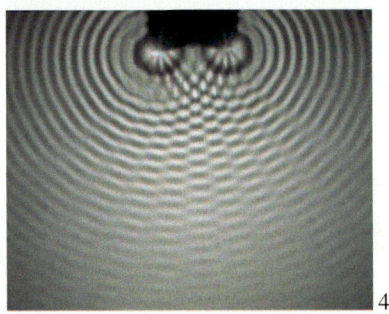
4
Zonen von Auslöschung und Verstärkung bei zwei gleichartigen Kreiswellen

 Interferenz ist die ungestörte Überlagerung von Wellen, bei der in bestimmten Bereichen eine Verstärkung, in anderen eine Abschwächung bzw. Auslöschung der Wellen auftritt.

Stehende Wellen. Die Interferenz periodischer Wellen mit entgegengesetzten Ausbreitungsrichtungen führt zu einem neuen Wellenphänomen: stehenden Wellen. Um *gegenläufige Wellen* gleicher Frequenz zu erzeugen, verwenden wir das folgende Experiment:

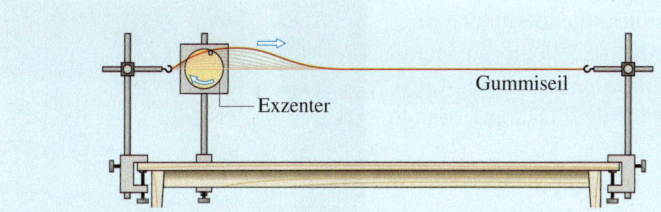

Gummiseil

Exzenter

1

EXPERIMENT 3
Ein elastisches Gummiseil wird mithilfe eines rotierenden Exzenters an einem Ende in Schwingungen versetzt.

Im Seil breitet sich eine Welle aus, ihre Frequenz ist genauso groß wie die Umdrehungsfrequenz des Exzenters. Die Welle wird am befestigten Ende reflektiert und überlagert sich dann mit der Welle, die direkt vom Exzenter kommt. Bei bestimmten Umdrehungsfrequenzen des Exzenters addieren sich die gegenläufigen Wellen zu einer neuen Welle, die gewissermaßen am Ort zu stehen scheint (Bild 2). Eigentlich ist diese stehende Welle gar keine „richtige" Welle mehr, da sich die Schwingungen der Seilteilchen nicht mehr ausbreiten. Sie hat folgende Eigenschaften:

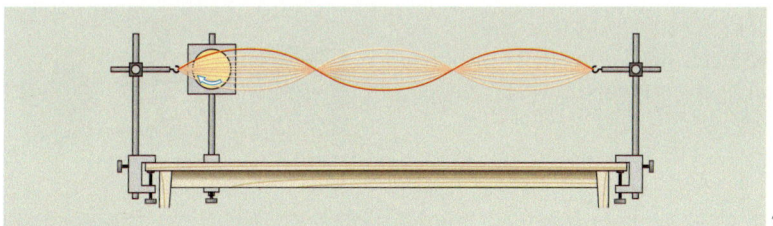

2

1) In den Schwingungsknoten ruht das Seil. Benachbarte Schwingungsknoten sind eine halbe Wellenlänge ($\lambda/2$) der Seilwelle voneinander entfernt.
2) Die Seillänge ist immer ein Vielfaches von $\lambda/2$.
3) Zwischen zwei Schwingungsknoten treten im ständigen Wechsel Berge und Täler auf, es entstehen Schwingungsbäuche. Die Seilteilchen zwischen zwei Schwingungsknoten bewegen sich stets gemeinsam in die gleiche Richtung – mal aufwärts, mal abwärts. Die Seilteilchen im nächsten Abschnitt schwingen genau entgegengesetzt dazu.

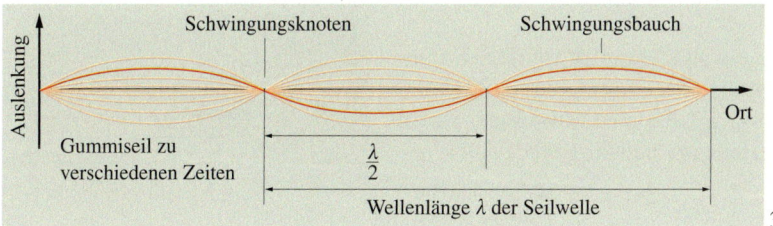

Schwingungsknoten Schwingungsbauch

Auslenkung

Ort

Gummiseil zu verschiedenen Zeiten

$\dfrac{\lambda}{2}$

Wellenlänge λ der Seilwelle

3

Die Interferenz zweier gegenläufiger Wellen (gleicher Frequenz) mit gleicher Amplitude ergibt eine stehende Welle. Der Abstand zweier benachbarter Schwingungsknoten beträgt $\lambda/2$.

Schallwellen

Die Luft in der Umgebung einer Schallquelle wird zum Mitschwingen angeregt. Eine Kerze vor einem stark schwingenden Basslautsprecher flackert (Bild 1), die Kerzenflamme schwingt mit.

Die Ausbreitung von Schall in Luft kann man sich folgendermaßen vorstellen: Zwischen den Teilchen der Luft wirken Kräfte. Wenn die Membran Schwingungen ausführt, so bewirken die Kräfte zwischen den Luftteilchen, dass diese zum Mitschwingen angeregt werden. Dadurch breitet sich die Schwingung der Membran als Welle aus.

Bewegt sich beispielsweise die Membran einer Trommel nach vorn, so kommt es in einem kleinen Bereich zu einer Verdichtung der Luftmoleküle, d.h. zu einer Erhöhung des Luftdrucks (Bild 2). Entsprechend verringert sich der Luftdruck, wenn sich die Membran nach hinten bewegt. Die Schwingungen der Membran werden also auf die Luft übertragen.

1

▶ **Eine Schallwelle in Luft ist Ausbreitung von Luftdruckschwankungen und somit von Schallschwingungen.**

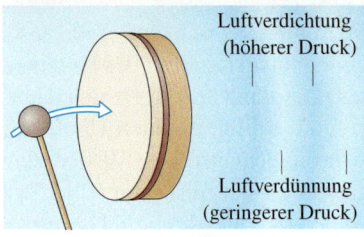

Luftverdichtung (höherer Druck)

Luftverdünnung (geringerer Druck)
2

Dass die Luft für die Übertragung von Schall zu unserem Ohr wichtig ist, zeigt auch folgendes Experiment:

EXPERIMENT 3
Unter einer Glasglocke läutet eine Klingel. Sie ist deutlich zu hören. Nach und nach wird die Luft mithilfe einer Pumpe aus der Glocke herausgepumpt.

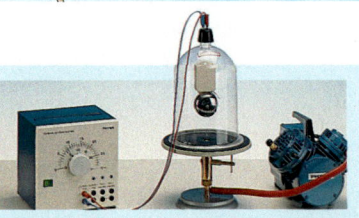
3

Das Klingeln wird immer leiser, bis es nicht mehr zu hören ist. An der Bewegung des Klöppels erkennt man aber, dass die Klingel noch läutet. Schall kann im luftleeren Raum nicht übertragen werden.

Einige Schallgeschwindigkeiten bei 20 °C

Stoff	v in m/s
Gummi	40
Luft	343
Blei	1200
Wasser	1450
Beton	3800
Stahl	5000

Schallgeschwindigkeit

Bei einem Gewitter wird die Luft entlang des Blitzkanals sehr schnell erhitzt, sie dehnt sich schnell aus, und dadurch entsteht ein Knall. Es dauert jedoch in der Regel ein paar Sekunden, bis wir den Knall als Donner hören. Wie schnell breiten sich Schallwellen in Luft aus?

EXPERIMENT 4
Mit zwei Mikrofonen im Abstand von 1 m wird eine elektronische Stoppuhr betätigt: Erreicht die Verdichtung der Luft, die z.B. beim Zusammenschlagen der Hände erzeugt wird, das eine Mikrofon, so wird die Uhr gestartet, erreicht sie das zweite, wird die Uhr gestoppt.

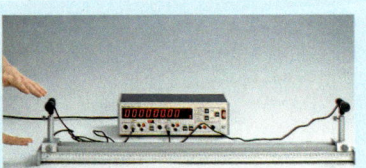
4

Die Schallwellen erreichen das zweite Mikrofon etwa 0,003 Sekunden später als das erste. Daraus ergibt sich als Schallgeschwindigkeit in Luft:

$$v = \frac{s}{t} = \frac{1\,\text{m}}{0,003\,\text{s}} = 330\,\frac{\text{m}}{\text{s}}.$$

↑Basiskonzept System

↑Basiskonzept Materie

Schallwellen breiten sich nicht nur in Luft aus, sondern auch in Flüssigkeiten: Beim Tauchen in einem Schwimmbecken hört man viele Geräusche, die unter Wasser entstehen.

Dass der Schall sich in festen Körpern gut ausbreiten kann, merkt man, wenn irgendwo in einem Haus jemand auf die Heizungsrohre schlägt: Die Schwingungen werden auf alle Heizkörper übertragen.

Die Schallgeschwindigkeit in einem Stoff hängt z. B. von der Kopplung der Teilchen untereinander ab. Je stärker die Kopplung ist – d. h., je härter das Material ist –, desto größer ist die Schallgeschwindigkeit.

Für die Schallgeschwindigkeit gilt: $v = s/t$. Die Schallgeschwindigkeit in Luft beträgt etwa 340 m/s.

1

In festen Körpern breitet sich der Schall schneller als in Luft aus.

Schallarten

Nach der Art der Schwingung unterscheidet man vier Schallarten: Ton, Klang, Knall und Geräusch (Bilder 2 bis 5).

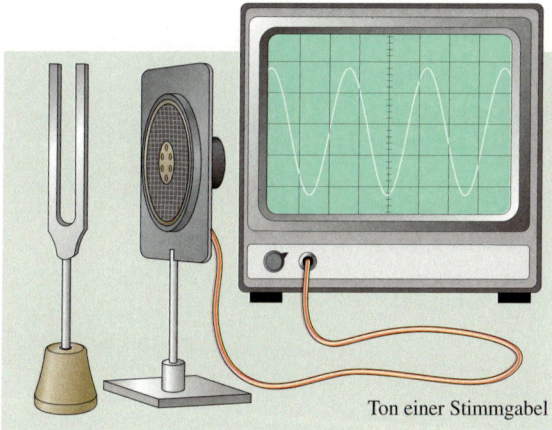

Ton einer Stimmgabel

2

Ein *Ton* wird z. B. von einer Stimmgabel erzeugt. Auf dem Bildschirm des Ozsilloskops sieht man eine gleichmäßig auf- und absteigende Kurve, eine sogenannte Sinuskurve.

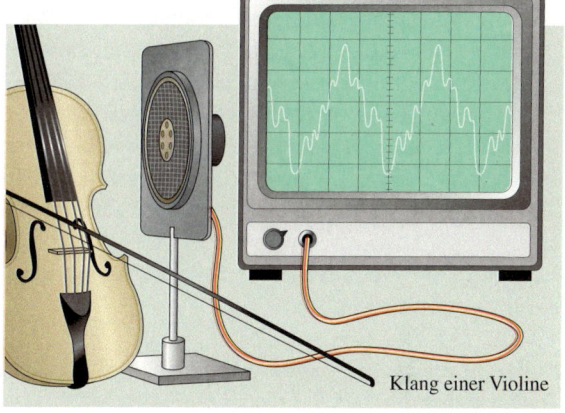

Klang einer Violine

3

Beim *Klang* eines Instruments ist die Schwingung nicht sinusförmig. Die Kurve hat viele scheinbar unregelmäßige Zacken. Dennoch ist erkennbar, dass die Kurve sich regelmäßig wiederholt.

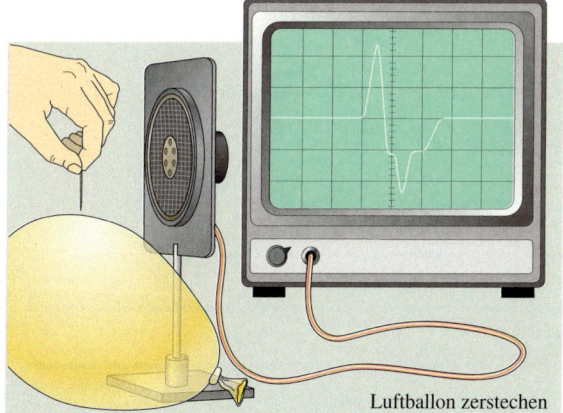

Luftballon zerstechen

4

Ein *Knall* entsteht, wenn die Schallquelle nur einmal stark angestoßen wird und gleich wieder aufhört zu schwingen.

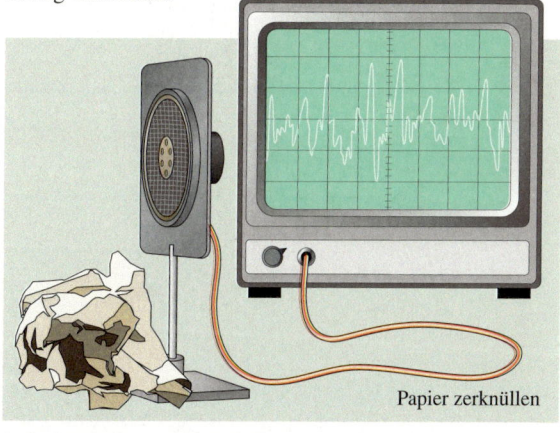

Papier zerknüllen

5

Bei einem *Geräusch* schwingt die Schallquelle unregelmäßig. Ein Geräusch entsteht z. B. beim Zerreißen von Papier.

Tonhöhe und Lautstärke

Beim Musikhören können wir nicht nur laute und leise, sondern auch hohe und tiefe Töne unterscheiden.

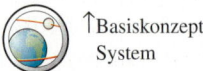

↑ Basiskonzept
System

Tonhöhe und Frequenz. Mithilfe einer Lochsirene können auf einfache Weise Töne erzeugt werden. Strömt Luft für kurze Zeit durch ein Loch, erhält die Luft hinter der Scheibe einen Stoß. Durch schnelle Wiederholung solcher Stöße entsteht eine Schallschwingung.

EXPERIMENT 5
1 Blase durch ein Trinkröhrchen gegen die rotierende Scheibe einer Lochsirene! Wiederhole das Experiment bei höherer Drehzahl!
2 Versuche die Drehzahl der Sirene so einzustellen, dass die Tonhöhe der einer Stimmgabel gleicht. Bestimme aus Drehzahl und Anzahl der Unterbrechungen pro Umdrehung die Frequenz dieses Tons!

1

Je höher die Drehzahl der Scheibe ist, umso größer ist die Frequenz der Schwingung und umso höher ist der entstehende Ton.

Um einen Ton zu erzeugen, der so hoch klingt wie eine Stimmgabel, die auf den Kammerton a' gestimmt ist, muss sich 440-mal in der Sekunde ein Loch vor dem Trinkröhrchen vorbeibewegen. Die Frequenz des Tones ist also 440 Hz. Sie liegt etwa in der Mitte zwischen dem höchsten und dem tiefsten Ton, den wir mit unserer Stimme erzeugen können.

Bild 2 zeigt die y-t-Diagramme von Schallschwingungen.

▶ **Je größer die Frequenz einer Schallschwingung ist, desto höher ist der ausgesandte Ton.**

Einige hören mehr – andere weniger. Ein gesunder Erwachsener kann Töne wahrnehmen, deren Frequenzen zwischen 16 Hz und 20 000 Hz liegt. Das ist der Hörbereich des Menschen. Schallschwingungen mit einer Frequenz von über 20 000 Hz, die vom Menschen nicht mehr wahrgenommen werden können, nennt man *Ultraschall*. Bei vielen Tieren liegt die obere Hörgrenze deutlich höher als beim Menschen (Bild 3).

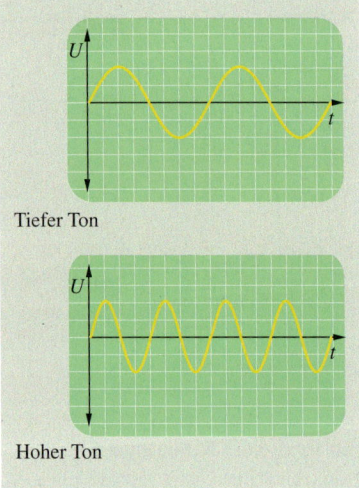

Tiefer Ton

Hoher Ton

2

Mensch	85–1100 Hz / 16–20 000 Hz / Ultraschallbereich
Klavier	30–4000 Hz
Hund	450–1000 Hz / 40–40 000 Hz
Rotkehlchen	2000–13 000 Hz / 250–21 000 Hz
Delfin	400–200 000 Hz / 50 000–150 000 Hz
Fledermaus	2000–150 000 Hz / 10 000–120 000 Hz

Stimmumfang
Hörbereich

Tonfrequenz in Hz

10 20 30 40 50 60 70 100 200 300 400 500 600 700 1000 2000 3000 4000 5000 6000 7000 10 000 20 000 30 000 40 000 50 000 60 000 70 000 100 000

3

Lautstärke und Amplitude. Das kräftige Zupfen einer Saite erzeugt einen lauten Ton. Zupft man die Saite sanft, so ist der entstehende Ton leiser. Eine Lautsprechermembran schwingt umso stärker, je größer die Lautstärke ist; bei großer Lautstärke kann man die Schwingung eines Basslautsprechers mit bloßem Auge erkennen.

Auch mit einem Tongenerator lassen sich Töne unterschiedlicher Lautstärke erzeugen. Auf dem Bildschirm erkennt man, dass die Amplitude der Schallschwingung zunimmt, wenn der Ton lauter wird (Bild 1).

Je größer die Amplitude einer Schallschwingung ist, desto lauter ist der ausgesandte Ton.

Messen der Lautstärke. Wenn zwei Schallquellen gleichzeitig senden, dann erreicht den Empfänger von beiden Quellen Energie. Die ankommende Energie ist also die Summe der einzelnen Energien. Erscheint die Lautstärke verdoppelt, wenn die doppelte Energie in derselben Zeit das Ohr erreicht?

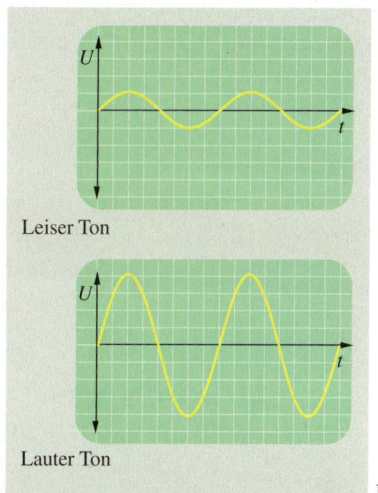

Leiser Ton

Lauter Ton

1

EXPERIMENT 6

Besorgt euch mehrere gleiche Trillerpfeifen. Lass erst eine Pfeife anblasen und versuche dir den Höreindruck zu merken! Wie ändert sich der Höreindruck, wenn im gleichen Abstand 2 Pfeifen (später 3, 4 usw.) geblasen werden? Kannst du – mit geschlossenen Augen – raten, wie viele Pfeifen zugleich angeblasen werden?

2

Es ist deutlich zu hören, dass zwei Quellen nicht doppelt so laut klingen wie eine. Selbst drei oder vier Quellen scheinen noch nicht doppelt so laut. Tatsächlich hat man herausgefunden:

↑Basiskonzept Energie   ↑Basiskonzept Wechselwirkung

Das menschliche Gehör empfindet den Schall von zehn gleichen Schallquellen etwa doppelt so laut wie den Schall einer Schallquelle im selben Abstand.

Unsere Wahrnehmung der Lautstärke steigt also nicht linear mit der übertragenen Energie. Mit „laut" und „leise" beschreiben wir, wie wir die Lautstärke empfinden. Diese empfundene Lautstärke ist nicht messbar, aber man kann die je Sekunde auf eine bestimmte Fläche übertragene Energie – die Schallintensität – messen.

Zum Messen der Schallintensität werden Schallpegelmesser verwendet. Als Einheit wird das Dezibel (dB) verwendet. Oft haben solche Messgeräte eine Skala, auf der die Lautstärke in dB(A) (sprich: Dezibel A) abgelesen werden kann. Bei dieser Einheit wird berücksichtigt, dass das menschliche Gehör auf unterschiedlich hohe Töne unterschiedlich stark reagiert. Bei Geräuschen, die wir gerade so hören, steht der Zeiger auf 0 dB(A). Dieser Schallpegel wird *Hörschwelle* genannt.

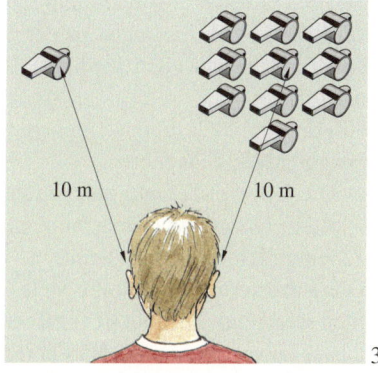

10 m   10 m

3

Das menschliche Gehör empfindet den Schall von zehn gleichen Schallquellen etwa doppelt so laut wie den Schall einer Schallquelle im selben Abstand.

Ein startendes Flugzeug kann – wenn man in der Nähe steht – so laut sein, dass es Schmerzen im Ohr auslöst. Die *Schmerzgrenze* liegt bei etwa 120 dB(A).

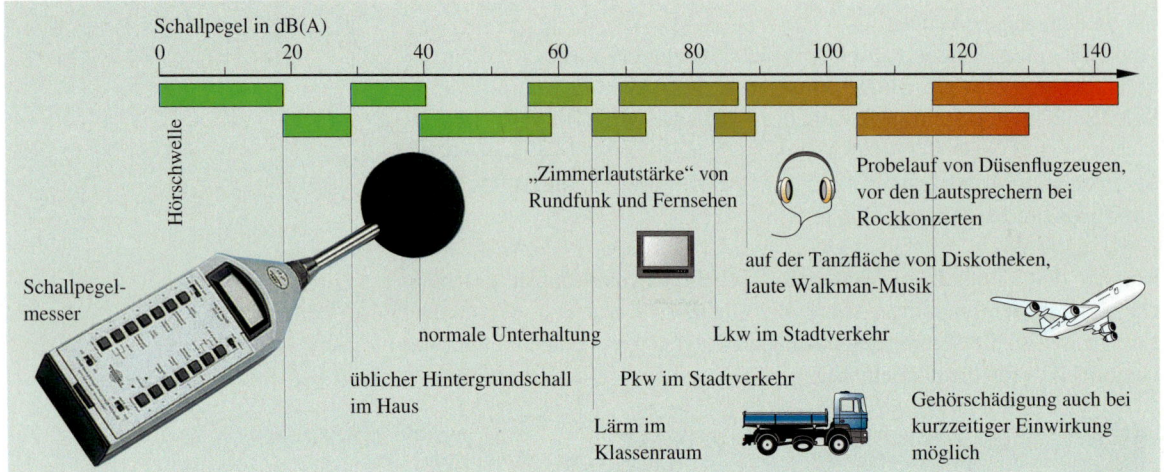

Schallpegel in dB(A)

0   20   40   60   80   100   120   140

Hörschwelle

„Zimmerlautstärke" von Rundfunk und Fernsehen

Probelauf von Düsenflugzeugen, vor den Lautsprechern bei Rockkonzerten

Schallpegel-messer

auf der Tanzfläche von Diskotheken, laute Walkman-Musik

normale Unterhaltung

Lkw im Stadtverkehr

üblicher Hintergrundschall im Haus

Pkw im Stadtverkehr

Gehörschädigung auch bei kurzzeitiger Einwirkung möglich

Lärm im Klassenraum

1

Wird ein Mensch von einem Schallpegel von mehr als 180 dB(A) getroffen, dann wird nicht nur das Gehör zerstört, auch die kleinen Lungenbläschen platzen, und dies ist tödlich. Einen sehr kurzen Knall empfinden wir gar nicht so laut, selbst wenn der Schallpegel sehr hoch ist. Er ist dennoch schädlich.
Beispiel: Der Knall einer Spielzeugpistole nahe am Ohr hat einen Schallpegel von etwa 160 dB(A). Obwohl der Knall weniger als eine Tausendstelsekunde dauert, kann dieser einen dauerhaften Hörschaden auslösen.

Lärm. Sicher hast du schon einmal Diskussionen mit Erwachsenen gehabt, wenn du laut deine Lieblingsmusik gehört hast. Das, was für dich wohlklingend war, empfanden die anderen vielleicht als unerträglichen Krach. Schall kann also stören, belästigen und sogar schädigen. In diesem Fall spricht man von Lärm.

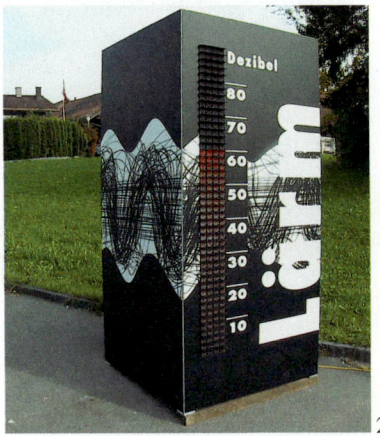

2

In dicht besiedelten und industrialisierten Regionen leidet ein großer Teil der Bevölkerung unter dem Lärm, der in der Umwelt entsteht. Hauptverursacher des Lärms ist in der Regel der Verkehr von Autos, Bahnen und Flugzeugen, auch ländliche Regionen sind hiervon zum Teil stark betroffen.
Um die Lärmbelastung so niedrig wie möglich zu halten, gibt es im Prinzip zwei Möglichkeiten:
– Die *Lärmvermeidung* setzt an der Schallquelle an.
– Beim *Lärmschutz* versucht man, sich vor dem Lärm bestehender Quellen individuell zu schützen.
Die Lärmvermeidung sollte stets Vorrang vor dem Lärmschutz bekommen, denn zum Beispiel ist es effektiver, Flugzeuge mit leisen Triebwerken auszustatten, als in die Häuser in sämtlichen Einflugschneisen Schallschutzfenster einzusetzen.
Wegen der Gefahren, die von Lärm ausgehen, wurden Verordnungen zum Lärmschutz erlassen. Die Lärmschutzverordnungen setzen Grenzwerte für erlaubte Lautstärken fest.

Messung des Verkehrslärms

3

Ultraschall in der Medizin

Messen mit Ultraschall – die Natur als Vorbild. Delfine und Fledermäuse nutzen Ultraschall zur Orientierung. Solch hohe Töne können wir Menschen weder erzeugen noch hören. Wir können sie aber technisch erzeugen und empfangen. Aus der Laufzeit der reflektierten Wellen wird die Entfernung berechnet. Ähnlich funktionieren Echolote (Bild 2).

Blick in den Körper – mit Ultraschall. Ultraschall erlaubt Einblicke in den menschlichen Körper. Das Prinzip ist ähnlich wie beim Echolot. Ultraschall wird z.B. bei Schwangeren eingesetzt, weil die Methode für Mutter und Kind als gefahrlos gilt. Ein „Schallkopf" wird auf den Bauch der Mutter gehalten (Bilder 3 und 4). Der Schallkopf sendet und empfängt Ultraschall. Die Wellen dringen in den Körper ein und werden von Gewebe und Knochen unterschiedlich reflektiert. Die Schallwellen des Echos „übersetzt" der Computer in ein Bild.

1

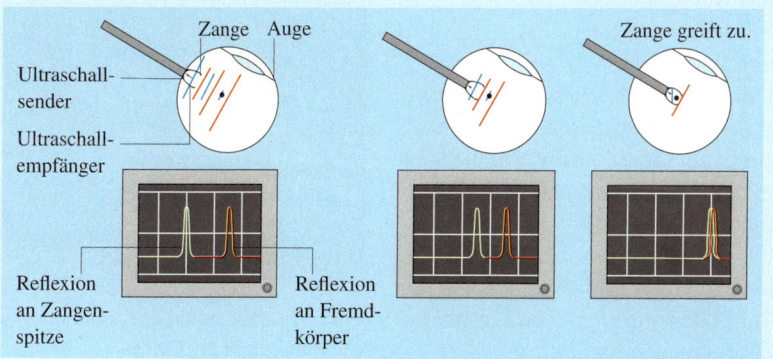

Schallgeber   Echoempfänger

2

Echolot zur Entfernungsmessung

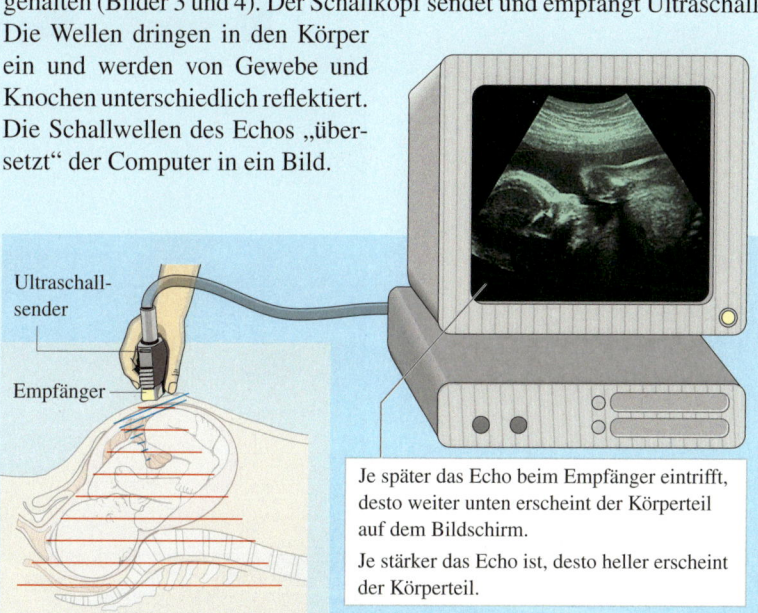

Ultraschall-sender

Empfänger

Je später das Echo beim Empfänger eintrifft, desto weiter unten erscheint der Körperteil auf dem Bildschirm.

Je stärker das Echo ist, desto heller erscheint der Körperteil.

3

Prinzip der Ultraschalluntersuchung des Kindes im Mutterleib

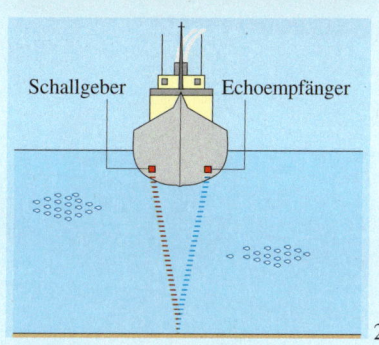

4

Ultraschalluntersuchung

Operieren mit Ultraschall. Wenn ein Splitter ins Auge eingedrungen und „verschwunden" ist, führt der Chirurg ein feines Instrument in den Augapfel ein (Bild 5). Es besteht aus einem winzigen Ultraschallkopf und einer kleinen Zange. Sowohl der Fremdkörper als auch die Spitzen der Zange reflektieren den Ultraschall.

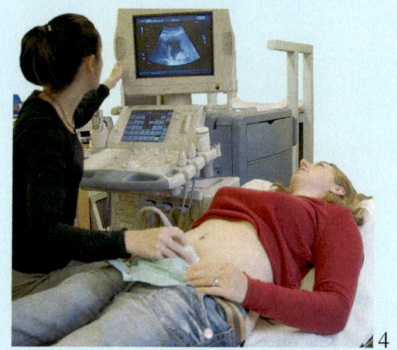

Zange Auge

Zange greift zu.

Ultraschall-sender

Ultraschall-empfänger

Reflexion an Zangen-spitze

Reflexion an Fremd-körper

5

ÜBRIGENS

Viele Menschen sind „steinreich": In ihrer Niere entstehen Steine durch Kristallbildung aus dem Harn (Urin). Kleine Nierensteine werden mit dem Harn ausgeschieden. Setzt sich aber ein größerer Stein im Harnleiter fest, kommt es zu starken Schmerzen und Krämpfen. Mit gezielten „Stößen" von Ultraschallwellen kann der Arzt solche Nierensteine zertrümmern.

Auffinden und Entfernen eines Fremdkörpers im Auge

Schutz vor Lärm

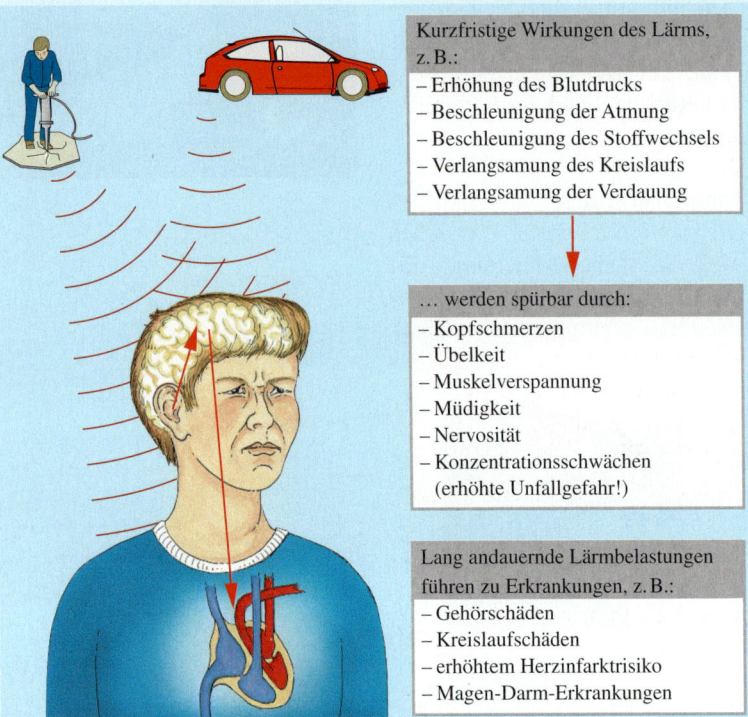

Kurzfristige Wirkungen des Lärms, z. B.:
– Erhöhung des Blutdrucks
– Beschleunigung der Atmung
– Beschleunigung des Stoffwechsels
– Verlangsamung des Kreislaufs
– Verlangsamung der Verdauung

… werden spürbar durch:
– Kopfschmerzen
– Übelkeit
– Muskelverspannung
– Müdigkeit
– Nervosität
– Konzentrationsschwächen
  (erhöhte Unfallgefahr!)

Lang andauernde Lärmbelastungen führen zu Erkrankungen, z. B.:
– Gehörschäden
– Kreislaufschäden
– erhöhtem Herzinfarktrisiko
– Magen-Darm-Erkrankungen

Lärm und seine Wirkungen

Gehörschutz

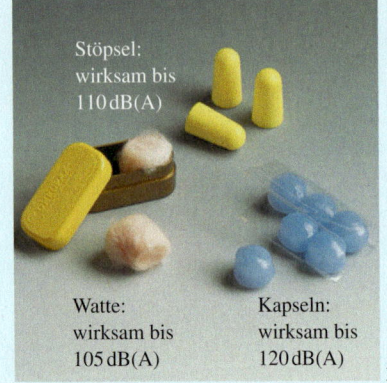

Stöpsel: wirksam bis 110 dB(A)

Watte: wirksam bis 105 dB(A)

Kapseln: wirksam bis 120 dB(A)

Ohrstöpsel

Dauernder Lärm macht krank. Nicht nur der Lärm von Straßen, Baustellen und Fabriken führt zu Hörschäden, sondern auch zu laute Musik aus Boxen und Kopfhörern.

Am Arbeitsplatz in Fabriken oder Büros gilt die „Unfallverhütungsvorschrift Lärm", die Obergrenzen festlegt. In Büros darf es nicht lauter als 70 dB(A) sein. In Fabrikhallen muss bei Lautstärken ab 85 dB(A) den Beschäftigten ein Gehörschutz gestellt werden. An Arbeitsplätzen, an denen Lärm von 90 dB(A) und mehr auftritt, ist jeder verpflichtet, einen Gehörschutz zu tragen (Bild 2).
Als Schutz kann man mit Stöpseln aus Schaumstoff oder Silicon den Gehörgang verschließen (Bild 3). Man verwendet auch Kapseln, die wie Kopfhörer auf die Ohrmuscheln gesetzt werden. Gehörschutzmittel sind dann geeignet, wenn sie eine „CE"-Kennzeichnung besitzen.

Im Privatbereich gibt es keine gesetzlich vorgeschriebenen Lautstärkegrenzen. Hier setzen sich Personen freiwillig Lautstärken von mehr als 100 dB(A) ohne Schutz aus. Bei einem „voll aufgedrehten" MP3-Player muss dein Ohr Lautstärken wie bei einem Kompressorhammer aushalten. Dabei kommt es zu bleibenden Schädigungen des Gehörs (Bild 4).
Geschädigte Sinneshärchen im Innenohr wachsen nicht nach! Der ganze Körper leidet unter Lärm: Hoher Blutdruck, Magenschmerzen, Nervosität und Schlaflosigkeit sind die Folgen. Am Ende kann eine hohe Lärmbelastung zu Magen- und Herz-Kreislauf-Erkrankungen führen.

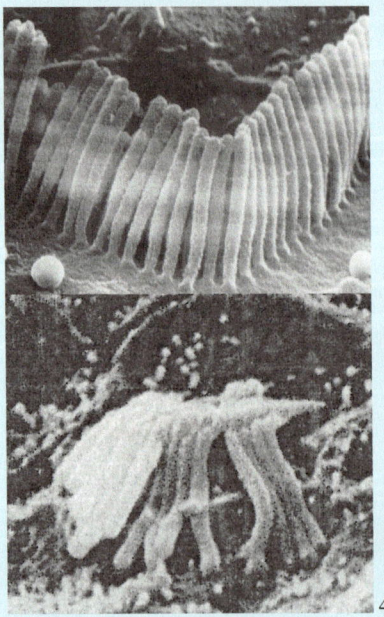

Gesunde und geschädigte Sinneshärchen im Innern des Ohres

Schalldämmung. Du sitzt am offenen Fenster und musst eine schwierige Aufgabe lösen. Draußen dröhnt der Autoverkehr. Du kannst dich schlecht konzentrieren. Also schließt du das Fenster. Es tritt nun weniger Schall in das Zimmer, weil das Fensterglas einen Teil des Schalls reflektiert. Auch das Mauerwerk des Hauses reflektiert den Schall. Diese Art des Schallschutzes heißt *Schalldämmung*. Viel besser als eine einfache Glasscheibe dämmt ein Schallschutzfenster (Bild 1).

Bei der Schalldämmung wird ein Teil des Schalls durch Reflexion fortgelenkt und so die Lautstärke gemindert.

Zur Dämmung kommen Betonplatten, Stein, Holz oder Glas zum Einsatz. Solche Materialien werden auch beim Bau von Lärmschutzwänden an Straßen verwendet (Bild 2).

Schalldämpfung. Bei der Schalldämpfung wird ein Teil der Schallwellen von geeigneten Materialien verschluckt oder abgeschwächt.

Schallschluckende Materialien:
Zur Schalldämpfung eignen sich Materialien mit einer lockeren, rauen Oberfläche oder vielen Poren, in denen Luft eingeschlossen ist. Hartschaumplatten, Teppiche oder Textilien wirken daher in Wohnräumen schalldämpfend (Bild 3).

Schalldämpfer: Der Schalldämpfer eines Motorrads oder Autos ist in mehrere Kammern aufgeteilt, in denen der Schall reflektiert wird. Dadurch wird der Schall abgeschwächt und die Motorgeräusche werden gedämpft (Bild 4).

Tinnitus und Hörsturz. Mehr als 3 Millionen Menschen in Deutschland empfinden ständig Geräusche in ihrem Ohr, obwohl von außerhalb kein Schall ins Ohr dringt. Die Ärzte nennen diese Krankheit *Tinnitus*. Niemand außer dem Betroffenen hört die Geräusche. Für den Kranken ist das starke Ohrensausen aber sehr unangenehm und belastend. Er kann sich oft nur schwer konzentrieren und schläft auch schlecht. Bis jetzt ist die Krankheit nicht heilbar. Selbsthilfegruppen in vielen Orten wissen aber über Möglichkeiten Bescheid, wie man mit der Krankheit leben kann. Häufig werden Jugendliche nach dem Besuch eines Rock- oder Technokonzerts von Tinnitus geplagt.

Wenn ein Mensch plötzlich auf einem Ohr – selten auf beiden – nicht mehr hören kann, ist ein *Hörsturz* eine mögliche Ursache. Zum Hörsturz kommt es, wenn ein Mensch unter Stress steht, wenn er also „viel um die Ohren" hat. Nur die schnelle Hilfe durch einen Arzt kann vielleicht verhindern, dass der Patient schwerhörig oder gar taub wird.

Aufgaben

1. Wie wirken große Lautstärken auf den menschlichen Körper? Wie kannst du dich schützen?
2. Mache für deinen Klassenraum verschiedene Schallschutzvorschläge. Der Schall, der im Raum entsteht, soll leiser werden und die Geräusche von draußen sollen weniger zu hören sein.
3. Der Schlagzeuger eurer Schülerband hat seit Wochen starke Magenschmerzen. Schreibe ihm deinen Ratschlag auf.

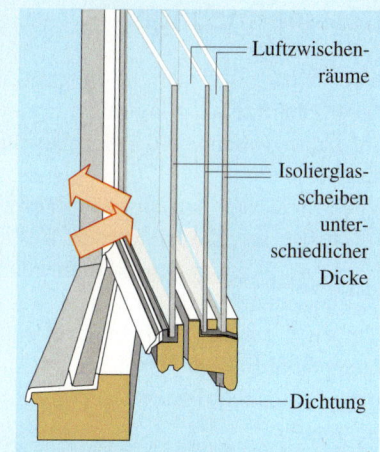

Luftzwischen-räume

Isolierglas-scheiben unterschiedlicher Dicke

Dichtung

1

Schallschutzfenster

Schallschutzwand

2

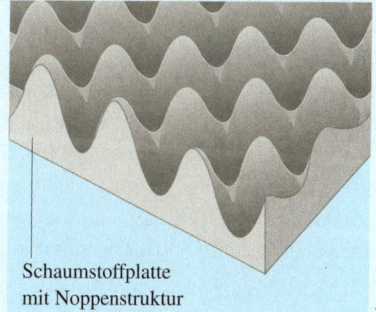

Schaumstoffplatte mit Noppenstruktur

3

Schalldämpfung

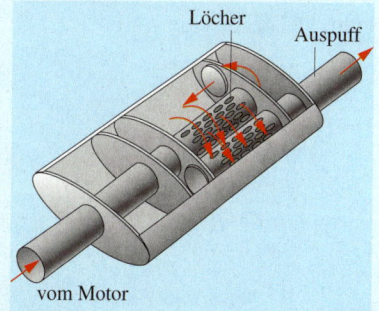

Löcher

Auspuff

vom Motor

4

Schalldämpfer eines Autos

Hörempfindungen

Jeder Schall, den man als störend empfindet, wird als Lärm bezeichnet. Diese Empfindung hängt nicht nur von der Lautstärke oder der Frequenz ab, sondern auch von der Schallzusammensetzung – der Geräuschkombination.

Viele Menschen beruhigt das Rauschen eines Baches, es kann aber auch als störend empfunden werden. Das leise Summen einer Mücke hört wohl keiner gern. Beim Musikhören gehen die Meinungen gelegentlich sehr weit auseinander (Bild 1).

Um euch zu den Problemen Hörempfindungen, Lärm und Hörschädigungen ein Bild zu verschaffen, könnt ihr in Gruppen die folgenden Aufträge bearbeiten. Präsentiert eure Ergebnisse in geeigneter Weise.

1

AUFTRAG 1 Welche Geräusche werden als störend empfunden?
Befragt dazu Mitschüler, Lehrer und Nachbarn. Für die Interviews solltet ihr Fragebögen entwerfen. Überlegt, wie ihr diese auswerten könnt.

2

AUFTRAG 2 Welche Ursachen können Hörschädigungen haben?
Recherchiert in verschiedenen Quellen nach möglichen Ursachen für Gehörlosigkeit bzw. Hörschäden. Wendet euch auch an eine Krankenkasse oder einen Hörgeräteakustiker. Dort gibt es auch die Möglichkeit, mithilfe eines Audiometers die eigene Hörfähigkeit zu testen (Bild 2).

AUFTRAG 3 Mit welchen Problemen haben Menschen zu kämpfen, deren Hörfähigkeit stark eingeschränkt ist?
Recherchiert dazu im Internet. Ihr könnt euch auch an eine Selbsthilfegruppe wenden. Stellt zusammen, welche Schwierigkeiten und Probleme im Alltag zu bewältigen sind und wie Gehörlose oder Schwerhörige diese besonderen Anforderungen bewältigen.

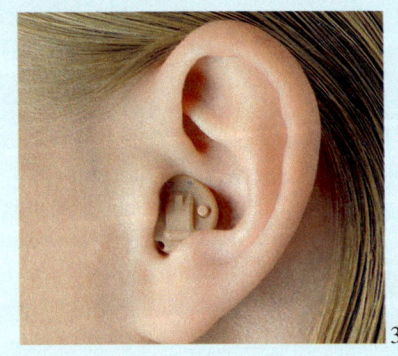

3

4

AUFTRAG 4 Wie schützt man sich vor Lärm?
Der beste Schutz vor Lärm ist natürlich dessen Vermeidung, aber das ist nicht immer möglich. Erkundet, welche Möglichkeiten des Lärmschutzes in eurer Umgebung genutzt werden. In jedem Baumarkt sind dazu Informationen erhältlich.

Eine Lärmkarte erstellen

Der Lärm gehört zu den größten Belastungen der Menschen besonders in den Städten, aber auch auf dem Land in der Nähe von Autobahnen, Eisenbahnlinien und Flughäfen. Manche Lärmbelästigung ist ständig vorhanden, weil beispielsweise eine Lüftung auf dem Nachbargebäude ununterbrochen läuft. Manchmal gibt es nur hin und wieder großen Lärm, z.B. an einer Eisenbahnstrecke. Oft erzeugen wir den „Lärm" sogar freiwillig: Auf dem Sportplatz geht es laut zu, in der Disko dröhnen die Lautsprecher und mit den Ohrhörern am MP3-Player holen wir den Lärm direkt in den Kopf.

Zu jeder dieser Lärmquellen könnte ein Projekt durchgeführt werden:
▶ Wie laut ist es auf der Straßenkreuzung neben der Schule?
▶ Welche Gebiete sind vom Fluglärm des Flughafens betroffen?
▶ Welche Schallquellen gibt es in der benachbarten Fabrik?
▶ Wie kann man die Lautstärke in der Turnhalle vermindern?
▶ Wie müsste der Übungsraum eurer Schulband gestaltet werden?
▶ Wie laut ist eigentlich ein Ohrhörer? …

1

Projekt: Erstellung einer Lärmkarte der Schule und ihrer Umgebung

Arbeitsplan
Gruppe 1: Wo wird gemessen? – Anfertigen eines Grundrisses der Schule, Ausschnitt aus dem Stadtplan …

Gruppe 2: Schallpegelmesser – wodurch unterscheiden sich die einzelnen Gerätetypen?

Gruppe 3: Messungen – wie wird mit dem Schallpegelmesser gemessen? Wie stellt man die Messwerte am besten dar? Zu welchen Zeiten muss gemessen werden?

Gruppe 4: Wie wird der Lärm durch die Mitschüler und Lehrer beurteilt? – Interviews und Fragebögen

Gruppe 5: Welche Schlussfolgerungen kann man aus den Messungen ziehen?

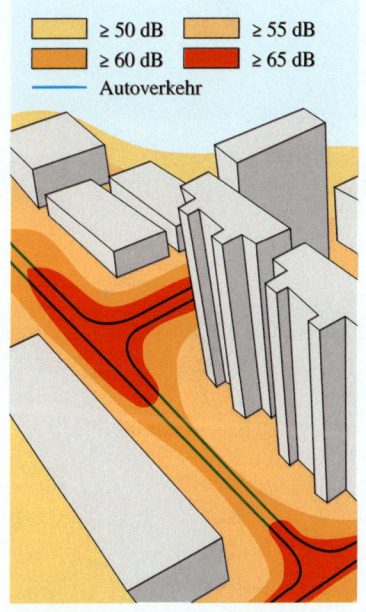

≥ 50 dB	≥ 55 dB
≥ 60 dB	≥ 65 dB
Autoverkehr	

2

Tipp:
Für Lärmanalysen ist ein Schallpegelmesser erforderlich. Ein solches Gerät sollte in der Lehrmittelsammlung der Physik eurer Schule vorhanden sein. Am besten wären gleich zwei Schallpegelmesser, dann können mehrere Arbeitsgruppen an verschiedenen Orten zugleich messen. So kann z.B. direkt an der Straße und gleichzeitig im Haus gemessen werden, wenn ein Lastwagen vorüberfährt.

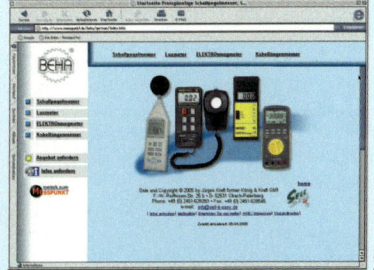
3

Physik erlebt

Tsunami – ein gefürchtetes Naturphänomen

Ein Tsunami (jap.: Hafenwelle) besteht aus einer Serie aufeinanderfolgender Meereswellen und gilt als eines der gefürchtetsten Naturphänomene. Er kann innerhalb weniger Minuten an den nahen Küsten große Zerstörungen anrichten und viele Menschenleben fordern. Er entfaltet seine Wirkung aber auch an weit entfernten Küsten, da er sich im Verlauf von Stunden über ganze Ozeane hinweg ausbreiten kann.

Der Tsunami wird in den meisten Fällen durch gewaltige Seebeben, aber auch durch Hangrutschungen, Vulkanausbrüche, Unterwasserlawinen oder durch Losbrechen eines Eisberges verursacht.

Wenn sich bei einem starken Beben unter dem Meeresgrund plötzlich der Meeresboden anhebt, erhalten die sich darüber befindlichen Wassermassen einen gewaltigen Schlag von unten. Große Teile des Meeresbodens werden nach oben gepresst, während andere nach unten absacken. Vergleichbar mit einem Kolben wird das Meer emporgedrückt und mehrfach zu einem Berg aufgebeult, von dem das Wasser nach allen Seiten hin abfließt.

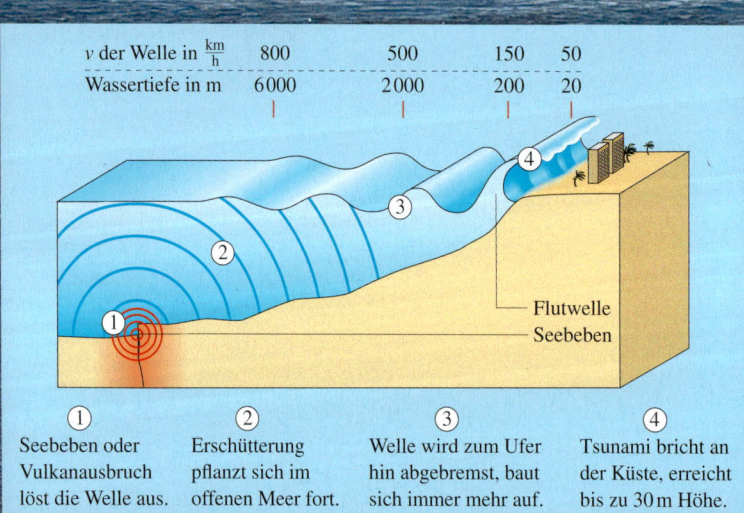

v der Welle in $\frac{km}{h}$	800	500	150	50
Wassertiefe in m	6000	2000	200	20

Flutwelle
Seebeben

① Seebeben oder Vulkanausbruch löst die Welle aus.

② Erschütterung pflanzt sich im offenen Meer fort.

③ Welle wird zum Ufer hin abgebremst, baut sich immer mehr auf.

④ Tsunami bricht an der Küste, erreicht bis zu 30 m Höhe.

Nicht jedes Seebeben verursacht einen Tsunami. Erst ab einer Stärke von 7 auf der Richter-Skala, wenn das Zentrum nahe unter dem Meeresboden liegt und es eine vertikale Verschiebung des Meeresbodens verursacht, erhöht sich die Wahrscheinlichkeit für die Entstehung eines Tsunamis.

Die sich bildenden Wellen sind im tiefen Wasser zunächst kaum sichtbar. Es sind ungefährliche flache Wellen mit einer Amplitude von bis zu einem Meter, aber mit einer Wellenlänge von einigen Hundert Kilometern, die somit viel größer als die Wassertiefe ist. Hier breiten sie sich mit einer sehr großen Geschwindigkeit von bis zu 800 km/h aus und transportieren eine riesige Energie. Erst wenn die Welle die Küste erreicht, wird sie zur tödlichen Gefahr, denn ihre ungeheure Kraft macht sich erst im flachen Wasser bemerkbar. Die Amplitude der sich auf 30 bis 50 km/h verlangsamten Welle kann hier auf 30 m anwachsen und die Wellenlänge verringert sich auf nunmehr 10 km.

Im Gegensatz zu den durch Wind ausgelösten Wellen, die nur oberfläch-
lich auftreten, bewegt ein Tsunami die gesamte Wassersäule vom Grund
bis zur Oberfläche des Meeres.

In Küstennähe macht er sich deshalb zunächst durch eine starke ablandige
Strömung bemerkbar, die zu einer kurzzeitigen Trockenlegung von
Küstenregionen führt. Gleichzeitig wächst der kilometerbreite Wasserberg
auf dem Meer und schiebt sich dann mit Urgewalt auf das Land.

Anschließend entsteht ein enormer Sog zurück zum Meer, der wiederum
vieles mitreißen und verheerende Verwüstungen anrichten kann. Gigantische Wassermassen strömen in eine Senke, bevor sich das Zusammen-
spiel des Absenkens und Aufwölbens mehrfach wiederholt. Die Wellenberge folgen aufeinander in Abständen von 10 Minuten bis zwei Stunden.

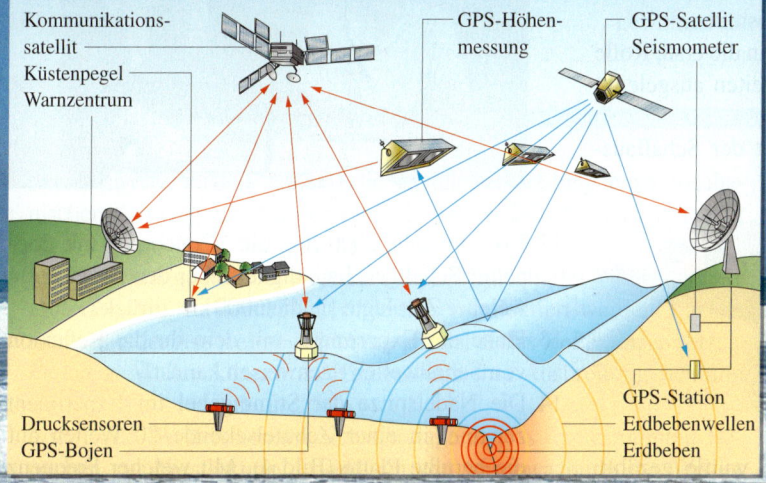

Kommunikations-
satellit
Küstenpegel
Warnzentrum

GPS-Höhen-
messung

GPS-Satellit
Seismometer

Drucksensoren
GPS-Bojen

GPS-Station
Erdbebenwellen
Erdbeben

Den durch einen Tsunami ausgelösten Gefahren kann durch Frühwarnung
sowie breite Information der Öffentlichkeit begegnet werden. Ein Tsunami-
Frühwarnsystem nutzt den Unterschied der Ausbreitungsgeschwindig-
keiten von sehr schnellen seismischen Wellen und den Tsunamiwellen. Ist
ein dichtes Netz seismischer GPS-Stationen verfügbar, lassen sich bereits
nach wenigen Minuten genaue Rückschlüsse über den Ort und die Stärke
eines Erdbebens ziehen, das möglicherweise einen Tsunami auslösen
kann. Die GPS-Stationen messen sehr genau die Verschiebung der Erdoberfläche und des Meeresbodens. Darüber hinaus misst ein Netz von
Bojen die Tsunamiwelle auf hoher See und ermöglicht die Angabe einer
Vorwarnzeit.

Als „natürliches" Frühwarnsystem
gilt die einheimische Tierwelt.
Tiere werden bei drohender Gefahr
unnatürlich stark unruhig.
So ist bekannt, dass sich Tiere
rechtzeitig vor Eintreffen eines
Tsunamis auf höher gelegene
Gebiete zurückziehen und dadurch
überleben.

1 Eine Schwingung wurde aufgezeichnet (Bild 1). Benenne die physikalischen Größen in A, B und C. Die Frequenz dieses Systems beträgt 2 Hz. Wie berechnet man diesen Wert? Welche Bedeutung hat er?

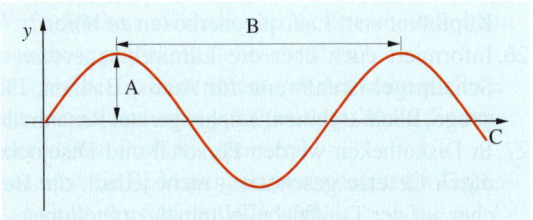

1

2 Erläutere, was man unter den Begriffen freie Schwingung, erzwungene Schwingung, Eigenfrequenz und Erregerfrequenz versteht.

3 Beschreibe das Phänomen der Resonanz an einem Beispiel. Gib die Resonanzbedingung an. Nenne Beispiele für erwünschte und unerwünschte Resonanz. Unter welcher Bedingung kann es zur Resonanzkatastrophe kommen?

4 Erkläre, wie eine Schallwelle an einer schwingenden Lautsprechermembran entsteht.

2

5 Warum ist auf dem Mond kein Lärm zu hören?

6 Die Frequenz eines hohen Tons ist größer als die Frequenz eines tiefen Tons.

a Welches der Oszilloskopbilder zeigt die höhere Frequenz (Bild 3)?

b Welches Bild zeigt den lauteren Ton?

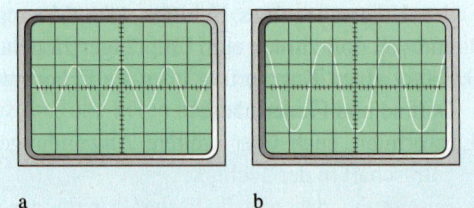

a   b   3

7 „Der Orgelton klang sehr laut und sehr tief." Was kannst du über die Frequenz und Amplitude des Schalls aussagen?

8 Erläutere und unterscheide die Begriffe Hörgrenze und Schmerzgrenze!

9 Fischschwarm geortet: Zwischen Aussenden und Empfangen des Signals sind 0,14 s vergangen. Berechne, in welcher Tiefe die Fische schwimmen!

10 Wie kann man mithilfe des Echos die Schallgeschwindigkeit messen?

11 Der Fernsehsatellit Astra 1 B befindet sich auf einer geostationären Umlaufbahn um die Erde. Ermittle seine

a Umlaufzeit

b Bahngeschwindigkeit

c Winkelgeschwindigkeit

Schätze deine Kenntnisse und Fähigkeiten ein.

Ordne dazu deiner Lösung im Heft ein Smiley zu:

☺ Ich konnte die Aufgabe richtig lösen.

☺ Ich konnte die Aufgabe nicht komplett lösen.

☹ Ich konnte die Aufgabe nicht lösen.

> Die Lösungen findest du im Anhang.

Aufgabe	Fähigkeit	Hilfe findest du auf Seite ...
1, 6, 11	Unterschiedliche Bewegungsarten mithilfe von Gleichungen und Diagrammen beschreiben.	89, 90, 93, 114, 115
1, 2, 7, 8	Harmonische Schwingungen mithilfe von Kenngrößen beschreiben.	93, 94, 114, 116
4	Wellen als Ausbreitung einer Schwingung im Raum beschreiben.	106, 107
3, 5, 8, 9, 10	Wellen als besondere Form der Energieübertragung beschreiben.	99, 102, 108

Kraft und Energie

Unser tägliches Leben wird von Naturgesetzen beeinflusst. Physiker untersuchen die unbelebte Natur und können Vorgänge begründet vorhersagen. ISAAC NEWTON untersuchte z. B. Vorgänge in der Mechanik intensiv und formulierte drei grundlegende Gesetze. Naturgesetze gilt es auch, bei der Versorgung der Haushalte und der Industrie mit Energie zu berücksichtigen.

Kraft und Energie

Kraft und Bewegung spielen bei sportlichen Aktivitäten eine wichtige Rolle. Zu Höchstleistungen kommen Sportlerinnen oder Sportler nur, wenn sie die physikalischen Zusammenhänge zwischen Kraft und Bewegung optimal nutzen.

Während die Kinematik Bewegungen nur beschreibt, untersucht man in der Dynamik die Ursachen einer Bewegung oder Bewegungsänderung.

Die Wechselwirkung zwischen Startblock und Sprinter ermöglicht den Start. Nur so kann die Kraft eine maximale Beschleunigung des Läufers bewirken.

Lose Gegenstände im Auto – hier sind es Wasserflaschen und Taschen – werden bei einem Unfall zu Geschossen.

Durch die Wechselwirkung zwischen Springer und Stab wird die kinetische Energie in Federspannenergie und später in Höhenenergie umgewandelt.

PHILOSOPHIÆ
NATURALIS
PRINCIPIA
MATHEMATICA.

AUCTORE
ISAACO NEWTONO, Eq. Aur.

Editio tertia aucta & emendata.

ISAACUS NEWTON Et. Aur. Æt 83.

Isaac Newton erkannte und formulierte die wichtigsten Naturgesetze der Dynamik.

Alle Energie stammt direkt oder indirekt von der Sonne. Nicht immer lässt sich diese Energie nutzen. In Windkraftwerken oder Wasserkraftwerken wird kinetische oder potenzielle Energie in elektrische Energie umgewandelt.

Solarthermische Kraftwerke bündeln die Sonnenenergie und erwärmen eine spezielle Flüssigkeit. Die thermische Energie treibt über Turbinen Generatoren an, die elektrische Energie bereitstellen.

In den Generatoren der Windkraftanlagen wird die kinetische Energie der bewegten Luft in elektrische Energie umgewandelt.

Solarzellen – hier an der Raumstation ISS – wandeln Sonnenenergie direkt in elektrische Energie um.

Wärmekraftwerke wandeln chemische Energie in thermische Energie und Elektrizität um.

Die Bewegungsenergie des strömenden Wassers wird hier in elektrische Energie umgewandelt.

Kräfte und Änderungen der Bewegung

Auf dem Jahrmarkt gibt es viele Fahrzeuge, in denen wir hin- und her-, auf- oder niedergeschleudert werden. Oft werden wir von den Fahrzeugen beschleunigt oder gebremst.
Damit wir diese ungleichmäßigen Bewegungen ausführen, muss stets eine Kraft auf unseren Körper ausgeübt werden.

↑Basiskonzept
Wechselwirkung

Trägheit von Körpern

Boxer sieht man manchmal beim Training an einem großen Sandsack (Bild 2). Der Sandsack ist frei an einem Seil aufgehängt, doch auch bei harten Schlägen bewegt er sich kaum. Anders verhält sich ein Punchingball, der bei jedem Schlag weit ausgelenkt wird (Bild 3).
Der Sandsack lässt sich nicht so leicht in Bewegung versetzen wie der Punchingball. Physiker sagen: Er hat eine größere Trägheit. Sandsack und Punchingball unterscheiden sich vor allem durch ihre Masse: Ein Sandsack wiegt bis zu 60 kg, ein Punchingball etwa 2 kg.

Die Trägheit eines Gegenstands zeigt sich nicht nur, wenn man ihn in Bewegung versetzt, sondern auch, wenn man ihn aus der Bewegung abbremst: Ein Handball lässt sich mühelos auffangen und dabei abbremsen. Beim Fangen eines schnellen Medizinballs wird man dagegen fast umgeworfen. Der Medizinball hat eine größere Trägheit als der Handball, er hat auch eine größere Masse: etwa 8 kg im Vergleich zu 0,4 kg.
Beim Bowling sind 10 schwere Kegel in einer bestimmten Formation aufgestellt (Bild 4). Würde man versuchen, sie mit einer leichten Holzkugel umzuwerfen, so würde diese bereits von den vorderen Kegeln aus der Bahn gebracht, vielleicht würde sie auch zurückprallen. Daher werden massive Kugeln verwendet, die bis zu 7 kg wiegen. Aufgrund ihrer großen Trägheit können sie die Kegelanordnung fast ohne Richtungsänderung durchqueren.

▶ **Jeder Körper setzt einer Bewegungsänderung einen Widerstand entgegen. Diese Eigenschaft des Körpers nennt man Trägheit.**
Die Trägheit eines Körpers ist umso größer, je größer seine Masse ist.

2

3

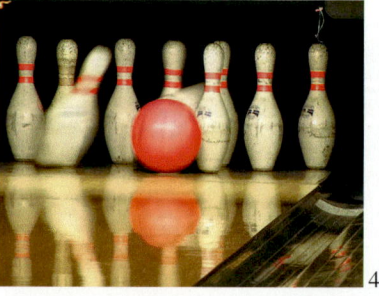

4

Trägheitsgesetz

Ein Ball, der auf dem Boden liegt, bleibt in Ruhe, solange keine Kraft auf ihn ausgeübt wird. Wir würden uns auch sehr wundern, wenn es anders wäre und sich ein Körper plötzlich ohne Ursache in Bewegung setzte. Jeder rollende Ball bleibt irgendwann liegen, Reibungskräfte bewirken, dass er immer langsamer wird. Je geringer die Reibung ist, umso weiter rollt der Ball. Eine fast völlig reibungsfreie Bewegung kann auf einer Luftkissenbahn erreicht werden (Bild 2). Die Gleiter bewegen sich lange Zeit mit nahezu konstanter Geschwindigkeit zwischen den Fahrbahnenden hin und her. Zum Aufrechterhalten dieses Bewegungszustandes bedarf es keiner Kraft.

↑Basiskonzept Wechselwirkung

↑Basiskonzept System

Abbremsen — 1

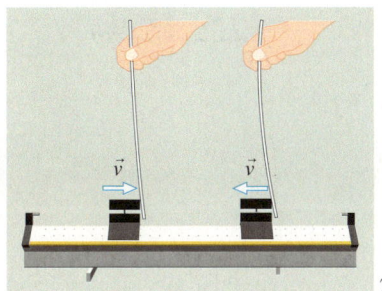

Abbremsen und Beschleunigen erfordert Kraft. — 2

Beschleunigen — 3

Der Gleiter bewegt sich gleichförmig geradlinig; wenn seine Geschwindigkeit vergrößert oder verringert werden soll, muss eine Kraft wirken. Man kann den Gleiter mit einem Lineal, an dem sich die Kraftwirkung durch Verformung zeigt, abbremsen und beschleunigen (Bild 2). Damit lässt sich das Trägheitsgesetz formulieren:

Trägheitsgesetz
Jeder Körper verharrt im Zustand der Ruhe oder geradlinig gleichförmiger Bewegung, solange keine äußeren Kräfte auf ihn einwirken.

Die Gültigkeit dieses Gesetzes zeigt sich auch bei der Kurvenfahrt: Aufgrund ihrer Trägheit bewegt sich die Kugel in Bild 4 geradeaus weiter. In der Rechtskurve fällt sie vom linken Wagenrand. Der Fahrer im Bild 5 wird dagegen durch eine Kraft, die die Seitenwand auf ihn ausübt, von der geradlinigen Bahn abgebracht. Diese Kraft ist auf den Kreismittelpunkt der Kurve gerichtet.

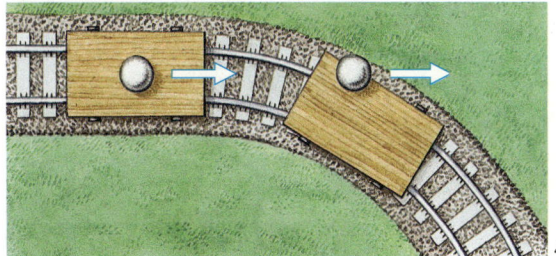

Geradlinige Bewegung einer Kugel — 4

Kraft von der Seitenwand auf den Fahrer

Kurvenfahrt im Auto — 5

Wechselwirkungsgesetz

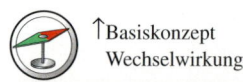
↑Basiskonzept
Wechselwirkung

1

2

Auch Skateboarden will gelernt sein. Anfänger merken sehr schnell, dass man nicht einfach nach vorn absteigen kann. Das Board reagiert auf jede Bewegung des Fahrers mit einer Gegenbewegung (Bild 1).
Auch im Fitnessstudio merkt man schnell: Der Zugkraft wirken die Gewichte mit einer Kraft – ihrer Gewichtskraft – entgegen (Bild 2).
Die Wirkung von Kraft und Gegenkraft findet man ebenso in der Elektrizität und beim Magnetismus. Im Bild 3 stoßen sich zwei Körper mit gleicher Ladung ab. Die Magnete im Bild 4 ziehen sich gegenseitig an. Dabei haben die Körper keinen direkten Kontakt miteinander.

Die Erfahrung zeigt: Übt ein Körper eine Kraft auf einen zweiten Körper aus, so wirkt stets gleichzeitig eine Kraft vom zweiten Körper auch auf den ersten Körper zurück. Dabei haben beide Kräfte entgegengesetzte Richtungen und verschiedene Angriffspunkte, aber den gleichen Betrag.

▶ **Wechselwirkungsgesetz**
Übt ein Körper A auf einen zweiten Körper B eine Kraft aus, so übt auch B eine Kraft auf A aus. Beide Kräfte sind gleich groß und einander entgegengesetzt gerichtet. Kraft und Gegenkraft greifen an verschiedenen Körpern an.

Das Wechselwirkungsgesetz ist in der Physik bekannt unter: *actio = reactio*. Eine Kraft (*actio*) kann also nach NEWTON nie alleine auftreten. Sie hat immer eine Gegenkraft (*reactio*), die an einem anderen Körper angreift.
Dieses Gesetz spielt in vielen Bereichen des täglichen Lebens und in der Technik eine wichtige Rolle, besonders für die Fortbewegung.
Ein Beispiel ist der Raketenantrieb. Bei der Rakete werden die Treibstoffgase durch eine Kraft (actio) mit großer Geschwindigkeit ausgestoßen. Die Gegenkraft (reactio) des Treibstoffs beschleunigt die Rakete in Flugrichtung.

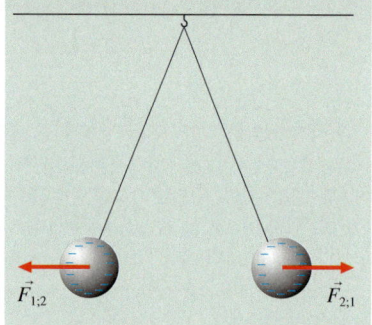

$\vec{F}_{1;2}$ $\vec{F}_{2;1}$

3

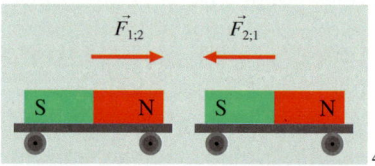

$\vec{F}_{1;2}$ $\vec{F}_{2;1}$

S N S N

4

5

Grundgesetz der Dynamik

Eine Kraft kann einen Körper aus der Ruhe in Bewegung versetzen, sie kann seine Bewegung schneller oder langsamer machen: Ein Körper kann durch die Wirkung einer Kraft beschleunigt werden.

Wenn man Fahrrad fährt und schneller werden will, ändert man die Geschwindigkeit. Die Geschwindigkeitsänderung, d. h. die Beschleunigung, ist umso größer, je kräftiger man in die Pedale tritt, je größer also die wirkende Kraft ist.

Bei gleicher Kraftwirkung wird die Beschleunigung umso kleiner sein, je größer die Masse von Rad plus Fahrer und Gepäck ist (Bild 1). Diese Erfahrung über den Zusammenhang von Kraft, Beschleunigung und Masse soll nun genauer untersucht werden:

1

Zum Beschleunigen braucht man Kraft.

EXPERIMENT 1

Auf dem Gleiter einer Luftkissenbahn befinden sich einige Wägestücke. Ein kleines Wägestück wird heruntergenommen und an einen Faden gehängt. Der Gleiter wird dadurch beschleunigt.

Beim Start wird eine Uhr eingeschaltet, nach Durchlaufen der Messstrecke wird sie ausgeschaltet. Nach und nach werden weitere Wägestücke vom Gleiter genommen und an den Faden gehängt. Die beschleunigende Kraft wird dadurch größer, die Masse bleibt jedoch konstant.

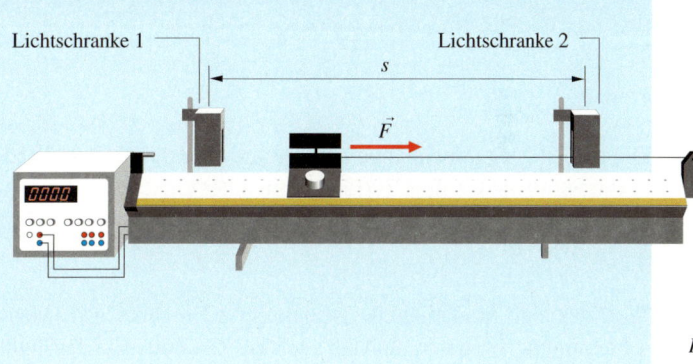

2

Man erhält die folgende Messwerttabelle. Mithilfe von Messungen an verschiedenen Orten s_1, s_2, s_3 … kann man nachweisen, dass es sich jeweils um gleichmäßig beschleunigte Bewegungen handelt. Die Beschleunigungen können daher mit der Gleichung

$a = \dfrac{2s}{t^2}$ berechnet werden.

Messwerttabelle				
F in N	m in kg	s in m	t in s	a in $\frac{m}{s^2}$
0,02	0,190	0,80	4,0	0,10
0,03	0,190	0,80	3,3	0,15
0,04	0,190	0,80	2,9	0,19
0,05	0,190	0,80	2,5	0,26
0,06	0,190	0,80	2,3	0,30

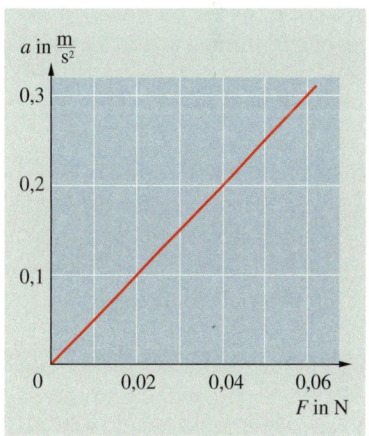

3

Beschleunigung in Abhängigkeit von der Kraft (bei konstanter Masse). Ohne Kraft ($F = 0$) gibt es auch keine Beschleunigung: $a = 0$.

Stellt man in einem Diagramm die Beschleunigung in Abhängigkeit von der Kraft dar, so erkennt man, dass Kraft und Beschleunigung einander proportional sind (Bild 3): $F \sim a$.

↑Basiskonzept
Wechselwirkung

In einem weiteren Experiment mit der Luftkissenbahn soll die zu beschleunigende Masse verändert, die Kraft jedoch konstant gehalten werden. Die zugehörigen Beschleunigungen werden aus den gemessenen Zeiten ermittelt und in eine Tabelle eingetragen.

Messwerttabelle

m in kg	s in m	t in s	a in $\frac{\text{m}}{\text{s}^2}$	$m \cdot a$ in kg $\cdot \frac{\text{m}}{\text{s}^2}$
0,090	0,80	2,0	0,40	0,036
0,140	0,80	2,4	0,28	0,039
0,190	0,80	2,8	0,20	0,038
0,240	0,80	3,2	0,16	0,038
0,290	0,80	3,6	0,13	0,038

Mit zunehmender Masse wird die Beschleunigung geringer. Aus der Tabelle lässt sich ablesen, dass das Produkt aus Masse und Beschleunigung konstant ist: Die Beschleunigung ist umgekehrt proportional zur Masse:

$$a \sim \frac{1}{m}.$$

Die beiden Zusammenhänge $a \sim 1/m$ und $F \sim a$ hat der englische Physiker ISAAC NEWTON vor über 300 Jahren in einer Gleichung zusammengefasst:

$$a = \frac{F}{m} \quad \text{bzw.} \quad F = m \cdot a.$$

Weil das eine fundamentale Beziehung zwischen Kraft, Masse und Beschleunigung ist, nennt man sie auch das Grundgesetz der Dynamik.

Grundgesetz der Dynamik
Wirkt auf einen beweglichen Körper der Masse m die Kraft F, so wird er beschleunigt. Es gilt dabei: $F = m \cdot a$.

Die Einheit der Kraft ist Newton (N).

Schwere und träge Masse. Die Masse charakterisiert zwei Eigenschaften eines Körpers: Je größer die Masse eines Körpers ist,
– umso größer ist die Kraft, mit der er von der Erde angezogen wird, und
– umso größer ist seine Trägheit, d.h., umso mehr Kraft ist erforderlich, um ihn zu beschleunigen.

Ein Körper A mit der Masse 2 kg wird von der Erde mit einer Kraft von 19,62 N angezogen, ein Körper B mit der Masse 1 kg wird nur mit einer Kraft von 9,81 N angezogen (Bild 2). Nun ist der Körper A doppelt so träge wie der Körper B: Um die gleiche Beschleunigung zu erreichen, muss auf ihn die doppelte Kraft wirken. Das Verhältnis aus Gewichtskraft und Masse ist bei beiden Körpern gleich.
Im freien Fall haben sie die gleiche Beschleunigung:

$$g = 9,81\,\frac{\text{N}}{\text{kg}} = 9,81\,\frac{\text{m}}{\text{s}^2}.$$

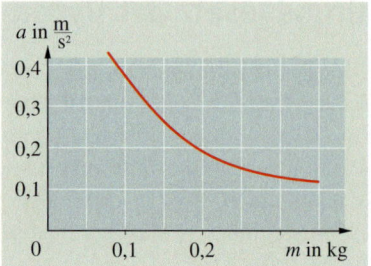

Beschleunigung in Abhängigkeit von der Masse (bei konstanter Kraft)

ÜBRIGENS

Die Einheit Newton. Anhand der Gleichung $F = m \cdot a$ wird deutlich, dass sich die Einheit der Kraft auf die so genannten Basiseinheiten Kilogramm, Meter und Sekunde zurückführen lässt. Die abgeleitete Einheit Newton (N) wurde folgendermaßen festgelegt:

$$1\,\text{N} = 1\,\text{kg} \cdot \frac{\text{m}}{\text{s}^2}.$$

1 N ist also die Kraft, die bei einem Körper der Masse 1 kg eine Beschleunigung von 1 m/s² bewirkt.

Die Fallbeschleunigung ist ortsabhängig.

Ort	g in $\frac{\text{m}}{\text{s}^2}$
Äquator	9,78
Mitteleuropa	9,81
Pole	9,83
Mond	1,62

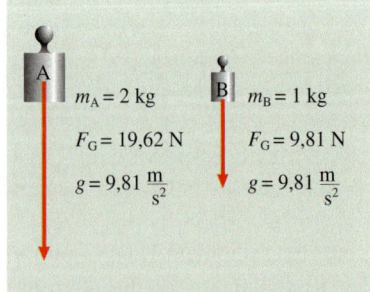

$m_A = 2$ kg
$F_G = 19,62$ N
$g = 9,81\,\frac{\text{m}}{\text{s}^2}$

$m_B = 1$ kg
$F_G = 9,81$ N
$g = 9,81\,\frac{\text{m}}{\text{s}^2}$

Beide Körper fallen gleich schnell.

Bewegung und Reibung

Ein Schrank soll in einem Zimmer mit Fliesenboden verschoben werden. Beim ersten Versuch bewegt er sich gar nicht voran, stattdessen droht er umzukippen (Bild 1). Man muss etwas tiefer ansetzen, damit der Schrank aufrecht bleibt. Etwas leichter lässt sich der Schrank verschieben, wenn er auf trockenen Tüchern steht (Bild 2).

Die Bewegung des Schranks wird behindert: Zwischen seinen Füßen und dem Boden kommt es zur Reibung. Der Grund für die Reibung liegt in der Rauigkeit der beteiligten Oberflächen: Die Flächen verzahnen sich ein wenig ineinander. Unter dem Mikroskop werden selbst auf polierten Oberflächen kleine Verzahnungen sichtbar (Bild 3).

Verzahnung zweier Oberflächen

Bild 4 zeigt die Kräfte, die auf einen Körper wirken, der auf einer waagerechten Unterlage steht. Der Körper befindet sich in Ruhe, also im Kräftegleichgewicht.

Die Zugkraft $\vec{F}_Z$ wird ausgeglichen von der Reibungskraft $\vec{F}_R$, die an der Unterseite des Körpers angreift. Außerdem wirkt auf den Körper die Gewichtskraft $\vec{F}_G$, die durch die Kraft $\vec{F}_U$ von der Unterlage ausgeglichen wird. Die Kraftpfeile sind dabei so gezeichnet, als würden alle Kräfte im selben Punkt angreifen.

Bild 5 zeigt die Kräfte für den Fall, dass man beim Schieben des Schranks ganz oben ansetzt. $\vec{F}_Z$ und $\vec{F}_R$ sind zwar gleich groß und entgegengesetzt gerichtet, aber ihre Wirkungslinien und Angriffspunkte sind unterschiedlich. Sind die Kräfte hinreichend groß, kippt der Schrank zur Seite.

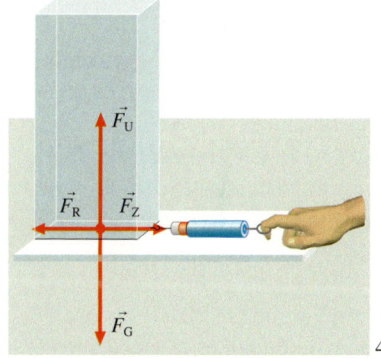

Kräftegleichgewicht in Ruhe

Haftreibung. Wer einen ruhenden Schrank wie im Bild 2 in Bewegung setzen will, stellt fest: Bei einer geringen Schubkraft bewegt sich der Schrank noch gar nicht. Er beginnt erst zu gleiten, wenn die Schubkraft einen bestimmten Betrag überschritten hat. Und von dem Moment an, in dem der Schrank sich in Bewegung setzt, muss man sich nicht mehr ganz so stark anstrengen.

Die **Haftreibungskraft** $\vec{F}_{HR}$ ist die maximale Reibungskraft, bei der sich die Körper noch nicht gegeneinander bewegen. Wird die Zug- oder Schubkraft größer als die Haftreibungskraft, so beginnt die eine Fläche über die andere zu gleiten. Die Haftreibungskraft ist abhängig von der **Normalkraft** $\vec{F}_N$, mit der der Körper auf seine Unterlage drückt. Die Normalkraft steht senkrecht auf der Unterlage.

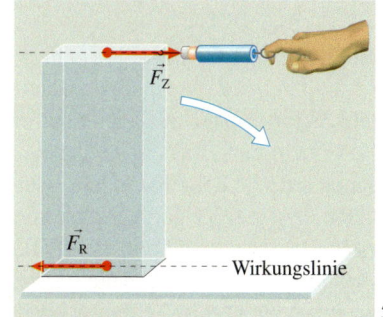

Kräfte mit unterschiedlichen Wirkungslinien und Angriffspunkten

EXPERIMENT 2

Bestimme die Haftreibungskraft eines Holzquaders ($m = 100\,\text{g}$) auf einem Tisch.

1 Die Normalkraft beträgt zunächst 1 N. Miss die Zugkraft, die notwendig ist, um den Quader gerade in Bewegung zu setzen!

2 Erhöhe nach und nach die Normalkraft um jeweils 1 N, indem du 100-g-Wägestücke auf den Quader stellst. Ermittle jeweils die zugehörige Haftreibungskraft. Fertige eine Messwerttabelle an!

3 Wiederhole die Messungen auf anderen Unterlagen (Glas, Sandpapier)!

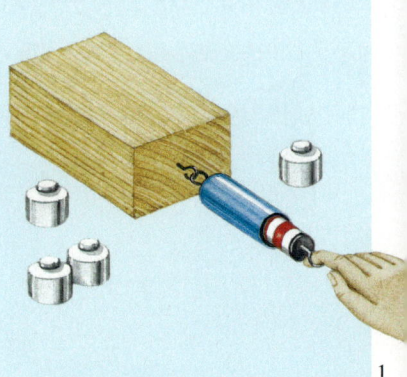

1

Je größer die Normalkraft ist, desto größer ist die Haftreibungskraft. Der Quotient aus Haftreibungskraft F_{HR} und Normalkraft F_N ist konstant, man nennt ihn Haftreibungszahl μ_{HR}. Es gilt: $\mu_{HR} = \dfrac{F_{HR}}{F_N}$.

Die Haftreibungszahl ist umso größer, je rauer die Oberflächen sind.

▶ **Für die Haftreibungskraft gilt: $F_{HR} = \mu_{HR} \cdot F_N$.**

Gleitreibung. Um einen Schlitten mit gleichbleibender Geschwindigkeit zu bewegen, muss man horizontal mit einer bestimmten Kraft an ihm ziehen. Der Schlitten selbst befindet sich dann im Kräftegleichgewicht: Die Zugkraft ist genauso groß wie die Gleitreibungskraft F_{GR}. Das Gleiche gilt für den Quader im Bild 2.

Gleitet ein Körper dagegen ohne Antrieb auf einer Fläche, so wird er durch die Reibung abgebremst. Je größer die Gleitreibungskraft ist, desto schneller kommt er zum Stillstand.

Auch die **Gleitreibungskraft F_{GR}** ist abhängig von der Normalkraft F_N, mit welcher der Körper auf seine Unterlage drückt. In Experimenten stellt man fest, dass der Quotient μ_{GR} aus den beiden Kräften konstant ist:

$\mu_{GR} = \dfrac{F_{GR}}{F_N}$. Dieser Quotient heißt Gleitreibungszahl. Er ist umso größer, je rauer die Oberflächen sind. Für gleiche Stoffkombinationen ist jedoch die Gleitreibungszahl stets kleiner als die Haftreibungszahl.

▶ **Für die Gleitreibungskraft gilt: $F_{GR} = \mu_{GR} \cdot F_N$.**

Reibung und Antrieb. Wie sehr wir täglich auf die Reibung angewiesen sind, spüren wir oft erst dann, wenn sie unerwartet sehr klein wird. Im Winter kommt es manchmal zum Stau, wenn Autos auf vereister Fahrbahn einen Berg nicht hinaufkommen: Ihre Reifen drehen durch, da die Reibung zwischen ihnen und der Eisschicht sehr gering ist.

Gäbe es gar keine Reibung, so könnten weder Autos noch Fahrräder auf ebener Strecke anfahren, auch kein Fußgänger käme voran. Bild 3 zeigt den Schuh einer Person, die gerade losläuft: Das Bein drückt den Schuh nach hinten. Die Haftreibung zwischen Sohle und Boden verhindert, dass der Schuh nach hinten gleitet. Die Reibungskraft $\vec{F}_R$, die auf den Schuh wirkt, ist in diesem Fall nach vorn gerichtet.

Typische Werte für Haft- und Gleitreibungszahlen

Oberflächen	μ_{HR}	μ_{GR}
Holz auf Stein	0,7	0,4
Holz auf Holz	0,5	0,3
Stahl auf Stahl	0,2	0,1

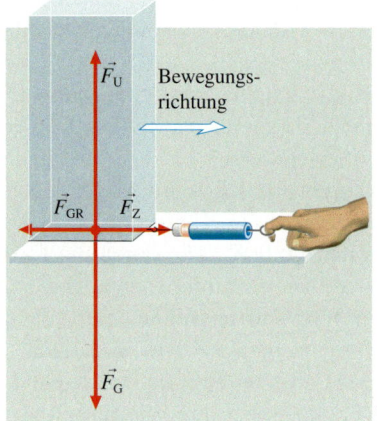

Bei konstanter Geschwindigkeit ist hier die Gleitreibungskraft so groß wie die Zugkraft.

2

Haftreibung beim Laufen

3

Kräftegleichgewicht an einem Körper

Gelegentlich kommt es beim Fußballspielen vor, dass zwei Spieler zugleich aus unterschiedlichen Richtungen gegen den ruhenden Ball treten. Es knallt – aber der Ball bleibt bei einem solchen „Pressschlag" liegen.

In dem Moment, in dem die beiden Füße auf den Ball stoßen, wirken zwei entgegengesetzt gerichtete Kräfte auf den Ball, der Ball wird von beiden Seiten ein wenig eingedrückt. Die beiden Kräfte führen zwar zu einer Verformung, nicht aber zu einer Bewegungsänderung des Balls.

Auch auf den Wagen im Bild 2 werden zwei Kräfte ausgeübt. Die beiden entgegengesetzt gerichteten Kräfte sind gleich groß, die resultierende Kraft ist daher null. Eine solche Situation bezeichnet man als Kräftegleichgewicht.

1

Pressschlag: Der Ball bleibt liegen.

> **Ein Körper befindet sich im Kräftegleichgewicht, wenn die resultierende Kraft auf ihn null ist.**

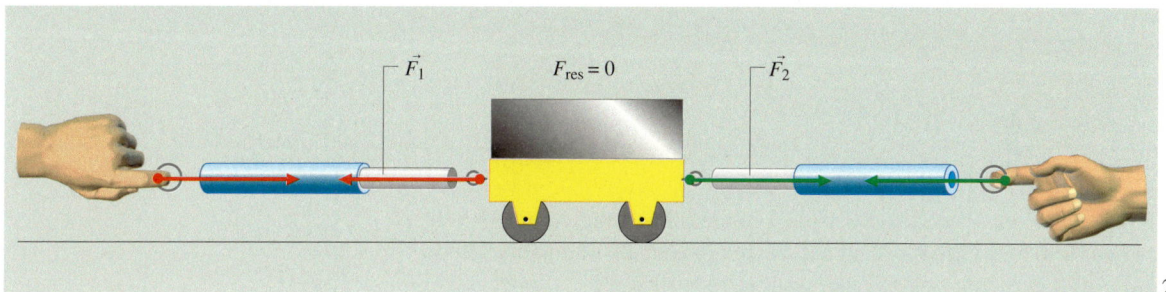

2

Kräftegleichgewicht an einem Wagen

Wenn mit der einen Hand stärker an dem Wagen gezogen wird als mit der anderen, setzt sich der Wagen in Bewegung. Ebenso wird der Ball beim Pressschlag beschleunigt, wenn die Spieler nicht gleich stark gegen den Ball treten.

Im Bild 3 fährt ein Boot geradeaus mit gleichbleibender Geschwindigkeit über den See. Es wird von einem Motor mit Schraube angetrieben, das Wasser am Heck des Bootes ist daher aufgewühlt. Wird der Motor abgestellt, ändert sich sofort die Geschwindigkeit: Das Boot wird gebremst. Gibt der Fahrer dagegen mehr „Gas", wird das Boot beschleunigt.

3

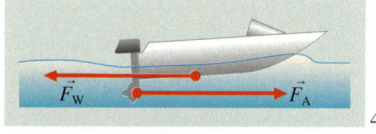

4

Während der Fahrt werden zwei Kräfte auf das Boot ausgeübt: die Antriebskraft $\vec{F}_A$ und die Widerstandskraft $\vec{F}_W$ (Bild 4). Ist $\vec{F}_A$ kleiner als $\vec{F}_W$, so wird das Boot gebremst; ist $\vec{F}_A$ größer als $\vec{F}_W$, so wird das Boot beschleunigt. Wenn aber $\vec{F}_A$ den gleichen Betrag hat wie $\vec{F}_W$, befindet sich das Boot im Kräftegleichgewicht. Das Boot wird dann weder abgebremst noch beschleunigt, es fährt mit gleichbleibender Geschwindigkeit auf einer geraden Bahn.

> **Ein Körper, der sich im Kräftegleichgewicht befindet, ist daran zu erkennen, dass er**
> **– sich in Ruhe befindet oder**
> **– sich mit konstanter Geschwindigkeit auf gerader Bahn bewegt.**

ÜBRIGENS

Die Kräfte $\vec{F}_1$ und $\vec{F}_2$, die auf den Wagen im Bild 2 ausgeübt werden, gehören zu verschiedenen Wechselwirkungen. Daher sind sie in unterschiedlichen Farben dargestellt. Der Wagen selbst übt sowohl auf die linke als auch auf die rechte Hand Kräfte aus, die jeweils so groß sind wie $\vec{F}_1$ und $\vec{F}_2$.

Addition von Kräften

Kräfte sind gerichtete Größen. Solche Größen kann man mithilfe von Pfeilen darstellen (Bild 1):
- Der Anfangspunkt des Pfeils entspricht dem Angriffspunkt der Kraft.
- Die Richtung des Pfeils gibt die Richtung der Kraft an.
- Die Länge des Pfeils gibt den Betrag der Kraft an. Beim Zeichnen muss man einen Maßstab angeben.
- Weil es sich um eine gerichtete Größe handelt, schreibt man über das Formelzeichen für die Kraft einen Pfeil. Der Pfeil wird jedoch weggelassen, wenn nur der Betrag der Kraft gemeint ist.
- Kräfte können entlang der Wirkungslinie verschoben werden.

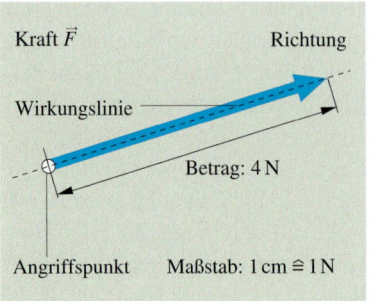

1

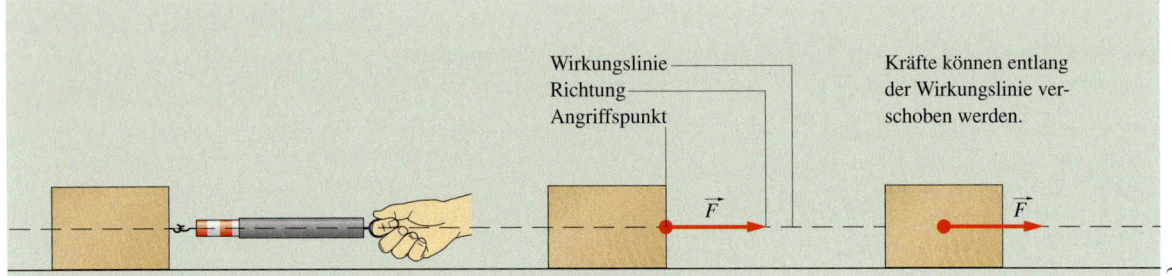

2

Kräfteaddition. Wenn zwei Personen in einer Richtung an einem Wagen ziehen (Bild 3), ist die Kraft auf den Wagen größer, als wenn nur eine zieht. Die Kräfte addieren sich zu einer resultierenden Kraft $\vec{F}_{res}$. In der zeichnerischen Darstellung erhält man $\vec{F}_{res}$, indem man den Fußpunkt des einen Kraftpfeils an die Spitze des anderen setzt (Bild 5).

Auch wenn zwei Kräfte in entgegengesetze Richtung wirken (Bild 4), lässt sich so verfahren. Der Betrag der resultierenden Kraft entspricht dann dem Betrag der Differenz der einzelnen Kräfte (Bild 6).

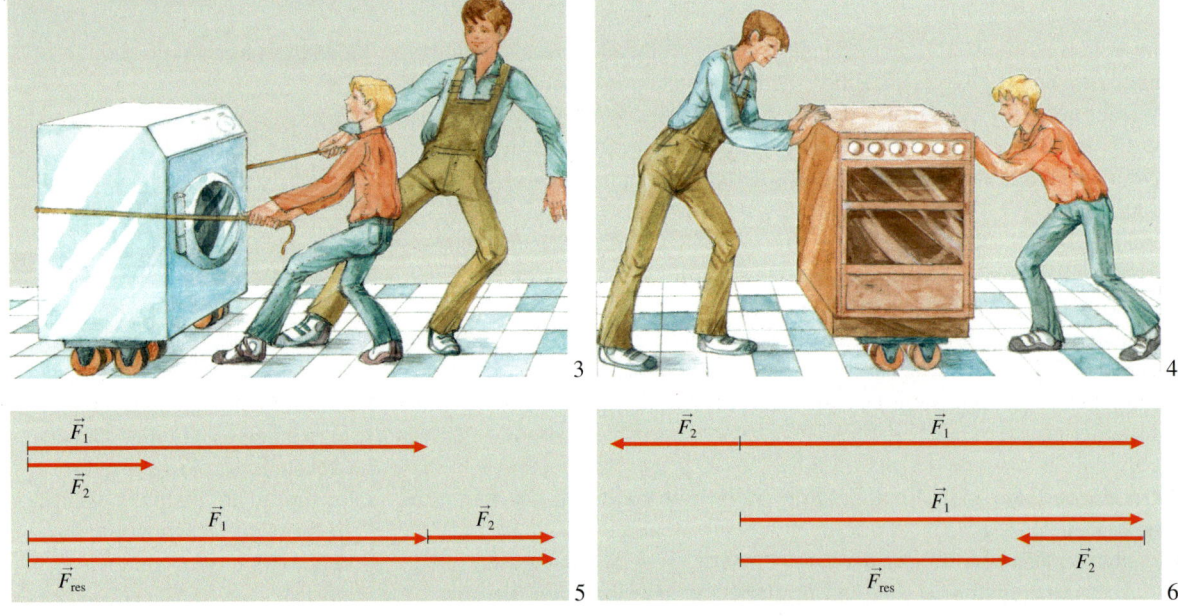

3

4

5

6

Kräfteparallelogramm

Zwei Hunde ziehen in unterschiedlichen Richtungen an einer zusammen-geknüpften Leine. Im Bild 1 hat der Besitzer große Mühe, die beiden zu halten. Das Mädchen im Bild 2 hat es deutlich leichter, obwohl die Hunde genauso stark ziehen.

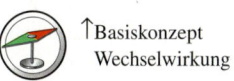

↑Basiskonzept
Wechselwirkung

1

2

Wie lässt sich die resultierende Kraft auf einen Körper bestimmen, wenn die Einzelkräfte weder parallel noch entgegengesetzt gerichtet sind?

EXPERIMENT 3

1 Befestigt eine Schraubenfeder an einem Stativ und dehnt sie mithilfe eines Fadens bis zu einem festgelegten Punkt (Bild 3). Markiert den Anfang und das Ende der Feder sowie die Verlaufsrichtung der Faden-stücke. Ersetzt den Faden durch zwei Federkraftmesser und dehnt die Feder wieder bis zum markierten Endpunkt. Lest die Beträge der bei-den Kräfte F_1 und F_2 ab. Zeichnet maßstabsgerecht die entsprechenden Kraftpfeile für und $\vec{F_1}$ und $\vec{F_2}$.

2 Ersetzt die beiden Federkraftmesser durch einen einzigen Federkraft-messer und dehnt die Schraubenfeder wieder bis zum selben Punkt. Lest den Betrag der Kraft F_{res} ab und zeichnet die Richtung auf, in die der Federkraftmesser zieht!

3 Tragt den Kraftpfeil für $\vec{F}_{res}$ maßstabsgerecht in die Skizze ein!

3

Die Ergebnisse lassen erkennen: $\vec{F}_{res}$ kann durch einen Pfeil dargestellt werden, der die Diagonale in dem von $\vec{F_1}$ und $\vec{F_2}$ aufgespannten Parallelo-gramm bildet (Bild 4). Auf diese Weise lassen sich die Richtung und der Betrag einer resultierenden Kraft ermitteln, wenn Richtungen und Beträge von zwei Kräften bekannt sind, die in einem Punkt angreifen.

Greifen zwei Kräfte $\vec{F_1}$ und $\vec{F_2}$ in einem Punkt an, so kann die resul-tierende Kraft $\vec{F}_{res}$ als Diagonale des von $\vec{F_1}$ und $\vec{F_2}$ aufgespannten Parallelogramms dargestellt werden.

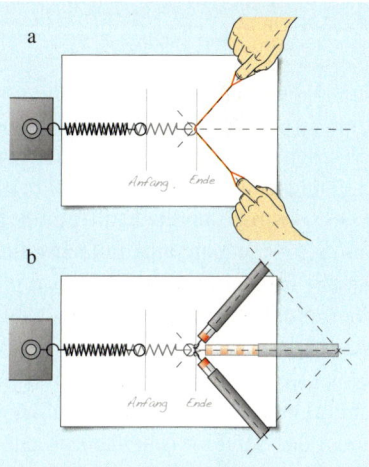

Kräfteparallelogramm

4

Man kann $\vec{F}_{res}$ auch ermitteln, indem der Fußpunkt von $\vec{F_2}$ an die Spitze von $\vec{F_1}$ parallel verschoben wird. Der Kraftpfeil von $\vec{F}_{res}$ verläuft dann vom Fußpunkt von $\vec{F_1}$ zur Spitze von $\vec{F_2}$.

Durch die Konstruktion von Kräfteparallelogrammen wird auch deutlich, warum es das Mädchen in Bild 2 leichter hat, die Hunde zu halten, als der Mann im Bild 1. Der Betrag der resultierenden Kraft ist kleiner, da der Win-kel zwischen den Kräften $\vec{F_1}$ und $\vec{F_2}$ größer ist (Bild 5).

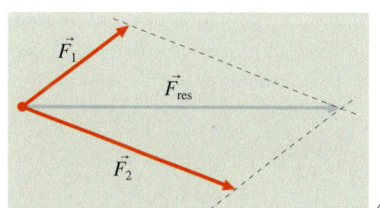

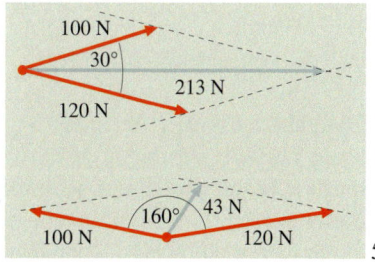

5

Zerlegung von Kräften. Um Lampen aufzuhängen, werden oft Drahtseile quer über die Straße gespannt. Die Seile werden mit Haken straff an den Häuserwänden befestigt. Sie können die Lampen halten, ohne dabei stark durchzuhängen (Bild 1). Hält man in ähnlicher Weise einen Gegenstand an einem gespannten Seil, so spürt man, welchen Einfluss der Winkel an der Knickstelle hat.

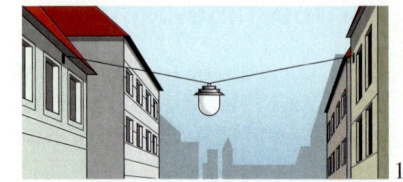

1

EXPERIMENT 4

Befestige an der Mitte eines etwa 1 m langen Seils einen schweren Körper, z. B. ein 2-kg-Wägestück. Fasse das Seil an den beiden Enden an und hebe den Körper von seiner Unterlage ab.
Ziehe nun die beiden Enden des Seils auseinander und versuche, den Winkel zwischen den Seilstücken möglichst groß zu machen! Schaffst du es bei einem leichteren Körper, das Seil ganz gerade zu spannen?

2

Je größer der Winkel zwischen den beiden Seilstücken ist, umso größer ist die Kraft, mit der das Seil gespannt werden muss. Auch bei leichteren Körpern gelingt es nicht, das Seil völlig gerade zu spannen.

Das Wägestück wird durch die Gravitation mit der Kraft $\vec{F}_G = 20\,\text{N}$ nach unten gezogen (Bild 3). Wenn es sich in Ruhe befindet, herrscht Kräftegleichgewicht. Die resultierende der beiden Kräfte $\vec{F}_1$ und $\vec{F}_2$ entlang der Seilstücke muss also auch 20 N betragen und nach oben gerichtet sein.
Die Konstruktion des Kräfteparallelogramms verläuft hier wie im Bild 4 auf S. 139; jedoch wird zunächst die bekannte Kraft $\vec{F}_{res1,2}$ eingetragen.
Da die Richtungen der Kräfte $\vec{F}_1$ und $\vec{F}_2$ bekannt sind, lässt sich das Parallelogramm zeichnen, in dem $\vec{F}_{res1,2}$ die Diagonale bildet.
Auch aus dieser Konstruktion erkennt man: Je größer der Winkel an der Knickstelle ist, desto größer müssen im Kräftegleichgewicht $\vec{F}_1$ und $\vec{F}_2$ sein. Um eine Lampe so aufzuhängen, dass das Seil fast gerade verläuft, muss das Seil also sehr stark gespannt werden.

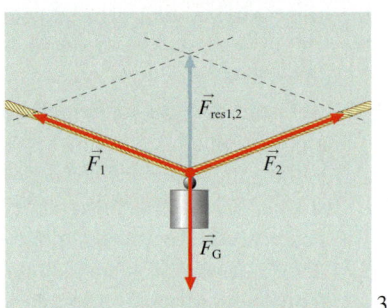

3

Kräftezerlegung an der geneigten Ebene. Der Wagen im Bild 4 befindet sich im Kräftegleichgewicht. Auf ihn werden 3 Kräfte ausgeübt:
– die Zugkraft $\vec{F}_Z$ entlang der geneigten Ebene
– die Gewichtskraft $\vec{F}_G$ senkrecht nach unten
– die Kraft $\vec{F}_U$ von der Unterlage (sie wirkt senkrecht zur geneigten Ebene)

Den Betrag von $\vec{F}_U$ erhält man durch folgende Überlegung:
$\vec{F}_U$ und $\vec{F}_Z$ müssen zusammen eine resultierende Kraft $\vec{F}$ ergeben, die genauso groß ist wie $\vec{F}_G$, aber entgegengesetzt gerichtet ist zu $\vec{F}_G$.
Durch Parallelverschieben von $\vec{F}_Z$ senkrecht zur geneigten Ebene ergibt sich die Länge des Kraftpfeils $\vec{F}_U$.

Hangabtriebskraft. Wenn der Wagen nicht nach oben gezogen wird, also keine Zugkraft auf ihn ausgeübt wird, bewegt er sich die geneigte Ebene hinab. Auf ihn wirken nur noch die Kräfte $\vec{F}_G$ und $\vec{F}_U$. Die resultierende dieser beiden wird als Hangabtriebskraft $\vec{F}_H$ bezeichnet. $\vec{F}_H$ erhält man durch Konstruktion aus $\vec{F}_G$ und $\vec{F}_U$ (Bild 4).

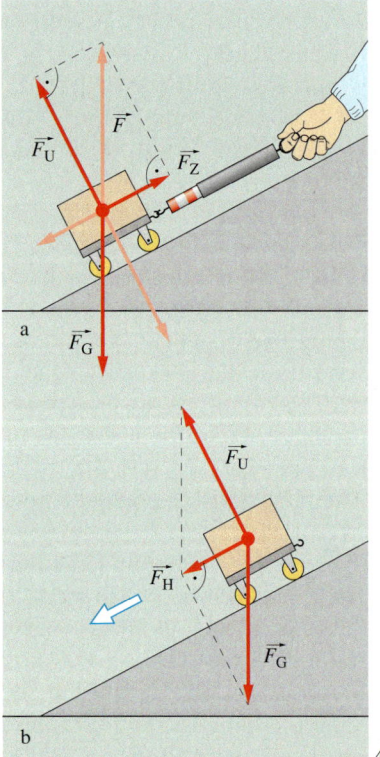

4

SIR ISAAC NEWTON

Herkunft und Schulzeit. ISAAC NEWTON kam 1642 im englischen Dorf Woolsthorpe als Halbwaise zu Welt. Sein Vater, ein Bauer, war verstorben und seine Mutter gab das Kind bei der Großmutter in Pflege. Die Dorfschule besuchte er nur mit mäßigem Erfolg, auch galt er als eigenbrötlerisch und schwächlich.

Als Jugendlicher widersetzte sich NEWTON dem Wunsch seiner Mutter, Bauer zu werden; er interessierte sich mehr für seine Bücher. NEWTON drängte seine Mutter immer wieder, eine weiterführende Schule besuchen zu dürfen. Schließlich gab seine Mutter nach und brachte ihn bei einer befreundeten Apothekerfamilie in der Kreisstadt unter. Hier hatte er nicht nur reichlich Literatur zur Verfügung, sondern konnte auch technische Modelle bauen und kleinere Hilfstätigkeiten beim Anmischen von Medikamenten ausüben.

Der Schuldirektor, dem der Junge wegen seiner außergewöhnlichen Fähigkeiten bald aufgefallen war, setzte sich dafür ein, dass NEWTON ab 1660 an einer der berühmtesten Universitäten Englands studieren konnte, dem Trinity College in Cambridge.

Anni mirabiles. Im Jahr 1665 musste das College wegen der Beulenpest geschlossen werden und NEWTON kehrte nach Woolsthorpe zurück. Dieses und das folgende Jahr werden in NEWTONS Biografie oft als die „anni mirabiles" bezeichnet, die Jahre der Wunder. Innerhalb kurzer Zeit gelangte NEWTON zu grundlegenden Erkenntnissen für die Mathematik, er erklärte die Bewegungsgesetze für die Planeten und entwickelte eine Theorie der Gravitation; außerdem unternahm er Experimente zur Spektralzerlegung des Lichts mit einem Prisma. Aus dieser Zeit stammt auch die Legende, dass NEWTON unter einem Apfelbaum die Erkenntnis hatte: So wie der herabfallende Apfel (der NEWTON angeblich am Kopf traf) von der Erde angezogen wird, so müsste auch der Mond von der Erde angezogen werden. Die Anziehung der Erde lenkt den Mond von der geradlinigen Bahn auf eine Kreisbahn ab.

Professor in Cambridge. Nach seiner Rückkehr an die Universität legte NEWTON einige seiner neuen Erkenntnisse seinem Lehrer ISAAC BARROW vor. Dieser zeigte sich davon dermaßen beeindruckt, dass er seine Professur zugunsten seines genialen Schülers aufgab. Die Lehrveranstaltungen NEWTONS fanden jedoch nur wenig Begeisterung. Viele Studenten konnten dem Stoff nicht folgen und blieben den Vorlesungen fern – immerhin gewann NEWTON dadurch Zeit für eigene Forschung.

Das Werk, durch das NEWTON schon zu Lebzeiten Berühmtheit erlangte, ist die „Philosophiae naturalis principia mathematica" (1687). Hierin sind die Grundlagen der Mechanik dargestellt, die über Jahrhunderte als Vorbild aller Naturwissenschaften angesehen wurden.

Kurz nach seinem 50. Geburtstag erlitt NEWTON einen schweren Nervenzusammenbruch. Obwohl er sich davon wieder erholte, leistete er danach keine bedeutenden Beiträge zur Wissenschaft mehr. Stattdessen lieferte er sich heftige Auseinandersetzungen über die Urheberschaft von Forschungsergebnissen, wobei er seine Machtstellung als Präsident der englischen Akademie der Wissenschaften einsetzte.

ISAAC NEWTON (1642–1727)

Aus dem Titelblatt der „Philosophiae naturalis principia mathematica" (Naturphilosophie nach mathematischen Prinzipien)

Ein-Pfund-Note, die bis 1990 im Umlauf war. Sie zeigt ISAAC NEWTON mit Prisma, Fernrohr und elliptischen Planetenbahnen.

ÜBRIGENS

Das Geburtsjahr NEWTONS wird manchmal auch mit 1643 angegeben. In England galt aber damals, anders als auf dem europäischen Kontinent, noch der julianische Kalender, nach dem das neue Jahr noch nicht begonnen hatte. Und nach diesem Kalender fällt dann NEWTONS Geburtsjahr mit dem Todesjahr von GALILEI zusammen: 1642.

Crashtest

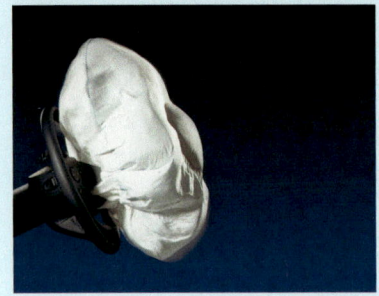 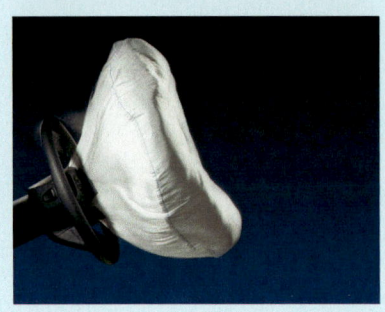 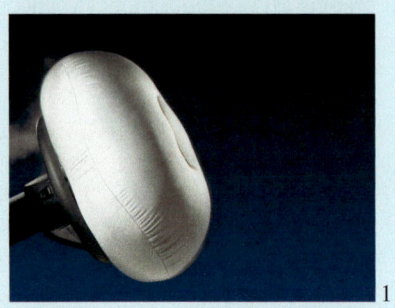

1

Das Trägheitsgesetz ist die physikalische Begründung dafür, dass sich Fahrzeuginsassen bei Vollbremsungen oder Unfällen zunächst geradlinig mit der ursprünglichen Geschwindigkeit weiterbewegen. Beim Aufprall auf die Frontscheibe oder andere Teile des Fahrzeuginnenraums treten dann enorme Kräfte auf, die zu schwerwiegenden Verletzungen führen können. Zur Vermeidung von Personenschäden sind im Auto spezielle Vorrichtungen vorhanden: Knautschzone, Sicherheitsgurt und Airbag (Bild 1).

2

Die verformbare Knautschzone im Frontbereich eines Pkw soll die kinetische Energie des Fahrzeuges so umwandeln, dass die Insassen möglichst unversehrt bleiben. Die auftretenden Kräfte werden bei Crashtests exakt in Abhängigkeit von der Geschwindigkeit und dem Fahrzeugtyp gemessen (Bild 2).

Sie lassen sich aber auch einfach abschätzen: Die Fahrzeuggeschwindigkeit werde gleichmäßig von $50\,\text{km/h}\,(=14\,\text{m/s})$ auf 0 gesenkt. Dabei verkürzt sich die Fahrzeugfront um etwa $0{,}5\,\text{m}$. Aus der Gleichung

$s=\frac{1}{2}v\cdot t$ ergibt sich dann als „Bremszeit" $t=0{,}07\,\text{s}$.

Die Beschleunigung beträgt $a=v/t=200\,\text{m/s}^2$. Das ist das 20-Fache der Fallbeschleunigung. Auf den Fahrer wirkt also während dieses Vorgangs eine Kraft, die 20-mal so groß ist wie seine Gewichtskraft. Es ist unmöglich, diese Kraft mit Armen oder Beinen abzufangen: Kein Fahrer ($m\approx75\,\text{kg}$) kann eine Masse von 1,5 Tonnen stemmen. Abgesehen davon, treten beim Aufschlag auf das Armaturenbrett noch etwa 10-mal größere Kräfte auf als bei dieser als gleichmäßig angenommenen Beschleunigung. Die Sicherheitsgurte dehnen sich bis zu 20 cm aus, was den Bremsweg für die Insassen verlängert. Sie müssen immer straff anliegen, sonst brechen die Rippen vom „Aufprall" in die Gurte.

Einen möglichen Aufprall auf Lenkrad und Armaturenbrett trotz anliegender Gurte soll der Airbag verhindern (Bild 3). Die abbremsenden Kräfte werden dabei gleichmäßig „verteilt".

3

Bau einer einfachen Wasserrakete

1

2

Mit handelsüblichen Plastikflaschen kannst du einfache Wasserraketen bauen. 0,5- bis 1,5-Liter-Flaschen sind besonders geeignet, da sie sehr stabil sind und einen hohen Druck aushalten. Neben der Flasche benötigst du einen Korken, einen alten Fahrradschlauch mit Ventilschaft und ein Fahrradventil (Bild 1).

Als Erstes schneidest du aus dem Fahrradschlauch das Ventil aus. Achte darauf, dass noch etwas Gummi von der Größe des Korkendurchmessers am Ventilschaft bleibt. Dann bohrst du ein Loch längs durch den Korken. Die Bohrung muss so groß sein, dass der Ventilschaft mit Ventil und aufgeschraubter Ventilkappe gerade in den Korken eingeführt werden kann.
Der Korken wird in der Länge so weit gekürzt, dass das Ventilgewinde herausragt und das Pumpen mit einer Luftpumpe möglich ist (Bild 3).
Fülle die Rakete zu 25 bis 30 % mit Wasser und verschließe sie mit dem Korken.
Mit einer Fahrradluftpumpe und einem Ventiladapter lässt sich durch Pumpen ein Überdruck in der Flasche erzeugen. Nun muss nur noch ein geeigneter Start- und Landeplatz gesucht werden.

> **! Wichtig!**
> Bei allen Experimenten zu Raketenstarts und -landungen sind bestimmte Sicherheitshinweise zu beachten. Achtet unbedingt darauf, dass:
> – die Rakete immer senkrecht startet
> – während der Startphase sich niemand über die Rakete beugt und sich die Beobachter außerhalb des Gefahrenbereichs befinden
> – bei Start und Landung für die Beobachter eine Sicherheitszone zugewiesen wird
> – ausschließlich Plastikflaschen verwendet werden
> – möglichst leichte und nur unbeschadete Plastikflaschen verwendet werden
> – beim Umgang mit Farben und Klebstoffen die Bestimmungen des Gesundheits- und Brandschutzes zu beachten sind

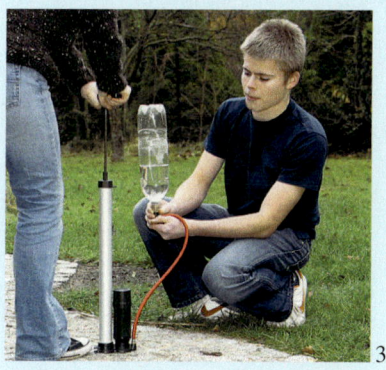

3

Weißt du es ?   Kannst du es

1. Beschreibe und begründe, wie folgende Situationen auf Insassen eines Fahrzeugs wirken.
   a) Abbremsen an der roten Ampel
   b) Auffahrt auf die Autobahnspur
   c) Kurvenfahrt
2. Legt man eine Münze auf eine Postkarte über ein Gefäß und zieht ruckartig die Karte weg, fällt die Münze ins Gefäß. Probiere es aus und erkläre.
3. Warum sollte man vor Fahrtantritt sämtliche schweren Gegenstände, z. B. Atlas, Trinkflaschen, sicher verstauen und nicht lose auf Rücksitz und Konsole lagern?
4. Staple einige Cent-Stücke gleicher Größe übereinander. Nutze dein Lineal, um an beliebiger Stelle deines Turms eine Münze herauszuschlagen, ohne den Turm umzukippen. Begründe dein Vorgehen!
5. Erkläre die Notwendigkeit der Gurtpflicht in Pkws und die Aufgabe von Airbags und Kopfstützen! Warum sollten Kopfstützen vor Fahrtantritt für den jeweiligen Insassen eingestellt werden?
6. Folgende physikalische Aussagen sind auf ihre Richtigkeit zu überprüfen und gegebenenfalls zu korrigieren. Formuliere sie physikalisch richtig.
   a) Damit sich ein Körper geradlinig gleichförmig bewegt, muss auf ihn eine konstante Kraft wirken.
   b) Ein Stein fällt schneller als eine Vogelfeder.
   c) Kräfte wirken zwischen Körpern.

7. Erläutere den Begriff „Bewegungsänderung"!

8. Gib an, ob im folgenden Beispiel eine Bewegungsänderung vorliegt oder nicht! Begründe deine Entscheidung.
   – Eine Radfahrerin rollt mit gleichbleibender Geschwindigkeit eine Rampe hinab.
   – Sie fährt eine Kurve, bleibt aber gleich schnell.
   – Sie bremst das Fahrrad ab und kommt zum Stillstand.
   – Sie fährt an einer Ampel an.

9. Was geschieht, wenn in den drei Situationen in Bild 1 der Faden getrennt wird?

10. Fährt ein Pkw mit konstanter Geschwindigkeit auf ebener Fahrbahn geradeaus, muss er angetrieben werden. Warum muss eine Kraft auf das Auto ausgeübt werden, obwohl die Geschwindigkeit nicht geändert wird?

11. Eine Lok mit der Masse 200 t bewirkt eine Zugkraft von 200 kN. 8 Waggons haben je eine Masse von 40 t.
    a) Wie groß ist die Beschleunigung des Zuges?
    b) Welche Geschwindigkeit erreicht der Zug nach 1 Minute?
    c) Welche Geschwindigkeit erreicht er nach 1 Minute, wenn man weitere 6 Waggons ankoppelt?

12. Ein Kind steht im Bus und hält einen heliumbefüllten Ballon am Faden.
    a) Beschreibe die Richtung des Fadens beim Beschleunigen, beim Abbremsen und bei der Fahrt durch eine Rechtskurve!
    b) Welche Aussagen lassen sich daraus über die jeweilige Kraft auf den Ballon ableiten?

13. Bei einem Crashtest stößt ein Pkw mit einer Geschwindigkeit von 40 km/h frontal gegen eine Mauer. Nach Deformation der Knautschzone um 25 cm kommt der Wagen zum Stillstand. Mit welcher Kraft müssen die Sicherheitsgurte einen Fahrer der Masse 80 kg halten (bei Annahme einer gleichmäßigen Bremsbeschleunigung)?

14. Entscheide, ob die folgenden Aussagen aus physikalischer Sicht richtig sind. Begründe deine Entscheidung!
    a) „Auf einen Körper, der sich im Kräftegleichgewicht befindet, werden keine Kräfte ausgeübt."
    b) „Ein Körper, der sich im Kräftegleichgewicht befindet, ist immer in Ruhe."

15. Woran kann man erkennen, ob sich ein Körper im Kräftegleichgewicht befindet? Nenne drei Beispiele!

16. Erläutere die Funktionsweise eines Raketentriebwerks mit dem Wechselwirkungsgesetz.

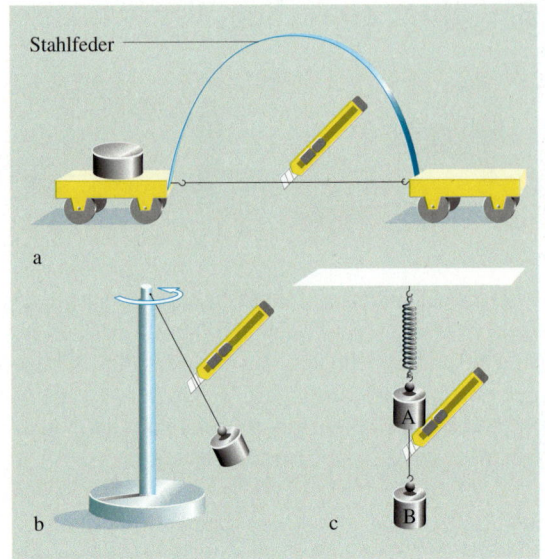

Stahlfeder

1

17. a) Erläutere den Begriff „resultierende Kraft"!
    b) Gib an, wie man die resultierende Kraft berechnet, wenn
    – zwei Kräfte in gleicher Richtung wirken
    – zwei Kräfte in entgegengesetzter Richtung wirken

18. Bei jeder Wechselwirkung tritt ein Paar von Kräften auf, die gleich groß und entgegengesetzt gerichtet sind.
    Auch beim Kräftegleichgewicht eines Körpers kann man oft ein Paar gleich großer, entgegengesetzt gerichteter Kräfte erkennen.
    Erläutere anhand einer Skizze, worin der Unterschied der beiden Kräftepaare besteht!

19. Ein Schlitten ($F_G = 40$ N) mit Stahlkufen, auf dem ein Kind sitzt ($F_G = 360$ N), wird über das Eis eines Sees gezogen.
    Die Gleitreibungszahl für Stahl auf Eis beträgt $\mu_{GR} = 0{,}01$.
    Wie groß muss die Zugkraft in Bewegungsrichtung bei konstanter Geschwindigkeit sein?

20. Ein Buch ($F_G = 8$ N) liegt auf einer schräg gestellten Tischplatte.
    Berechne anhand einer Kräftezerlegung, ob es bei einer Neigung von 20° bzw. 50° herunterrutscht ($\mu_{HR} = 0{,}5$)!

21. Auf einen Körper werden gleichzeitig 3 Kräfte mit unterschiedlichen Richtungen ausgeübt: $\vec{F}_1$, $\vec{F}_2$ und $\vec{F}_3$.
    Wie lässt sich in einem solchen Fall die resultierende Kraft $\vec{F}_{res}$ zeichnerisch ermitteln?
    Fertige dazu eine Skizze an!

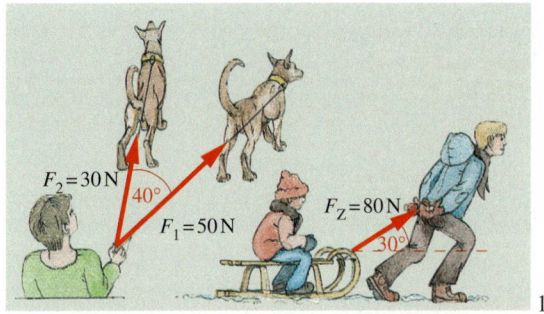

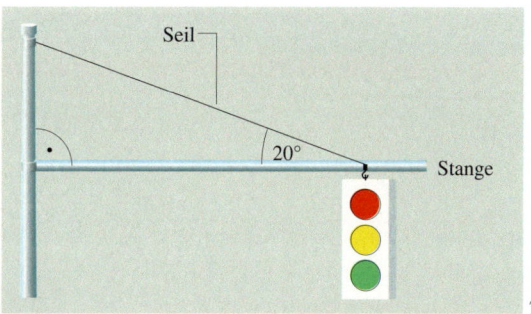

22. a) Zwei Hunde ziehen an ihren Leinen. Ermittle die resultierende Kraft auf die Hand mithilfe einer Konstruktion!

   b) Zerlege die Zugkraft beim Ziehen des Schlittens in eine Kraft senkrecht nach oben und eine Kraft in Bewegungsrichtung!

23. Eine Ampel mit einer Gewichtskraft von 100 N ist wie im Bild 2 aufgehängt. Ermittle die Kräfte, die das Seil bzw. die Stange auf den Mast ausüben!

Kurz und knapp

Die newtonschen Gesetze

Trägheitsgesetz
Jeder Körper verharrt im Zustand der Ruhe oder geradlinig gleichförmiger Bewegung, solange keine äußeren Kräfte auf ihn einwirken.

Grundgesetz der Dynamik
Wirkt auf einen beweglichen Körper der Masse m die Kraft F, so wird er beschleunigt. Es gilt dabei: $F = m \cdot a$.

Wechselwirkungsgesetz
Übt ein Körper A auf einen zweiten Körper B eine Kraft aus, so übt auch B eine Kraft auf A aus. Beide Kräfte sind gleich groß, sie sind einander entgegengesetzt gerichtet.
Kraft und Gegenkraft greifen an verschiedenen Körpern an.

Kräfteparallelogramm
Greifen zwei Kräfte $\vec{F_1}$ und $\vec{F_2}$ in einem Punkt an, so kann die resultierende Kraft $\vec{F}_{res}$ als Diagonale des von $\vec{F_1}$ und $\vec{F_2}$ aufgespannten Parallelogramms dargestellt werden.
Kennt man die Wirkungslinien der Teilkräfte, kann durch Konstruktion eine Kraft in Teilkräfte $\vec{F_1}$ und $\vec{F_2}$ zerlegt werden.

Kräftegleichgewicht
Ein Körper befindet sich im Kräftegleichgewicht, wenn die resultierende Kraft auf ihn null ist. Ein solcher Körper befindet sich in Ruhe oder in geradlinig gleichförmiger Bewegung.

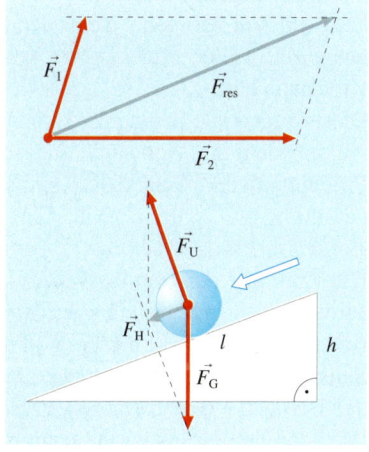

Kräfte bei Kreisbewegungen

Damit das Wurfgerät eines Hammerwerfers eine große Geschwindigkeit erreicht, muss sich der Werfer sehr schnell um seine eigene Achse drehen. Das Gerät bewegt sich dabei auf einer Kreisbahn um den Werfer. Da es nicht vorzeitig davonfliegen darf, muss dieser mit beiden Händen eine große Kraft aufwenden. Wovon hängt diese Kraft ab mit der er das Wurfgerät auf der Kreisbahn hält?

Kräfte bei der gleichförmigen Kreisbewegung

Eine gleichförmige Kreisbewegung kann man sehr einfach erzeugen, indem man einen Ball im Netz über dem Kopf kreisen lässt (Bild 2). Dabei spürt man – wie der Hammerwerfer –, dass eine Kraft erforderlich ist, um den Ball auf der Kreisbahn zu halten.

 ↑Basiskonzept Wechselwirkung

 ↑Basiskonzept System

Nach dem Trägheitsgesetz verharrt ein Körper in Ruhe oder in geradlinig gleichförmiger Bewegung, solange keine Kraft auf ihn einwirkt. Wenn er anstelle der geradlinigen Bewegung eine Kreisbewegung ausführen soll, so ist dazu eine Kraft notwendig. Diese Wechselwirkung sorgt dafür, dass der Körper die Kreisbahn nicht verlässt. In jedem Punkt der Bahn ändert er seine Bewegungsrichtung.

Diese Aussage lässt sich dadurch nachprüfen, indem man den Ball loslässt. In dem Moment, wenn der Ball losgelassen wird, bewegt er sich tangential weiter, weil auf ihn keine Kraft mehr wirkt, die ihn auf der Kreisbahn hält.

Diese tangentiale Bewegung kann man gut an einem Schleifstein beobachten, mit dem ein Werkstück angeschliffen wird (Bild 3). Die infolge der Reibung mit dem Schleifstein glühend gewordenen Teilchen bewegen sich geradlinig.

Die Kraft, die der Hammerwerfer kurz vor dem Wurf aufwendet, ist zum Mittelpunkt der Kreisbahn gerichtet und wird senkrecht zur Bewegungsrichtung ausgeübt. In diesem Fall geschieht das durch die Spannung des Seils. Die Kraft verändert nur die Richtung der Bewegung, nicht aber den Betrag der Geschwindigkeit (Bild 1, folgende Seite). Da diese Kraft in Richtung des Radius wirkt, nennt man sie Radialkraft F_r.

> **Damit ein Körper eine Kreisbewegung ausführt, muss auf ihn eine Kraft ausgeübt werden. Bei einer gleichförmigen Kreisbewegung ist sie senkrecht zur Bewegung des Körpers gerichtet. Diese Kraft nennt man Radialkraft oder Zentralkraft.**

Auf die Kugel des Hammerwerfers wirkt die Radialkraft (Bild 1). Nach dem Wechselwirkungsgesetz greift am Hammerwerfer eine gleich große Kraft an, die entgegengesetzt gerichtet ist.

1

Gleichung für die Radialkraft

> Die Radialkraft, die erforderlich ist, um den Ball, den man an einem Netz über dem Kopf schleudert, auf eine Kreisbahn zu zwingen, hängt von verschiedenen physikalischen Größen ab.

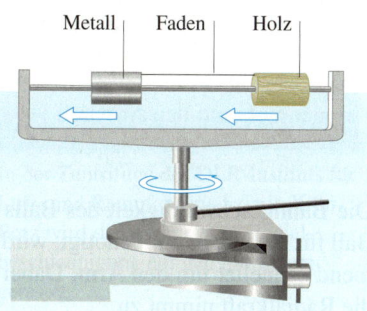

Metall   Faden   Holz

2

EXPERIMENT 1
Ein Holzzylinder und ein Metallzylinder sind auf einem horizontalen, drehbar gelagerten Stab leicht verschiebbar angeordnet. Sie sind durch einen Faden miteinander verbunden. Mit einem Experimentiermotor wird die Anordnung in eine Drehbewegung versetzt.
Die Bewegung der beiden Zylinder wird beobachtet.

> Der Metallzylinder besitzt eine größere Masse als der Holzzylinder. Um ihn auf der Kreisbahn zu halten, wäre eine größere Radialkraft als beim Holzzylinder erforderlich. Diese kann der rotierende Holzzylinder jedoch nicht aufbringen. Da der Metallzylinder die größere Masse hat, wird er nach außen geschleudert und zieht den Holzzylinder mit.

> **Die Radialkraft ist der Masse direkt proportional: $F_r \sim m$.**

Den Zusammenhang zwischen Radialkraft und Masse kann man vielfach beobachten. Das Wurfgerät des Hammerwerfers besitzt eine größere Masse als der über dem Kopf geschleuderte Ball. Deshalb muss der Hammerwerfer eine größere Radialkraft aufwenden. Beim Motorradrennen kann man beobachten, dass die Radialkraft nicht nur von der Masse abhängt. Je schneller ein Fahrer fährt, umso mehr muss er sich in die Kurve hineinlegen. Die Radialkraft muss also auch von der Geschwindigkeit abhängen.

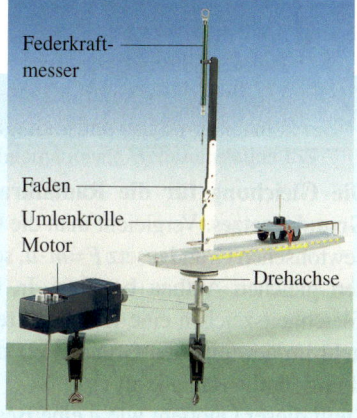

Federkraft-messer

Faden
Umlenkrolle
Motor

Drehachse

3

EXPERIMENT 2
Der Radialkraftmesser wird zunächst in eine langsame Drehbewegung versetzt. Am Federkraftmesser wird die Radialkraft abgelesen. Die Drehzahl wird verdoppelt. Bevor man die Radialkraft erneut abliest, muss man dafür sorgen, dass der Radius der Kreisbahn genauso groß ist wie beim ersten Experiment. Dazu zieht man den Federkraftmesser etwas nach oben. Schließlich wird die Drehzahl des Radialkraftmessers gegenüber dem ersten Experiment verdreifacht. Wieder wird der gleiche Bahnradius eingestellt.

Energieerhaltung und Bewegungsvorgänge

Bewegungen lassen sich durch Angabe von Größen wie Geschwindigkeit und Beschleunigung beschreiben. Mithilfe der drei newtonschen Gesetze kann man erkennen, wie Kräfte und Bewegungen miteinander zusammenhängen.

Oft stellt es sich jedoch heraus, dass es einfacher ist, die Energieumwandlungen der Vorgänge zu untersuchen und dadurch Bewegungen zu beschreiben oder vorherzusagen.

Beide Sichtweisen hängen eng miteinander zusammen.

Potenzielle Energie

Um die Messinggewichte der Pendeluhr in Bild 2 hochzukurbeln, muss Hubarbeit verrichtet werden. Die Gewichte erhalten dabei potenzielle Energie. Die Energie reicht aus, um das Uhrwerk eine Woche lang anzutreiben. Beim Hochkurbeln wird die mechanische Arbeit $W = F \cdot s$ verrichtet. Dabei ist F die Kraft, die in Wegrichtung wirkt. Sie ist so groß wie die Gewichtskraft F_G der Messinggewichte.

Für die potenzielle Energie der gehobenen Körper gilt: $E_{pot} = F_G \cdot h$. Dabei ist h die Höhe der Gewichte – also die Strecke, um die sie sich während des einwöchigen Betriebs senken werden.

Die Energie des Körpers kann verändert werden, indem Arbeit an ihm verrichtet wird oder wenn er selbst Arbeit verrichtet (Bild 3).

Beim Verrichten der Arbeit ist die Strecke s eindeutig festgelegt. Bei Angabe der potenziellen Energie muss man jedoch beachten, auf welches Niveau der Körper absinken kann: Der Fahrer in Bild 4 hat in Bezug auf das linke Tal eine geringere Energie als in Bezug auf das rechte.

Die potenzielle Energie der Gewichte wird zum Antrieb der Uhr eingesetzt.

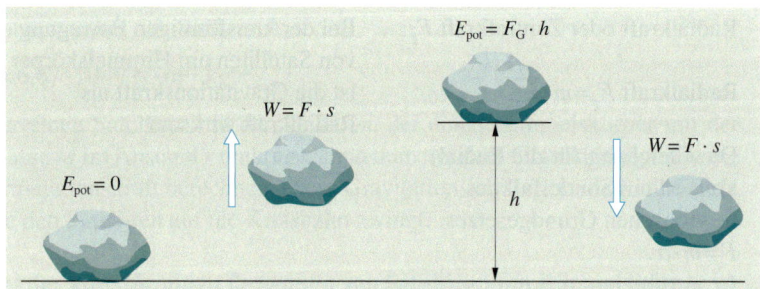

Zusammenhang zwischen mechanischer Arbeit und potenzieller Energie

3 Abhängigkeit der Energie von der Höhe

Kinetische Energie

Beim Anschieben eines Fahrradfahrers muss man so lange mitlaufen, bis er seine geplante Endgeschwindigkeit v erreicht hat (Bild 1). Rad mit Radfahrer werden beschleunigt. Auch dabei wird mechanische Arbeit verrichtet, und der Radfahrer erhält kinetische Energie. Wie lassen sich Arbeit und Energie hier berechnen?

Während der Beschleunigung wird die Kraft F längs des Weges s ausgeübt. Wenn F konstant ist, gilt für die Arbeit: $W = F \cdot s$.

Für die Kraft gilt nach dem newtonschen Grundgesetz $F = m \cdot a$. Damit kann man für die Beschleunigungsarbeit schreiben: $W = m \cdot a \cdot s$.

Wenn man mit gleichbleibender Kraft schiebt, verläuft die Beschleunigung gleichmäßig, sodass die Gleichung

Verrichten von Beschleunigungsarbeit: Erhöhung der kinetischen Energie

$s = \frac{1}{2} a \cdot t^2$ gilt. Damit ergibt sich: $W = m \cdot a \cdot \frac{1}{2} a \cdot t^2 = \frac{1}{2} m \cdot (a \cdot t)^2$.

Mit $v = a \cdot t$ erhält man hieraus $W = \frac{1}{2} m \cdot v^2$.

Das ist die Arbeit, die man verrichten muss, um einen Körper der Masse m aus der Ruhe auf die Geschwindigkeit v zu bringen.

Der Körper hat dann die kinetische Energie $E_{kin} = \frac{1}{2} m \cdot v^2$.

Für die kinetische Energie (Bewegungsenergie) eines Körpers mit der Masse m und der Geschwindigkeit v gilt: $E_{kin} = \frac{1}{2} m \cdot v^2$.

Energieerhaltungssatz

Im Folgenden soll die Energie eines Körpers betrachtet werden, der sich von einer Höhe h über einem festgelegten Niveau im freien Fall nach unten bewegt. In der Höhe h hat er die potenzielle Energie $E_{pot} = F_G \cdot h = m \cdot g \cdot h$. Seine kinetische Energie ist am Anfang null. Im freien Fall wird die potenzielle Energie des Körpers kleiner, jedoch wird er immer schneller, d. h., seine kinetische Energie nimmt zu. Am Ende der Fallbewegung gilt für die potenzielle Energie: $E_{pot} = m \cdot g \cdot h = 0$, da nun die Höhe h null ist. Die kinetische Energie E_{kin} ist maximal. Die potenzielle Energie wird während des freien Falls vollständig in kinetische Energie umgewandelt:

Nach Durchfallen der Strecke h lässt sich die Geschwindigkeit berechnen als $v = g \cdot t = \sqrt{2g \cdot h}$. Die kinetische Energie beträgt also

$E_{kin} = \frac{1}{2} m \cdot v^2 = \frac{1}{2} m \cdot 2g \cdot h = m \cdot g \cdot h$.

Da die potenzielle Energie vollständig in kinetische Energie umgewandelt wird, bleibt die Summe aus beiden Energieformen während der gesamten Bewegung konstant. Diese Summe wird auch als mechanische Energie E_{mech} bezeichnet.

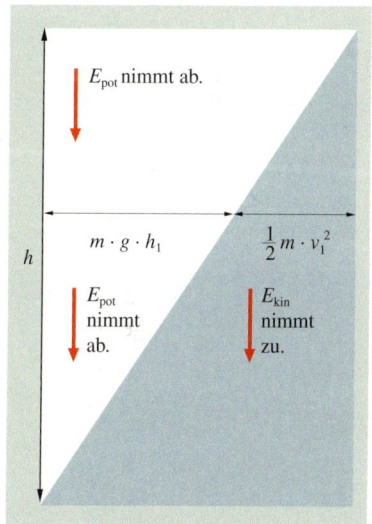

Energieumwandlung beim freien Fall: Zu jedem Zeitpunkt ist die Summe aus E_{pot} und E_{kin} gleich.

Satz von der Erhaltung der mechanischen Energie
Wenn keine Umwandlung in eine andere Energieform erfolgt, ist bei einem Körper die Summe seiner potenziellen und seiner kinetischen Energie konstant: $E_{mech} = E_{pot} + E_{kin} = $ konstant.

Gültigkeit des Satzes von der Erhaltung der mechanischen Energie.
Dieser Satz bezieht sich auf Körper, bei denen keine Umwandlung der Energie in eine andere Energieform stattfindet. Dies trifft auf solche Körper zu, die sich reibungsfrei bewegen, also z. B. frei fallen.
Wenn aber Reibung auftritt, beispielsweise durch Luftwiderstand, so gibt der Körper während seiner Bewegung Energie an die Umgebung ab. Die Summe aus E_{kin} und E_{pot} ist dann nicht mehr konstant, sondern sie wird immer kleiner (Bild 1). Insgesamt bleibt aber auch bei einem Prozess mit Reibung die Energie erhalten, nur wird ein Teil der mechanischen Energie in thermische Energie der Umgebung umgewandelt.

Energie einer gespannten Feder. Mithilfe einer gespannten Feder kann ein Körper in Bewegung gesetzt werden, in der Feder ist Energie gespeichert. Diese Energie wird ebenfalls als potenzielle Energie bezeichnet; für die reibungsfreie („ungedämpfte") Bewegung des Körpers in Bild 2 gilt dann auch der Energieerhaltungssatz: $E_{mech} = E_{kin} + E_{pot}$.
Der Körper schwingt zwischen den Umkehrpunkten A und C hin und her. In den Punkten A und C befindet er sich in Ruhe: Die kinetische Energie ist null. Im Punkt B erreicht der Körper seine größte Geschwindigkeit und damit die größte kinetische Energie.

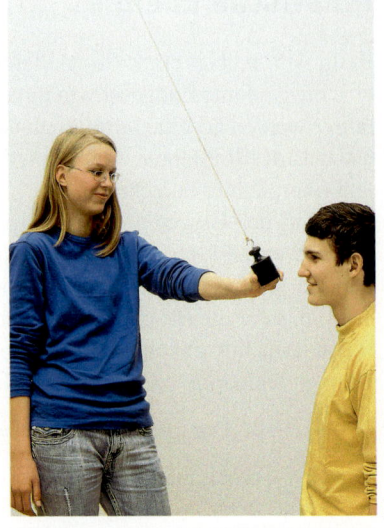

1

Durch Reibung wird die Amplitude des Fadenpendels kleiner.

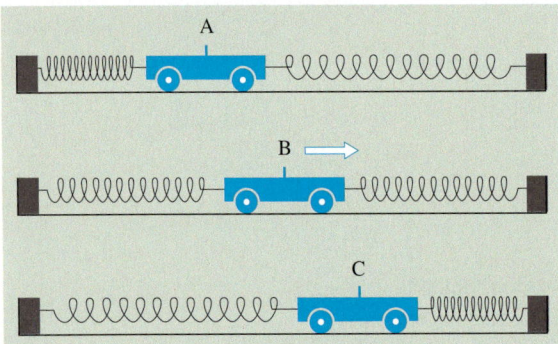

2

Der Federschwinger bewegt sich hin und her.

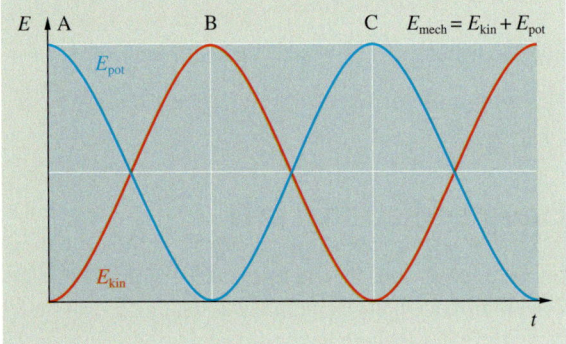

3

Die Energieformen werden ständig ineinander umgewandelt.

Energie beim Pendel. Auch bei Schaukeln oder Pendeln werden ständig potenzielle und kinetische Energie ineinander umgewandelt.

4

Eine Schiffsschaukel auf dem Jahrmarkt stellt ein Pendel dar. Bei maximaler Auslenkung des Schiffes ist die potenzielle Energie der Passagiere maximal, ihre kinetische Energie ist null. Beim Herabschwingen nimmt ihre kinetische Energie immer mehr zu. Auf großen Schaukeln können die Passagiere dabei große Geschwindigkeiten erreichen.

Berechnungen mit dem Satz von der Erhaltung der mechanischen Energie

Aufgabe 1: Mit welcher Geschwindigkeit taucht eine Turmspringerin ($m = 50\,\mathrm{kg}$) ins Wasser, wenn sie von einem 10-m-Brett springt?

Gegeben: $h = 10\,\mathrm{m}$
$\qquad\quad m = 50\,\mathrm{kg}$

Gesucht: v in km/h

Lösung: Beim Eintauchen ins Wasser hat sich die gesamte potenzielle Energie der Springerin in kinetische umgewandelt:

$$E_{\mathrm{pot}} = E_{\mathrm{kin}}$$

$$m \cdot g \cdot h = \frac{1}{2}\, m \cdot v^2$$

$$v^2 = 2g \cdot h$$

$$v = \sqrt{2g \cdot h} = \sqrt{2 \cdot 9{,}81\,\frac{\mathrm{m}}{\mathrm{s}^2} \cdot 10\,\mathrm{m}}$$

$$\underline{\underline{v = 14\,\mathrm{m/s} = 50{,}4\,\mathrm{km/h}}}$$

1

Ergebnis: Die Springerin hat beim Eintauchen eine Geschwindigkeit von etwa 50 km/h.

Sofern nur die Schwerkraft und keine zusätzlichen Kräfte wirken, gilt die Gleichung $v = \sqrt{2g \cdot h}$ für alle Körper, die sich reibungsfrei aus der Ruhelage um die Höhe h hinabbewegen. Die Form der Bahn spielt dabei keine Rolle (Bild 1).

Aufgabe 2: Ein Stabhochspringer hat unmittelbar nach dem Absprung eine Geschwindigkeit von 9 m/s. Um welche Strecke kann er seinen Schwerpunkt nach oben verlagern, wenn er sämtliche Bewegungsenergie in Höhenenergie umwandelt?

Gegeben: $v = 9\,\mathrm{m/s}$

Gesucht: h in m

Lösung: $\quad E_{\mathrm{kin}} = E_{\mathrm{pot}}$

$$\frac{1}{2}\, m \cdot v^2 = m \cdot g \cdot h$$

$$h = \frac{v^2}{2g} = \frac{(9\mathrm{m/s})^2}{2 \cdot 9{,}81\,\mathrm{m/s}^2}$$

$$\underline{\underline{h = 4{,}13\,\mathrm{m}}}$$

Ergebnis: Der Springer kann seinen Schwerpunkt um 4,13 m anheben.

Gehen

Bewegt sich ein Körper mit konstanter Geschwindigkeit reibungsfrei auf einer horizontalen Ebene, so ist dazu nach dem Trägheitsgesetz keine Kraft erforderlich. Man müsste also dem System keine Energie zuführen und es würde auch keine Arbeit verrichtet. Aber das ist im Widerspruch zur Realität, denn wir werden selbst bei langsamem Gehen auf ebener Straße müde. Wozu und wie wird die Energie eingesetzt? Erstens wird Beschleunigungsarbeit verrichtet, um die Beine nach vorn zu bewegen. Und zweitens wird Hubarbeit verrichtet, denn der Körper wird ständig gehoben und gesenkt.

1

AUFTRAG 1

1 Ermittle die Hubhöhe der vertikalen Körperbewegung beim Gehen. Gehe mit nach unten gestrecktem Arm und einem Stück Kreide in der Hand dicht an einer mit Tapete bespannten Wand entlang (Bild 2).
2 Vergleiche die gezeichneten Wellenlinien mehrerer Personen. Gibt es individuelle Unterschiede und solche zwischen großen und kleinen Personen sowie zwischen Jungen und Mädchen?
3 Berechne mit den ermittelten Hubhöhen die jeweilige Hubarbeit W pro Schritt.
4 Zähle die Anzahl der Schritte N in der Zeit t und berechne daraus die Schrittfrequenz $f = N/t$.
5 Berechne die Hubleistung für die entsprechende Gehgeschwindigkeit ($P = W/t = W \cdot f$).
6 Bestimme die Schrittlänge L_s und berechne die Hubarbeit für einen Weg beim Gehen auf ebener Straße.

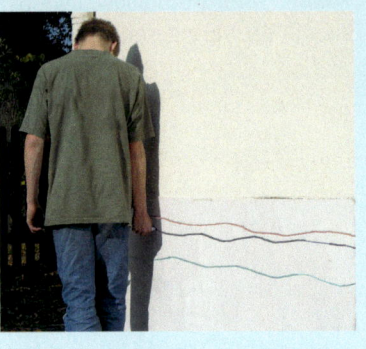
2

Beim Gehen als Sportart (Bild 1) muss zu jedem Zeitpunkt ein Teil des Fußes den Boden berühren. Gehen ist eine stetige Auf- und Abwärtsbewegung des Körpers. Für die Abwärtsbewegung gilt das Gesetz vom freien Fall. Für die Aufwärtsbewegung darf die vom Geher erzeugte Beschleunigung nicht größer sein als die Fallbeschleunigung g. Ansonsten würde der Körper vom Boden abheben, was eine Disqualifikation zur Folge hätte. Die Zeit, die ein Geher für eine Auf- und Abwärtsbewegung benötigt, beträgt: $t = 2\sqrt{2\dfrac{h}{g}}$. Die Auf- und Abwärtsbewegung geschieht während der Länge eines Schrittes L_s. So lässt sich die Geschwindigkeit v des Gehers berechnen: $v = L_s/t = L_s \cdot \dfrac{\sqrt{g/2h}}{2}$.

Man kann beim Gehen die Geschwindigkeit durch Vergrößern der Schritte und Vermindern der Hubhöhe erhöhen. Das ist die physikalische Erklärung für den „Watschelgang".

AUFTRAG 2

1 Berechne die Geschwindigkeit für eine Schrittlänge von 0,7 m und eine Hubhöhe von 5 cm!
2 Vergleiche die Geschwindigkeiten für Strecken von 10 km bis 50 km (Frauen/Männer).
3 Vergleiche mit entsprechenden Laufgeschwindigkeiten. Warum kann man schneller Laufen als Gehen – physikalisch betrachtet?

Weltrekorde im Gehen
Männer
20 km: 1:16:43 Sergey Morozov
(Rus.)
50 km: 3:34:14 Nischegorodow
(Rus.)

Frauen
20 km: 1:24:50 Iwanowa (Rus.)

Zum Vergleich – Laufen 10 km
Männer: 26:17,53 Bekele (Äth.)
Frauen: 29:31,78 Wang (China)

Weißt du es ? Kannst du es

1. Beschreibe den Unterschied zwischen den beiden Größen „mechanische Arbeit" und „mechanische Energie"!

2. a) In einem Pumpspeicherwerk beträgt der mittlere Höhenunterschied 200 m. Wie groß ist die potenzielle Energie der 1 000 000 m³ Wasser im oberen Becken?

   b) Angenommen in einem Haushalt werden 8 kW·h elektrische Energie pro Tag benötigt. Wie viele Haushalte lassen sich dann mit Energie des gespeicherten Wassers versorgen? Nimm bei der Rechnung an, dass die Generatoren einen Wirkungsgrad von 90 % haben!

3. Berechne die kinetische Energie und vergleiche!
   a) Sprinter $m = 70$ kg, $v = 10$ m/s
   b) Fußball $m = 0,5$ kg, $v = 90$ km/h
   c) Golfball $m = 46$ g, $v = 200$ km/h
   d) Tennisball $m = 50$ g, $v = 140$ km/h
   e) Baseball $m = 150$ g, $v = 160$ km/h
   f) Tischtennisball $m = 2$ g, $v = 120$ km/h

4. Wie ändert sich die kinetische Energie eines Körpers, wenn sich seine Geschwindigkeit halbiert, verdoppelt, verdreifacht bzw. verzehnfacht?

5. Erläutere die Gleichung $E_{mech} = E_{pot} + E_{kin}$. Gib an, unter welchen Bedingungen sie gilt!

6. Beschreibe die Energieumwandlungen an einem schwingenden Pendel! Warum kommt das Pendel allmählich zur Ruhe?

7. Wie hoch steigt eine Kugel, die mit einer Geschwindigkeit von 30 m/s senkrecht nach oben geschossen wird? Warum spielt bei der Rechnung die Masse keine Rolle?

8. Eine Kugel mit einer Masse von 100 g ist an einem Faden von 80 cm Länge befestigt. Sie wird bis zur horizontalen Lage des Fadens ausgelenkt und dann losgelassen.
   a) Wie groß ist die kinetische Energie der Kugel im tiefsten Punkt der Kreisbahn?
   b) Wie ändert sich die Geschwindigkeit der Kugel im tiefsten Punkt, wenn ihre Masse verdoppelt wird?
   c) Wie groß ist die Geschwindigkeit der Kugel, wenn sie aus gleicher Höhe ohne Aufhängung frei fällt?

Kurz und knapp !

Potenzielle Energie

$$E_{pot} = m \cdot g \cdot h$$

Beim Anheben eines Körpers nimmt die potenzielle Energie des Körpers zu. Doppelte (dreifache) Höhe bedeutet doppelte (dreifache) potenzielle Energie gegenüber der Ausgangslage.

Kinetische Energie (Bewegungsenergie)

$$E_{kin} = m \cdot v^2$$

Beim Beschleunigen nimmt die kinetische Energie eines Körpers zu. Doppelte (dreifache) Geschwindigkeit bedeutet vierfache (neunfache) kinetische Energie.

Satz von der Erhaltung der mechanischen Energie

Wenn keine Umwandlung in eine andere Energieform erfolgt, ist bei einem Körper die Summe seiner potenziellen und seiner kinetischen Energie konstant:
$$E_{mech} = E_{pot} + E_{kin} = \text{konstant}.$$

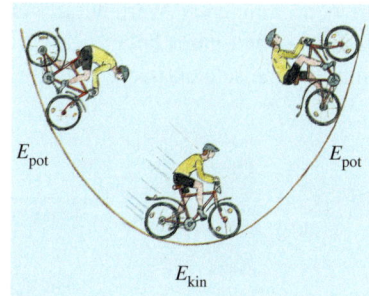

Elektrische Energie

Die elektrische Energie kommt meist von einem Wärmekraftwerk über lange Hochspannungsleitungen in unser Haus.
Eine kleine Gemeinde in Sachsen-Anhalt – Dardesheim – geht einen anderen Weg. Sie gilt als Vorreiter für alternative Energieversorgung. In Dardesheim wird die elektrische Energie ausschließlich aus unerschöpflichen Energiequellen gewonnen. Das schont Ressourcen und Umwelt.
Wie wird die elektrische Energie erzeugt?

↑Basiskonzept Energie

1

Elektrische Energie aus erschöpflichen Energiequellen

Fast das ganze letzte Jahrhundert lang haben die Menschen in Deutschland ihren Energiebedarf dadurch gedeckt, dass sie Steinkohle, Braunkohle, Erdöl und Erdgas verbrannt haben (Bild 2). Vor einem halben Jahrhundert begann der Einsatz von Kernreaktoren. Innerhalb weniger Jahrzehnte nahm ihre Anzahl schnell zu.

In diesem Zeitraum wurde immer deutlicher, dass es sich dabei um erschöpfliche Energiequellen handelt. Zwar wurden und werden noch immer neue Lagerstätten entdeckt und genutzt. Die geschätzten Zeitspannen, in denen diese Energieträger noch zur Verfügung stehen, werden aber immer kürzer. So nimmt man z. B. an, dass in 150 Jahren die Lagerstätten der Steinkohle weitgehend aufgebraucht sein werden (Bild 3).

Ein problematischer Aspekt ist die Umweltverschmutzung, die insbesondere aus der Verbrennung von Erdöl und Kohle resultiert. Bei der Förderung von Erdgas tritt zusätzlich Methan aus dem Bohrloch aus, welches die Umwelt belastet.

In herkömmlichen Wärmekraftwerken wird Wasserdampf erzeugt. Der Dampf strömt unter hohem Druck auf eine Turbine, die einen Generator antreibt und so elektrische Energie erzeugt (Bild 4).

2

Uran*	
Kohle	
Gas	
Öl	

2000   2050   2100   2150

* bei herkömmlicher Nutzung (ohne Brüter)

3

Reichweite einiger Energieträger

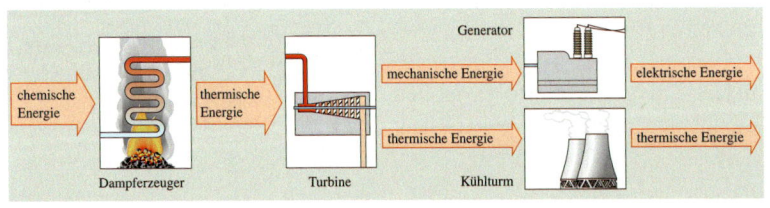

chemische Energie | thermische Energie | mechanische Energie | Generator | elektrische Energie

thermische Energie | thermische Energie

Dampferzeuger | Turbine | Kühlturm

Energieflussdiagramm in einem Wärmekraftwerk

4

Kohle und Erdöl als wichtige chemische Rohstoffe. Kohle und Erdöl sind nicht nur für die Bereitstellung von elektrischer Energie bedeutsam. Sie stellen auch die Grundlage für viele Zweige der chemischen Industrie bereit. Man kann aus ihnen Kunststoffe herstellen sowie Farben und Arzneimittel produzieren. Für Kohle und Erdöl findet man nur schlecht einen Ersatz, wenn sie nicht mehr in ausreichendem Maße zur Verfügung stehen.

Elektrische Energie kann in Kraftwerken aus der chemischen Energie von erschöpflichen Energiequellen gewonnen werden. Um Umweltschäden zu verringern und Rohstoffe für die chemische Industrie zu erhalten, muss sehr sparsam mit den Vorräten an Stein- und Braunkohle, Erdöl und Erdgas umgegangen werden.

Elektrische Energie
aus unerschöpflichen Energiequellen

Um den Bedarf an elektrischer Energie zu decken und dabei die Umwelt möglichst wenig zu belasten, müssen Energiequellen genutzt werden, die unbegrenzt zur Verfügung stehen.

Energie des gestauten und strömenden Wassers. Unsere Erde besitzt einen riesigen Vorrat an Wasser, der immer erhalten bleibt. Ständig verdunstet Wasser aus Ozeanen, Seen und Flüssen. Auch der Erdboden und Pflanzen geben Wasser an die Luft ab. Das verdunstete Wasser steigt mit der erwärmten Luft auf und bildet Wolken. Sie geben schließlich das Wasser – meist in Form von Regen – wieder ab (Bild 2).

> **ÜBRIGENS**
> Kohle, Erdöl, Torf und Erdgas werden auch als fossile Energiequellen bezeichnet.

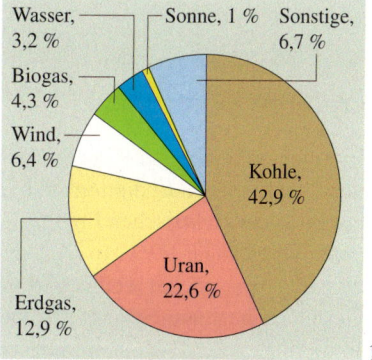

Stromerzeugung nach Energieträgern in Deutschland (2010)

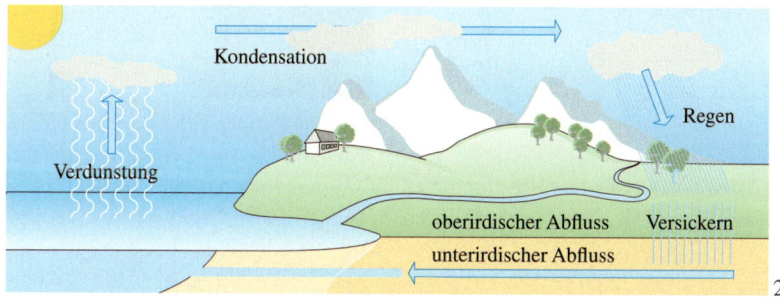

Wasserkreislauf

> **ÜBRIGENS**
> Unerschöpfliche Energiequellen werden auch erneuerbare oder regenerative Energiequellen genannt. Sie stehen nachhaltig zur Verfügung.

Die Energie des Wassers kann zum Teil in Wasserkraftwerken genutzt werden. Die nutzbare Energie ist umso größer, je größer die Masse des pro Sekunde strömenden Wassers sowie der Höhenunterschied zwischen dem oberen und dem unteren Wasserspiegel sind.
In *Laufwasserkraftwerken* wird die kinetische Energie des Wassers in elektrische Energie umgewandelt. Bei oft nur geringem Höhenunterschied treiben große Wassermassen die Turbinen an. Sie finden in Flussläufen, in den Mittelgebirgen oder im Flachland Verwendung (Bild 3).
In *Speicherkraftwerken* wird die potenzielle Energie des Wassers in elektrische Energie umgewandelt. Speicherkraftwerke arbeiten mit geringen Wassermassen bei großem Höhenunterschied, z. B. bei Stauseen im Gebirge. Das herabströmende Wasser treibt die Turbinen an.

Laufwasserkraftwerk Mihla an der Werra

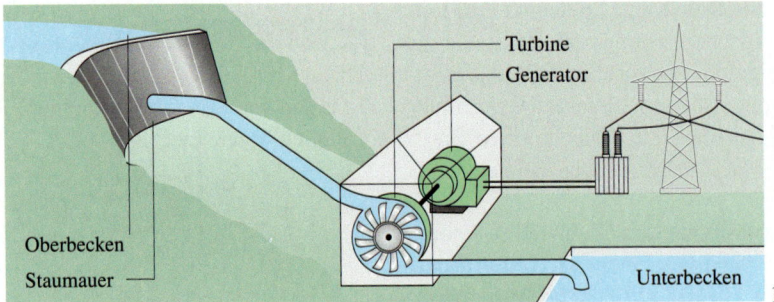

Die potenzielle Energie des Wassers wird in elektrische Energie umgewandelt.

In welchem Umfang die Energie des Wassers genutzt wird, hängt stark von den geografischen Bedingungen in einem Land ab. In Deutschland werden etwa 4 % der elektrischen Energie durch Wasserkraft gewonnen, in Norwegen sind es sogar 99 %. In Deutschland sind die Möglichkeiten zur Nutzung der Wasserkraft weitestgehend erschöpft.

Gestautes beziehungsweise strömendes Wasser ist weitgehend umweltfreundlich. Allerdings stellt auch jedes Wasserkraftwerk – und sei es nur ein kleines Kraftwerk – einen Eingriff in die Natur dar. Wenn man das Wasser in Rohrleitungen transportieren muss, so können die Flussläufe und Bäche im Sommer teilweise austrocknen. Darunter leidet die Pflanzen- und Tierwelt. Infolge der Rohrleitungen fließt das angestaute Wasser nur zu einem kleinen Teil in Gräben, Bächen und Flüssen über der Erdoberfläche. Dort bietet sie den Pflanzen und Tieren nur wenig Lebensraum.

Speicherkraftwerk Wendefurth

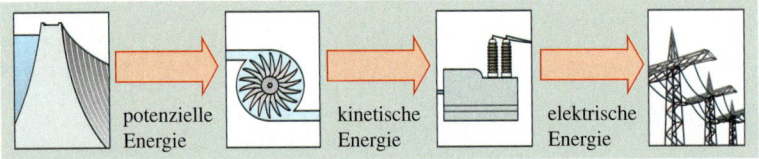

potenzielle Energie → kinetische Energie → elektrische Energie

Energieflussdiagramm in einem Wasserkraftwerk

4,5-MW-Windenergieanlage bei Egeln: Rotordurchmesser 114 m; Turmhöhe 120 m. Zum Vergleich: Der JenTower hat eine Höhe von 133 m.

▶ **Durch die Nutzung der Energie des Wassers werden in Deutschland etwa 4 % der elektrischen Energie bereitgestellt. Wasserkraftwerke sind relativ umweltfreundlich.**

Energie des Windes. Die kinetische Energie des Windes wurde schon seit Jahrtausenden zum Antrieb von Schiffen und später von Windmühlen benutzt. Das Prinzip einer Windmühle wird heute bei den modernen Windenergieanlagen genutzt. Windräder treiben Generatoren an und wandeln so die kinetische Energie des Windes in elektrische um. Damit man eine möglichst große Leistung erreicht, muss der Rotor einen großen Durchmesser besitzen. Die Rotoren der größten Windräder erreichen mittlerweile Durchmesser von über 100 m, die Turmhöhe beträgt bis zu 200 m (Bild 4). Die Höhe ist auch ein entscheidender Faktor für die Ausbeute, denn in Bodennähe nimmt die kinetische Energie des Windes stark ab. Moderne Propelleranlagen haben Leistungen zwischen 1 und 5 MW. Der Wirkungsgrad ist abhängig von der Windgeschwindigkeit und liegt maximal bei etwa 60 %. An windreichen Stellen baut man ganze Windparks mit teilweise mehr als 20 Rotoren.

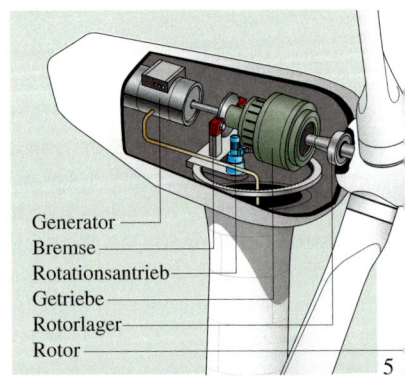

Generator
Bremse
Rotationsantrieb
Getriebe
Rotorlager
Rotor

Aufbau eines Windrads

Windpark Druiberg

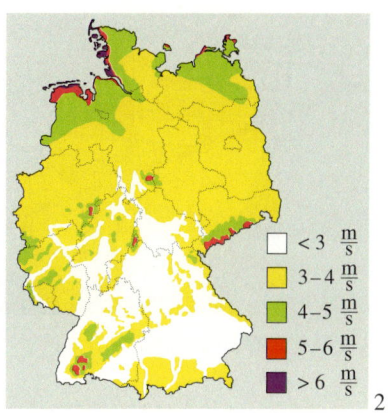

Mittlere Windgeschwindigkeiten
in Deutschland

Im Jahre 2010 waren in Deutschland über 21 000 Windkraftanlagen in Betrieb. Sachsen-Anhalt gehört zu den führenden Bundesländern.

Da der Wind im Jahr durchschnittlich nur 2000 Stunden mit ausreichender Geschwindigkeit weht, kann man auf andere Kraftwerke nicht verzichten. Bei Windparks auf See in Küstennähe (Offshore-Parks) kann die mittlere nutzbare Stundenzahl wesentlich gesteigert werden. In Deutschland sind 40 Offshore-Windparks geplant. Davon sollen 30 in der Nordsee und 10 in der Ostsee gebaut werden.

Im Jahre 2010 wurden in Deutschland 7 % der benötigten elektrischen Energie durch Windturbinen bereitgestellt. Erwartet wird noch bis zum Ende des nächsten Jahrzehnts eine Steigerung bis auf 25 %.

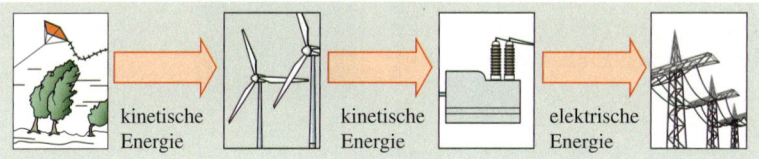

Energieflussdiagramm in einem Windkraftwerk

Offshore-Windpark Baltic 1
in der Ostsee

Wind ist eine Energieform, die erst zu einem kleinen Teil genutzt wird. Ihr Anteil an der Bereitstellung von elektrischer Energie betrug in Deutschland bis jetzt etwa 7 %. Windkraftwerke sind umweltfreundlich.

Energie von der Sonne. Die bisher beschriebenen Energiequellen gehen letztlich auf die Sonnenenergie zurück. Es ist jedoch auch eine direkte Nutzung der Sonnenenergie möglich.

In *solarthermischen Kraftwerken* kann man teilweise auf die aus Wärmekraftwerken bekannte und vielfältig erprobte Technik zurückgreifen. Der Unterschied besteht darin, dass der Wasserdampf, der die Turbinen antreibt, nicht durch klimaschädigende fossile Brennstoffe oder Uran erzeugt wird, sondern durch Sonnenenergie. Generatoren wandeln die kinetische Energie in elektrische Energie um. Um die zum Verdampfen notwendigen Temperaturen zu erreichen, wird die Sonnenenergie gebündelt. Das kann auf verschiedene Weise geschehen: Bei Turmkraftwerken (Bild 6) konzentrieren Tausende Spiegel das Sonnenlicht auf den „Dampfkessel", bei Parabolrinnenkraftwerken (Bild 1, folgende Seite) reflektieren zylinderförmige Spiegel das Sonnenlicht auf lange Röhren.

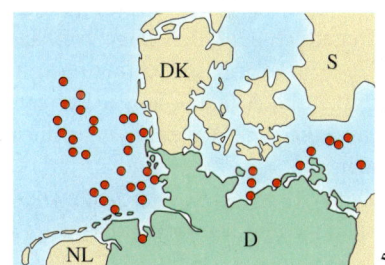

Offshore-Windparks in Nord-
und Ostsee

Solarturmkraftwerk

Parabolrinnenkraftwerk

↑Basiskonzept
Energie

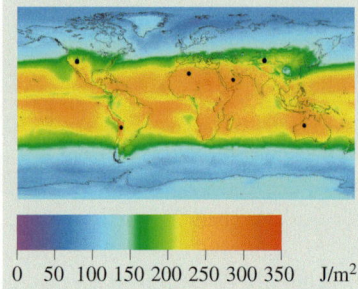

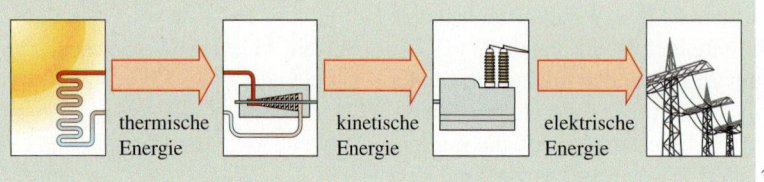

Energieflussdiagramm in einem solarthermischen Kraftwerk

thermische Energie — kinetische Energie — elektrische Energie

0 50 100 150 200 250 300 350   J/m²

Weltweit pro Quadratmeter verfügbare Sonnenenergie – gemittelt über die Jahre 1991–93. Zur Deckung des gegenwärtigen Weltenergiebedarfs allein durch Solarstrom wären die mit dunklen Flecken gekennzeichneten Flächen ausreichend.

Solarzellen wandeln Sonnenlicht direkt in elektrische Energie um. Bei der Umwandlung von Sonnenenergie in elektrische Energie wird die Eigenschaft von bestimmten Halbleitermaterialien (vor allem Silicium) ausgenutzt, unter dem Einfluss von Licht eine Spannung hervorzurufen. Diese Technik bezeichnet man als *Fotovoltaik*. Je nach Verwendungszweck werden Solarzellen zu mehr oder weniger größeren Einheiten (Modulen) zusammengeschlossen und der Sonne zugewandt.

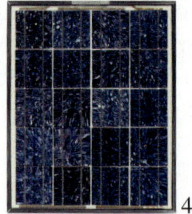

Solarmodul

 Die Leistung von Solarmodulen ist umso größer, je größer ihre Fläche und je größer die Energie des auftreffenden Lichts ist.

Im Vergleich zu vielen anderen Energiequellen ist die Fotovoltaik umweltfreundlich. Es fallen keine Treibhausgase an. Außerdem können Solaranlagen in allen Größenordnungen hergestellt werden. Sieht man von den zurzeit noch relativ hohen Herstellungskosten ab, haben die Solarzellen den einzigen Nachteil, dass sie nur so lange Energie liefern, wie die Sonne scheint.
Der Wirkungsgrad einer Solarzelle liegt jedoch trotz jahrzehntelanger Forschungen immer noch sehr niedrig bei etwa 10 bis 15 %.

Solarmodule an Hochhausfront

Sonnenenergie — elektrische Energie

Energieflussdiagramm in einem Fotovoltaikkraftwerk

 In Deutschland wird die Nutzung der Fotovoltaik zur Energiebereitstellung ständig weiter ausgebaut. Bisher beträgt der Anteil an der Stromerzeugung etwa 1 %.

Fotovoltaikkraftwerk in Calbe

Energie aus Erdwärme. Im Innern der Erde steigt die Temperatur alle 100 m um etwa 3 °C an. In vulkanreichen Gebieten trifft man in 1 km Tiefe auf Wasserdampf, der unter hohem Druck steht und weit über 200 °C heiß ist. Mit ihm werden Turbinen und angekoppelte Generatoren angetrieben. In Larderello (Italien) nutzte man schon 1912 heißen Dampf aus der Tiefe zur Erzeugung elektrischer Energie (Bild 1).

▶ **In der Luft, den Gewässern und im Innern der Erde ist viel thermische Energie gespeichert, die in elektrische Energie umgewandelt werden kann.**

Erdwärmekraftwerk in Larderello

Energie aus organischen Reststoffen. Wenn pflanzliche oder tierische Reste unter Sauerstoffabschluss zersetzt werden, entsteht Biogas. In der Landwirtschaft und in Kläranlagen steht es in großer Menge zur Verfügung. Eine Kuh kann durch ihren Dung täglich 1 bis 2 m³ Biogas liefern. Damit lässt sich in einem Jahr so viel Energie wie aus 300 ℓ Heizöl gewinnen.

Im *Biogaskraftwerk* (Bild 2) gelangt dieses Gas zu einem Biogasmotor, der einen Generator antreibt. Die so produzierte elektrische Energie wird in das Netz eingespeist.

In einer Deponie für Haushaltsmüll fallen große Mengen von Holz und Papier an. Beim Verrotten dieser Materialien entsteht auch Gas. Dieses sogenannte Deponiegas kann ebenfalls in Biogaskraftwerken verwendet werden.

Biogaskraftwerk

In einem *Biomassekraftwerk* wird elektrische Energie durch die Verbrennung von Biomasse erzeugt. Das sind z. B. Reste aus der Holzverarbeitung, nicht als Nutzholz geeignetes Waldholz, Stroh und Altholz, aber auch Riesen-Chinaschilf oder Textilfasern.

Biogas und Biomasse sind im Gegensatz zu anderen unerschöpflichen Energiequellen wie Wind oder Sonne kontinuierlich verfügbar und lassen sich speichern.

▶ **In Biokraftwerken wird mithilfe von Abfällen oder nachwachsenden Rohstoffen elektrische Energie erzeugt. Sie tragen mit einem Anteil von etwa 4,3 % zur Versorgung Deutschlands mit elektrischer Energie bei.**

Energieumwandlung und -erhaltung

Die Energie, die in der Natur vorkommt, nennt man oft Primärenergie. Träger der Primärenergie sind z. B. Kohle, Erdöl, Erdgas, bewegtes Wasser und bewegte Luft. Aus dieser Primärenergie gewinnt man die Sekundärenergie. Das geschieht z. B. in Kraftwerken, in denen die Energie der Kohle in elektrische Energie umgewandelt wird, oder in Fernheizwerken, in denen eine Umwandlung der chemischen Energie von Erdgas in thermische Energie erfolgt.

Nutzenergie ist diejenige Energie, die von den Menschen je nach ihren Bedürfnissen eine einfache Verwendung finden kann. Nutzenergie ist z. B. die elektrische Energie. Schließlich wird die Nutzenergie in die Endenergie umgewandelt. Das erfolgt z. B. in den elektrischen Geräten wie dem Wasserkocher.

↑Basiskonzept
Energie

↑Basiskonzept
System

Elektrische Energie aus Kraftwerken – ein Vergleich

In Deutschland wurden 2010 etwa 80 % der elektrischen Energie in Wärmekraftwerken aus erschöpflichen Energiequellen (Kohle, Gas, Uran) erzeugt. Die Energie steht den Abnehmern sehr bequem „auf Knopf-

druck" zur Verfügung. Dabei wird leicht übersehen, welche Risiken mit ihrer Erzeugung in Kauf genommen werden: Die natürlichen Energiequellen werden verbraucht, es entstehen Abgase [hauptsächlich Koh-

	Kohlekraftwerk	Gaskraftwerk	Kernkraftwerk
Energiequelle	Braun- und Steinkohle	Erdgas	Uran
Vorteile	einheimische Brennstoffe; niedrige Baukosten, bei Nutzung der Abwärme Wirkungsgrad bis 85 %	leichter Transport; niedrige Baukosten; bei Nutzung der Abwärme Wirkungsgrad bis 90 %	keine Entstehung von CO_2
Nachteile	Nutzung erschöpflicher Energiequellen; Abwärme (60 % der eingesetzten Energie heizen die Umwelt auf); Verstärkung des Treibhauseffekts durch CO_2-Ausstoß; Schlacke	Nutzung erschöpflicher Energiequellen; Abwärme; Verstärkung des Treibhauseffekts durch CO_2-Ausstoß	Nutzung erschöpflicher Energiequellen; viel Abwärme; radioaktive Abfälle, Sicherheitsrisiko
Aussichten für die Zukunft	noch unverzichtbar; Abgasbelastung kann durch teure Filter verringert werden; Abbau wird zunehmend schwieriger; begrenzte Vorräte (pro Tag wird je Kohlekraftwerk 1 Güterzug voll Kohle gebraucht)	noch unverzichtbar; technische Verbesserungen zur Erhöhung des Wirkungsgrads und zur Verringerung der Umweltbelastung zu erwarten	noch unverzichtbar; geplant ist Ausstieg, da das Sicherheitsrisiko zu hoch und die Endlagerung der radioaktiven Abfälle ungeklärt sind
Anteil an der in Deutschland erzeugten elektrischen Energie (2009)	42,9 %	12,9 %	22,6 %

lenstoffdioxid (CO_2), das zur Verstärkung des Treibhauseffekts beiträgt] und feste Abfallprodukte wie Schlacken und radioaktiver Abfall, die schwierig zu entsorgen und noch schwieriger endzulagern sind.

Die Vor- und Nachteile der verschiedenen Kraftwerke müssen also sorgfältig miteinander verglichen und gegen alternative Verfahren der Erzeugung elektrischer Energie abgewogen werden.

Biokraftwerk	Wasserkraftwerk	Windkraftwerk	Fotovoltaikkraftwerk
Biogas Deponiegas nachwachsende Rohstoffe	Wasser	Wind	Sonne
Nutzung unerschöpflicher Energiequellen, die ständig zur Verfügung stehen und speicherbar sind; Abgasbelastung gering durch teure Filter; geringere Verstärkung des Treibhauseffekts durch CO_2-Ausstoß	Nutzung unerschöpflicher Energiequellen; keine Entstehung von CO_2	Nutzung unerschöpflicher Energiequellen; keine Entstehung von CO_2	Nutzung unerschöpflicher Energiequellen; keine Entstehung von CO_2
Abwärme	nur an Staustufen von Flüssen oder an Stauseen im Bergland möglich; Eingriffe in die Natur und ins Landschaftsbild	Beeinträchtigung des Landschaftsbildes; Lärm durch Rotorblätter; flimmernder Schattenwurf durch bewegte Rotorblätter	Beeinträchtigung des Landschaftsbildes; hohe Herstellungskosten; geringer Wirkungsgrad; Sonnenscheindauer in Deutschland nicht optimal
noch ausbaubar; sinnvolle Nutzung von Abfällen und Biomasse	gut; in Deutschland aber kaum noch ausbaubar; nur noch der Bau von kleineren Kraftwerken möglich	gut durch technische Weiterentwicklung; noch ausbaubar, vor allen Dingen als Offshore-Anlagen; Versorgungssicherheit nur durch Verbundnetz möglich	ausbaubar; bei höherem Wirkungsgrad und erheblich geringeren Herstellungskosten gut; Verbundnetz zur Versorgungssicherheit nötig
4,3 %	3,2 %	6,4 %	1 %

Das Kohlekraftwerk

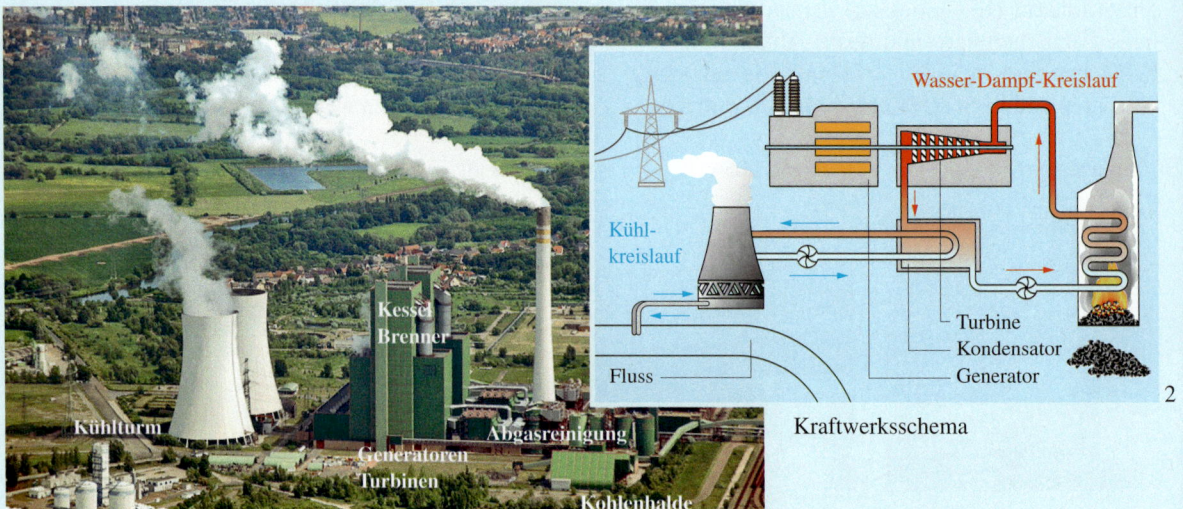

Wasser-Dampf-Kreislauf

Kühl-kreislauf

Fluss

Turbine
Kondensator
Generator

Kraftwerksschema

Kohlekraftwerk

Im Kessel (bei der Wartung)

Turbine mit Welle

Generator

Kondensator

Im *Brenner* wird pulverisierte Kohle verbrannt, die Temperatur erreicht 1300 °C. Im 100 m hohen *Kessel* sind Rohrleitungen von 500 km Länge verlegt (Bild 3).
Das sie durchströmende Wasser wird verdampft und der Dampf auf 540 °C erhitzt.

Der heiße Dampf steht unter einem Druck von etwa 200 bar. Er prallt auf die schräg gestellten Schaufeln der *Turbine* und dreht das Turbinenrad (Bild 4).
Je nach Anlage dreht sich das Turbinenrad 12,5- oder 25-mal pro Sekunde, die Schaufelspitzen können dabei Überschallgeschwindigkeit erreichen! Der Dampf gibt so viel Energie an die Turbine ab, dass er hinterher nur noch 35 °C warm ist und einen Druck von 0,05 bar aufweist.

Die Turbine ist durch eine gemeinsame Welle mit dem *Generator* verbunden (Bild 5).
Bei einem 600-MW-Kraftwerk erzeugt er eine Wechselspannung von 21 kV. Die elektrische Energie wird durch dicke Metallschienen zum *Transformator* geleitet, der die Spannung z. B. auf 380 kV erhöht. Von dort beginnt die Reise der Energie zum „Verbraucher".

Der Dampf gelangt in den *Kondensator* (Bild 6). Durch Tausende von Rohren fließt Kühlwasser. An ihnen kühlt der Dampf weiter ab und kondensiert. Die Kondensationswärme gibt er an das Kühlwasser ab. Da der Dampf beim Kondensieren in sich „zusammensackt", nimmt der Druck im Kondensator noch weiter ab. Das entstandene flüssige Wasser wird zum Kessel zurückgepumpt und nimmt dort wieder Energie auf. Der Wasser-Dampf-Kreislauf ist geschlossen.

Energie vom Wind

Die ständig wachsende Anzahl von Windturbinen fordert sowohl Befürworter der Nutzung von Windenergie heraus als auch Gegner.

Die Gegner geben als Gründe an:

– Windturbinen verändern das Landschaftsbild. Sie verursachen Lärm und können den Fernsehempfang stören.

– Sie können Vögel bei ihrer Brut und Rast stören.

1 2 3

AUFTRAG 1

Stelle das Modell einer Windkraftanlage her! Als experimentelle Hilfsmittel kannst du u. a. Kunststoffflaschen und Blechdosen verwenden (Bilder 1 bis 3).

Das Flügelrad kannst du direkt auf der Generatorachse befestigen.

Bei einem großen Rotordurchmesser und starkem Wind ist ein Fahrraddynamo als Generator geeignet, bei kleineren ein Kleinstmotor für Bastlerbedarf.

AUFTRAG 2

Informiere dich über die Vorzüge und Nachteile von Windturbinen! Wie beurteilst du eine noch stärkere Nutzung der Windenergie? Welche Anforderungen würdest du an den weiteren Ausbau der Turbinenanlagen stellen? Gestalte dazu ein Poster!

AUFTRAG 3

Die Entwicklung der Offshore-Windenergie befindet sich in Deutschland im Augenblick in einer sehr dynamischen Phase. Zahlreiche Genehmigungsanträge für große Windparks im Meer wurden schon gestellt.

Viele Fragen sind allerdings noch zu klären: Welche Vorzüge und welche Nachteile ergeben sich daraus? Recherchiere im Internet und fertige eine Präsentation an!

Energie aus der Wüste

Solarthermische Kraftwerke sind nicht neu. In Kalifornien wird ein solches Kraftwerk seit 25 Jahren betrieben und in Spanien werden seit Anfang 2009 mit dem Andasol-1-Kraftwerk 200 000 Haushalte mit elektrischer Energie versorgt. Neu sind allerdings Pläne, elektrische Energie in großem Maßstab mithilfe von solarthermischen Anlagen zu erzeugen. Der zurzeit wohl ehrgeizigste Plan ist das „Desertec-Konzept". Demnach sollen bis 2050 15 % des europäischen Bedarfs an elektrischer Energie aus den Wüsten Nordafrikas und des Nahen Ostens gedeckt werden. Die elektrische Energie soll über 20 Hochspannungsgleichstromleitungen nahezu verlustfrei aus diesen Gebieten nach Europa geleitet werden (Bild 1).

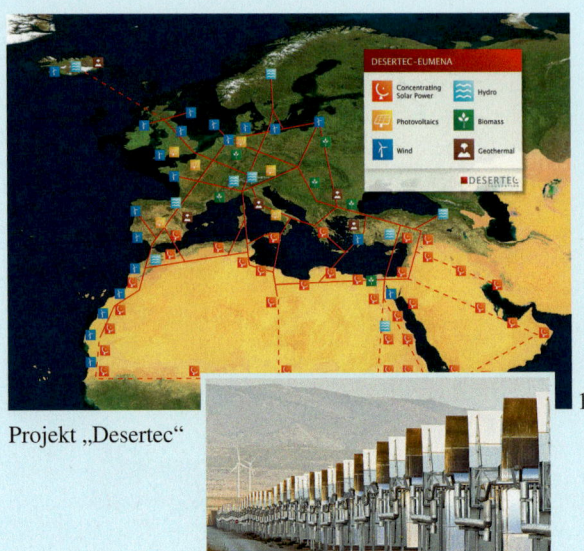

Projekt „Desertec"   1

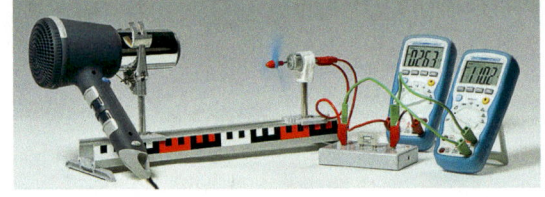

Andasol-Kraftwerk in Spanien   2

Aufgabe

1. Was hältst du davon, dass die Planungen der Gewinnung von elektrischer Energie in den heißen Gebieten Nordafrikas Europa zugute kommen sollen?

Weißt du es **?**
Kannst du es

1. Stelle in einer Übersicht zusammen, warum man sehr sparsam mit den Vorräten an Stein- und Braunkohle, Erdöl und Erdgas umgehen muss!
2. Welche unerschöpflichen Energiequellen werden in Deutschland bereits so stark genutzt, dass ihr Anteil an der Elektroenergieerzeugung mehr als 1 % beträgt?
3. Bei der Nutzung der Wasserkraft treten Vorzüge und Nachteile auf. Nenne diese und gib jeweils eine Begründung!
4. Beschreibe anhand des Energieflusses in einem Wasserkraftwerk die erforderlichen Energieumwandlungen.
5. Skizziere den Energiefluss in einem Windkraftwerk!
6. Wie groß ist die Leistung einer Miniwindenergieanlage? Ein Motor mit Propeller soll als Windenergieanlage dienen. Der Motor arbeitet als Generator. Wind wird mit einem Haartrockner erzeugt.
   a) Baue eine Messschaltung auf. Schließe einen 100-Ohm-Widerstand an den Generator an. Miss die Stromstärke in diesem Stromkreis und die Spannung am Generator. Ermittle die Leistung der Windenergieanlage!
   b) Untersuche den Zusammenhang zwischen Windgeschwindigkeit und Leistung des Windrades!
   c) Verändere die „Windrichtung". Wie lässt sich die Leistung steigern?

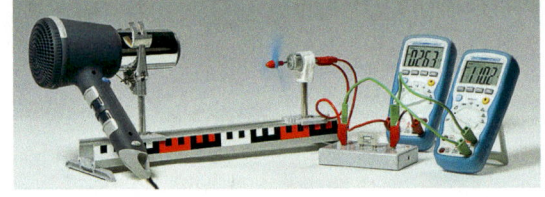

3

7. Organisiert eine Podiumsdiskussion in der Klasse. Alle bereiten sich durch Recherche im Internet und andere Medien auf das Thema „Vor- und Nachteile der Windenergie" vor. Einige Schülerinnen und Schüler setzen sich auf das „Podium", wo einige die wesentlichen Argumente „pro" und andere „kontra" Windenergie vortragen. Nach der Vorstellung kann die gesamte Klasse Fragen an das Podium stellen. Zum Schluss wird darüber abgestimmt, welche Position überzeugender vorgetragen wurde.
8. Bild 1, folgende Seite zeigt ein Aufwindkraftwerk. In dem Modell rechts wird ein mattschwarz lackiertes Rohr mit einer hellen Lampe angestrahlt. Über der oberen Öffnung befindet sich ein Windrad.

a) Beschreibe, warum sich das Windrad dreht.

b) Woher stammt die benötigte Energie und wie gelangt sie zum Windrad?

c) Vergleiche die Energienutzung im Aufwindkraftwerk mit der Nutzung der Windenergie in einer Windkraftanlage. Nenne Gemeinsamkeiten und Unterschiede!

d) Informiere dich im Internet über die Einsatzmöglichkeiten von Aufwindkraftwerken!

e) Versuche ein funktionstüchtiges Modell eines Aufwindkraftwerks zu bauen!

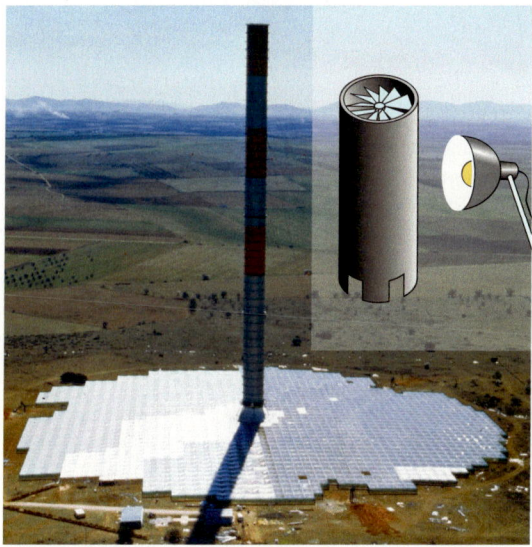
1

9. Im Sommer ist es nützlich, den Wirkungsgrad von Solarzellen durch Kühlung mit Wasser oder Luft zu vergrößern. Wie kann man das erwärmte Wasser und die erwärmte Luft nutzen?

10. Stelle eine Solarzelle so auf, dass das Licht der Sommersonne senkrecht auf sie fällt! Entwirf eine Schaltskizze für die Messung von Spannung und Stromstärke an einem Widerstand von 100 Ohm! Baue die Schaltung auf! Ermittle die von der Solarzelle abgegebene elektrische Leistung! Kühle die Zelle mit Eis, wiederhole die Messung und berechne! Vergleiche!

11. Auf welche Weise kann man aus Sonnenstrahlung Elektroenergie erzeugen? Wie groß sind die Wirkungsgrade der verschiedenen Anordnungen?

12. Ist es zurzeit wirtschaftlich, in Deutschland die Energie der Sonne in großem Umfang zur Elektroenergieerzeugung zu nutzen? Begründe deine Antwort!

13. Welche nachwachsenden Rohstoffe können in Deutschland in naher Zukunft Bedeutung erlangen? Worin bestehen ihre Vorteile und wie können sie genutzt werden?

14. Wie kann man organische Reststoffe zur Bereitstellung von Energie nutzen?

15. Was versteht man unter Primärenergie, Sekundärenergie, Nutzenergie und Endenergie?

16. Erläutere den Begriff Wirkungsgrad anhand eines Beispiels!

Kurz und knapp

Erschöpfliche Energiequellen sind Steinkohle, Braunkohle, Erdöl, Erdgas und Uran.

Zu den **unerschöpflichen Energiequellen** zählen Sonne, Wind, Wasser, Erdwärme sowie Biomasse.

Der **Wirkungsgrad** gibt an, wie gut oder schlecht eine Anlage eine Energieform in eine andere umwandelt: $\eta = E_{nutz}/E_{zug}$.

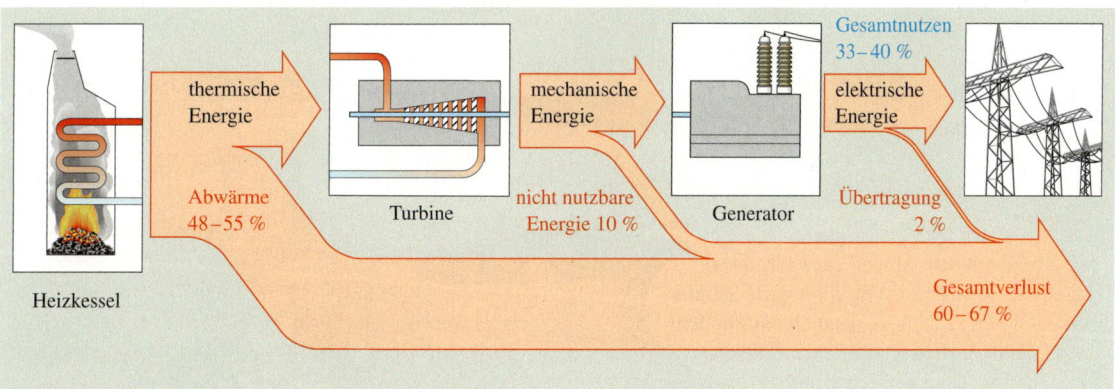

Energiefluss in einem Kraftwerk

Physik erlebt

Schüler von heute – unbedingt flexibel, aber nicht mobil

Mit 16 wollte ich mir eigentlich auch eine 125er zulegen, damit ich endlich mal losfahren kann, wenn es mir passt. Ständig muss man sich nach dem Fahrplan richten und nach 18 Uhr fährt der Bus doch sowieso nur einmal in der Stunde.

Das kenne ich, wenn ich abends nach dem Sport noch mal kurz reden will, nervt schon wieder der Fahrplan im Hinterkopf – und immer das Gerenne zur Stadtbahn …
Mein Vater sagt: „Du musst dich eben darauf einstellen! Wir müssen alle flexibel sein in der heutigen Zeit." Der hat gut reden, dabei kommt er auch immer nach Hause, wenn es ihm passt – Kunststück mit einem Auto ist jeder flexibel. Wenn ich so mobil wäre wie er, dann wäre ich auch immer pünktlich in der Schule.

Es geht auch nicht nur ums Geld, denn wir haben nicht nur ein Energieproblem, sondern auch ein Klimaproblem.

Ich finde, wir sollten die Sache mit dem Moped ganz vergessen! Benzin wird eh so teuer, dass wir uns als Schüler keines mehr leisten können. Und ob das mit dem Auto später noch klappt, ist auch fraglich – bei den Energiepreisen!

Das mit dem Klima kriegt man doch in den Griff, wenn man auf CO_2-neutrale Kraftstoffe umsteigt.

Ach so, Getreide in den Tank, damit die in den Entwicklungsländern noch weniger zu essen haben.

Nein, ich meine einheimischen Biodiesel, und außerdem bleiben ja noch Wind- und Sonnenenergie.

Damit kannst du vielleicht alle Häuser heizen und mit Strom versorgen, mobil sind wir dann aber immer noch nicht.

Genau und dann muss erst mal die Energie, die die Kernkraftwerke geliefert haben, durch alternative Energien ersetzt werden. Da bleibt für unsere Mobilität nichts mehr übrig.

Oh – kein Auto mehr für unsere Jungs!

Für euch auch nicht! Außerdem wollen die Politiker ja auch noch alle Kernkraftwerke in Deutschland stilllegen.

Der Abbau von Uran ist nicht CO_2-neutral, außerdem liefern Kernkraftwerke nur Strom und keinen Brennstoff für Heizung und Autos. Doch, es gibt schon echt gute Ansätze.

Ich finde die Stilllegung der Kernkraftwerke sowieso Quatsch, in Frankreich machen die doch munter weiter und verdienen sich 'ne goldene Nase und, soweit ich weiß, schädigen sie nicht das Klima, denn die produzieren ja kein CO_2.

Aufgaben
1. Fasse zusammen, welche Befürchtungen die Schüler und Schülerinnen haben.
2. Welche Forderungen stellen sie an die Energieversorgung der Zukunft?

Bis die so weit sind, bist du Großpapa, da kannst du wieder schauen, wie mobil deine Enkel sind!

Impuls und Impulserhaltung

Beim Billard überträgt die stoßende Kugel ihre gesamte kinetische Energie auf die gestoßenen Kugeln. Nach dem Stoß ist sie in Ruhe oder bewegt sich nur noch langsam. Stöße, bei denen die kinetische Energie der beteiligten Stoßpartner vor dem Stoß genauso groß ist wie nach dem Stoß, nennt man elastische Stöße. Ein nahezu elastischer Stoß tritt beim Billard auch dann auf, wenn eine Kugel auf die Bande trifft. Sie verlässt dann die Bande mit fast der gleichen kinetischen Energie. Es ändert sich nur die Richtung, nicht der Betrag der Geschwindigkeit.

1

Zentrale elastische und unelastische Stöße

Der zentrale elastische Stoß. Elastische Stöße kann man gut beim Rangieren von Güterwagen beobachten. Hier bewegt sich der gestoßene Wagen in der gleichen Richtung weiter wie der stoßende. Einen solchen Stoß nennt man einen „zentralen" elastischen Stoß.

Zentrale elastische Stöße lassen sich mit der Luftkissenbahn untersuchen.

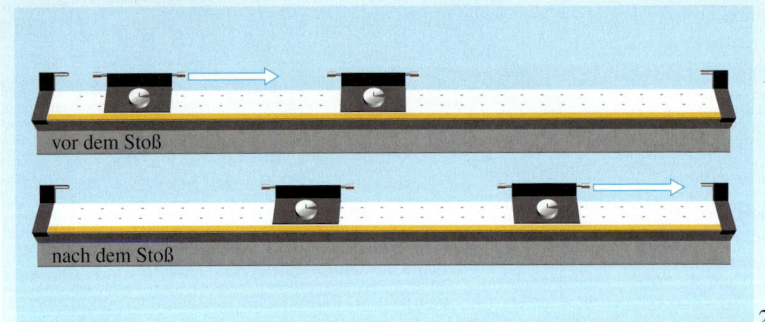

vor dem Stoß

nach dem Stoß

2

EXPERIMENT 1
Auf der Luftkissenbahn stehen zwei Schlitten mit gleicher Masse. An den Schlitten sind Magnete so angebracht, dass zwischen ihnen abstoßende Kräfte auftreten. Man stößt den ersten Schlitten an, sodass er auf den zweiten prallt.

Trifft der stoßende Schlitten auf den ruhenden mit gleicher Masse, so kommt er zur Ruhe und überträgt seine gesamte kinetische Energie auf den zweiten Schlitten. Dieser bewegt sich nach dem Stoß mit der Geschwindigkeit des ersten weiter.

 ↑Basiskonzept
Wechselwirkung

 ↑Basiskonzept
System

 ▶ Stößt ein Körper 1 auf einen ruhenden Körper 2 gleicher Masse, dann überträgt der Körper 1 beim zentralen elastischen Stoß seine gesamte kinetische Energie auf den Körper 2.

Besitzen die beiden Stoßpartner unterschiedliche Massen, kann man Folgendes beobachten:

1. Die Masse des stoßenden Schlittens 1 ist größer als die Masse des gestoßenen Schlittens 2. Nach dem Stoß bewegt sich Schlitten 2 mit der gleichen Geschwindigkeit, mit der Schlitten 1 aufgeprallt ist. Schlitten 1 bewegt sich langsam hinter Schlitten 2 her (Bild 1).

2. Die Masse des stoßenden Schlittens 1 ist kleiner als die Masse des gestoßenen Schlittens 2. Nach dem Stoß bewegt sich Schlitten 2 mit einer kleineren Geschwindigkeit als Schlitten 1 vor dem Stoß. Schlitten 1 prallt von Schlitten 2 zurück und bewegt sich mit einer kleineren Geschwindigkeit als vor dem Stoß (Bild 2).

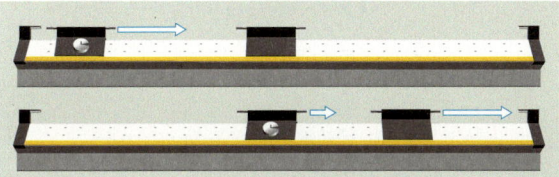 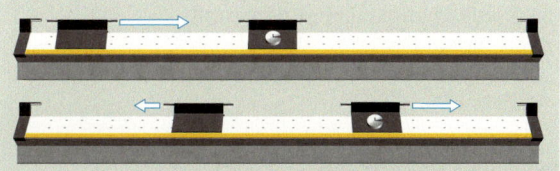

1   2

► **Beim zentralen elastischen Stoß von Körpern unterschiedlicher Masse wird nur ein Teil der kinetischen Energie auf den zweiten Stoßpartner übertragen. Die Summe der gesamten kinetischen Energie bleibt konstant.**

Je größer die Masse des 2. Stoßpartners ist, desto weniger Energie kann der 1. Stoßpartner übertragen. Ist sie sehr groß, so prallt der 1. mit der gesamten kinetischen Energie zurück. Bei einem solchen Stoß ändert sich nur die Richtung, nicht aber der Betrag der Geschwindigkeit.

Für den zentralen elastischen Stoß mit einem ruhenden Stoßpartner gilt für die Geschwindigkeiten nach dem zentralen elastischen Stoß:

$$u_1 = \frac{m_1 - m_2}{m_1 + m_2} \cdot v_1 \qquad\qquad u_2 = \frac{2\,m_1}{m_1 + m_2} \cdot v_1$$

Dabei sind u_1 und u_2 die Geschwindigkeiten des 1. bzw. 2. Stoßpartners nach dem Stoß. v_1 ist die Geschwindigkeit des stoßenden Körpers vor dem Stoß. m_1 und m_2 sind die Massen der beiden Stoßpartner.

Der zentrale unelastische Stoß. Die meisten Stöße, die in der Technik und im Alltag auftreten, sind unelastische Stöße. Man erkennt sie daran, dass sich beide aufeinanderprallenden Körper nach dem Stoß mit der gleichen Geschwindigkeit weiterbewegen. Solche Stöße treten bei Verkehrsunfällen auf, wenn z. B. ein fahrendes Fahrzeug auf ein ruhendes auftrifft. Welche Gesetze gelten bei unelastischen Stößen?

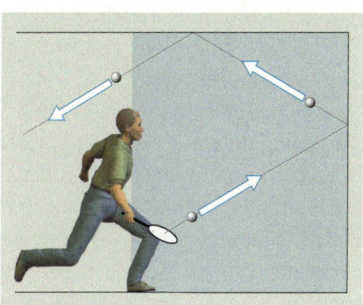

Beim Squashspielen prallt der Ball (1. Stoßpartner) von der Wand (2. Stoßpartner sehr großer Masse) mit der gesamten kinetischen Energie zurück.

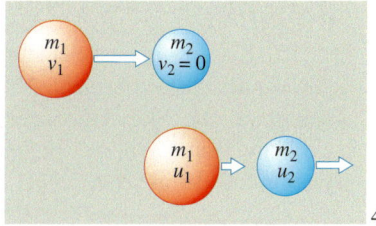

EXPERIMENT 2

Die experimentelle Anordnung entspricht der in Experiment 1. Anstelle der Magnete werden zwischen den Schlitten kleine Knetmassekugeln angebracht. Der erste Schlitten wird angestoßen, sodass er in der Mitte der Luftkissenbahn auf den ruhenden zweiten trifft, der die gleiche Masse besitzt.

SCHON GEWUSST?

Für $m_1 < m_2$ ergibt sich ein negativer Wert für u_1. In diesem Fall kehrt sich also die Bewegungsrichtung des Körpers 1 nach dem Stoß um.

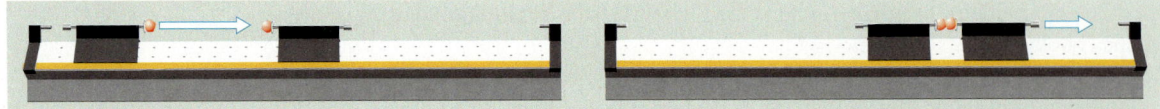

1

Nach dem Stoß bewegen sich beide Schlitten mit der gleichen Geschwindigkeit u weiter. Sie ist halb so groß wie die Geschwindigkeit des aufprallenden Schlittens (Bild 1).

Beim unelastischen Stoß nimmt die kinetische Energie ab. Ein Teil dieser Energie wird in thermische Energie umgewandelt. Im Experiment erwärmt sich die Knetmasse zwischen den Schlitten. Beim zentralen unelastischen Stoß gilt für Stoßpartner unterschiedlicher Masse und Geschwindigkeit für die Geschwindigkeit nach dem Stoß:

$$u = \frac{m_1 \cdot v_1 + m_2 \cdot v_2}{m_1 + m_2}.$$

Die physikalische Größe Impuls

Aus der Gleichung für die Geschwindigkeit nach dem zentralen unelastischen Stoß folgt noch eine weitere Erkenntnis. Durch Multiplizieren mit $(m_1 + m_2)$ ergibt sich: $m_1 \cdot u + m_2 \cdot u = m_1 \cdot v_1 + m_2 \cdot v_2$. D.h., dass vor und nach dem zentralen unelastischen Stoß die Summe der Produkte aus den Massen und den Geschwindigkeiten gleich groß sind.

Berechnet man in entsprechender Weise für den elastischen Stoß die Produkte $m \cdot v$ und $m \cdot u$, so ergibt sich ebenfalls, dass die Summe der Produkte vor dem Stoß gleich der Summe der Produkte nach dem Stoß ist.

Diese Ergebnisse deuten darauf hin, dass dem Produkt aus Masse und Geschwindigkeit in der Physik eine besondere Bedeutung zukommt.

Diese Aussage wird durch Experimente mit dem sogenannten Kugelstoßapparat bestätigt. Er besteht aus einer Reihe aufgehängter Stahlkugeln, die sich berühren (Bild 2). Beim Aufeinanderprallen treten elastische Stöße auf. Wird die Kugel am Anfang der Reihe angestoßen, so pflanzt sich der Stoß durch die ganze Kugelreihe fort.

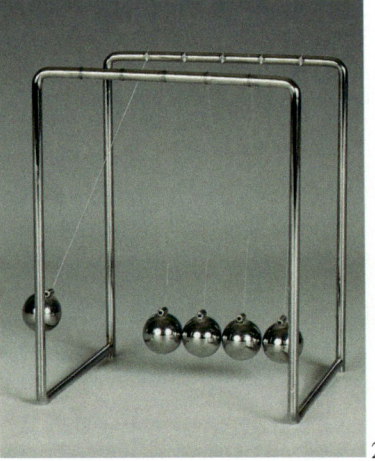

2

EXPERIMENT 3

Die erste Kugel wird ausgelenkt und losgelassen. Die Kugel prallt gegen die Reihe der übrigen Kugeln. Aber nur die letzte Kugel bewegt sich von den übrigen weg. Sie schlägt genauso weit aus, wie man die erste ausgelenkt hatte. Dann stößt sie von der anderen Seite gegen die Kugelreihe. Jetzt wird wieder die erste Kugel zurückgeschleudert usw.

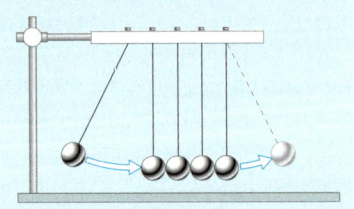

3

Wenn man gleichzeitig 2 Kugeln gegen die Kugelreihe prallen lässt, entfernen sich auch wieder zwei auf der gegenüberliegenden Seite (Bild 4). Dieses Prinzip gilt sogar, wenn die Anzahl der ruhenden Kugeln kleiner als die Anzahl der stoßenden ist. Dann bewegen sich die ersten der stoßenden Kugeln einfach weiter. Da alle Kugeln die gleiche Masse und auch die gleiche Geschwindigkeit besitzen, sind in jedem Fall die Produkte aus Masse und Geschwindigkeit vor dem Stoß gleich den Produkten aus Masse und Geschwindigkeit nach dem Stoß.

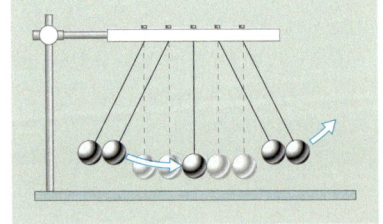

4

Das bestätigt die Aussage, dass dem Produkt aus Masse und Geschwindigkeit in der Physik eine große Bedeutung zukommt. Dieses Produkt kennzeichnet den Bewegungszustand eines Körpers. Man nennt es den Impuls p.

Der Impuls kennzeichnet den Bewegungszustand eines Körpers. Für den Impuls eines Körpers gilt die Gleichung: $p = m \cdot v$.

Die Einheit des Impulses ist kg · m/s.
Der Impuls eines Körpers ist umso größer, je größer seine Masse und seine Geschwindigkeit ist. Der Impuls ist eine vektorielle Größe.
Er besitzt dieselbe Richtung wie die Geschwindigkeit des Körpers.

Bei diesem Crashtest hatten beide Autos die gleiche Geschwindigkeit. Die Masse unterschied sich jedoch stark.

Impulserhaltungssatz. Der Energieerhaltungssatz gilt für alle Vorgänge. Die Gesamtenergie in einem abgeschlossenen System bleibt konstant. Der Energieerhaltungssatz gilt sowohl für den elastischen als auch für den unelastischen Stoß. Beim elastischen Stoß bleibt die Summe der kinetischen Energien beider Stoßpartner unverändert. Beim unelastischen Stoß wird ein Teil der kinetischen Energie in thermische Energie umgewandelt. Wie sich der Impuls eines Systems ändert, soll im nächsten Experiment untersucht werden.

EXPERIMENT 4
Zwei kleine Wagen gleicher Masse werden auf die horizontale Tischplatte gestellt und mit einem dünnen Faden aneinander befestigt. Zwischen die Wagen klemmt man eine gespannte Blattfeder. Man brennt den Faden durch und beobachtet die Bewegung der Wagen.

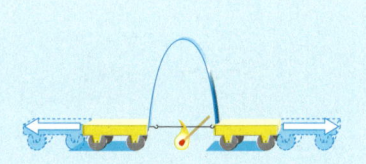

Beide Wagen bewegen sich mit gleichem Betrag der Geschwindigkeit auseinander. Da ihre Massen gleich groß sind, ist auch der Betrag ihrer Impulse gleich groß. Zu Beginn war die Summe der Impulse null, da beide Wagen in Ruhe waren. Nach dem Experiment hatten beide gleiche Impulse, jedoch mit entgegengesetzter Richtung. Dadurch war die Summe ebenfalls null. Wiederholt man das Experiment mit Wagen unterschiedlicher Masse, so bewegen sich beide Wagen mit unterschiedlichen und einander entgegengesetzt gerichteten Geschwindigkeiten.
Aus solchen Experimenten ist zu erkennen, dass sich bei den Vorgängen die Summe der Impulse nicht ändert. Es gilt der Impulserhaltungssatz.

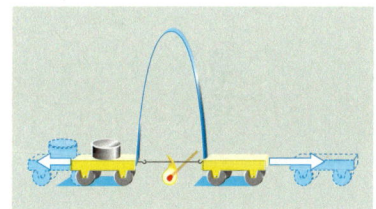

Hat der eine Wagen z. B. eine doppelt so große Masse wie der andere, dann bewegt er sich mit dem halben Betrag der Geschwindigkeit des anderen Wagens.

Impulserhaltungssatz: In einem abgeschlossenen System bleibt die Summe aller Impulse unverändert.

Kinetische Energie und Impuls. Kinetische Energie und Impuls kennzeichnen beide die Bewegung eines Körpers. Für die kinetische Energie gilt die Gleichung $E = 1/2\, m \cdot v^2$. Die Gleichung für den Impuls lautet $p = m \cdot v$. Beide Gleichungen enthalten die physikalischen Größen Masse und Geschwindigkeit. Kinetische Energie und Impuls sind geeignet, Stoßprozesse zu beschreiben. Während die kinetische Energie nur beim elastischen Stoß erhalten bleibt, bleibt der Impuls sowohl beim elastischen als auch beim unelastischen Stoß erhalten.

↑Basiskonzept
Energie

Die physikalische Größe Kraftstoß

Ein Raumschiff bewegt sich mit einem bestimmten Betrag des Impulses mit einem fernen Ziel durch das Weltall. Soll es früher ankommen, muss es sich mit größerer Geschwindigkeit bewegen. Dazu muss der Impuls des Raumschiffes vergrößert werden. Das erfolgt durch das Zünden der Raketentriebwerke (Bild 1). Dadurch wirkt auf das Raumschiff eine beschleunigende Kraft. Die Vergrößerung des Impulses hängt davon ab, wie lange die Triebwerke arbeiten. Die Impulsänderung des Raumschiffes ist umso größer, je länger sie wirkt. Außerdem hängt sie vom Betrag der Kraft ab. Je größer die Kraft ist, desto größer ist die Impulsänderung. Das Produkt aus Kraft und Zeit nennt man Kraftstoß. Der Kraftstoß bewirkt eine Änderung des Impulses des Raumschiffes.

1

 Der Kraftstoß kennzeichnet den Prozess der Impulsänderung eines Körpers. Für den Kraftstoß gilt die Gleichung: $\Delta I = F \cdot \Delta t$. Einheit: N·s oder kg·m/s

Die Vergrößerung des Impulses durch einen Kraftstoß kann leicht in einem Experiment untersucht werden. Eine Kugel befindet sich auf einer horizontalen Bahn. Sie besitzt den Impuls null. Am Anfang der Bahn ist eine Fallrinne befestigt.

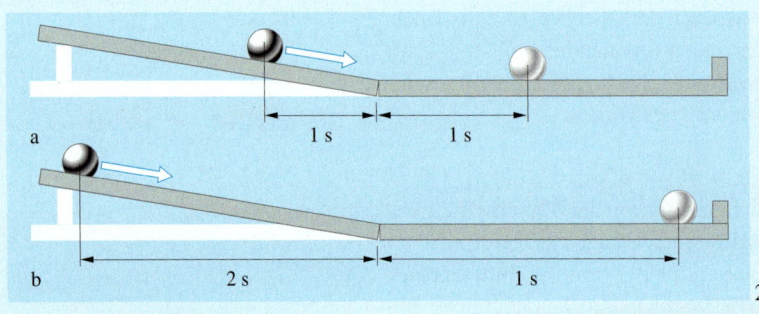

a

b

2

Messwerttabelle						
s in m	v in m/s	m in kg	$p=m\cdot v$ in kg·m/s	F in N	t in s	$I=F\cdot t$ in N·s
0,0	0,0	0,1	0,0	0,02	0	0,0
0,2	0,2	0,1	0,02	0,02	1	0,02
0,4	0,4	0,1	0,04	0,02	2	0,04
0,6	0,6	0,1	0,06	0,02	3	0,06

EXPERIMENT 5
Durch Probieren ermittelt man, von welcher Stelle die Kugel starten muss, damit sie genau 1 s lang auf der Fallrinne rollt, bis sie die horizontale Bahn erreicht. Danach bestimmt man den Weg, den die Kugel in der nächsten Sekunde auf der horizontalen Bahn zurücklegt. Ihre Geschwindigkeit wird berechnet ($v=s/t$).
Danach lässt man die Kugel 2 s lang auf der Fallrinne rollen und bestimmt wieder ihre Endgeschwindigkeit. Man wiederholt das Experiment für 3 s. Schließlich ermittelt man die Masse der Kugel und die Kraft, die auf der Fallrinne auf die Kugel wirkt.

Man bildet die Produkte $p=m\cdot v$ und $I=F\cdot t$. Zwischen den Einheiten kg·m/s und N·s besteht die Beziehung 1 kg·m/s = 1 N·s. Es ergibt sich, dass der Kraftstoß gleich der Zunahme des Impulses ist. Solche Bedingungen liegen beim Anfahren eines Autos an einer Ampelkreuzung vor. Beim Anfahren wirkt die Kraft F des Motors. Je länger sie wirkt, umso größer ist der Kraftstoß. Ein großer Kraftstoß bewirkt eine große Geschwindigkeit des Autos und damit einen großen Impuls.

Weißt du es ?

Kannst du es

1. Schnippe auf einer glatten Unterlage mit dem Finger gegen eine Münze, sodass diese zentral auf eine zweite aufprallt. Wiederhole das Experiment und verwende dabei Münzen unterschiedlicher Masse. Sage jeweils die Bewegung beider Münzen nach dem Stoß voraus!

2. Wie groß sind Impuls und kinetische Energie eines Pkw, der bei einer Masse von 1000 kg eine Geschwindigkeit von 100 km/h besitzt? Wie groß sind kinetische Energie und Impuls nach dem Abbremsen auf 50 km/h und schließlich auf 25 km/h?

3. Beim 11-Meter-Schießen muss der Torwart in erster Linie sehr schnell reagieren. Außerdem muss er sich auf den großen Impuls des ankommenden Balls einstellen. Wie tut er das?

4. Erkläre mithilfe des Impulserhaltungssatzes die Wirkungsweise eines Raketentriebwerks!

5. Drei Eisenbahnwaggons von je 25 t stehen zusammengekoppelt auf einem horizontalen Gleis. Ein vierter Waggon gleicher Masse fährt mit einer Geschwindigkeit von 5 m/s auf, wobei die Kupplung automatisch einrastet. Mit welcher Geschwindigkeit bewegen sich die vier Waggons weiter?

6. Ein Auto mit der Masse 1500 kg fährt mit einer Geschwindigkeit von 150 km/h von hinten auf ein in gleicher Richtung fahrendes kleineres Auto mit einer Masse von 900 kg, das sich mit einer Geschwindigkeit von 90 km/h bewegt. Wie groß ist die Geschwindigkeit beider unmittelbar nach dem Aufprall?
Wie groß ist die Endgeschwindigkeit der Autos, wenn das Auto mit der kleineren Masse unter gleichen Bedingungen von hinten auf das mit der größeren Masse auffährt?

7. In der Tabelle sind die Messergebnisse von Stoßexperimenten mit Körpern gleicher Masse dargestellt.
Überprüfe, ob der Impulserhaltungssatz und der Satz von der Erhaltung der mechanischen Energie erfüllt ist!
Welche Messergebnisse sind nicht möglich?

Experiment Nr.	v_1 in m/s	v_2 in m/s	u_1 in m/s	u_2 in m/s
1	5	0	3	4
2	5	0	2,5	2,5
3	5	0	0	5
4	5	0	2	3
5	5	0	4	4

Kurz und knapp !

Impuls
Der Impuls p kennzeichnet den Bewegungszustand eines Körpers.

$p = m \cdot v$

Raumschiff mit konstanter Geschwindigkeit. Der Impuls des Raumschiffes ist konstant.

Kraftstoß
Der Kraftstoß I kennzeichnet den Prozess der Impulsänderung eines Körpers.

$\Delta I = F \cdot \Delta t$

Die Rakete wird gezündet. Der Impuls des Raumschiffes nimmt zu.

Impulserhaltungssatz: In einem abgeschlossenen System bleibt die Summe aller Impulse unverändert.

Zentraler unelastischer Stoß
Die Endgeschwindigkeit beträgt:

$$u = \frac{m_1 \cdot v_1 + m_2 \cdot v_2}{m_1 + m_2}$$

Zentraler elastischer Stoß
Beim Stoß mit einem ruhenden Stoßpartner betragen die Endgeschwindigkeiten:

$$u_1 = \frac{m_1 - m_2}{m_1 + m_2} \cdot v_1 \qquad u_2 = \frac{2 m_1}{m_1 + m_2} \cdot v_1$$

Teste dich!

1 Zwei Kräfte können ein Kräftegleichgewicht hervorrufen; zwei Kräfte treten aber auch bei einer Wechselwirkung auf. Welche Gemeinsamkeiten und welche Unterschiede liegen in den beiden Fällen vor?

2 Jana sagt: „Ein Auto ist im Stillstand besonders träge. Das merkt man, wenn man es anschieben soll. Wenn es erst mal in Bewegung ist, ist es viel leichter, es in Bewegung zu halten." Erkläre Jana, welche Fehler sie gemacht hat.

3 Zwei Brüder tragen einen Limokasten erst in Eintracht, dann im Streit. Welche Art ist physikalisch günstiger? Begründe deine Antwort.

Eintracht Streit 1

4 Ein Auto fährt an. Die antreibende Kraft auf das Fahrzeug beträgt 2,5 kN, die Gewichtskraft des Fahrzeugs beträgt 10 kN. Die Reibungskraft beträgt 1 kN. Zeichne die Kräfte in einem geeigneten Maßstab.

5 Ein Artist (60 kg) springt aus 5 m Höhe auf ein Trampolin. In jeder Hand hält er einen Sandsack (je 20 kg). Wenn er auf dem Trampolin seinen tiefsten Punkt erreicht, wirft er die Säcke zur Seite.
Mit welcher Geschwindigkeit trifft der Artist auf das Trampolin, mit welcher verlässt er es? Wie hoch wird der Artist geschleudert? Löse mit dem Satz von der Erhaltung der mechanischen Energie.

6 Welche Kräfte wirken beim Hammerwerfen?

7 Berechne die Radialkraft, die auf den Waggon eines Zuges wirkt, der eine Kurve mit dem Radius 500 m durchfährt. Der Zug hat eine Geschwindigkeit von 50 km/h und der Waggon eine Masse von 20 t. Vergleiche die Radialkraft mit der eines Lkw von 5 t Masse in einer Kurve von 50 m Radius bei doppelter Geschwindigkeit.

8 Zwei Wagen rollen genau aufeinander zu. Der eine Wagen hat eine Geschwindigkeit von 5 m/s und eine Masse von 4 kg, der andere Wagen hat eine Geschwindigkeit von 10 m/s und eine Masse von 2 kg. Wie groß ist der Impuls der beiden einzelnen Wagen und der beiden Wagen zusammen?

9 Wie schnell müsste sich ein Tennisball ($m = 50$ g) bewegen, damit er den gleichen Impuls hat wie ein Medizinball ($m = 4$ kg), der sich mit einer Geschwindigkeit von 2 m/s bewegt?

10 Ein sich bewegender Wagen kommt allmählich wieder zur Ruhe, ohne dass er auf einen anderen Körper aufgeprallt wäre. Wo bleibt der Impuls des Wagens?

Schätze deine Kenntnisse und Fähigkeiten ein.
Ordne dazu deiner Lösung im Heft ein Smiley zu:
☺ Ich konnte die Aufgabe richtig lösen.
☺ Ich konnte die Aufgabe nicht komplett lösen.
☹ Ich konnte die Aufgabe nicht lösen.

❯ Die Lösungen findest du im Anhang.

Aufgabe	Fähigkeit	Hilfe findest du auf Seite ...
1	Wechselwirkung und Kräftegleichgewicht erkennen.	132, 137
2	Trägheit erklären.	130, 131
3	Kräfteaddition und -zerlegung anwenden.	138–140
4	Kräfte erkennen und darstellen.	135, 138
5	Den Satz von der Erhaltung der mechanischen Energie anwenden.	153–155
6, 7	Kräfte bei Kreisbewegungen erkennen und beschreiben.	146–148
8–10	Stöße erkennen und die physikalische Größe Impuls anwenden.	174–177

Radioaktivität und Umwelt

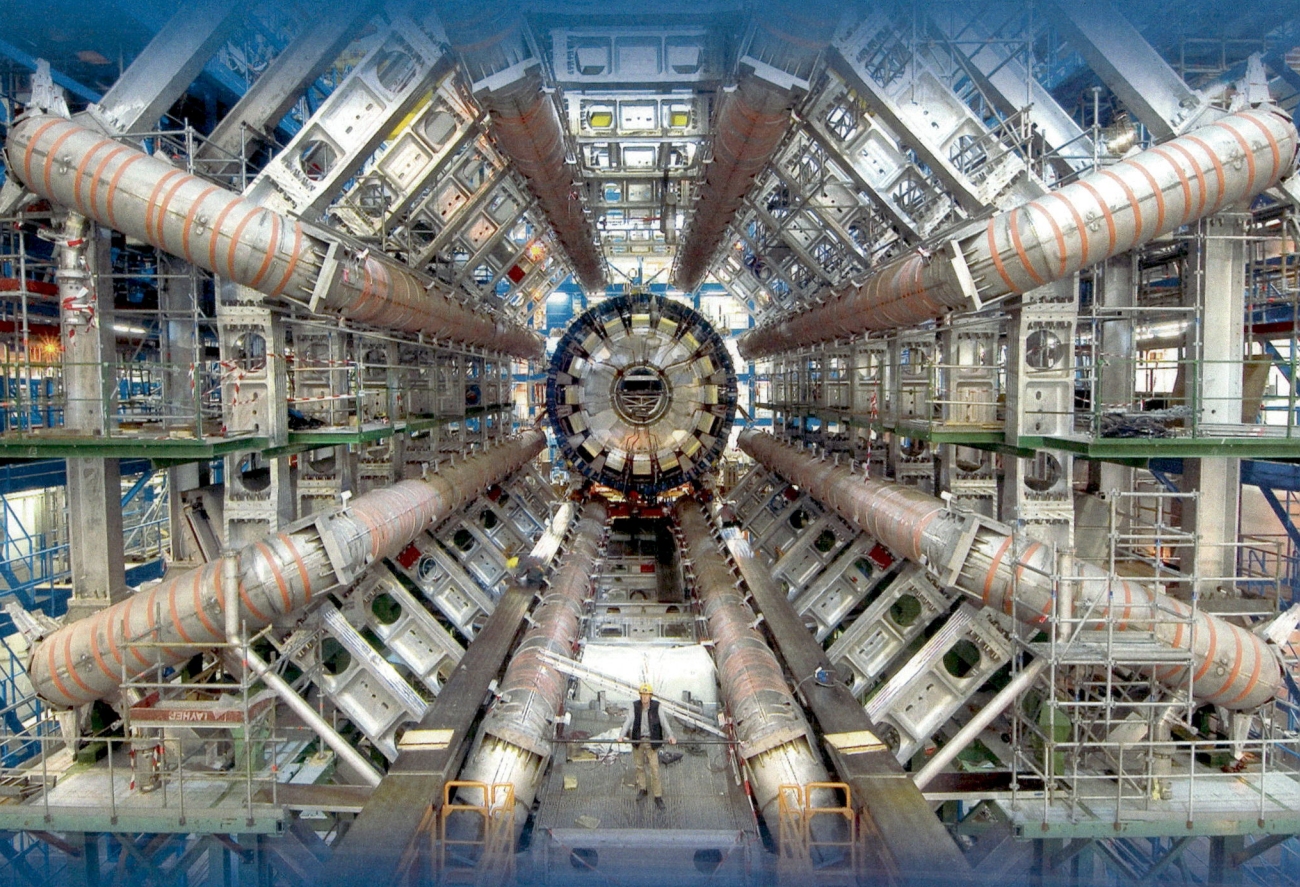

In diesem riesigen Beschleuniger schicken die Forscher winzige Bausteine der Atome – Protonen – auf eine 27 km lange Kreisbahn, bis sie sehr, sehr schnell sind.
Dann lassen sie sie aufeinanderprallen: ein Crashtest für Protonen, wobei deren Bestandteile auseinanderfliegen, in empfindlichen Messkammern aufgefangen und von schnellen Computern analysiert werden.
Zwar versteht nur ein kleiner Kreis von Physikern genau, was in dem *Large Hadron Collider* (LHC) geschieht, aber alle Physiker wollen wissen, „... was die Welt im Innersten zusammenhält", wie das GOETHE seinen Dr. Faust fragen lässt. Und darauf geben auch solche riesigen Messapparaturen eine Antwort.

Radioaktivität

Aspekte

Die Themen Radioaktivität und
Kernenergie werden als Segen und
als Fluch wahrgenommen.
– Heilung durch Strahlung –
  gesundheitliche Gefahren durch
  Radioaktivität
– Preiswerte Kernenergie –
  ungeklärte Entsorgung und
  teurer Abbau alter Kernkraftwerke

Zum Thema Kernenergie gehören
auch Hiroshima und Nagasaki,
Tschnerobyl und Fukushima sowie
die Frage nach der Verantwortung
der Wissenschaftler.

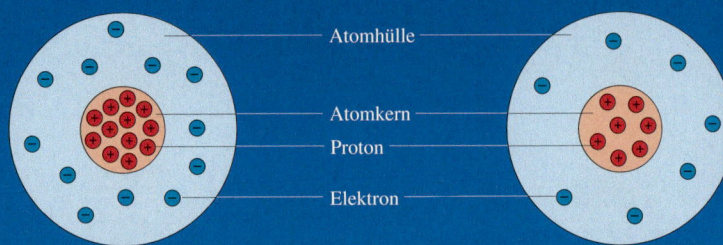

Atomhülle

Atomkern
Proton

Elektron

Modelle helfen bei der Beschreibung der kleinsten,
nicht sichtbaren Teilchen, aus denen die gesamte
Materie besteht.

Spielerei mit nanotechno-
logischem Hintergrund:
Wissenschaftler haben aus
einzelnen Atomen eine
Figur gebildet.

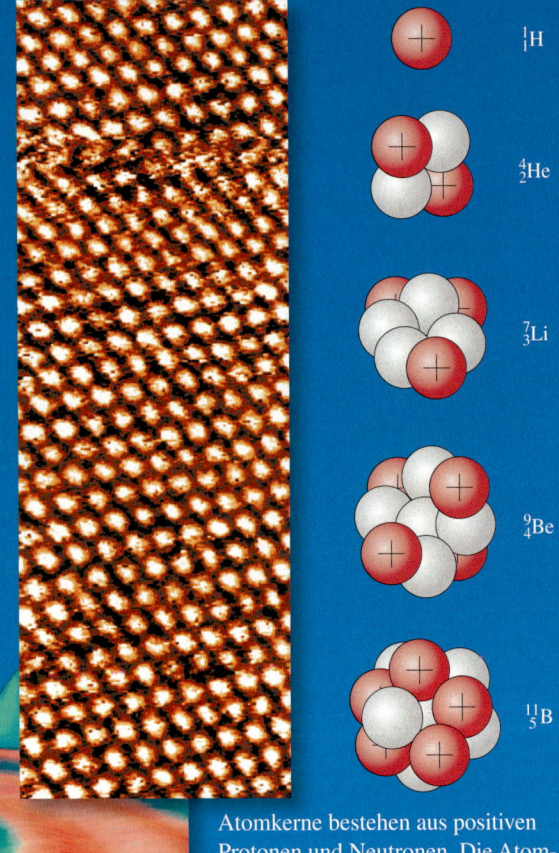

$_1^1H$

$_2^4He$

$_3^7Li$

$_4^9Be$

$_5^{11}B$

Atomkerne bestehen aus positiven
Protonen und Neutronen. Die Atom-
kerne verschiedener chemischer
Elemente unterscheiden sich in der
Anzahl der Protonen und Neutronen.

Mit aufwendigen Verfahren versuchen
die Wissenschaftler sich ein Bild vom
Aufbau der Materie zu machen.

Kernkraftwerk – in Deutschland ist der Ausstieg aus der Kernenergie beschlossene Sache.

Die Entsorgung und Endlagerung radioaktiver Abfälle ist noch nicht geklärt.

Reaktorkatastrophe in Tschernobyl

Kernwaffentest

Radioaktives Iod zur Therapie der erkrankten Schilddrüse

Die Energiefreisetzung im Innern der Sonne erfolgt durch Kernfusion – leichte Atomkerne verschmelzen zu schwereren.

Radioaktive Strahlung

Radioaktivität empfinden viele Menschen als etwas Bedrohliches. Tatsächlich sind wir auf der Erde dieser Erscheinung ständig ausgesetzt. Uran in Gesteinen, Kalium oder Iod in der Nahrung, Radon in Gebäuden oder die kosmische Strahlung in größeren Höhen führen zu einer natürlichen Strahlenexposition (Einwirkung ionisierender Strahlung auf den menschlichen Körper). Woher kommt diese Strahlung? Wie wirken unterschiedliche Strahlungsarten auf den Organismus? Wie gefährlich ist die Radioaktivität wirklich?

Atome

Das Atom. Die Menschen machen sich schon sehr lange Gedanken darüber, aus welchen Einzelteilen die Stoffe in unserer Umwelt und auch wir selbst bestehen. Der griechische Philosoph DEMOKRIT (460–371 v. Chr.) glaubte bereits, dass alle Materie aus ewigen, unteilbaren Bausteinen besteht. Er nannte sie Atome (griech. *atomos:* das Unzerteilbare). Heute reicht diese Vorstellung nicht mehr aus.

Mit großen Teilchenbeschleunigern wird inzwischen das Innere von Atomen untersucht. Am Rastertunnelmikroskop können atomare Strukturen von Oberflächen sichtbar gemacht werden (Bild 2). Wie ist das Atom aufgebaut?

Das Atom besteht aus Atomkern und Atomhülle. Beide sind Träger von Energie. Bei Veränderung des Energiezustands kann Strahlung entstehen. Es gibt mehrere Arten von Strahlung.

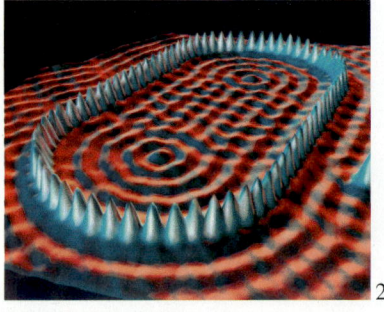

Ring von 76 Eisenatomen auf Kupfer; sichtbar gemacht mit dem Rastertunnelmikroskop

Atommodelle. Nach unserer heutigen Modellvorstellung besteht ein Atom aus einem Atomkern und einer Atomhülle. In der Atomhülle befinden sich Elektronen. Der Atomkern ist sehr stabil und besteht aus Protonen und Neutronen.

Einen großen Beitrag zur Entwicklung dieser Vorstellung hat der englische Physiker ERNEST RUTHERFORD geleistet. In einem 1909 durchgeführten Experiment (Bild 1, folgende Seite) stellte er beim Beschuss von dünnen Goldfolien mit positiv geladenen Teilchen, den sogenannten α-Teilchen, fest, dass die meisten Teilchen die Folie ungehindert durchdringen und dabei ihre Ausbreitungsrichtung nicht ändern. Wenige Teilchen werden stark abgelenkt oder sogar zurückgeworfen.

ERNEST RUTHERFORD (1871–1937)

NIELS BOHR (1885–1962)

Aufgrund dieser unerwarteten Ergebnisse kann die Goldfolie nicht aus dicht gepackten Atomen, vergleichbar mit massiven Billardkugeln, aufgebaut sein. Die Atome müssen vielmehr zum großen Teil aus einem fast leeren Raum bestehen. Beinahe die gesamte Masse des Atoms konzentriert sich im Innern auf einem sehr kleinen Raum. RUTHERFORD nannte diesen Bereich Atomkern. Den Atomkern des kleinsten und leichtesten Atoms – das ist das Wasserstoffatom – nannte er Proton. Das Proton ist genauso stark geladen wie das Elektron, allerdings positiv. Schon das nächstgrößere Atom – das Heliumatom – ist nicht doppelt, sondern viermal so schwer wie das Wasserstoffatom, obwohl sein Kern nur zwei Protonen enthält. Der Atomkern des Heliumatoms muss also aus weiteren Bausteinen bestehen. Diese wurden 1932 von CHADWICK entdeckt und Neutronen genannt, da sie keine elektrische Ladung besitzen.

Bereits im Jahre 1913 hatte der dänische Physiker NIELS BOHR das rutherfordsche Atommodell weiterentwickelt. Experimente zur Herauslösung von Elektronen aus der Atomhülle führten ihn u. a. zu der Annahme, dass sich die Elektronen in der Atomhülle mit unterschiedlichen Energien auf bestimmten Bahnen bewegen (Bild 3).

↑Basiskonzept Materie

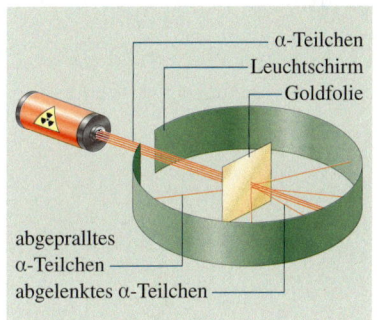

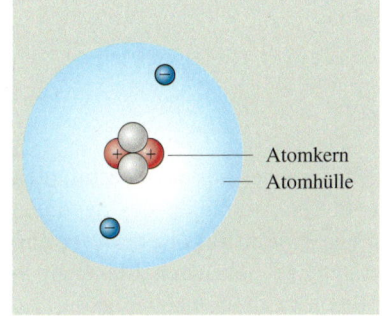

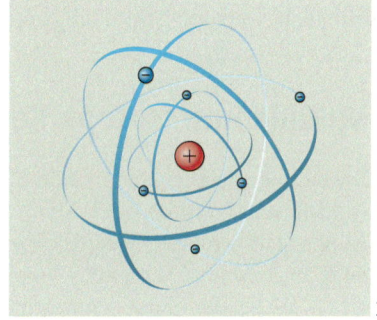

1

Prinzip des Streuexperiments von RUTHERFORD

2

Kern-Hülle-Modell von RUTHERFORD

3

Atommodell von BOHR

Größe des Atoms. Da im rutherfordschen Experiment nur sehr wenige positive Teilchen die Richtung ändern, muss der Atomkern im Vergleich zum ganzen Atom sehr klein sein. Tatsächlich ist der Durchmesser des Atoms 10 000-mal größer als der Durchmesser des Atomkerns. Nehmen wir die Höhe der Frauenkirche in Dresden als Durchmesser eines Atoms, dann wäre die Größe des Kerns einer Kirsche vergleichbar mit der des Atomkerns (Bild 4).

Masse. Die Masse eines Protons bzw. eines Neutrons beträgt jeweils rund $1{,}67 \cdot 10^{-27}\,\text{kg}$. Damit ist ein Proton bzw. ein Neutron etwa 1836-mal schwerer als ein Elektron ($9{,}11 \cdot 10^{-31}\,\text{kg}$). Der größte Teil der Masse eines Atoms ist deshalb im Atomkern konzentriert.

Ein Atom besteht aus der Atomhülle und dem Atomkern. Der Kern nimmt nur einen sehr kleinen Anteil des Gesamtvolumens eines Atoms ein. Im Atomkern befinden sich als Kernbausteine die Protonen und die Neutronen. Der Kern ist positiv geladen, die Atomhülle negativ.

99,6 m   1 cm

4

Kernbindungskräfte. Gleichnamig geladene Körper stoßen einander ab. Die positiv geladenen Protonen müssten sich also im Atomkern abstoßen. Atomkerne sind aber sehr stabil. Wenn zwei Kernteilchen nur noch einen Abstand von etwa $1 \cdot 10^{-15}$ m (1 Femtometer) haben, beginnt den abstoßenden elektrischen Kräften eine andere sehr starke Kraft entgegenzuwirken. Diese Kernbindungskraft hält Protonen und Neutronen zusammen.

Energie aus dem Atomkern. Atomkerne sind aus Protonen und Neutronen zusammengesetzt. Ein Heliumatomkern besteht z. B. aus zwei Protonen und zwei Neutronen. Die Summe der Einzelmassen dieser Teilchen ist dabei größer als die Masse des Heliumatomkerns. Der Massenerhaltungssatz in der Chemie besagt jedoch, dass sich bei chemischen Reaktionen die Masse nicht spürbar ändert. Die Lösung für diesen Widerspruch fand ALBERT EINSTEIN 1905 mit seinem Gesetz der Äquivalenz von Masse und Energie, ausgedrückt durch die Formel $E = m \cdot c^2$.

Angewendet auf den Atomkern bedeutet das: Beim Zusammenschluss der Kernteilchen wird ein Teil ihrer Masse in Energie umgewandelt. Diese Energie bezeichnet man als Kernbindungsenergie E_B. Diese Energie kann bei der Kernspaltung oder Kernfusion wieder freigesetzt werden. Dabei tritt auch radioaktive Strahlung auf (Bild 1).

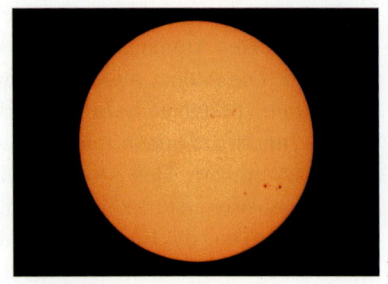

Sonnenenergie entsteht durch Kernfusion.

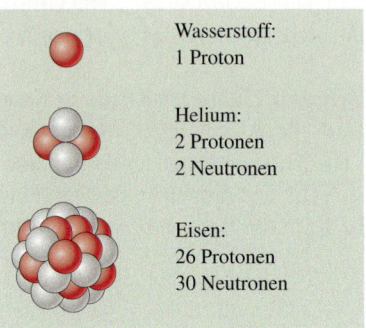

Wasserstoff: 1 Proton

Helium: 2 Protonen 2 Neutronen

Eisen: 26 Protonen 30 Neutronen

Zusammensetzung einiger Kerne

Nuklide und isotope Kerne

Die Atomkerne aller chemischen Elemente bestehen aus einer bestimmten Anzahl von Protonen und Neutronen. In der Atomhülle des neutralen Atoms sind gerade so viele Elektronen wie Protonen im Kern. Aufgrund ihres chemischen Verhaltens können sämtliche bekannten Elemente in einer Tabelle, dem Periodensystem der Elemente, geordnet werden.

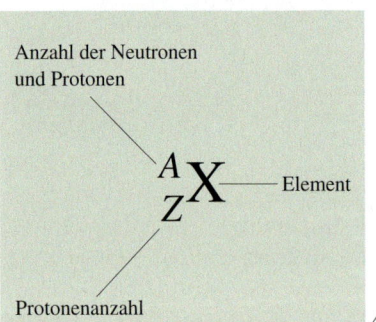

Anzahl der Neutronen und Protonen

$$^A_Z X$$ — Element

Protonenanzahl

Symbolschreibweise

↑Basiskonzept Materie

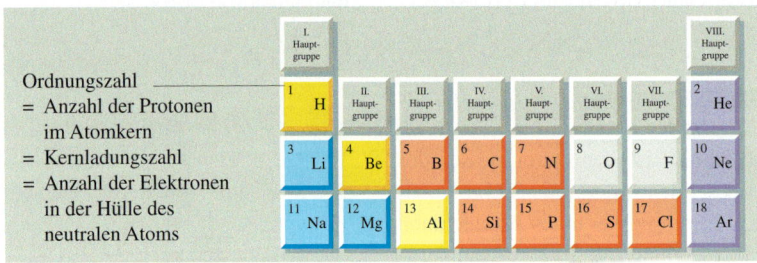

Ordnungszahl
= Anzahl der Protonen im Atomkern
= Kernladungszahl
= Anzahl der Elektronen in der Hülle des neutralen Atoms

Unser Periodensystem umfasst heute mehr als 100 chemische Elemente. Diese sind nach ihrer Ordnungszahl in einer bestimmten Reihenfolge angeordnet (Bild 3). Die Ordnungszahl entspricht dabei der Anzahl der Protonen Z im Atomkern. Sie wird auch als Kernladungszahl bezeichnet.

Nuklide. Jede Atomkernart, man sagt auch Nuklid, wird durch die Anzahl der Protonen Z und die Anzahl der Neutronen N eindeutig charakterisiert. Für die Anzahl der Kernbausteine A gilt: $A = Z + N$. Man bezeichnet A auch als Massenzahl des Nuklids. Zur eindeutigen Kennzeichnung eines Elements X verwendet man die Schreibweise $^A_Z X$. Die Massenzahl A wird oben links, die Protonenanzahl Z unten links neben das chemische Symbol gesetzt.

ÜBRIGENS

Manchmal wird in der Symbolschreibweise auch die Protonenanzahl weggelassen, z.B.: ^{14}C. Durch das Symbol C ist die Protonenanzahl eindeutig festgelegt: Jeder Kohlenstoffkern hat 6 Protonen. Weitere gängige Schreibweisen sind Kohlenstoff-14 oder C-14 für das Nuklid $^{14}_6 C$.

Isotope Kerne. Atomkerne, die zu einem Element gehören, haben immer dieselbe Protonenanzahl, sie können aber eine unterschiedliche Anzahl von Neutronen besitzen. Ein einfaches Beispiel dafür ist das Wasserstoffatom. Ein Wasserstoffkern enthält immer genau ein Proton (Z = 1).

Atomkerne mit der gleichen Anzahl Protonen, aber einer unterschiedlichen Anzahl von Neutronen bezeichnet man als isotope Kerne.

> **Ein Nuklid ist eine Atomkernart mit eindeutiger Protonenanzahl Z und Massenzahl A. Isotope Kerne sind Nuklide mit gleicher Protonenanzahl, aber unterschiedlicher Anzahl von Neutronen.**

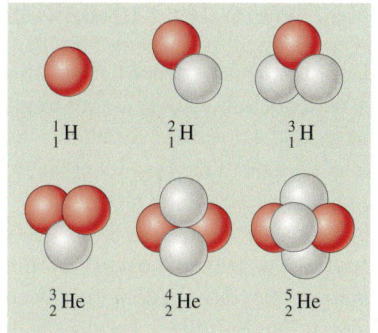

Kerne und ihre Kennzeichnung

Arten der radioaktiven Strahlung

Seit etwas mehr als hundert Jahren ist bekannt, dass sich die Atome einiger Stoffe von selbst (spontan) in einen anderen Stoff umwandeln und dabei energiereiche Strahlung aussenden. MARIE und PIERRE CURIE untersuchten Mineralien, die solche Strahlung aussenden, genauer und entdeckten dabei 1898 zwei bis dahin unbekannte chemische Elemente, die sie Polonium und Radium nannten. Die Strahlungserscheinung bezeichneten sie als „Radioaktivität". Die radioaktiven Atomkerne werden Radionuklide genannt.

Es gibt drei wichtige Arten von radioaktiver Strahlung: Alpha-, Beta- und Gammastrahlung.

Alphastrahlung. Die α-Strahlung besteht aus doppelt positiv geladenen Heliumkernen. Bei einem α-Zerfall verringert sich die Protonenanzahl des Radionuklids um den Wert 2 und seine Massenzahl um den Wert 4. Polonium-210 wandelt sich z. B. in Blei um (Bild 2).

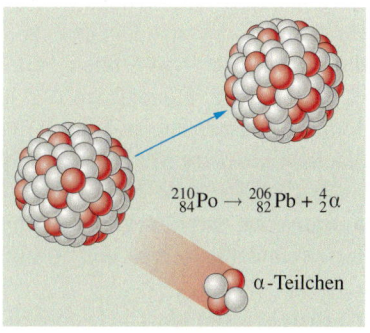

Beispiel für Zerfall mit α-Strahlung

Betastrahlung. β-Strahlung besteht aus Elektronen mit hoher Geschwindigkeit. Sie entstehen im Atomkern, wenn sich ein Neutron in ein Proton umwandelt; das entstehende Elektron verlässt das Atom. Da das entstandene Proton im Kern verbleibt, erhöht sich die Protonenanzahl des neu entstandenen Nuklids um den Wert 1. Die Massenzahl bleibt erhalten, weil sich die Anzahl der Kernteilchen insgesamt nicht verändert hat.

$^{14}_{6}$C wandelt sich in das stabile $^{14}_{7}$N um und sendet ein Elektron aus. Aus Kohlenstoff wird Stickstoff (Bild 3).

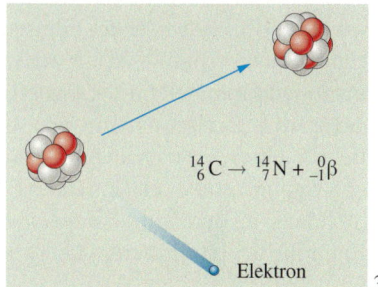

Beispiel für Zerfall mit β-Strahlung

Gammastrahlung. Die γ-Strahlung ist eine energiereiche elektromagnetische Strahlung und hat eine für das Nuklid typische Energie.

Bei der Abgabe von γ-Strahlung bleiben die Protonenanzahl und die Massenzahl gleich; es ändert sich jedoch der Energiezustand des Atomkerns, die Energie des Atomkerns nimmt ab (Bild 4).

Die γ-Strahlung tritt häufig gleichzeitig mit der α- und β-Strahlung auf und hat eine für den Stoff typische Energie, an der man – mit einem Messgerät für Strahlungsenergie – den Stoff sogar erkennen kann.

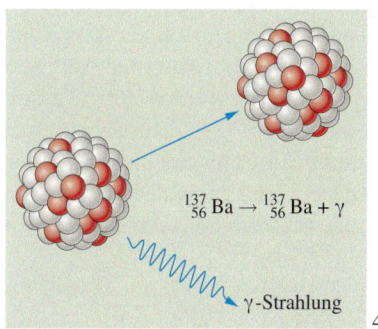

Beispiel für Zerfall mit γ-Strahlung

> **Einige Atomkerne wandeln sich spontan in andere Atomkerne um. Dabei senden sie Alpha-, Beta- oder Gammastrahlung aus. Diese Eigenschaft bezeichnet man als natürliche Radioaktivität.**

ÜBRIGENS

Für einen Zerfall kann man eine Zerfallsgleichung angeben.
Für Polonium-210 lautet sie:
$^{210}_{84}$Po → $^{206}_{82}$Pb + $^{4}_{2}$α.

Nachweis der radioaktiven Strahlung

Die ständig auf den Mensch einwirkende radioaktive Strahlung heißt Strahlenbelastung oder auch Strahlenexposition. Man unterscheidet natürliche und künstliche Strahlenbelastung. Mit entsprechenden Nachweis- und Messmethoden sind Aussagen und Vorhersagen über die auftretende radioaktive Strahlung möglich.

↑Basiskonzept Wechselwirkung

↑Basiskonzept System

Ionisation. Trifft radioaktive Strahlung auf einen beliebigen Stoff, so können sich bei einem Atom ein oder mehrere Elektronen aus der Atomhülle lösen. Ein Teil dieser Elektronen lagert sich an ein neutrales Atom oder Molekül an. Es entstehen neben ungebundenen Elektronen positiv und negativ geladene Ionen. Radioaktive Strahlung wird daher auch als *ionisierende* Strahlung bezeichnet. Die ionisierende Wirkung der einzelnen Strahlungsarten ist dabei unterschiedlich groß. Die größte ionisierende Wirkung hat die Alphastrahlung. Die infolge der Ionisation hervorgerufenen Atom- und Molekülveränderungen können auf verschiedene Art und Weise zum Nachweis und zur Messung der radioaktiven Strahlung genutzt werden.

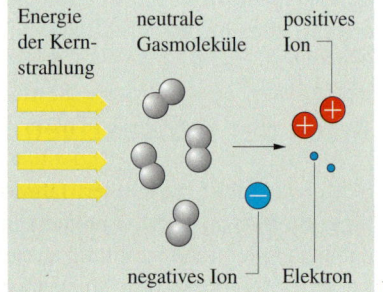
Ionisation von Gasmolekülen

 Radioaktive Strahlung, insbesondere Alphastrahlung, wirkt auf elektrisch neutrale Atome und Moleküle ionisierend.

Nachweismethoden. Das historisch erste Nachweismittel war die Fotoplatte. In einer lichtempfindlichen Schicht kommt es beim Auftreffen von radioaktiver Strahlung zu chemischen Veränderungen in den Kristallen. Bei der Entwicklung der Platte oder des Films werden diese Veränderungen als Schwärzung sichtbar (Bild 2). Heute werden Fotoemulsionen in Filmplaketten als **Personendosimeter** im Strahlenschutz verwendet (Bild 3). Filmdosimeter dienen der Dosisermittlung von Gamma-, Röntgen- und energiereicher Betastrahlung. Sie enthalten z. B. einen lichtdicht verpackten Fotofilm, Blei- und Kupferabsorber und ein freies Fenster. Personen, die in ihrem Beruf mit Strahlung in Berührung kommen können, werden so durch regelmäßige Kontrolle des Filmmaterials überwacht.

Fotoplatte

Das **Geiger-Müller-Zählrohr** (Bild 4) ist das bekannteste Nachweisgerät. Es besteht aus einem zylinderförmigen Mantel, in dessen Achse ein dünner Draht angebracht ist. Das Rohr ist mit einem Edelgas unter geringem Druck gefüllt. Dringt radioaktive Strahlung in den Innenraum des Zählrohrs ein, so werden dort Gasatome ionisiert. Dadurch entstehen kurze Stromstöße. Das Zählrohr ist an einen Verstärker angeschlossen. Dieser steuert ein Zählwerk und/oder einen Lautsprecher. Die Stromstöße können so als „Knacksignale" hörbar gemacht werden. Jedes Knacksignal entspricht einem Ionisationsprozess.

Filmdosimeter

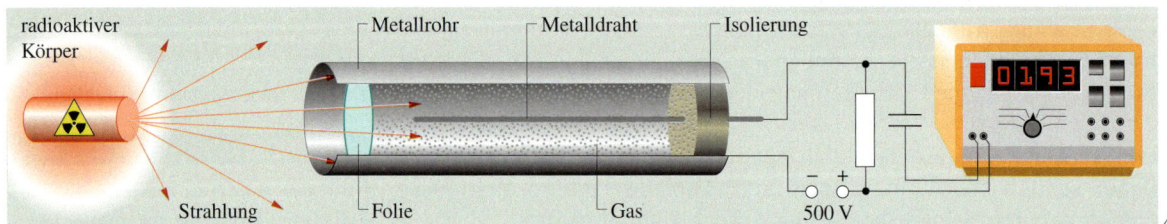

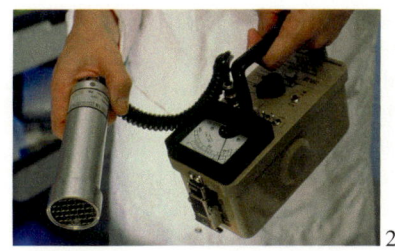

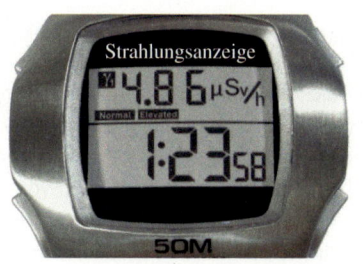

Geiger-Müller-Zähler   Geiger-Müller-Zähler im Einsatz   Uhr mit Geiger-Müller-Zähler

Nebelkammer. Die Abgasstrahlen eines Düsenflugzeugs in großer Höhe werden sichtbar, weil Wasserdampf an den von den Turbinen ausgestoßenen Rußteilchen kondensiert. Auf ähnliche Weise kann man die Strahlung radioaktiver Körper in einer Nebelkammer nachweisen.

Der Amerikaner CHARLES WILSON (1869–1959) baute 1911 die erste funktionstüchtige *Nebelkammer*, 1927 erhielt er dafür den Nobelpreis (Bild 4).

In der Kammer ist ein völlig staubfreies Gemisch aus Luft und Dampf (Wasser- oder Alkoholdampf) eingeschlossen. Wenn sich der Dampf in der Kammer durch Loslassen des zuvor zusammengedrückten Ballons „schlagartig" ausdehnt, kühlt er unter seine Kondensationstemperatur ab, ohne zu kondensieren: Jetzt ist die Nebelkammer „einsatzbereit". Fällt Strahlung eines radioaktiven Körpers in die Kammer, so werden kleine weiße Nebelspuren sichtbar. Die Ionen wirken als Kondensationskeime. Die Nebelspuren verraten den Weg der Strahlung durch die Kammer (Bild 5).

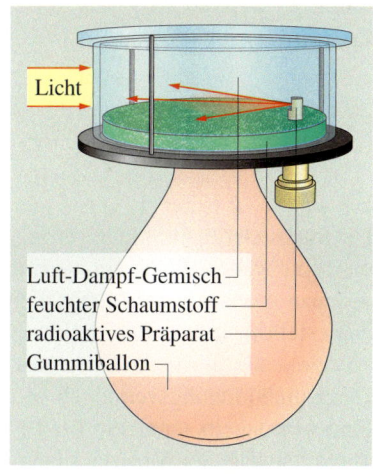

Nebelkammer nach WILSON

Nebelspuren ionisierender Strahlung

In einer *kontinuierlichen Nebelkammer* wird der Boden z. B. durch gefrorenes Kohlenstoffdioxid („Trockeneis") abgekühlt. Alkohol verdunstet aus einer beheizbaren Rinne am Deckel des Glaskastens und breitet sich kontinuierlich als Dampf in der ganzen Kammer aus (Bild 6). In Bodennähe kühlt sich der Dampf unter seine Kondensationstemperatur ab, ohne zu kondensieren. Infolge eindringender radioaktiver Strahlung bilden sich nun wieder die für jede Strahlungsart charakteristischen Nebelspuren.

Halbleiterdetektoren. Zur Identifizierung von Radionukliden werden heute bevorzugt Halbleiterdetektoren verwendet. Gammastrahlung verändert dabei die Eigenschaften einer Halbleiterdiode und ruft einen Spannungsimpuls hervor. Dieser ist der übertragenen Energie proportional. Da jedes Radionuklid Gammastrahlung einer ganz spezifischen Energie aussendet, ist eine Identifizierung möglich.

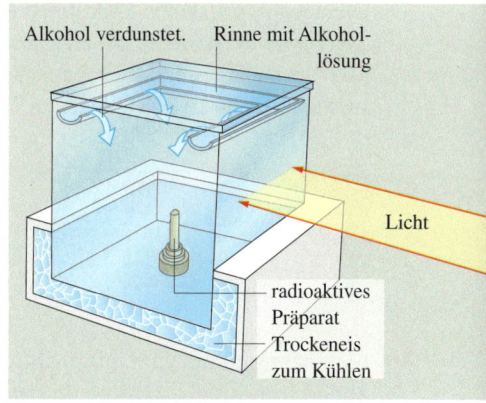

Kontinuierliche Nebelkammer   6

Eigenschaften der radioaktiven Strahlung

Ohne Beeinflussung breitet sich radioaktive Strahlung geradlinig aus. Aber kann sie durch bestimmte Stoffe abgeschwächt oder gestoppt werden? Und wie beeinflusst z. B. ein magnetisches Feld die Strahlung? Solche Fragestellungen sind auch von Interesse, wenn es darum geht, sich vor radioaktiver Strahlung zu schützen. Werden die drei Strahlungsarten untersucht, so stellt man unterschiedliche Eigenschaften fest.

Im folgenden Experiment soll die Durchdringungsfähigkeit von radioaktiver Strahlung untersucht werden.

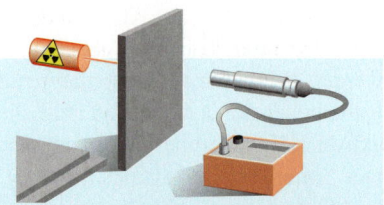

EXPERIMENT 1
Zwischen γ-Strahlungsquelle und Zählrohr werden bei konstantem Abstand Platten aus Blei gebracht. Die Anzahl der Platten wird schrittweise erhöht. Die Anzahl der Impulse wird jeweils registriert.

1

Die Intensität der Strahlung verringert sich nach der ersten Bleiplatte. Fügt man eine weitere Platte ein, verringert sich die Intensität erneut. Verwendet man α- oder β-Strahlungsquellen und unterschiedliche Materialien, dann stellt man fest: Betastrahlung wird bereits durch Aluminiumplatten von einigen Millimetern Dicke fast vollständig absorbiert.

Das Durchdringungsvermögen von Alphastrahlung ist gering. Die Strahlung wird bereits durch ein Blatt Papier absorbiert. Selbst in Luft beträgt die Reichweite der Alphastrahlung nur wenige Zentimeter.

In einem Magnetfeld wirkt auf geladene Teilchen eine Kraft. Sie werden abgelenkt. Welchen Einfluss hat ein Magnetfeld auf die Strahlung?

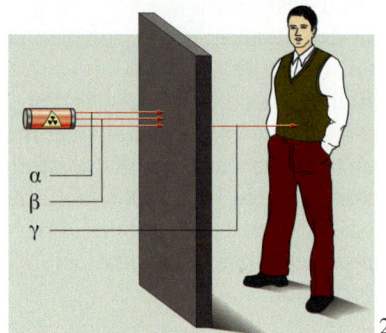

Abschirmung

2

EXPERIMENT 2
Zwischen Zählrohr und einer β-Strahlungsquelle wird ein Magnet so aufgestellt, dass die Strahlung senkrecht zur Richtung des Magnetfeldes in das Feld eindringt. Mit einem Zählrohr wird die Bahn der Strahlungsteilchen verfolgt.

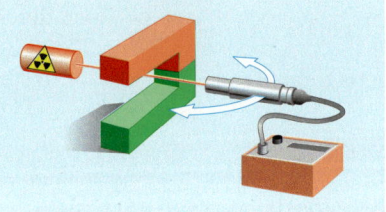

3

Die negativ geladenen Elektronen der β-Strahlung werden im Magnetfeld abgelenkt. α-Strahlung besteht aus positiv geladenen Heliumkernen und wird entgegengesetzt dazu abgelenkt. γ-Strahlung wird nicht abgelenkt, da sie nicht aus elektrisch geladenen Teilchen besteht.

↑Basiskonzept
Wechselwirkung

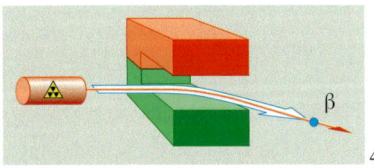

4

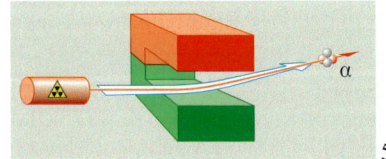

5

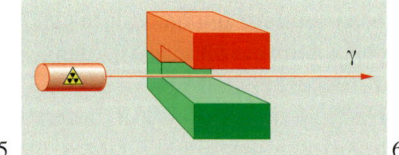

6

▶ **Gammastrahlung wird beim Durchdringen von Stoffen viel weniger abgeschwächt als Alpha- und Betastrahlung. In einem Magnetfeld werden Alpha- und Betastrahlung abgelenkt, Gammastrahlung nicht.**

Halbwertszeit

Spontanzerfall. Die Zufälligkeit des Zerfalls einzelner Kerne lässt sich durch folgendes Modellexperiment veranschaulichen. Darin stellen die Spielwürfel die radioaktiven Atomkerne dar. Die Würfel, die eine 1 zeigen, sollen zerfallen sein.

 ↑Basiskonzept Materie

EXPERIMENT 3

1 Füllt eine große Schachtel mit Deckel mit 100 Würfeln, schüttelt sie gut durch und sortiert nach dem Öffnen alle Würfel aus, die die 1 zeigen. Notiert die Anzahl der noch in der Schachtel vorhandenen Würfel. Wiederholt diese Prozedur so lange, bis sich keine Würfel mehr in der Schachtel befinden!

2 Stellt in einem Diagramm die Anzahl der noch vorhandenen Würfel in Abhängigkeit von der Anzahl der Versuchsdurchführungen dar. Wie viele Durchgänge werden jeweils benötigt, bis sich die Anzahl der Würfel halbiert hat?

1

In der Natur entsteht beim Zerfall eines Atomkerns unter Aussendung von Kernstrahlung ein neuer Atomkern, der selbst wieder radioaktiv und damit instabil sein kann. Der Zerfall setzt sich so lange fort, bis ein stabiler Kern entstanden ist. Vom spontanen radioaktiven Zerfall spricht man auch deshalb, weil der Zeitpunkt des Zerfalls von einzelnen radioaktiven Atomkernen nicht vorhersehbar ist. Man kann diesen Zeitpunkt auch nicht durch die Veränderung von äußeren Bedingungen beeinflussen.

In der grafischen Darstellung des Ergebnisses von Experiment 3 erkennt man einen charakteristischen Verlauf für die Anzahl der verbliebenen Würfel in der Schachtel. Nach durchschnittlich 4 Durchgängen befindet sich jeweils etwa noch die Hälfte der zuvor vorhandenen Würfel in der Schachtel.

So wie beim Spontanzerfall von Atomkernen der Zerfall eines einzelnen Kerns konnte das Ausscheiden eines ganz bestimmten Würfels nicht vorhergesehen werden. Die Abnahme einer Gesamtheit von vielen Würfeln erfolgt jedoch nach einem typischen Gesetz.

Halbwertszeiten einiger Nuklide	
Bor-12	0,02 Sekunden
Radon-220	55,6 Sekunden
Radon-222	3,825 Tage
Iod-131	8,04 Tage
Zink-65	250 Tage
Cobalt-60	5,3 Jahre
Radium-226	1600 Jahre
Kohlenstoff-14	5730 Jahre
Plutonium-239	24 390 Jahre
Uran-235	700 Mio. Jahre
Uran-238	4,5 Mrd. Jahre

Halbwertszeit. Bei einer großen Anzahl von Atomkernen zu Beginn eines Zerfallszeitraumes kann genau vorhergesagt werden, wann die Hälfte der Atomkerne zerfallen sein wird. Diese Zeit bezeichnet man als **Halbwertszeit** $T_{1/2}$. Wenn für das Element Radium-226 eine Halbwertszeit von 1600 Jahren angegeben wird, dann haben sich nach 1600 Jahren die Hälfte der am Anfang vorhandenen instabilen Atomkerne umgewandelt. Nach weiteren 1600 Jahren ist wiederum die Hälfte vom Rest zerfallen. Nach 3200 Jahren sind dann drei Viertel der ursprünglich vorhandenen Atomkerne umgewandelt. Die Halbwertszeiten verschiedener Radionuklide können zwischen wenigen Sekunden und mehreren Milliarden Jahren betragen.

Die Anzahl der Kerne eines radioaktiven Nuklids halbiert sich in immer derselben Zeit. Diese Zeit heißt Halbwertszeit $T_{1/2}$, sie ist eine charakteristische Größe des radioaktiven Nuklids.

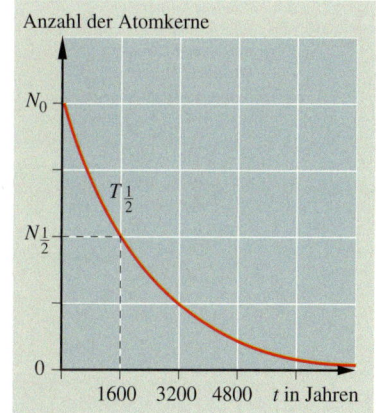

Zerfallskurve von Radium-226

2

Wirkungen der radioaktiven Strahlung auf den Organismus

Radioaktivität aus natürlichen Quellen und kosmische Strahlung aus dem Weltraum sorgen u. a. dafür, dass der Mensch ständig einer gewissen radioaktiven Strahlung ausgesetzt ist.

Die Folgeerscheinungen des Uranbergbaus, von Kernwaffenversuchen oder von Störfällen in Kernkraftwerken (z. B. Tschernobyl 1986, Fukushima 2011) haben zusätzlich Auswirkungen auf lebende Organismen.

Radioaktive Substanzen können von außen aus der Luft, der Erde oder dem All den menschlichen Körper erreichen. Sie gelangen auch durch die Atmung und mit der Nahrung in den Körper.

Biologische Strahlenwirkungen. Radioaktive Strahlung kann bei einem Organismus physikalische und in der Folge chemische und biologische Veränderungen in den Körperzellen bewirken. Es entstehen neue oder veränderte Molekülstrukturen. Auswirkungen auf die DNS oder Chromosomen sind möglich. Das biologische Verhalten der Zelle kann sich verändern oder sie funktioniert gar nicht mehr. Der menschliche Organismus besitzt einen Reparaturmechanismus. Geschädigte oder funktionsuntüchtige Zellen können erkannt und bekämpft werden.

Ob Strahlenschäden eintreten, hängt u. a. von folgenden Faktoren ab:
– Art der Strahlung
– Intensität und Dauer der Strahlungseinwirkung
– Menge und Energie der im Körper aufgenommenen Substanz
– Empfindlichkeit der betroffenen Organe

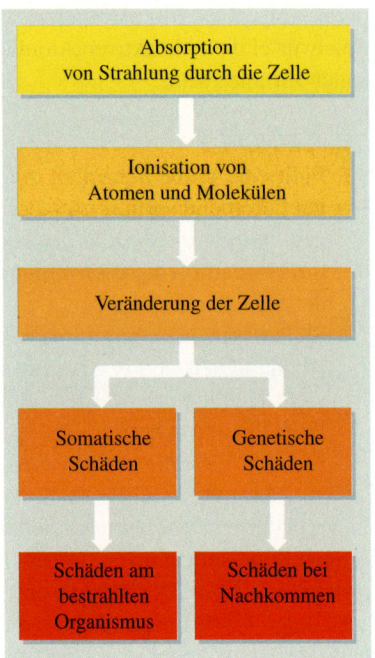

1

Biologische Wirkung der radioaktiven Strahlung

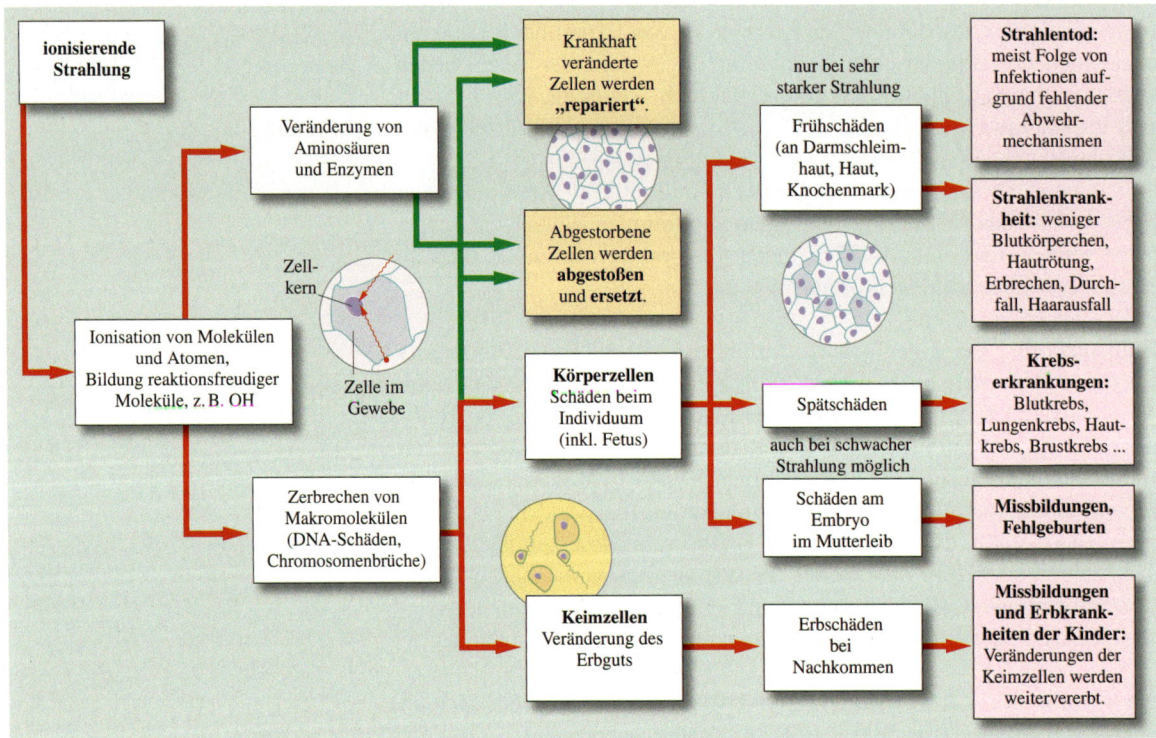

2

Wirkungen der inneren und äußeren Bestrahlung

Strahlenschäden. Man unterscheidet somatische und genetische Schäden. Somatische Schäden entstehen unmittelbar am betroffenen Organismus. Besonders empfindlich sind die Blutbildungsorgane, die Schleimhäute des Magen-Darm-Traktes und der Luftwege sowie die Keimdrüsen.
Die Zellschädigungen können zu Krebserkrankungen führen, zu den häufigsten gehören dabei Leukämie, Lungen-, Haut- und Brustkrebs. Bei sehr hoher Strahlenbelastung kann der Zelltod und in der Folge der schnelle Tod des Organismus eintreten.
Genetische Schäden sind Erbschäden, die bei den direkten Nachkommen, aber auch in späteren Generationen auftreten können. Sie entstehen durch Veränderungen des Erbgutes. Daher sind die Keimzellen der Eierstöcke und Hoden besonders gefährdet. Das Gleiche gilt für Embryonen.

> **Eine bestimmte Strahlendosis kann sich bei jedem Menschen unterschiedlich auswirken. Daher existiert kein unterer Grenzwert, bis zu dem eine Strahlung ungefährlich ist.**

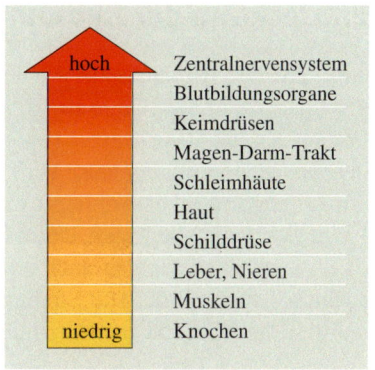

hoch — Zentralnervensystem
Blutbildungsorgane
Keimdrüsen
Magen-Darm-Trakt
Schleimhäute
Haut
Schilddrüse
Leber, Nieren
Muskeln
niedrig — Knochen   1

Strahlenempfindlichkeit

↑ Basiskonzept
Wechselwirkung

Die fünf „A" des Strahlenschutzes

Der Gesetzgeber hat für Deutschland eine *Strahlenschutzverordnung* erlassen. Sie enthält Vorschriften, welchen Strahlenbelastungen die Menschen maximal ausgesetzt sein dürfen. Als allgemeines Ziel ist darin festgelegt: Jede unnötige Strahlenbelastung ist zu vermeiden. Für den Strahlenschutz in der Praxis gelten fünf Regeln:

Abstand halten. Die Reichweite von α- und β-Strahlung in der Luft ist nur gering. Deshalb sollte man den Abstand zur Strahlungsquelle so groß wie möglich machen.

Abschirmung optimieren. Abschirmung ist für α- und β-Strahlung kein Problem. Es genügt bereits ein Blatt Papier (α-Strahlung) oder eine 3 mm dicke Aluminiumplatte (β-Strahlung). Arbeiter werden durch Schutzanzüge geschützt (Bild 2). Gegen γ-Strahlung helfen nur dicke Bleiummantelungen der Strahlungsquelle.

Aufenthaltsdauer möglichst kurz halten. Die Bestrahlungsdauer sollte so gering wie möglich sein. In kerntechnischen Anlagen wird daher in den „heißen Zellen" mit einer Fernbedienung gearbeitet, um den Aufenthalt am Ort hoher radioaktiver Strahlung zu vermeiden (Bild 3).

Aktivität verringern. In der Nuklearmedizin benutzt man „kurzlebige" Isotope, deren Aktivität rasch abklingt. Entsprechend ist die Empfindlichkeit der Nachweis- und Messverfahren immer weiter gesteigert worden.

Aufnahme in den Körper vermeiden. Durch Speisen und Atemluft nehmen wir radioaktive Atomkerne auf. Dies lässt sich kaum vermeiden. Dennoch war es z.B. nach dem Reaktorunfall in Tschernobyl ratsam, auf stark radioaktiv belastete Pilze oder Wildfleisch zu verzichten. Im Umgang mit radioaktiven Strahlern gelten besondere Regeln: Nach Experimenten sofort Hände waschen, während der Experimente auf keinen Fall essen oder trinken.

2

3

4

Warnung vor radioaktiven Stoffen oder ionisierender Strahlung

5

Warnzeichen, das direkt an radioaktiven Strahlern angebracht ist

Entdeckung der Radioaktivität

Am Ende des 18. Jahrhunderts untersuchte ANTOINE HENRY BECQUEREL die Fluoreszenz von Uransalz. Er legte mehrere Schichten Uransalz auf Fotoplatten, die in schwarzes Papier eingewickelt waren, und setzte diese der Sonnenbestrahlung aus. Die vom Uransalz ausgehende Strahlung durchdrang sowohl das schwarze Papier als auch eine dünne Schicht Kupfer in Form eines Kreuzes. Durch Zufall fand BECQUEREL 1896 heraus, dass diese Schwärzungen auch erfolgten, ohne dass das Uransalz durch Licht angeregt wurde. Die Strahlung ging vom Uransalz selbst aus und wurde Uran- oder Becquerelstrahlung genannt.

HENRI BECQUEREL (1852–1908)

Originalaufnahme BECQUERELS als Ergebnis der Einwirkung von Uransalz auf eine in schwarzes Papier eingehüllte Fotoplatte

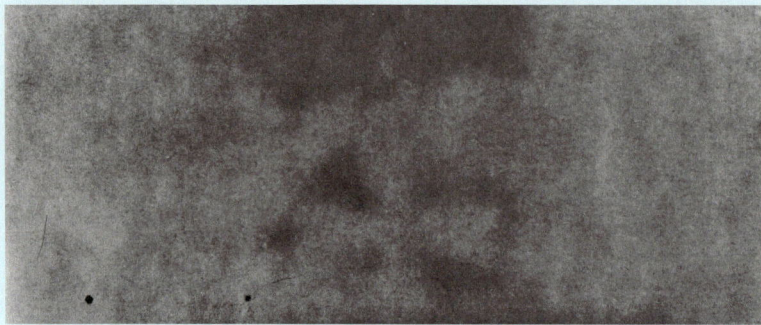

Den Bericht von BECQUEREL über diese Entdeckung las auch MARIE CURIE. Bei der Untersuchung aller zum damaligen Zeitpunkt bekannten Elemente fand sie heraus, dass nur die Elemente Uran und Thorium „strahlten". Für diese Strahlungstätigkeit verwendete sie fortan den lateinischen Begriff „Radioaktivität".

Weiterhin analysierte sie Mineralien auf den Gehalt der Elemente Thorium und Uran. Dabei entdeckte sie in der Pechblende (pechschwarzes Uranerzgestein) zwei neue chemische Elemente, die bis zu diesem Zeitpunkt noch völlig unbekannt waren. Sie nannte das erste Element Polonium (nach ihrem Heimatland Polen) und das zweite Radium (das Strahlende). Unter äußerst primitiven Arbeitsbedingungen analysierte MARIE CURIE gemeinsam mit ihrem Mann PIERRE CURIE riesige Mengen an Erz. Um etwa 1 Gramm Radium zu gewinnen, waren 7 Tonnen Erz zu verarbeiten.

ÜBRIGENS

Becquerel ($1\,\text{Bq} = 1\,\text{s}^{-1}$) ist heute die international verwendete Einheit (SI-Einheit) für die Aktivität A. Bis zum 01.01.1980 konnte als Einheit auch Curie ($1\,\text{Ci} = 3,7 \cdot 10^{10}\,\text{Bq}$) verwendet werden.
HENRI BECQUEREL und das Ehepaar CURIE erhielten im Jahr 1903 gemeinsam den Nobelpreis für Physik.

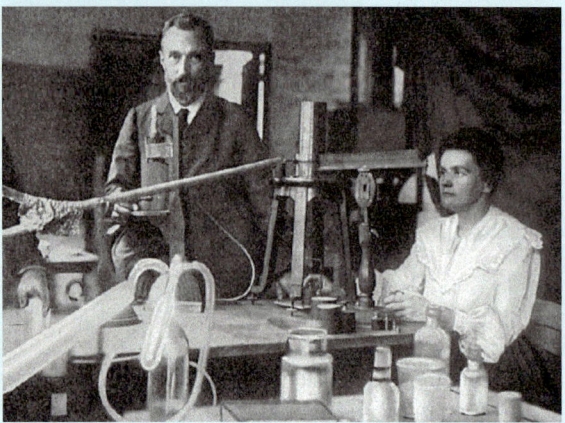

MARIE und PIERRE CURIE

Der Schuppen – das „Labor" zur Gewinnung von Radium

Altersbestimmung mit der C-14-Methode

Donnerstag, 19. September 1991. Gegen Mittag dieses sonnigen Tages verlassen zwei Urlauber in den Ötztaler Alpen den markierten Weg, um eine Abkürzung zu nehmen. Bald liegt vor ihnen eine mit Schmelzwasser gefüllte Mulde. Auf deren Sohle bemerken sie etwas Bräunliches, vielleicht Müll?

Beim Näherkommen wird aus der Verärgerung Entsetzen: Vor ihnen liegt die Leiche eines Menschen, mit der Brust auf einer Felsplatte, nur der Hinterkopf und die nackten Schultern ragen aus dem Eis (Bild 1).

Schon am nächsten Tag startet ein Bergungstrupp, doch erst am Montag gelingt die Bergung. Sechs Tage nach der Entdeckung der Mumie wird schließlich ein Archäologe hinzugezogen: Wann ist der Mann aus dem Eis, bald nur noch „Ötzi" genannt, gestorben?

Ötzis Todesjahr wurde mithilfe der C-14-Methode (auch Radiokohlenstoffdatierung oder Radiokarbonmethode genannt) bestimmt.

Fundstelle der Gletscherleiche

1

Die Zusammensetzung des natürlich vorkommenden Kohlenstoffs bleibt immer gleich, denn die zerfallenen C-14-Kerne werden durch andere radioaktive Prozesse in unserer natürlichen Umwelt nachgeliefert. Deshalb haben alle lebenden Organismen die gleiche Zusammensetzung der in ihnen enthaltenen C-12-, C-13- und C-14-Atomkerne. Stirbt der Organismus, werden die zerfallenen C-14-Atome nicht mehr nachgeliefert, ihre Anzahl nimmt langsam ab. Nach 5730 Jahren hat sich die Anzahl der C-14-Kerne halbiert, nach weiteren 5730 Jahren ist nur noch ¼ der C-14-Kerne vorhanden und so fort. Deshalb nimmt im Laufe der Zeit die Anzahl der radioaktiven Zerfälle der C-14-Kerne ab: Je länger der Organismus tot ist, desto geringer wird die Anzahl der Zerfälle pro Sekunde. Eine genaue Zählung der Zerfälle in einer bestimmten Menge Kohlenstoff aus dem toten Organismus erlaubt die Bestimmung des Todeszeitpunkts. Bis auf 40 Jahre genau kann mit der C-14-Methode dieser Zeitpunkt bestimmt werden, der zwischen 300 und 50 000 Jahre zurückliegen kann. Ötzi, der Mann aus dem Eis der Ötztaler Alpen, lebte zwischen 3350 und 3100 v. Chr., ist also schon mehr als 5000 Jahre tot.

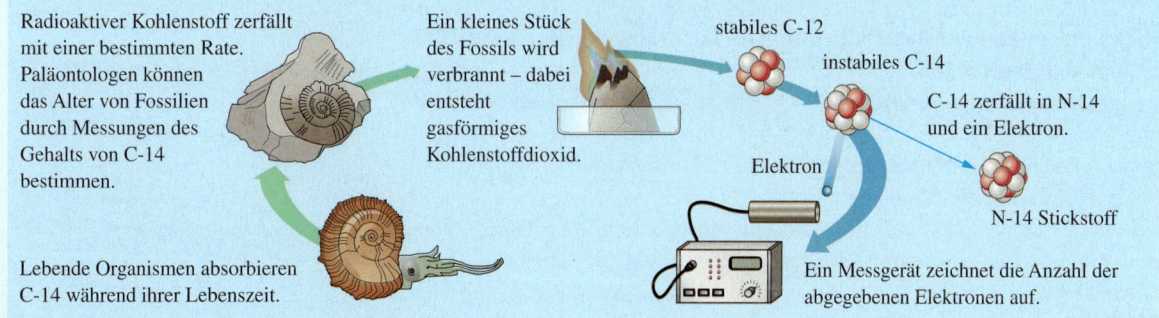

Radioaktiver Kohlenstoff zerfällt mit einer bestimmten Rate. Paläontologen können das Alter von Fossilien durch Messungen des Gehalts von C-14 bestimmen.

Ein kleines Stück des Fossils wird verbrannt – dabei entsteht gasförmiges Kohlenstoffdioxid.

stabiles C-12

instabiles C-14

C-14 zerfällt in N-14 und ein Elektron.

Elektron

N-14 Stickstoff

Lebende Organismen absorbieren C-14 während ihrer Lebenszeit.

Ein Messgerät zeichnet die Anzahl der abgegebenen Elektronen auf.

2

Prinzip der C-14-Methode

Anwendung der radioaktiven Strahlung in der Technik

Bestrahlung von Kunststoffen. Immer häufiger werden heute in der Industrie Metallteile durch Kunststoffteile ersetzt. Die Ansprüche an solche Kunststoffe sind sehr hoch. Ein Wasserrohr z.B. ist hohen Drücken ausgesetzt. Die Ummantelung eines Stromkabels muss isolieren, aber im Fall eines Kurzschlusses auch hohen Temperaturen standhalten.
Setzt man Kunststoffe einer Elektronenstrahlung (β-Strahlung) aus, werden die Molekülketten, aus denen diese Stoffe aufgebaut sind, untereinander vernetzt. Das ermöglicht eine höhere Belastung oder die Kombination normalerweise schwer zu verbindender Werkstoffe.

1

Erhaltung von Archivmaterialien und Kunstgegenständen. Alte oder durch Feuchtigkeit bzw. Schädlinge in Mitleidenschaft gezogene Bücher oder andere Kunstgegenstände können durch eine Behandlung mit ionisierender Strahlung vor der weiteren Zerstörung bewahrt werden. Dabei treten keine Folgeschäden auf.

2

3

Antikes Buch   Gewürze

Bestrahlung von Lebensmitteln. Zur Verbesserung der Haltbarkeit werden Lebensmittel z.B. mit der γ-Strahlung von Cobalt-60 bestrahlt. Damit werden Bakterien und Schimmelpilze sowie Insekten in allen ihren Entwicklungsstadien abgetötet. Weiterhin kann auch das Reifen bestimmter Früchte und Gemüse verzögert werden. Der Verzehr von bestrahlten Lebensmitteln ist von der Weltgesundheitsorganisation als unbedenklich erklärt worden. In Deutschland ist zurzeit nur die Bestrahlung von getrockneten Kräutern und Gewürzen erlaubt. Sie müssen mit „bestrahlt" oder „mit ionisierenden Strahlen behandelt" gekennzeichnet werden.

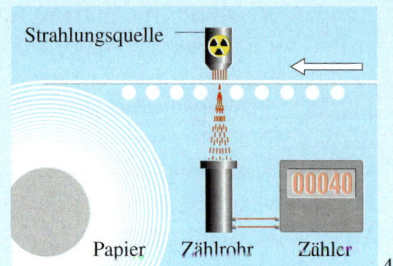

Strahlungsquelle

Papier   Zählrohr   Zähler

4

Prüfung der flächenbezogenen Masse

Dickenmessung und Materialprüfung. Bei der Herstellung dünner Folien besteht die Notwendigkeit der kontinuierlichen Kontrolle der Dicke der Folie. Die radioaktive Dickenmessung wird auch bei Papier und Metallen angewandt. Der Messbereich liegt bei 0,001 bis 1 g/cm^2. Die größte Messgenauigkeit liegt im Bereich der sogenannten Halbwertsdicke (Schichtdicke, bei der die Hälfte der Strahlung absorbiert wird).
Werden Gegenstände durchstrahlt und die durchgehende Strahlung hinter dem Gegenstand auf einem Röntgenfilm registriert, so können aus dem Bild Rückschlüsse über den durchstrahlten Gegenstand gezogen werden. In Werkstücken können Dichteunterschiede, feine Risse oder andere Fehlstellen erkannt werden.

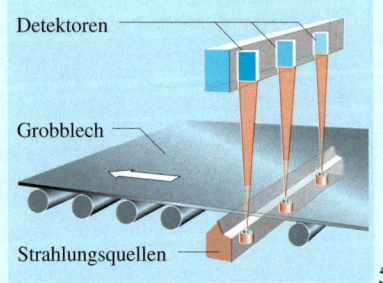

Detektoren

Grobblech

Strahlungsquellen

5

Werkstoffprüfung

Strahlenbelastung des Menschen

Wir sind ständig radioaktiver Strahlung ausgesetzt. Man unterscheidet natürliche und künstliche Strahlenbelastung.

Natürliche Strahlenbelastung. Natürliche Radioaktivität hat ihre Ursache zum einen in radioaktiven Stoffen, die in der Erde oder in der Atmosphäre (terrestrische Strahlung) auftreten. Zum anderen sind wir kosmischer Strahlung ausgesetzt, die aus dem Weltraum auf die Erde trifft. Die natürliche radioaktive Belastung ist sehr unterschiedlich und abhängig vom Ort auf der Erde, an dem man sich befindet.

Die Stadt Guarapari in Brasilien z. B. ist berühmt für ihre Monazit-Sandstrände. Der Monazit-Sand besitzt einen sehr hohen Thoriumgehalt. Die gemessene Radioaktivität ist an den Stränden, bezogen auf ein Jahr, etwa 1 000-mal so hoch wie in Deutschland.

Wie hoch ist die Strahlenbelastung tatsächlich? Welche Grenzwerte dürfen nicht überschritten werden?
Konkrete Quellen für die Radioaktivität in unserer unmittelbaren Umgebung können beispielsweise sein:
– das in der Atemluft enthaltene Edelgas Radon
– die kosmische Höhenstrahlung
– verschiedene Baumaterialien
– das in Nahrungsmitteln (Bohnen, Waldpilz) und Düngemitteln enthaltene Kalium-40
– Emission durch Kohlekraftwerke

Das Radonproblem. Radon ist ein radioaktives Edelgas. Es tritt als unmittelbares Zerfallsprodukt des Radium-226 in allen natürlichen Zerfallsreihen des Urans auf. Als geruch- und geschmackloses Gas kann es aus dem Erdboden austreten und gelangt in die Atmosphäre. Die Radonkonzentrationen sind im Freien unterschiedlich hoch.
Durch Spalten und Risse in Gestein und Mauerwerk gelangt Radon auch in Gebäude (Bild 2).
Ob sich die Radonkonzentration in Gebäuden erhöht, hängt davon ab, wie viel Radon im Baugrund vorkommt, wie durchlässig der Baugrund ist, wie abgedichtet das Bauwerk im Erdbereich ist und wie das Gebäude belüftet wird.

Künstliche Strahlenbelastung. Im Verlauf der letzten 100 Jahre fanden radioaktive Stoffe in Industrie, Forschung, Medizin und leider auch im Militärwesen zunehmend Verbreitung. Daher sind die Menschen neben der natürlichen Strahlenbelastung auch einer künstlichen, der sogenannten zivilisatorischen Strahlenbelastung, ausgesetzt. Der größte Anteil resultiert aus Anwendungen in der Medizin. Da dabei auch die Röntgenstrahlung hinzugerechnet wird, ergibt sich eine durchschnittliche Belastung von 1,5 mSv pro Jahr für jeden Menschen in Deutschland.
Kernkraftwerke im Normalbetrieb liefern nur einen geringen Beitrag von 0,01 mSv pro Jahr.
Nach Reaktorunfällen, bei denen Radioaktivität in die Umgebung gelangt, kann die Strahlenbelastung regional stark erhöht sein.

Monazit   1

ÜBRIGENS

Die Äquivalentdosis H gibt die einem Körper bei Bestrahlung zugeführte Energie pro Kilogramm unter Berücksichtigung der Strahlungsart an. Die Einheit ist Sievert (1 Sv = 1 J/kg).
Für den Strahlenschutz werden die Anteile einzelner Quellen der Strahlenbelastung sowie Grenzwerte durch die Äquivalentdosis in der Einheit Millisievert (mSv) angegeben.

2

Beispiele für Strahlenbelastung durch natürliche Radioaktivität (Mittelwerte)

Radioaktive Quelle	Belastung in mSv/Jahr
Radon	1,000
Kalium-40	0,360
kosm. Str. – Helgoland	0,300
kosm. Str. – Zugspitze	10,200
Kohlekraftwerke	0,002
Monazit-Sand (Guarapari)	125,000

Physik erlebt

Anwendung der radioaktiven Strahlung in der Medizin

Seit nunmehr über 50 Jahren hat sich in der Medizin das Fachgebiet der Nuklearmedizin entwickelt. Sie bietet heute eine Vielzahl von Untersuchungs- und Behandlungsverfahren. Die Nuklearmedizin verwendet radioaktive Arzneimittel. Diese bestehen aus einem radioaktiven Stoff mit einer sehr kurzen Halbwertszeit und einem zweiten Stoff (Tracer), der sich im Körper an einen bestimmten Zelltyp bindet. Dieser zweite Stoff gelangt über den Blutkreislauf, den Stoffwechsel oder die Atemwege genau dorthin, wo das Radionuklid wirken soll.

Nuklearmedizinische Untersuchungen (Diagnostik). Zur Diagnose bestimmter Organe, z. B. der Schilddrüse, werden dem Patienten radioaktive Arzneimittel verabreicht. Die gesamte Schilddrüse wird „abgerastert" und ein Computer erzeugt ein Bild, das die Strahlungsintensität aus jedem Punkt der Schilddrüse darstellt. Der Arzt kann aus einem solchen Szintigramm Aufschluss über den Zustand der Schilddrüse gewinnen.

Radionuklide in der Medizin	
Nuklid	Halbwertszeit
Technetium-99m	6 Stunden
Iod-131	8 Tage
Kohlenstoff-11	20 Minuten
Sauerstoff-15	2 Minuten
Fluor-18	110 Minuten

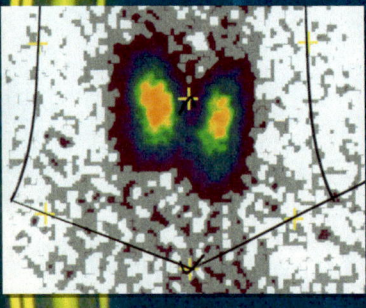

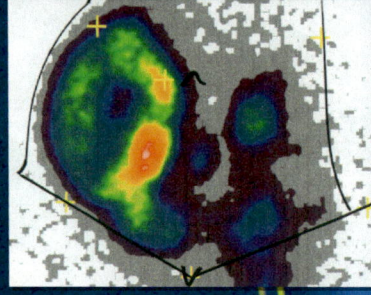

Das Bild links zeigt eine homogene Verteilung des Technetiums in einer normal großen Schilddrüse. Im rechten Bild erkennt man ein buntes Verteilungsgebiet einer rechts deutlich vergrößerten Schilddrüse („Schwarzwälder Kropf").

Positronen-Emissions-Tomografie. Ein modernes bildgebendes Verfahren zur Krebsdiagnose ist die Positronen-Emissions-Tomografie (PET).
Krebszellen haben gegenüber gesunden Zellen einen erhöhten Traubenzuckerverbrauch. Deshalb verwendet man bei der PET ein mit Fluor-18 markiertes Traubenzuckermolekül. Nach dem Zerfall des Fluor-18 wird Gammastrahlung in zwei Richtungen im Winkel von 180° frei. Eine ringförmig um den Körper des Patienten angeordnete Kamera registriert beide Strahlungen und kann so den Ort des Zerfalls sehr genau lokalisieren. PET zeichnet sich gegenüber anderen Verfahren durch eine etwa 100-fach höhere Empfindlichkeit und eine erhöhte Ortsauflösung aus.

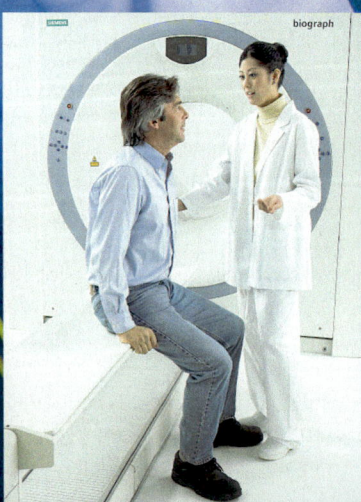

PET

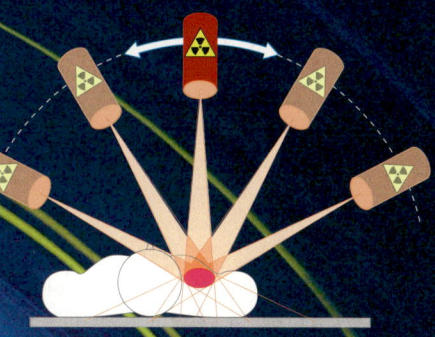

Verteilung der Intensität durch
Rotation des Strahlers

Nuklearmedizinische Behandlung (Therapie).

In der Nuklearmedizin verwendet man radioaktive Strahlung auch zur Therapie, also zur Heilbehandlung von Krankheiten. Ein Beispiel ist die Radioiodtherapie. Krankhafte Veränderungen an der Schilddrüse können durch die Verabreichung von radioaktivem Iod-131 behandelt werden. Dabei zerstört die vom Iod-131 ausgehende Betastrahlung die kranken Zellen. Da Betastrahlung eine kurze Reichweite hat und außerdem die Halbwertszeit nur 8 Tage beträgt, bleiben die umliegenden gesunden Zellen weitestgehend verschont.

Radiologische Strahlentherapie.

Tumore werden von außen einer hochenergetischen Strahlung ausgesetzt. Die Quelle dieser Strahlung kann z.B. radioaktives Cobalt-60 sein. Damit die gesunden Zellen nicht durch die Strahlung geschädigt werden, richtet man die Strahlung zunächst möglichst genau auf den Bereich der erkrankten Stellen aus. Mit einer speziellen Vorrichtung wird dann die Quelle der radioaktiven Strahlung ständig auf einem Kreisbogen um diese Stelle herum bewegt.

Mittlerweile werden zunehmend Linearbeschleuniger eingesetzt. Im Linearbeschleuniger wird eine „ultraharte" Röntgenstrahlung erzeugt. Diese kann viel tiefer in den Körper eindringen als die Cobaltstrahlung. Die Eindringtiefe wird durch Energiestufen eingestellt und der Ort der Bestrahlung mit größerer Präzision getroffen.

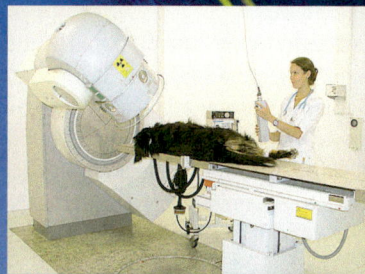

Cobalt-Strahlentherapiegerät

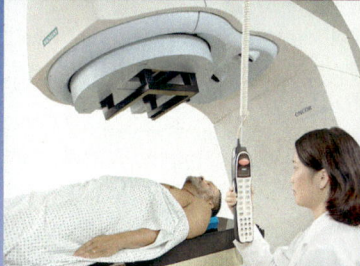

Moderner Linearbeschleuniger

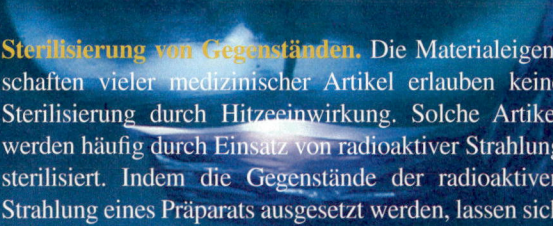

Sterilisierung von Gegenständen.

Die Materialeigenschaften vieler medizinischer Artikel erlauben keine Sterilisierung durch Hitzeeinwirkung. Solche Artikel werden häufig durch Einsatz von radioaktiver Strahlung sterilisiert. Indem die Gegenstände der radioaktiven Strahlung eines Präparats ausgesetzt werden, lassen sich Viren und Bakterien unwirksam machen.

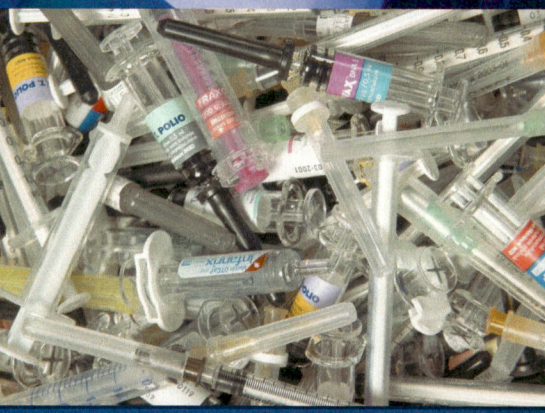

Radioaktive Strahlung in der Umwelt

Nullrate. Ein Zählrohr zählt bereits Impulse, wenn keine radioaktive Probe in der Nähe ist. Diese radioaktive Strahlung stammt aus unserer Umgebung und wird als Nullrate oder Nulleffekt bezeichnet. Bei der Messung der Zählraten radioaktiver Quellen muss zunächst die Nullrate gemessen und ihr Betrag anschließend vom Messwert subtrahiert werden.

Messung der radioaktiven Strahlung. Da radioaktive Kerne unregelmäßig zerfallen, schwankt die jeweils gemessene Anzahl der Impulse in kurzen Zeitintervallen stark. Erst bei längeren Messzeiten bleibt die Anzahl der Impulse für gleiche Zeiträume in etwa konstant.

Steinpilz

AUFTRAG 1

Führe in einem unbelüfteten Kellerraum deiner Schule Messungen der natürlichen radioaktiven Strahlung durch. Ziehe aus den Messergebnissen Schlussfolgerungen über eine eventuell erhöhte Radonkonzentration.

1 Bestimmt zunächst durch wiederholte Messung mit einem Geiger-Müller-Zählrohr die Nullrate!

2 Spannt einen etwa 5 m langen Kupferdraht (0,3 mm Ø) im Kellerraum zwischen zwei Isolierstützen auf! Danach wird für mindestens 10 Minuten eine Spannung von 5 kV (von Lehrerin oder Lehrer) eingestellt.

3 Nach dieser Zeit wird der Draht mit einem Wattebausch abgewischt und mit einem Geiger-Müller-Zählrohr die Zählrate bestimmt.

4 Interpretiere das Ergebnis! Beachte die vorher gemessene Nullrate!

AUFTRAG 2

1 Erkunde deine Umwelt. Sammle verschiedene Gegenstände und Materialien in deiner Umgebung, z. B. Gesteinsproben, Baustoffe (Ziegel, Fliesen), Grillasche, Wildpilze, Düngemittel u. Ä.!

2 Untersuche diese mit einem Geiger-Müller-Zählrohr. Beachte, dass du von den gemessenen Zählraten die Nullrate subtrahieren musst!

3 Dokumentiere die Ergebnisse in geeigneter Form!

AUFTRAG 3

Das Bundesamt für Strahlenschutz ist in Deutschland für die Sicherheit beim Umgang mit radioaktiven Stoffen in der Kerntechnik und den Schutz vor erhöhter natürlicher radioaktiver Strahlung zuständig. Dort erhältst du auch aktuelle Informationen zur Strahlenbelastung.

1 Informiere dich im Internet (www.bfs.de) über aktuelle Messergebnisse zur radioaktiven Strahlung. Interpretiere die Darstellungen insbesondere für deine Heimatregion!

2 Informiere dich weiterhin über die Größenordnung der Strahlenbelastung ausgewählter natürlicher Strahlungsquellen!

3 Fasse die Ergebnisse deiner Recherchen in einer anschaulichen Präsentation zusammen!

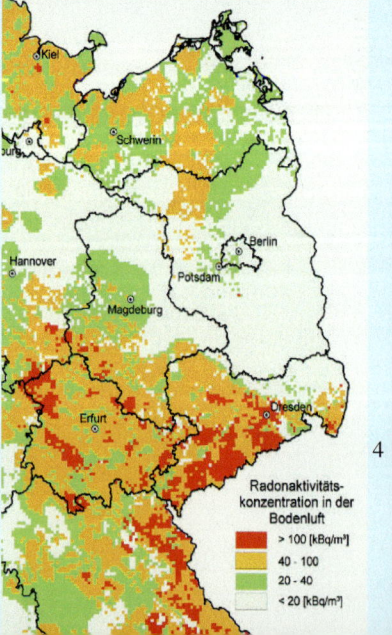

Radonaktivitäts-
konzentration in der
Bodenluft

> 100 [kBq/m³]
40 - 100
20 - 40
< 20 [kBq/m³]

Weißt du es ❓

Kannst du es

1. Erläutere am Beispiel des Elements Helium, was man unter isotopen Kernen versteht!

2. Bestimme mithilfe des Periodensystems die Kernladungszahl von Wasserstoff, Beryllium, Kohlenstoff, Cobalt, Nickel, Zinn und Platin!

3. Aus wie vielen Protonen, Neutronen und Elektronen bestehen die neutralen Atome, deren Kerne durch die folgenden Symbole gekennzeichnet sind? $^{1}_{1}H$, $^{14}_{6}C$, $^{27}_{13}Al$, $^{208}_{82}Pb$, $^{209}_{83}Bi$, $^{235}_{92}U$

4. Bei der Umwandlung von Atomkernen kann radioaktive Strahlung ausgesendet werden. Beschreibe, wie sich ein Kern beim Aussenden von α-, β- und γ-Strahlung verändert!

5. Erläutere die Gleichung $^{226}_{88}Ra \rightarrow ^{222}_{86}Rn + ^{4}_{2}\alpha + \gamma$!

6. Das Kohlenstoffisotop C-14 wandelt sich unter Aussendung von β-Strahlung in Stickstoff um. Stelle die Zerfallsgleichung auf!

7. Erläutere den Begriff Halbwertszeit!

8. Wie viele Kerne des Zn-65 sind nach 750 Tagen noch vorhanden, wenn es ursprünglich 1 Milliarde Kerne waren? Schlage in einem Tafelwerk nach oder informiere dich im Internet!

9. Wie kann die ionisierende Wirkung der radioaktiven Strahlung zum Nachweis genutzt werden?

10. Nenne die wichtigsten Strahlenschutzmaßnahmen!

11. Informiere dich über das Leben von HENRI BECQUEREL und MARIE CURIE.
    a) Was führte zu BECQUERELS Entdeckung einer bis dahin unbekannten Strahlung?
    b) Woraus resultiert das hohe Ansehen der Forscherin MARIE CURIE bis in unsere heutige Zeit?

12. In der Probe eines Schädelknochens wird eine auf 1/50 des Anfangswertes zurückgegangene Konzentration des Nuklids $^{14}_{6}C$ festgestellt. Schätze das Alter des Schädels!

13. Die γ-Strahlung ist bei Einwirkung von außen für den Menschen gefährlicher als β- und α-Strahlung. Die Wirkung von α-Strahlung ist bei Einwirkung von innen am gefährlichsten. Begründe diese Aussagen!

14. Radioaktive Strahlung wird in der Medizin sowohl zur Diagnose als auch zur Therapie eingesetzt.
    a) Beschreibe je ein Beispiel und wäge Vor- und Nachteile ab!
    b) Begründe, dass zur Diagnose vor allem radioaktive Stoffe mit geringer Halbwertszeit verwendet werden!

Kurz und knapp ❗

Atomkerne. Eine Atomkernart bezeichnet man auch als Nuklid. Die Kennzeichnung erfolgt durch die Symbolschreibweise: $^{A}_{Z}X$.

Nuklide mit gleicher Protonenanzahl, aber unterschiedlicher Neutronenanzahl heißen isotope Kerne.

Radioaktive Strahlung. Die Eigenschaft bestimmter Nuklide, sich von selbst unter Aussendung von Strahlung in ein anderes Nuklid umzuwandeln, bezeichnet man als natürliche Radioaktivität.
Es gibt drei Arten radioaktiver Strahlung:

α-Strahlung	besteht aus Heliumkernen.	$^{4}_{2}\alpha$
β-Strahlung	besteht aus Elektronen.	$^{0}_{-1}\beta$
γ-Strahlung	ist elektromagnetische Strahlung.	γ

Die ionisierende Wirkung der Strahlung kann zum Nachweis genutzt werden. Für lebende Organismen ist sie gefährlich.

Halbwertszeit. Für den Spontanzerfall eines Radionuklids gibt die Halbwertszeit an, in welcher Zeit die Hälfte der vorhandenen Kerne zerfällt.

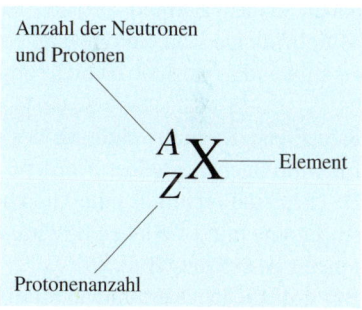

Anzahl der Neutronen und Protonen

$^{A}_{Z}X$ — Element

Protonenanzahl

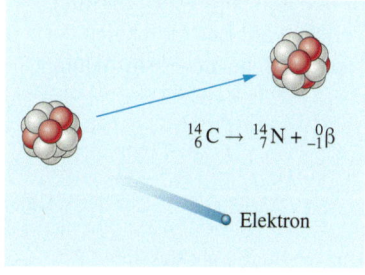

$^{14}_{6}C \rightarrow ^{14}_{7}N + ^{0}_{-1}\beta$

Elektron

Energie der Atomkerne

Im Jahr 1938 gelang erstmals die Spaltung von Atomkernen. Otto Hahn, Fritz Straßmann und Lise Meitner entdeckten, dass dabei Energie frei wird.

Heute nutzen in der Europäischen Union 13 Staaten Kernenergie. In Deutschland betrug 2010 der Anteil an der Elektroenergieerzeugung 23 %, in Frankreich sogar 74 %.

Die Schadstoffbelastung durch Kernkraftwerke ist gering. Da aber bei der Kernspaltung Kernstrahlung auftritt, ist der Betrieb mit Risiken verbunden. Die Nutzung der Kernenergie ist daher umstritten.

Künstliche Kernumwandlungen

Am Anfang des 18. Jahrhunderts versuchten Alchimisten, Kerne umzuwandeln und so z. B. aus Eisen Gold zu machen. Ein berühmtes Nebenprodukt dieser Bemühungen war das Porzellan, das sogenannte „weiße Gold", von Johann Friedrich Böttger. Aber chemische Reaktionen haben keinen Einfluss auf den Atomkern. Nur mit kernphysikalischen Mitteln könnte man Gold herstellen. Das Verfahren ist jedoch zu teuer und zu aufwendig, weshalb es nicht praktiziert wird.

Künstliche Kernumwandlungen sind Kernreaktionen, die durch äußere Einwirkungen ausgelöst werden. Im Jahre 1917 beobachtete Ernest Rutherford erstmals eine künstliche Kernumwandlung: Er hatte Stickstoffatome mit α-Teilchen beschossen und dabei Sauerstoff und freie Protonen ($_1^1 p$) erzeugt (Bild 3).

Bei künstlichen Kernumwandlungen können auch freie Neutronen ($_1^0 n$) entstehen. Neutronenstrahlung ist radioaktiv. Der Engländer James Chadwick (1891–1974) wies als Erster 1932 beim Beschuss von Beryllium mit α-Teilchen freie Neutronen nach (Bild 4). Freie Neutronen entstehen auch in höheren Atmosphärenschichten beim Zusammenstoß von kosmischen Teilchen mit Luftmolekülen. Von großer Bedeutung ist die Erzeugung von Neutronen bei der Kernspaltung.

Alchimistenlabor

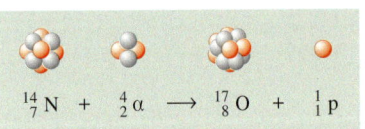

$$_7^{14}N \ + \ _2^4\alpha \ \longrightarrow \ _8^{17}O \ + \ _1^1 p$$

Umwandlung von Stickstoff 3

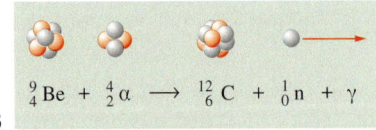

$$_4^9 Be \ + \ _2^4\alpha \ \longrightarrow \ _6^{12}C \ + \ _0^1 n \ + \ \gamma$$

Nachweis freier Neutronen 4

 ↑Basiskonzept Materie

 ↑Basiskonzept Energie

Kernspaltung

Im Jahr 1938 machten OTTO HAHN, FRITZ STRASSMANN und LISE MEITNER eine für die Menschheit folgenreiche Entdeckung. HAHN und STRASSMANN hatten Uranatome mit langsamen Neutronen beschossen. Bei der Untersuchung der Reaktionsprodukte fanden sie Spuren der Elemente Barium und Krypton. In einem Gedankenaustausch mit der 1938 wegen der Judenverfolgung in Deutschland nach Schweden emigrierten LISE MEITNER gelangte man zu der Überzeugung, dass Urankerne gespalten worden waren.

In der Natur kommen die Uranisotope U-234 (0,005 %), U-235 (0,720 %) und U-238 (99,275 %) vor. Die Spaltung mit langsamen Neutronen gelingt am leichtesten bei Uran-235. Der Urankern zerfällt in zwei mittelschwere Kerne mit Massenzahlen zwischen 70 und 160. Das Verhältnis der Massenzahlen beträgt häufig ungefähr 2:3. Eine genaue Vorhersage der Spaltprodukte ist nicht möglich. Zusätzlich entstehen bei jeder Spaltung 2 bis 3 Neutronen. Bei der Spaltung eines Urankerns wird außerdem eine Energie von ungefähr $3 \cdot 10^{-11}$ J frei.

Kettenreaktion. Bei der Spaltung eines Urankernes entstehen z. B. 3 Neutronen. Jedes dieser Neutronen ist selbst wieder in der Lage, einen Urankern zu spalten. Dabei entstehen insgesamt 9 Neutronen, in der nächsten Stufe 27 usw. Die Anzahl der Kernspaltungen erhöht sich lawinenartig, wobei eine sehr große Energie in kürzester Zeit freigesetzt wird. Es entsteht eine *ungesteuerte Kettenreaktion* (Bild 3).

LISE MEITNER und OTTO HAHN

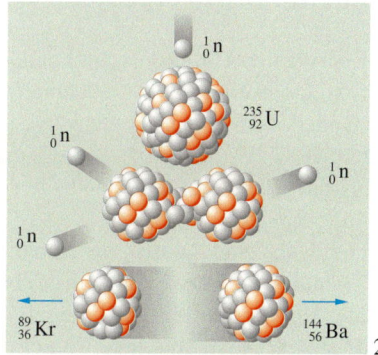

Modellvorstellung zur Spaltung von $^{235}_{92}$U: Uran-235 wandelt sich nach dem Auftreffen eines langsamen Neutrons zunächst in den Zwischenkern Uran-236 um. Dieser zerfällt nach nur sehr kurzer Lebensdauer von ungefähr 10^{-14} s in Krypton-89 und Barium-144 sowie drei Neutronen.

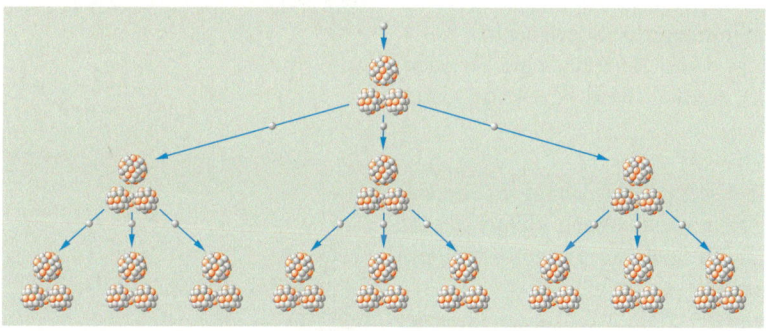

Damit so eine Kettenreaktion überhaupt ausgelöst wird, dürfen nur wenige Neutronen entweichen. Dafür ist eine genügend große, möglichst kugelförmige Masse spaltbaren Materials erforderlich. Diese Mindestmasse wird *kritische Masse* genannt. Bei Uran-235 beträgt die kritische Masse für eine homogene unkomprimierte Kugel mit dem Radius 8,5 cm ungefähr 50 kg, wenn die Neutronen ungebremst sind und nicht wieder in das Spaltmaterial zurück reflektiert werden.

Eine Vorstellung von der kritischen Masse kann man im folgenden Beispiel erhalten: Ein Fußballer schießt den Ball (Neutron) in eine Baumgruppe (Spaltmaterial). Die Wahrscheinlichkeit, einen Baum (Atomkern) zu treffen, ist bei der Baumgruppe am größten, in der viele Bäume sehr dicht beieinanderstehen. Diese Baumgruppe entspricht dann der kritischen Masse.

Bei der Kernspaltung wird ein schwerer Atomkern in zwei mittelschwere Atomkerne unterschiedlicher Masse und zwei oder drei Neutronen umgewandelt. Die Neutronen können in einer Kettenreaktion weitere Kernspaltungen auslösen. Voraussetzung dafür ist eine genügend große Masse an spaltbarem Material.

Bereits kurz nach der Entdeckung waren Überlegungen zu Möglichkeiten der Nutzung der bei der Spaltung frei werdenden Energie angestellt worden.

Mit dem Beginn des Zweiten Weltkrieges stellte sich jedoch mehr die Frage nach dem militärischen Einsatz dieser neuen Energiequelle. So hatte dann auch die erste „Anwendung" der Kernspaltung – der Abwurf der Atombomben auf die japanischen Städte Hiroshima und Nagasaki im Jahr 1945 – verheerende Auswirkungen. Etwa 70 000 Menschen kamen dabei sofort ums Leben, weitere 130 000 starben in den nächsten Tagen, Jahren und Jahrzehnten an den Folgen.

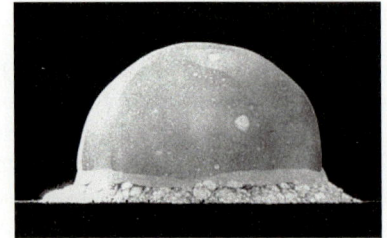

Trinity-Test: die erste Atombombenexplosion des US-Militärs am 16. Juli 1945

Kernenergie

Energie des Atomkerns. Im Laufe der Entstehung unseres Sonnensystems sind Atomkerne durch Verschmelzung von Protonen und Neutronen entstanden. Addiert man die Einzelmassen der Kernbausteine und vergleicht sie mit der Masse des Kerns, so stellt man fest: Atomkerne sind immer leichter als die Summe ihrer Bestandteile (Bild 3). Diese Erscheinung nennt man *Massendefekt*.

Der Massendefekt stellt scheinbar eine Verletzung des Gesetzes von der Erhaltung der Masse dar, welches besagt, dass in allen Prozessen die Summe der Massen der beteiligten Teilchen erhalten bleibt. Die Lösung für diesen Widerspruch fand ALBERT EINSTEIN 1905 mit der Beziehung $E = m \cdot c^2$. Vereinfacht kann man sagen, dass Energie und Masse ineinander umgewandelt werden können.

Angewendet auf den Atomkern bedeutet das: Beim Zusammenschluss der Kernbausteine wird ein Teil ihrer Masse in Energie umgewandelt.

Will man einen solchen Kern wieder in seine Kernbausteine zerlegen, muss genau diese Energie aufgewendet werden. Man bezeichnet daher diese Energie als *Kernbindungsenergie*.

Atombombenexplosion am 9. August 1945 in Nagasaki

Kernenergie bei der Kernspaltung. Bei jeder Kernspaltung ist die Gesamtmasse der Spaltprodukte und der Neutronen danach kleiner als die Gesamtmasse von Kern und Neutron vor der Spaltung. Es ergibt sich also auch bei der Kernspaltung ein Massendefekt.

Ein Gramm Uran-235 besteht aus etwa $2{,}6 \cdot 10^{26}$ Atomkernen. Bei der vollständigen Spaltung aller dieser Atomkerne wird etwa so viel Energie frei wie beim Verbrennen von 2500 kg Steinkohle.

Mit dieser Energie bewegen sich die Spaltprodukte und die freigesetzten Neutronen sehr schnell. Sie geben ihre Energie bei Zusammenstößen mit anderen Teilchen ab. Kinetische Energie wird somit in thermische Energie der Umgebung umgewandelt. Die entstehende Gammastrahlung ist ebenfalls Träger von Energie.

 Bei der Verbindung der Nukleonen zum Atomkern wird Kernbindungsenergie frei.
Bei der Kernspaltung kann ein Teil der Kernbindungsenergie als Kernenergie u. a. in Form von Wärme und Gammastrahlung freigesetzt werden.

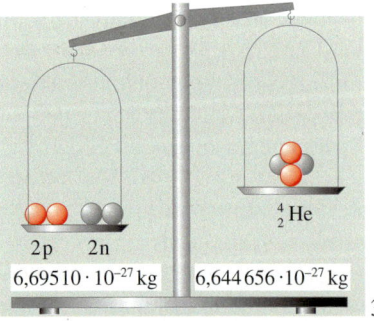

2p	2n	$^{4}_{2}$He
$6{,}695\,10 \cdot 10^{-27}$ kg		$6{,}644\,656 \cdot 10^{-27}$ kg

Massendefekt des Heliumatomkerns

Kernreaktoren

Kernreaktoren dienen den Wissenschaftlern zu Forschungszwecken. In Kernkraftwerken werden sie verwendet, um aus der Kernenergie elektrische Energie zu gewinnen.

In Kernreaktoren können unter folgenden Bedingungen gesteuerte Kettenreaktionen ablaufen:

Spaltbares Material. Der Anteil von spaltbarem Uran-235 im natürlichen Uran beträgt nur ungefähr 0,7 %. Die Neutronen treffen deshalb im natürlichen Uran nur sehr selten auf spaltbare Kerne. Es wird ein Anteil von etwa 2 % bis 4 % Uran-235 benötigt. Die Anreicherung erfolgt durch chemische Verfahren in Urananreicherungsanlagen.
Das spaltbare Material wird in Tablettenform als Urandioxid (UO_2) in Brennstoffstäbe gebracht. Etwa 100 Brennstoffstäbe ergeben zusammengefasst ein Brennelement (Bild 1).

„Langsame" Neutronen. Neutronen, die bei der Kernspaltung entstehen, haben eine große kinetische Energie. Mit ihrer Geschwindigkeit von ungefähr 2000 km/s sind sie viel zu schnell, um einen Kern spalten zu können. Durch ein geeignetes Bremsmittel, den *Moderator*, muss die Geschwindigkeit auf etwa 2 km/s verringert werden.
Die Neutronen geben bei Zusammenstößen mit den Atomkernen des Moderators einen Teil ihrer Energie ab. Die nun „langsamen" Neutronen können Spaltungen auslösen. Meistens wird Wasser oder Grafit als Moderator verwendet.

Kritische Masse. Damit die „langsamen" Neutronen wirksam werden und die Kernspaltungen kontinuierlich ablaufen können, muss eine Mindestmasse an spaltbarem Material (kritische Masse) vorhanden sein.

„Einfang" von Neutronen. In einem Kernreaktor muss eine gesteuerte Kettenreaktion ablaufen. Dem Prozess werden immer so viele Neutronen entzogen, dass nur durchschnittlich ein weiterer Kern gespalten wird. Der freigesetzte Energiebetrag kann so kontrolliert werden. Dazu befinden sich in einem Reaktor Steuerstäbe z. B. aus Bor oder Cadmium (Bild 3). Diese Stoffe können Neutronen gut absorbieren.

Die Steuerstäbe werden nach Bedarf durch Regeleinrichtungen mehr oder weniger tief in den Reaktorkern eingefahren.
Durch vollständiges Einfahren der Steuerstäbe zwischen die Brennstäbe, hört die Kettenreaktion ganz auf. Der Reaktor kann so innerhalb kürzester Zeit abgeschaltet werden.

Energieumwandlung. Die frei gewordene Kernenergie wird zunächst in kinetische Energie der Spaltprodukte umgewandelt. Diese versetzen die sie umgebenden Atomkerne in heftige Schwingungen. Die Kernenergie wurde in thermische Energie umgewandelt. Die Temperatur im Brennstab steigt auf etwa 800 °C. In einem Kühlsystem kann diese Energie durch Wechselwirkung z. B. mit Wasser als thermische Energie abtransportiert werden.

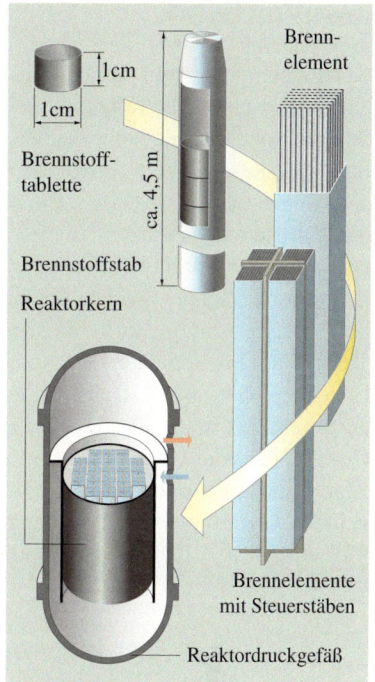

Brennstofftablette
Brennstoffstab
Reaktorkern
1 cm
1 cm
ca. 4,5 m
Brennelement
Brennelemente mit Steuerstäben
Reaktordruckgefäß

1

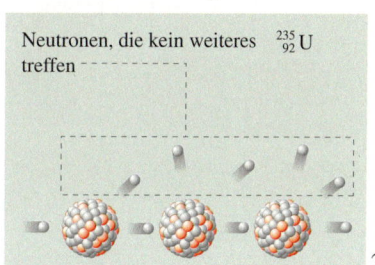

Neutronen, die kein weiteres $^{235}_{92}U$ treffen

2

Kontrollierte Kettenreaktion: Von den durchschnittlich 2,5 Neutronen, die bei einer Spaltung frei werden, führt genau ein Neutron zu einer weiteren Spaltung.

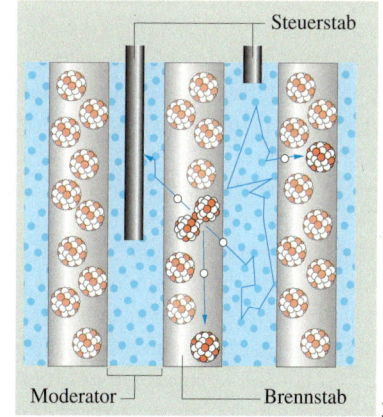

Steuerstab
Moderator
Brennstab

3

Steuerstäbe zur Regelung des Reaktors

Kernkraftwerk

Kernkraftwerke sind Wärmekraftwerke. Im Kohlekraftwerk wird in einem Kessel durch Verbrennung fossiler Rohstoffe chemische Energie in thermische Energie umgewandelt. Im Kernkraftwerk befindet sich an der Stelle des Kessels der Kernreaktor. In ihm wird ein Teil der Energie, die in den Atomkernen „gespeichert" ist, über die kinetische Energie der Spaltprodukte in thermische Energie umgewandelt.

Am meisten verbreitet sind Siedewasser- und Druckwasserreaktoren. Im Druckwasserreaktor (Bild 3) verdampft das Wasser infolge der Umwandlung von Kernenergie in thermische Energie. Der Wasserdampf treibt die Turbine an. Im Generator wird dann die kinetische Energie in elektrische Energie umgewandelt. Der Kondensator verflüssigt den aus der Turbine austretenden Dampf. Das erforderliche Kühlwasser entnimmt man einem Gewässer aus der Umgebung. Das Speisewasser wird dem Reaktor wieder zugeführt. Ein großer Teil der durch Kernspaltung freigesetzten Energie geht als Abwärme in die Umgebung. Daher beträgt der Wirkungsgrad etwa 32 % bis 34 %.

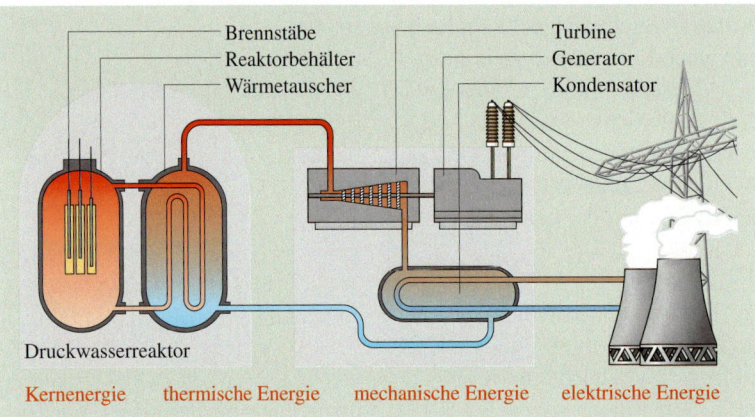

Druckwasserreaktor

Brennstäbe
Reaktorbehälter
Wärmetauscher
Turbine
Generator
Kondensator

Kernenergie   thermische Energie   mechanische Energie   elektrische Energie   3

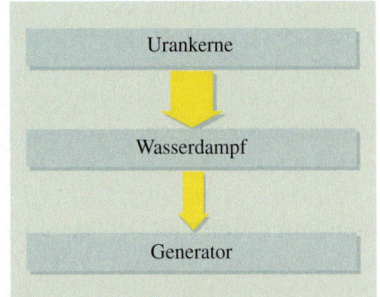

Urankerne
Wasserdampf
Generator   1

Sicherheitsbehälter eines Siedewasserreaktors

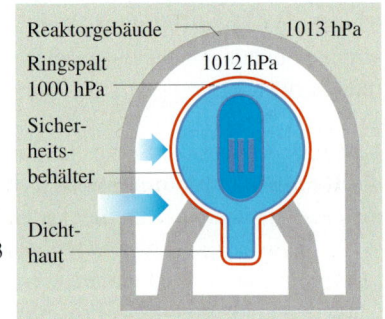

Reaktorgebäude   1013 hPa
Ringspalt   1012 hPa
1000 hPa
Sicherheitsbehälter
Dichthaut   4

Im Reaktorgebäude herrscht ein geringer Unterdruck gegenüber der Außenwelt. Es gibt also stets einen geringen Luftzug von außen nach innen, niemals aber von innen nach außen.

Sicherheit. Um eine radioaktive Belastung der Umwelt zu vermeiden, ist der Reaktorkern durch ein System von Barrieren umgeben. Diese sollen verhindern, dass radioaktive Stoffe in die Umgebung austreten und Strahlung aus dem Reaktor nach außen dringt. Die Hülle der Brennstäbe und das umströmende Wasser schirmen die Spaltprodukte sowie die α- und β-Strahlung ab. Der Reaktordruckbehälter und eine bis zu 2 m dicke Stahlbetonabschirmung verhindern das Austreten der γ-Strahlung. Der kugelförmige Sicherheitsbehälter und eine diesen umgebende Stahlbetonhülle sollen Schutz gegen stärkste Belastungen von innen und außen bieten.

Beim Betrieb könnten Störungen auftreten. Arbeitet beispielsweise der Kühlkreislauf nicht richtig, wären eine Zunahme der Reaktorkerntemperatur und ein Durchschmelzen der Sicherheitsbarrieren nicht ausgeschlossen. Entsprechende Sicherheitstechniken aktivieren dann das Notkühlsystem oder sorgen durch vollständiges Einfahren der Steuerstäbe für eine automatische Abschaltung des Reaktors.

Wichtige Sicherheitssysteme werden zudem mehrfach angeordnet (Redundanz).

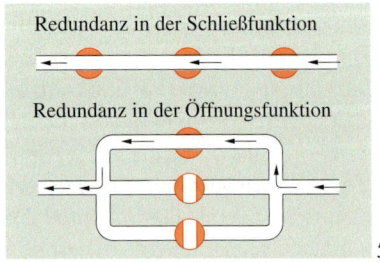

Redundanz in der Schließfunktion

Redundanz in der Öffnungsfunktion

5

Es sind mindestens zwei Systeme mehr vorhanden, als eigentlich benötigt werden.

Brennstoffkreislauf

Damit in einem Kernkraftwerk über einen längeren Zeitraum aus Kernenergie elektrische Energie erzeugt werden kann, ist eine kontinuierliche Versorgung mit spaltbarem Material (Brennstoff) sowie eine saubere und sichere Entsorgung der abgebrannten Brennelemente notwendig. Alle Arbeitsschritte und Prozesse, die dieser Versorgung und Entsorgung dienen, werden als Brennstoffkreislauf bezeichnet.

Zur Versorgung gehören der Abbau von Uranerz und dessen Aufbereitung, die Anreicherung des spaltbaren U-235, die Fertigung der Brennelemente und deren Transport zum Kraftwerk.

Uranerzabbau und Aufbereitung. Eine Tonne Gestein in der Erdrinde enthält durchschnittlich 3 g Uran. Der Abbau von Erzen ist wirtschaftlich, wenn der Urangehalt zwischen 0,1 % und 0,5 % beträgt. Solche Lagerstätten befinden sich heute z. B. in Amerika, Australien, Frankreich, Schweden und Russland. Nach dem Abbau wird durch physikalische und chemische Verfahren Uran vom übrigen Gestein getrennt und es entsteht ein Konzentrat mit 70 % bis 80 % Urangehalt.

Anreicherung von U-235. Natürliches Uran enthält die isotopen Kerne U-235, U-238 und U-239. Der Anteil an U-235 muss auf 2% bis 4% angereichert werden. Da die isotopen Kerne unterschiedliche Massen besitzen, ist eine physikalische Trennung möglich. Das feste Uran wird in Uranhexafluorid umgewandelt (gasförmiger Zustand). In Zentrifugen sammeln sich die Moleküle mit den schweren Nukliden weiter außen. Bei der Diffusion sind die Moleküle mit U-235 die schnellsten, da sie eine kleine Masse haben und deshalb weniger träge sind.

Fertigung von Brennelementen. Angereichertes Uran wird in Uranoxid umgewandelt. Daraus werden Brennstäbe gefertigt. Im Reaktor können die Brennelemente bis zu sieben Jahre bis zum optimalen Abbrennen eingesetzt werden.

Zwischenlagerung. Für eine Übergangszeit werden „abgebrannte" Brennelemente in mit Wasser gefüllten Becken innerhalb eines Kernkraftwerkes gelagert. Ihre Aktivität geht währenddessen auf etwa 1 % des Ausgangswertes zurück.

Wiederaufarbeitung. In einem aufwendigen Prozess werden Uran-235 und Plutonium-239 aus dem Stoffgemisch zurückgewonnen; daraus können neue Brennelemente hergestellt werden. Dabei dürfen keine gasförmigen und flüssigen radioaktiven Substanzen entweichen.

Endlagerung. Die nicht weiter nutzbaren radioaktiven Nuklide bleiben zum Teil sehr lange hoch radioaktiv. Hochaktive Abfälle geben zudem eine Wärmeleistung bis zu 1 kW pro Kilogramm ab. Abfälle werden deshalb z. B. in Glasblöcke eingeschmolzen, die mit Edelstahl verkleidet sind. Für die Endlagerung wird nach stabilen geologischen Formationen gesucht. In Schweden sind Granitblöcke vorgesehen. In Deutschland nimmt man an, dass Salzstöcke als Endlagerstätte infrage kommen.

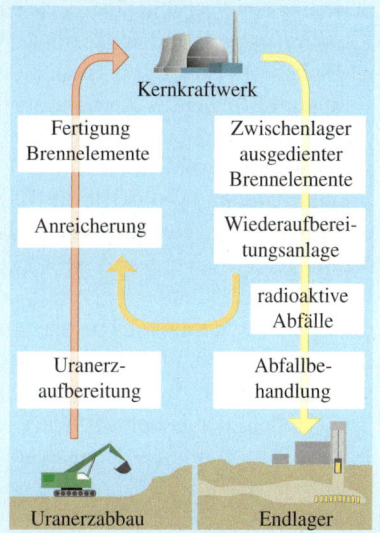

Brennstoffkreislauf

Von 1946 bis zur Stilllegung 1990 wurden durch die WISMUT in Sachsen und Teilen Thüringens etwa 220 000 t Uran produziert. Um 1 Tonne Uran zu erzeugen, mussten 1100 t Erz abgebaut werden. Noch heute ist man mit der Beseitigung von etwa 300 Mio. m^3 Abraum und mehr als 150 Mio. m^3 Rückständen aus der Aufbereitung sowie ökologischer Schäden infolge einer erhöhten Strahlungsbelastung beschäftigt.

Lagerung in einem Salzstock

Kernenergie – gestern, heute, morgen

Schon in der Vergangenheit sorgten Zwischenfälle in Kernkraftwerken und Reaktorkatastrophen wie 1986 in Tschernobyl für Diskussionen über die zivile Nutzung der Kernenergie. Kernkraftwerke waren und sind jedoch eine wichtige Säule der Energieversorgung in vielen Ländern. So sah auch das Energiekonzept der Bundesregierung von 2010 die Kernenergie als Brückentechnologie vor. Mit einer Laufzeitverlängerung für die 17 deutschen Kernkraftwerke um durchschnittlich 12 Jahre sollte der Weg in das Zeitalter der erneuerbaren Energien erleichtert werden. Die Katastrophe im Kernkraftwerk Fukushima im Jahr 2011 veränderte die Stimmung in der Bevölkerung sowie das Denken und Handeln der Verantwortlichen radikal. Spätestens Ende 2022 soll nun das letzte deutsche Kernkraftwerk vom Netz gehen.

Zerstörter Reaktorblock in Fukushima   1

AUFTRAG 1 **Kernkraftwerke gehören neben den fossil gefeuerten Kraftwerken zu den Wärmekraftwerken**

1 Stelle in übersichtlicher Form Gemeinsamkeiten, Unterschiede sowie Vor- und Nachteile von fossil gefeuerten Kraftwerken und Kernkraftwerken zusammen. Vergleiche auch die Wirkungsgrade.

2 Welche Chancen siehst du, Wärmekraftwerke langfristig durch die Nutzung regenerativer Energien zu ersetzen?

AUFTRAG 2 **Pro und kontra Ausstieg aus der Kernenergie**

Bildet eine Pro- und eine Kontra-Arbeitsgruppe. In der Pro-Gruppe erarbeiten die Mitglieder Argumente für die Erhaltung von Kernkraftwerken zur Energieerzeugung. Die Kontra-Arbeitsgruppe hat die Aufgabe, Nachteile und Risiken der Kernenergie zu analysieren. Beide Gruppen tragen ihre Ergebnisse jeweils in einem 10-Minuten-Vortrag Zuhörern aus der Klasse oder einem anderen Kreis vor. Danach wird noch eine festgelegte Anzahl Fragen an jede Gruppe zugelassen. Eine Beurteilung könnte auf der Grundlage eines vorher erarbeiteten Fragebogens erfolgen. Am Ende solltet ihr die Ergebnisse übersichtlich zusammenstellen.

AUFTRAG 3

Seit mehreren Milliarden Jahren versorgt die Sonne die Erde mit Energie in Form von Licht und Wärmestrahlung. Auch diese Energie hat ihren Ursprung in der Umwandlung von Atomkernen. Im Innern der Sonne verschmelzen leichte zu schwereren Atomkernen. Diesen Vorgang bezeichnet man als Kernfusion.

Mit ITER ist im Jahr 2005 ein Gemeinschaftsprojekt von Forschern aus Europa, Japan, den USA und der russischen Föderation auf den Weg gebracht worden, das die Planung und den Bau eines ersten Experimentalreaktors zum Ziel hat. ITER könnte 10 Jahre nach Baubeginn ein brennendes und für längere Zeit energielieferndes Plasma erzeugen.

1 Erläutere den Vorgang der Kernfusion.

2 Wie können die Bedingungen, unter denen auf der Sonne Kerne verschmelzen, technisch in einem Fusionsreaktor geschaffen werden?

3 Informiere dich über den aktuellen Stand des Projekts ITER.

4 Welche Risiken birgt die Energiegewinnung durch Kernfusion?

5 Ist die Kernfusion für die Lösung unseres Energieproblems geeignet?

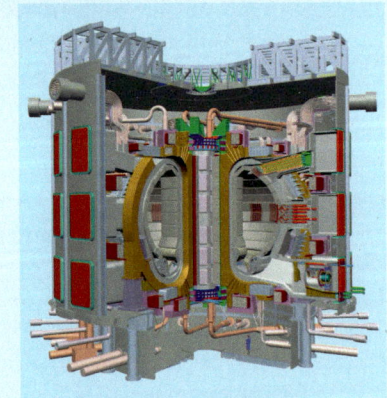

Experimentalreaktor ITER   2

Weißt du es ?
Kannst du es

1. Uran-235 wandelt sich bei Beschuss mit einem langsamen Neutron zunächst in das sehr kurzlebige Uran-236 um. Neben der durch die Entdeckung historisch bedeutenden Spaltung in Barium und Krypton sind noch andere Reaktionen möglich. Stelle die vollständige Kernreaktionsgleichung für den Fall auf, dass bei der Reaktion als ein Folgekern Lanthan-147 und zwei Neutronen entstehen!

2. Vergleiche die Energieumwandlungen in einem Kohlekraftwerk mit denen in einem Kernkraftwerk.

3. Erläutere den Unterschied zwischen gesteuerter und ungesteuerter Kettenreaktion!

4. Wie unterscheiden sich natürliches und angereichertes Uran?

5. Erläutere die Bedeutung eines Moderators für das Zustandekommen einer Kernspaltung!

6. Wozu werden in einem Reaktor Steuerstäbe benötigt?

7. Welche Maßnahmen sind notwendig, damit beim Betrieb eines Kernkraftwerkes keine Kernstrahlung und keine radioaktiven Stoffe in die Umwelt gelangen?

8. „Kernkraftwerke sind umweltfreundlich." Setze dich mit dieser These auseinander!

9. Neben Druckwasserreaktoren sind Siedewasserreaktoren in Kernkraftwerken am weitesten verbreitet. Beschreibe die Energieumwandlungen im Kernkraftwerk mit Siedewasserreaktor (Bild 1)!

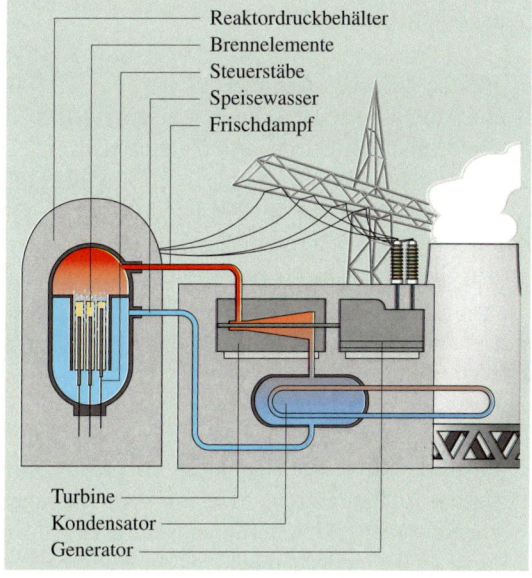

Reaktordruckbehälter
Brennelemente
Steuerstäbe
Speisewasser
Frischdampf

Turbine
Kondensator
Generator

1

Kurz und knapp !

Kernspaltung. Darunter versteht man die Umwandlung eines schweren Atomkerns bei Beschuss mit langsamen Neutronen in zwei mittelschwere Atomkerne. Dabei werden wiederum 2 bis 3 Neutronen frei, die eine Kettenreaktion auslösen können.

Bei der Kernspaltung wandelt sich Kernbindungsenergie in kinetische Energie um.

Energie aus Atomkernen. Für die Nutzung dieser Energie müssen in einem Kernreaktor vorhanden sein:
– eine ausreichende Masse an spaltbarem Uran
– ein Stoff (Moderator) zur Abbremsung der Neutronen
– Steuerstäbe zur Regulierung der Anzahl der Neutronen
– ein Medium zur Übertragung der thermischen Energie
– Sicherheitssysteme zum Schutz vor Strahlung und radioaktiven Materialien

Im Kernkraftwerk wird durch kontrollierte Kettenreaktion zunächst Kernenergie in thermische Energie umgewandelt. Der erhitzte Wasserdampf treibt über Turbinen Generatoren für die Erzeugung elektrischer Energie an.

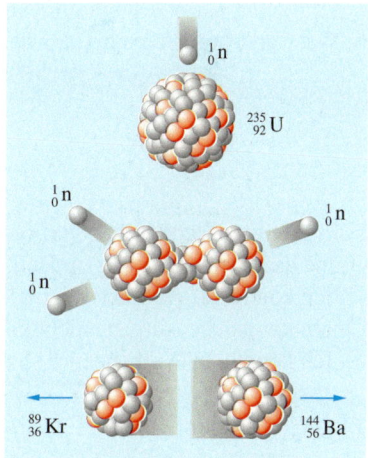

$_{0}^{1}n$

$_{92}^{235}U$

$_{0}^{1}n$

$_{0}^{1}n$

$_{0}^{1}n$

$_{36}^{89}Kr$

$_{56}^{144}Ba$

Teste dich!

1 Beschreibe und skizziere den Atomaufbau des Elements Kohlenstoff.

2 Alle Atome bestehen aus Protonen, Neutronen und Elektronen. Welche Ladung haben diese Bausteine? Welche von ihnen sind am schwersten? Was kann man über die Anzahl der Bausteine im Atom aussagen?

3 Welche Aussagen stimmen?
a Ein Atom ist etwa so schwer wie sein Kern.
b Protonen und Elektronen sind gleich schwer.
c Der Durchmesser des Atoms ist 10 000-mal größer als der Durchmesser des Kerns.
d Atomkerne, die zu einem Element gehören, können eine unterschiedliche Anzahl von Neutronen besitzen.
e Der Atomkern ist weitestgehend leer.
f Jede Atomsorte hat eine typische Farbe.

4 Beim Zerfall radioaktiver Elemente wird Strahlung frei. Nenne und charakterisiere die drei wichtigsten Strahlungsarten. Mache jeweils Aussagen zur Reichweite, Durchdringungsfähigkeit, Ablenkung im magnetischen Feld und biologischen Wirkung.

5 Nenne Nachweismöglichkeiten für Radioaktivität und beschreibe sie kurz. Welche Eigenschaften werden dabei benutzt?

6 Was versteht man unter Halbwertszeit?

7 In der Archäologie wird das Alter von Fundstücken mithilfe der C-14-Methode bestimmt. Beschreibe die Vorgehensweise der Wissenschaftler.

8 Wie kannst du dich vor Kernstrahlung schützen?

9 Zur Behandlung bestimmter Krebsarten wird Kernstrahlung genutzt. Welche Strahlungseigenschaft spielt dabei eine Rolle? Nenne Vor- und Nachteile dieser Behandlungsmethode.

10 Beschreibe den Ablauf einer Kernspaltung am Beispiel von Uran-235.

11 Nenne die wichtigsten Bestandteile eines Kernreaktors und gib deren Bedeutung an.

12 Beschreibe die Energieumwandlungen in einem Kernkraftwerk.

1

Schätze deine Kenntnisse und Fähigkeiten ein!
Ordne dazu deiner Lösung im Heft ein Smiley zu:
☺ Ich konnte die Aufgabe richtig lösen.
☺ Ich konnte die Aufgabe nicht komplett lösen.
☹ Ich konnte die Aufgabe nicht lösen.

❯ Die Lösungen findest du im Anhang.

Aufgabe	Fähigkeit	Hilfe findest du auf Seite ...
1, 2, 3	Aufbau des Atoms beschreiben.	184, 185
4, 5, 8	Arten der Kernstrahlung und ihre Eigenschaften beschreiben.	187, 190, 191
7, 9	Anwendungen radioaktiver Strahlung nennen und beschreiben.	195, 196, 198, 199
6	Kenntnisse über den Zerfall von Nukliden anwenden.	191
10, 11, 12	Aufbau eines Kernkraftwerks beschreiben und die Energieumwandlungen in diesem nennen.	205, 206

Die Natur verstehen
mit physikalischen Basiskonzepten

In der Physik wird versucht, ganz unterschiedliche Vorgänge in Natur und Technik dadurch zu verstehen, dass nach Gemeinsamkeiten und Zusammenhängen zwischen ihnen gesucht wird und sie mit denselben Begriffen beschrieben werden. Diese sogenannten Basiskonzepte können als Wegweiser bei der Suche nach Erklärungen dienen.

Basiskonzept
Energie

Die Äste der Bäume schwingen, die Schwäne schaukeln auf der Wasseroberfläche eines Sees und die Flügel der Libellen und der Tauben schwingen auf und ab. Aus unserer Erfahrung wissen wir: Von allein können diese Bewegungen nicht ablaufen, denn dafür ist Energie notwendig. Die Energie des Windes bewegt die Äste, Wasserwellen transportieren Energie auch zu den Schwänen und die Energie, die Insekten und Vögel mit der Nahrung aufgenommen haben, wird genutzt, um die Flügel zu bewegen. Auch die elektrischen Geräte im Haushalt brauchen Energie. In Wärmekraftwerken, Wind- oder Solaranlagen finden Energieumwandlungen statt, die uns die benötigte Energie zum Antrieb komplizierter Anlagen liefern.
Mit dem Energiebegriff kann man Vorhersagen über das Verhalten oder die Funktionsweise technischer Anlagen oder Maschinen machen, ohne genau zu wissen, wie die einzelnen Teile zusammenwirken.

Beim Stirlingmotor (Bild 5) laufen komplizierte thermodynamische Prozesse ab. Um aber sein grundlegendes Funktionsprinzip zu beschreiben, reicht es aus zu wissen, dass ein Gas (Luft) erwärmt wird und der Motor dann Arbeit verrichten kann. Die Zufuhr und Abgabe thermischer Energie ermöglicht die Bewegung des Kolbens. Thermische Energie wird in mechanische (kinetische) Energie umgewandelt.

1

2

3

4

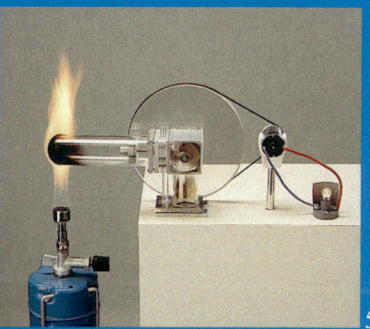

5

Basiskonzept
Materie

Ältere Menschen setzen beim Lesen öfter eine Brille auf als jüngere (Bild 1). Die älteren können ihre Augenlinsen nicht mehr genug krümmen. Das Licht, das vom beleuchteten Buch ausgeht, wird von der Augenlinse nicht mehr stark genug gebrochen. Deshalb ist das Bild im Auge unscharf. Die zu jedem Auge hinzugefügte Sammellinse der Lesebrille bricht das Licht zusätzlich (Bild 2).

Geht Licht von einem durchsichtigen Körper in einen anderen über, so ändert sich seine Richtung, wenn der Einfallswinkel nicht gleich null ist. Ursache sind Unterschiede im Aufbau der Stoffe aus Teilchen. Die Teilchen haben unterschiedliche Eigenschaften und sind in Körpern verschieden angeordnet. Deshalb ist auch die Lichtgeschwindigkeit unterschiedlich. Während sie im Vakuum 300 000 km pro Sekunde beträgt, legt das Licht im Wasser nur 225 000 km pro Sekunde zurück.

Fällt ein Lichtbündel schräg auf eine Wasseroberfläche, so erkennt man beim Komplettieren der Zeichnung, dass eine Richtungsänderung des Lichtbündels die zwangsläufige Folge ist (Bild 3).

RUTHERFORD hat sich den Aufbau eines Atoms ziemlich einfach vorgestellt (Bild 4). Das erkennt man, wenn man den Aufbau der Materie mithilfe seines Atommodells beschreibt.

Die Atomkerne einiger Grundstoffe senden von selbst eine ionisierende Strahlung aus, sie sind radioaktiv. Von der Gesamtzahl der Atomkerne zerfällt in einer bestimmten Zeit (Halbwertszeit) die Hälfte.

Beim Aussenden der radioaktiven Strahlung kann sich die Anzahl der Protonen im Atomkern ändern, es entsteht ein anderes Nuklid.

Beim radioaktiven Zerfall von Kernen tritt Alpha-, Beta- oder Gammastrahlung auf (Bilder 5 bis 7). Alphastrahlung besteht aus „großen" Teilchen. Sie werden in Stoffen stark abgebremst und können noch nicht einmal ein Blatt Papier durchdringen. Betastrahlung besteht aus Elektronen. Sie durchdringen Aluminiumschichten von mehreren Millimetern Dicke. Gammastrahlung ist eine intensive elektromagnetische Strahlung. Sie kann selbst dünne Bleischichten durchdringen.

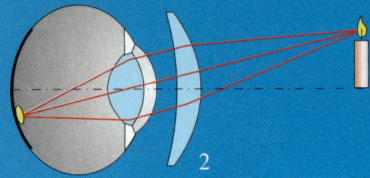

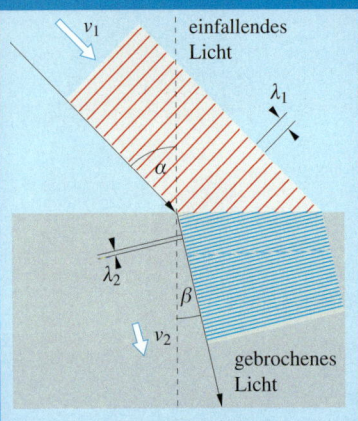

einfallendes Licht

v_1

λ_1

α

λ_2

β

v_2

gebrochenes Licht

3

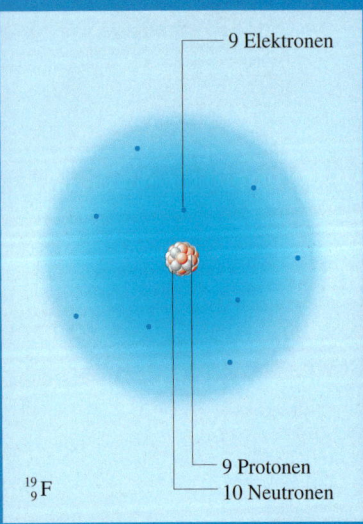

9 Elektronen

$^{19}_{9}$F

9 Protonen
10 Neutronen

4

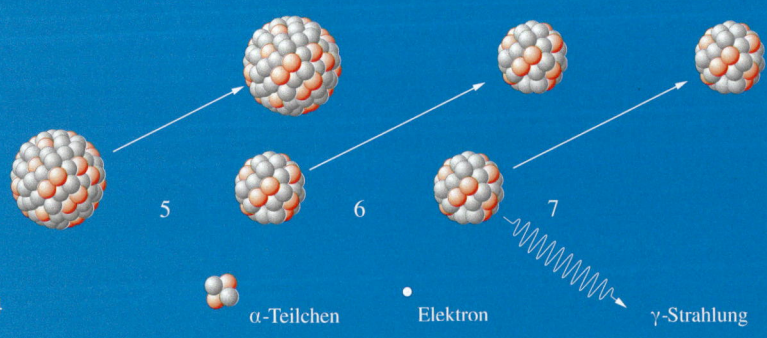

5 6 7

α-Teilchen   Elektron   γ-Strahlung

Basiskonzept
System

Um herauszufinden, warum sich Teile eines Ganzen – eines Systems – so und nicht anders verhalten, muss man immer das gesamte System betrachten. Nur so kann man verstehen, warum es unbeabsichtigte Folgen haben kann, wenn man an einer Stelle etwas verändert.

In einer Drehpendeluhr führt das Pendel eine ungedämpfte Drehschwingung aus (Bild 1). Die Amplitude der Schwingung ändert sich nicht. Eine ähnliche Schwingung kann man erzeugen, wenn man an einem stabilen Stativ eine Schraubenfeder befestigt, an der eine Metallplatte angebracht ist. Nach dem Verdrillen und Loslassen führt das System Feder–Scheibe eine Schwingung aus. Allmählich nimmt die Amplitude der Schwingung ab (Bild 2).

Dieses unterschiedliche Verhalten der beiden Federschwinger kann man nur erklären, wenn man die kompletten Systeme betrachtet: Die Bewegung der Pendel in Luft führt aufgrund der Reibung zur Dämpfung, also zur Abnahme der Amplitude.

Deshalb sorgt in der Drehpendeluhr eine kleine Batterie dafür, dass geringfügige Verluste an mechanischer Energie wieder ersetzt werden.

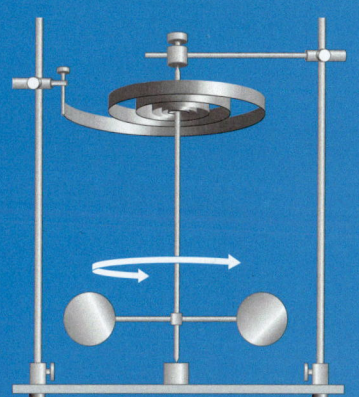

Weitere schwingungsfähige Systeme in der Mechanik sind die Musikinstrumente. Es sind Systeme, in denen z. B. schwingenden Saiten oder Luftsäulen Energie zugeführt wird. Das Ziel besteht darin, hörbare Klänge zu erzeugen (Bilder 3 bis 5).

Allein die schwingenden Teile eines Instruments erzeugen aber noch nicht den vertrauten Klang einer Gitarre, eines Klaviers oder einer Trompete. Erst durch das Zusammenwirken aller Teile eines Instruments: Korpus, Saite oder Luftsäule, Bogen oder Mundstück entstehen Ton und Klang.

Ein kleiner Eingriff in dieses funktionierende System kann ungeahnte Folgen haben. Das kann jeder bestätigen, der schon einmal versucht hat, ein Instrument zu erlernen.

Basiskonzept

Wechselwirkung

Beobachtet man eine Veränderung und forscht dann nach ihrer Ursache, findet man fast immer andere Veränderungen, die den beobachteten Vorgang bewirkt haben (Bilder 1 und 5).
Nach NEWTON verharrt jeder Körper im Zustand der Ruhe oder der geradlinig gleichförmigen Bewegung, solange die Summe der auf ihn einwirkenden Kräfte null ist – jeder Körper ist träge.
Ändert sich aber der Bewegungszustand eines Körpers, muss es auch eine andere Veränderung gegeben haben. Nur eine Wechselwirkung zwischen verschiedenen Körpern kann eine Kraft hervorrufen, die die Trägheit überwinden kann.

Der Kurzstreckenläufer benutzt beim Start einen Startblock. Um eine große Beschleunigung zu erreichen, muss der Lauf mit einer großen, nach vorn gerichteten Kraft beginnen. Zu dieser Kraft gehört eine gleich große Gegenkraft, die nach hinten gerichtet ist. Diese nehmen die Startblöcke auf, die aber wiederum fest in der Erde verankert sein müssen (Bild 2).
Wenn die Straßen im Winter glatt sind, sollte der Fahrzeugführer langsam anfahren. Nur wenn er mit Vorsicht beschleunigt, reicht die Wechselwirkung (Reibung) zwischen der Auflagefläche des Rades und der Fahrbahnoberfläche aus, um die gedrosselte Motorkraft als „actio" zum Anfahren des Pkw zu nutzen, da die vereiste Fahrbahn nur dann die erforderliche „reactio" realisieren kann.

In einem Generator dreht sich der stark magnetisierte Rotor in den Spulenwicklungen des Stators (Bild 4). Dadurch wird in diesen ein elektrischer Strom induziert. Um die Elektronen in gerichtete Bewegung zu versetzen, ist eine große Kraft erforderlich.
Der Induktionsstrom, der in den Spulenwicklungen fließt, ist seiner Ursache entgegengerichtet. Je größer der Induktionsstrom ist, umso stärker behindert er die Bewegung, also die Ursache der Induktion.
Bei einem belasteten Generator bewirkt diese Wechselwirkung, dass der benötigte Induktionsstrom selbst die Energieaufnahme des Generators regelt.

Lösungen der Teste-dich-Aufgaben

Elektromagnetische Wechselwirkungen S. 46

1 – Oben links: stromführender gerader Draht, der senkrecht zur Zeichenebene verläuft
– Oben Mitte: zwei stromführende gerade Drähte, Ströme in die gleiche Richtung
– Oben rechts: stromführende Spule
– Unten links: zwei Stabmagnete, die mit ungleichnamigen Polen einander zugewandt sind
– Unten rechts: zwei Stabmagnete, die mit gleichnamigen Polen einander zugewandt sind

2 a) Bewegt sich ein elektrischer Leiter quer zu den magnetischen Feldlinien, so tritt an seinen Enden eine Induktionsspannung auf. Befindet sich die rotierende Leiterschleife in horizontaler Lage, so zeigt das Messinstrument keine Spannung an. Wenn sie sich in vertikaler Lage befindet, dann ist der Zeigerausschlag am größten. Beim Weiterdrehen geht der Zeiger auf null zurück (horizontale Lage) und bewegt sich dann nach der gegenüberliegenden Seite bis zum Maximum. Schließlich bewegt sich der Zeiger wieder zur Nulllage in Skalenmitte zurück.
b) Befindet sich die Leiterschleife in horizontaler Lage und dreht sich sehr langsam, so tritt zunächst keine und dann nur eine sehr kleine Induktionsspannung auf, weil sich dabei keine ihrer vier Seiten quer zu den magnetischen Feldlinien bewegt. Dreht sie sich weiter, so bewegen sich ihre langen Seiten immer mehr quer zu den magnetischen Feldlinien. Das erreicht ein Maximum in der vertikalen Lage. Beim Weiterdrehen nimmt die Anzahl der Feldlinien, durch die sich die Leiterschleife hindurchbewegt, wieder ab. Die Induktionsspannung wird geringer und der Zeigerausschlag geht zurück. Ausgehend von der horizontalen Lage erfolgt die Bewegung quer zu den Feldlinien in entgegengesetzter Richtung. Deshalb tritt auch ein Polwechsel der Spannung auf usw.

3 a) Man benötigt eine Spule, einen Magneten und ein Messgerät zum Nachweis. Der Magnet wird möglichst schnell in die Spule hinein- und herausbewegt. Man kann auch die Spule bewegen.
b) Je schneller sich der Magnet oder die Spule hin- und herbewegt, desto größer ist der Ausschlag am Messgerät. Ebenso erhöht eine Spule mit vielen Windungen und ein möglichst starker Magnet den Ausschlag.
c) Kraftwerke funktionieren nach diesem Prinzip. Wasserdampf bringt große Turbinen in Bewegung, die den Rotor des Generators drehen. Es dreht sich also ein Magnet in einer Spule. Dadurch wird eine Spannung induziert.

4 a) Ein Transformator besteht aus der Primärspule und der Sekundärspule, die auf einem Eisenkern sitzen. Elektrisch sind die Spulen nicht verbunden.
b) Um die Eingangsspannung an der Primärspule zu vervierfachen, muss die Sekundärspule viermal mehr Windungen als die Primärspule haben.
Beispiel: Primärspule mit 200 und Sekundärspule mit 800 Windungen
c) Die Ausgangsspannung an der Sekundärspule berechnet sich so:

$$N_2 = N_1 \cdot \frac{U_2}{U_1} = 4600 \cdot \frac{12\,\mathrm{V}}{230\,\mathrm{V}} = 240.$$

5 Für einen unbelasteten Transformator gilt: $\frac{N_1}{N_2} = \frac{U_1}{U_2}$.
Das Spannungsverhältnis beträgt: $\frac{U_1}{U_2} = \frac{230}{19} = 12,1$.

Ungefähr dieses Verhältnis der Windungszahlen wird bei folgenden Spulenkombinationen erreicht:
– $N_1 = 1500$ und $N_2 = 125$
– $N_1 = 3000$ und $N_2 = 250$

6 Für eine Spannung von 6 V (18 V, 21 V, 9 V) muss die Primärspule 50 (150, 175, 75) Windungen haben.

7 In der Sekundärspule soll ein hoher elektrischer Strom erzeugt werden; hier gilt:
$$I_2 = I_1 \cdot \frac{N_1}{N_2}; I_2 \text{ ist demnach viel größer als } I_1, \text{ wenn } N_2 \text{ sehr viel kleiner als } N_1 \text{ ist.}$$

Geradlinige Bewegungen S. 84

1 a) Nach der ersten Sekunde hat sich die Geschwindigkeit um 5 m/s geändert. Nach der zweiten Sekunde nochmals um 5 m/s.
b) Nach einer Sekunde bewegt sich der Körper mit $v = a \cdot t = 5$ m/s. Nach zwei Sekunden hat er die Geschwindigkeit von $2 \cdot 5$ m/s = 10 m/s.

2 Diagramm a gehört zur gleichförmigen Bewegung. Im s-t-Diagramm ist eine Ursprungsgerade dargestellt. Es gilt $s \sim t$. Daraus ergibt sich das Weg-Zeit-Gesetz der gleichförmigen Bewegung. Diagramm b gehört zu einer gleichmäßig beschleunigten Bewegung. Im v-t-Diagramm ist eine Ursprungsgerade dargestellt. Es gilt $v \sim t$. Dies ist das Geschwindigkeit-Zeit-Gesetz der gleichmäßig beschleunigten Bewegung.

3 Zum Nachweis kannst du das s-t-Diagramm zeichnen.

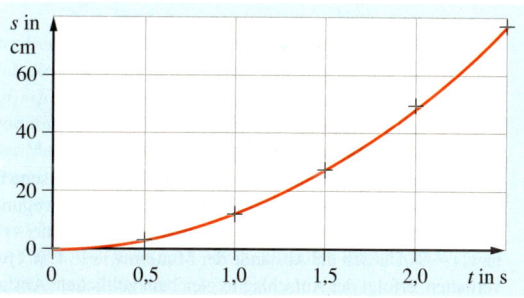

Im Diagramm liegen die Wertepaare auf einem Parabelast durch den Koordinatenursprung. Es gilt also $s \sim t^2$, d. h., die Beschleunigung a ist konstant. Dies ist ein Merkmal der gleichmäßig beschleunigten Bewegung.
Die Beschleunigung beträgt etwa 25 cm/s^2 = 0,25 m/s^2.

4

Art	Reichweite	Durchdringungsfähigkeit	Ablenkung	Biologische Wirkung
α	sehr kurz (wenige cm in Luft)	fast gar keine; Absorption durch Luft	schwache Ablenkung	stark, wegen der hohen Masse (Zellschädigung vor allem bei Aufnahme in den Körper)
β	kurz (einige m in Luft)	Absorption durch wenige mm Aluminium	starke Ablenkung entgegengesetzt zur α-Strahlung	schwach, wegen der kleinen Masse und Reichweite (Zellschädigung bei Aufnahme in den Körper und bei Bestrahlung von außen)
γ	theoretisch unbegrenzt	Absorption erst bei dicken Schichten Blei oder Beton	keine Ablenkung	stark, wegen der großen Reichweite und Energie (Zellschädigung bei Aufnahme in den Körper und bei Bestrahlung von außen)

5

Nachweismöglichkeit	Genutzte Eigenschaft der Radioaktivität
Fotomaterial (Filmdosimeter)	Wechselwirkung mit Kristallen ruft Schwärzung hervor.
Geiger-Müller-Zählrohr	Bei Ionisation eines Gases fließt Strom.
Nebelkammer	Erzeugte Ionen wirken als Kondensationskeime und bilden eine Spur von Nebeltröpfchen.

6 Die Halbwertszeit ist die Zeit, in der sich die Anzahl der Atomkerne eines radioaktiven Nuklids halbiert.

7 Alle Lebewesen enthalten Verbindungen des Elements Kohlenstoff. Kohlenstoff existiert dabei immer als Gemisch isotoper Kerne, den stabilen Kernen des C-12 und C-13 sowie den radioaktiven Kernen des C-14. C-14 entsteht in den oberen Atmosphärenschichten ständig neu, sodass das Mischungsverhältnis der isotopen Kerne konstant bleibt. Im lebenden Organismus entspricht das Verhältnis der Nuklide dem in der Atmosphäre. Stirbt aber der Organismus, so werden keine Kohlenstoffatome mehr mit der Umwelt ausgetauscht. Aufgrund des radioaktiven Zerfalls nimmt der Anteil des C-14 ab und mit der bekannten Halbwertszeit kann das Alter bestimmt werden.

8 – Die Entfernung zur Strahlenquelle sollte so groß wie möglich sein!
– Zwischen Strahlenquelle und Lebewesen sollten sich geeignete Materialien zur möglichst vollständigen Abschirmung befinden.
– Die Strahlung sollte so kurz wie möglich einwirken.
– Radioaktive Nuklide dürfen nicht in den Körper gelangen.

9 Ionisierende Strahlung kann bei einem Organismus physikalische und in der Folge chemische und biologische Veränderungen in den Körperzellen bewirken. Die physikalische Phase ist geprägt durch die Ionisation und Anregung von Atomen und Molekülen. In der Folge entstehen neue oder veränderte Molekülstrukturen. Auswirkungen auf die DNS oder Chromosomen sind möglich. Das biologische Verhalten der Zelle kann sich verändern oder sie funktioniert gar nicht mehr.
Vorteil: Mit „ultraharter" Röntgenstrahlung aus Linearbeschleunigern kann eine große Eindringtiefe erzielt werden. Durch Einstellung von Energiestufen wird der Ort der Bestrahlung mit großer Präzision auch an Stellen, wo nicht operiert werden kann, getroffen.
Nachteil: Gesunde Zellen können durch die Strahlung geschädigt werden.

10 Das schwere Uran-235 wird durch ein langsames Neutron in zwei mittelschwere Atomkerne (z. B. Barium und Krypton) gespalten. Dabei entstehen zusätzlich 2 bis 3 Neutronen. Außerdem wird eine Energie von ungefähr $3 \cdot 10^{-11}$ J frei. Nach Abbremsung können die 2 bis 3 Neutronen wieder Urankerne spalten.

11

Bestandteil	Bedeutung
Brennelement	Enthält die kritische Masse spaltbaren Materials.
Moderator (Wasser, Grafit)	Verringert die Geschwindigkeit der Spaltneutronen.
Steuerstäbe	Regelt die Anzahl der Neutronen für eine gesteuerte Kettenreaktion.
Reaktordruckbehälter	Wird vom verdampfenden Wasser durchströmt.
Schutzhülle	Schirmt Radioaktivität ab.

12 Kernenergie (Uran) → thermische Energie (Dampf) → mechanische Energie (Turbine) → elektrische Energie (Generator)

Auswahl physikalischer Größen und ihrer Einheiten

Größe	Formelzeichen	Einheit		Weitere Einheiten		Beziehung	
Temperatur	T	Kelvin Grad Celsius	K °C			0 K 0 °C	$\triangleq -273{,}15\,°C$ $\triangleq 273{,}15\,K$
Länge	l	Meter	m	Seemeile Zoll	sm	1 sm 1 Zoll	$= 1852\,m$ $= 2{,}54\,cm$
Flächeninhalt	A	Quadratmeter	m^2	Hektar	a ha	1 a 1 ha	$= 100\,m^2$ $= 100\,a = 10\,000\,m^2$
Volumen	V	Kubikmeter	m^3	Liter	ℓ	1 ℓ	$= 1\,dm^3 = 0{,}001\,m^3$
Masse	m	Kilogramm	kg	Tonne	t	1 t	$= 10^3\,kg = 1000\,kg$
Dichte	ϱ	Kilogramm durch (pro) Kubikmeter	$\frac{kg}{m^3}$	Gramm durch Kubikzentimeter	$\frac{g}{cm^3}$	$1\,\frac{g}{cm^3}$	$= 1000\,\frac{kg}{m^3}$
Kraft	F	Newton	N			1 N	$= 1\,\frac{kg \cdot m}{s^2} = 1\,\frac{J}{m}$
Druck	p	Pascal	Pa	Bar	bar	1 Pa 1 bar	$= 1\,\frac{N}{m^2}$ $= 10^5\,Pa = 1000\,hPa$
Energie	E	Joule	J			1 J	$= 1\,N \cdot m = 1\,W \cdot s = 1\,\frac{kg \cdot m^2}{s^2}$
Energiestrom-stärke/Leistung	P	Watt	W			1 W	$= 1\,\frac{N \cdot m}{s} = 1\,\frac{J}{s}$
Zeit	t	Sekunde	s	Minute	min	1 min	$= 60\,s$
Frequenz	f	Hertz	Hz			1 Hz	$= \frac{1}{s}$
Geschwindigkeit	v		$\frac{m}{s}$		$\frac{km}{h}$	$1\,\frac{km}{h}$	$= \frac{1}{3{,}6}\,\frac{m}{s}$
Beschleunigung	a		$\frac{m}{s^2}$				
Stromstärke	I	Ampere	A				
Spannung	U	Volt	V			1 V	$= 1\,\frac{W \cdot s}{A \cdot s} = 1\,\frac{W}{A}$
Widerstand	R	Ohm	Ω			1 Ω	$= 1\,\frac{V}{A}$
Kapazität	C	Farad	F			1 F	$= 1\,\frac{A \cdot s}{V}$
Aktivität	A	Becquerel	Bq	Curie	Ci	1 Bq 1 Ci	$= \frac{1}{s}$ $= 37 \cdot 10^9\,Bq$
Energiedosis	D	Gray	Gy			1 Gy	$= 1\,\frac{J}{kg}$
Äquivalentdosis	H	Sievert	Sv	Rem	rem	1 Sv	$= 1\,\frac{J}{kg} = 100\,rem$

Vielfache und Teile von Einheiten

Vorsatz	Mega-	Kilo-	Hekto-	Deka-	Dezi-	Zenti-	Milli-	Mikro-	Nano-	Piko-
Vorsatzzeichen	M	k	h	D	d	c	m	μ	n	p
Faktor	10^6	10^3	10^2	10^1	10^{-1}	10^{-2}	10^{-3}	10^{-6}	10^{-9}	10^{-12}

Register

Bildquellenverzeichnis

A. National Laboratory: 204/1 | ADAC: 128 (Crashtest), 142/2, 177/1, 214/3 | AEG, Hamburg: 162/4 | AFP PHOTO/Prakash SINGH: 123 (Ziege) | Agrarfoto.com: 163/3 | Airbus: 47 (Flugzeug) | akg-images: 128 (Newton) | Allsport Photographic PLC, action press: 152/1 | ALSTOM, France: 165/1 | AP Frankfurt/Main: 183 (Tschernobyl) | Archiv Hoyer, Galenbeck: 200/1 | arcoimages/G.Moosrainer: 211/3, P.Wegner: 61/5 | ASE/HEA: 35/4 u. 5 | atomicarchive.com: 204/2 | Augenblick/Foto-Kunz: 156/1 | Baader Planetarium: 86 (Sternspur) | Bayern-Park: 154/4 | Bellmann: 82/3 | Bildart, Hohen Neuendorf, V.Döring: 12/2, 13/2, 23/1, 30/4 (2), 31/3, 41/2, 52/1 u. 3, 55/1, 68/1, 80/1, 81/1 u. 4, 86 (Kettenkarussell), 87 (Kehlkopf), 87 (Lautsprecher), 92/4, 93/1, 95/1, 100/3-4, 101/2, 106/2-4, 109/1, 110/1, 112/4, 114/1, 115/2, 121/1, 124/3, 130/2-3, 132/1, 133/1, 135/1-2, 140/2, 143/1-3, 146/2-3, 147/3, 153/1, 155/1, 156/2, 169/1-3, 170/3, 172/173 (8), 174/1, 176/2, 188/2, 191/1, 214/1 | Blaupunkt: 56/4 | BLG AG & Co./W.Scheer; Bremen: 78/1 | blickwinkel/H.Schmidbauer: 60/5, NatriumBild/J.Foerster: 76/77 | Blue Images Online: 98/3 | BMW, München: 148/2 | bodysolid.com: 132/2 | Bombardier Transportation, Berlin: 47 (Magnetschwebebahn) | Boreas Energie GmbH, Dresden: 9 (Transformator), 38/3 | BOSCH Pressebild: 9 (Windgenerator) | Brunswick: 49 (Bowling) | Bundesamt für Strahlenschutz: 200/4, 207/3 | Bundesanstalt für Arbeitsschutz und Arbeitsmedizin: 118/4 | Bundesverband Solarwirtschaft: 162/5 | Bundesverband Windenergie: 169 | CERN/Brice: 181 | CH-Gladdbrugg: 116/2 | ClipDealer/Bernd Leitner: 118/2, RicoK: 8 (Zugvögel) | Conrad Electronic: 41/1, 189/1 | corbis/128 (Turnerin), B.S.P.I.: 48 (Rolltreppe), Hashimoto Noboru: 61/1, Michael St.Maur Sheil: 92/1, Olivier Prevosto/TeamSport: 128 (Sprinter), Reuters: 61/3, Scott T.Smith: 86 (Wasserrutsche) | Cornelsen Verlag, Berlin: 8 (Schachbrett, Kompass, Magnetfeld), 10/2, 13/3, 22/1 u. 2, 26/2, 30/1 (2), 36/1, 38/1 u. 2, 42/1 u. 2, 43/3, 52/2, 70/1-4, 71/1, 72/1, 73/1-2, 84/2, 101/1, 102/1, 102/8, 103/1, 109/3-4, 110/4, 112/1, 116/1, 117/3, 118/3, 119/2, 136/3, 141/1-3, 152/2, 154/1, 182 (Nano), 183 (Kernwaffentest), 184/3-4, 194/3-4, 211/5, 213/1 u. 3-5, 214/2, hint. Vorsatz (Dampfmaschine) | Daimler AG, Stuttgart: 142/1 (6), 214/5 | DB: 50/1 | DEMAG: 23/5 | desertec: 170/1 | Deutsches Museum, München: 17/1, 42/3, 72/2, 102/2-4, 194/1-2 | Digitalstock/D.Happes: 55/6, I.Woldt: 212/1, M.Geigenscheder: 51/3 | DLR: 149/1, 162/1, 170/2 | dpa: 69/3, 146/1, 183 (Castor), hint. Vorsatz (Mühlsteine) | E.ON Kraftwerke GmbH: 166/2, 168/1 | E.ON Thüringer Energie AG: 159/3 | eas/Novospace: 77 (Zero-G) | ELWE Lehrgerätebau Klingenthal GmbH: 8 (schwebender Magnet), 107/3 | EnBw: 161/4 | ENERCON GmbH, Aurich: 89/1, 160/4 (Windrad) | Environmental Instruments: 189/3 | ESA: 49 (Rakete), 132/5 | EWN, Rheinsberg: 193/2 | farmatic biotech energy, Nortorf: 163/2 | Fernwasserversorgung Elbaue-Ostharz GmbH: 160/2 | fotolia/Barbara Helgason: 54/1, chantal cecchetti: 60/1, Chester McGullogh: 196/2, crimson: 50/2, DAN: 60/2, darknightsky: 50/3, DeVIce: 51/1, drimi: 163/1, LVDESIGN: 48 (Laser), marilyn barbone: 61/4, Mathias Weigand: 51/4, Michael S.Schwarzer: 50/4, Olga Langerova: 61/2, Pauline Richard: 60/3, Thaut Images: (Hintergrund), VRD: 48 (Sessellift), wolfgang glückl: 54/2, zhu difeng: 9 (Kochfeld) | Garmin Deutschland GmbH,

Gräfelfing: 56/5 | GES-Sportfoto, Dettenheim: 137/1 | getty images/Julian Finney: 128 (Stabhochsprung), Sean Gallup: 167/3, Steve Bloom: 106/1, Steven Hunt: Titel, Thierry Dosogne: hint. Vorsatz (Turbine) | GNU FDL: 123 (Strand, Boje), 196/1, André Karwath: 160/4 (JenTower), Drahreg01: 183 (Iod), Felix Abraham: 158/2, Pitt Fotografie: 167/1 | GSF, Neuherberg: 188/3, 197/2 | HMI, Berlin: 203/1 | IBM: 36/3, 182 (Kupfer), 184/2 | IFA, München: 87 (Schaukel) | Institut für Biomechanik: 82/5 | iStockphoto.com/Ann Marie Kurtz: 92/3, Bob Thomas: 131/1, Garret Bautista: 92/2, Hans F.Meier: 166/3, HAVET: 122 (Schild), johnnyscriv: 117/4, milosluz: 88/2, Ralf Hettler: 131/3, Robert Hunt: 102/6 | ITER: 208/2 | Jan van der Straet: Destillatio, Archiv: 202/2 | Kernforschungszentrum Karlsruhe: 193/3 | Kessler, Holheim: 199 (Cobalt) | Kettler: 43/4 | KKW Brunsbüttel: 206/2 | Landesgendarmeriekommando Südtirol: 195/1 | Leybold Didactic, Göttingen: 189/5 | Lichtenberger, J., Fahren: 87 (Hummel) | Limbrunner, Dachau: 211/2 | Lockheed Martin: 56/2 | Louis XIV and the Creation of Versailles: hint. Vorsatz (Wasserräder an der Seine) | Lufthansa AG: 184/1 | Mannesmann Dematic: 19/1 | Miele: 211/4 | Mikelskis; Helmut F.: 58/1 (12) | Minden pictures: 117/1 | Moser, Freiburg: 198 (Schildkröte) | NASA: 8 (Polarlicht), 14/4, 24/2 u. 3, 25/1, 56/3, 91/92, 90/1-4, 92/5 u. 7, 126/2, 129 (ISS), 149/2, 178/1, 183 (Sonne), 186/1 | Navigon AG: 55/3 | okapia/Otto: 88/1 | Omicron: 182 (Goldfolie) | Peros Marketing GmbH: 10/1 | PHYWE: 20/3, 68/3, 107/2, 112/3, 200/3 | picture-alliance/dpa: 120/1, 150/1, hint. Vorsatz (Seaflow-Projekt), hint. Vorsatz (Gezeitenkraftwerk), ZB: 87 (Schiedsrichter), 103/2 | pixelio/Karl-Heinz-Laube: 137/3, Lilly Dippold: 86 (Wasserrad), Manfred Gerber: 87 (Fledermaus), Michaela Schöllhorn: 85, RainerSturm: 48 (Flughafen), 54/3, 120/2, Schnecki: 172/173 (Hintergrund), terramara: 130/4, Thomas Siepmann: 87 (Gitarre), TiM Caspary: 86 (Riesenrad), Uschi Dreiucker: 196/3 | Project Photos: 102/7, 130/1 | Radius images/Rob Matheson: 102/5 | REpower Systems AG/Jan Oelker: 129 (Windturbine) | RWE, Essen: 127, 168/4, 202/1 | sampics Photographie: 64/1 | Schott: 129 (Parabolrinnen) | Siemens Pressebild, München: 7, 9 (CT), 22/7, 35/1, 43/2, 44/1, 48 (Abfüllanlage), 120/3, 129 (Wärmekraftwerk, Staudamm), 166/1, 167/4, 168/5, 198/199, 198 (Mediziner, PET), 199 (Linearbeschleuniger), 210/1 | SOHO: 25/3 | Solar Millenium AG: 171/1 | SPL/Agentur Focus/Sheila Terry: 197/1, Agentur Focus: hint. Vorsatz (Rocket), Hank Morgan: 189/2 | Stadtwerke Bielefeld/Bastian Ehl: 162/7 | Stihl, Waiblingen: 120/4 | Superbild: 49 (Gepard), 199 (Spritzen) | Tepco: 208/1 | Tom Tom: 56/1 | Trekstor: 9 (Festplatte), 88/4 | Triumph Motorrad Deutschland GmbH: 23/2 | TU Berlin: 116/3 | ullsteinbild: 82/4 | Vattenfall Europe AG: 167/2, 168/3 | VEBA, Gelsenkirchen: 168/6, 214/4 | VISUM, Hamburg: Thomas Pflaum: 183 (KKW) | Voith AG; Heidenheim: hint. Vorsatz (Staudamm) | Volkswagen AG: 22/8, 142/3 | Walter Bau AG: 185/4 | Wavegen, Inverness: hint. Vorsatz (Turbinen) | wildelife/60/4 | Wilfried Schmidt Maschinenbau Tübingen: 9 (Nabendynamo) | Windpark Druiberg GmbH & Co. KG: 158/1 (2), 161/1 | Wismut AG: 207/2 | ZARM, Bremen: 77/1 | zefa: 49 (Boot), 82/1-2, 211/1, hint. Vorsatz (Mühlrad).

Wasserkraft – seit Jahrhunderten vom Menschen genutzt

„Es klappert die Mühle am rauschenden Bach …" heißt es in einem alten Volkslied. Im 17. und 18. Jahrhundert waren in Europa Wasserräder sehr weit verbreitet. Mit ihrer Hilfe wurden Getreide-, Öl- oder Sägemühlen betrieben. Auf breiten Flüssen wurden gleich mehrere Wasserräder nebeneinander aufgebaut. Das erhöhte die Effektivität.

Altes Wasserrad

Mühlsteine

Wasserkraftwerk

Viele Mühlen werden heute mit elektrischem Strom betrieben. Der Mensch nutzt die Kraft des Wassers, um in Wasserkraftwerken elektrische Energie zu erzeugen.
Durch gigantische Staumauern entstehen Stauseen. Sie speichern das Oberwasser. Durch Schleusen und enge Rohre wird das Wasser mit hohem Druck und mit hoher Geschwindigkeit in das Turbinenhaus zu den Turbinen geleitet. Diese sind mit einem Generator verbunden. In ihm wird die Energie des Wassers in Elektrizität umgewandelt.

Ludwig XIV., der Sonnenkönig, ließ mithilfe von Wasserrädern Pumpen antreiben, die das Seinewasser über kilometerlange Rohrleitungen vom Fluss zum Schloss beförderten. So konnte er in seinem Schlosspark dem staunenden Hofstaat viele Springbrunnen und Wasserspiele präsentieren.

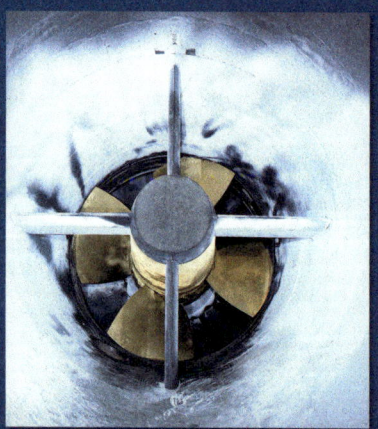
Wasserturbine

Wasserräder an der Seine

„Was wir wissen, ist ein Tropfen, was wir nicht wissen, ist ein Ozean."